KB167805

경제는 균형과 혁신이다

Copyright © 2015, 현오석
이 책은 한국경제신문 한경BP가 발행한 것으로
본사의 허락 없이 일부 또는 전체를 복사하거나 전재하는 행위를 금합니다.

경제정책 전문가가 바라본 **한국경제의 좌표와 방향**

경제는
균형과
혁신이다

현오석 지음

한국경제신문

박이정(博而精)이란 말이 있습니다.

"넓게 알면서, 동시에 깊게 안다"는 것이니, 아마 "나무도 보고 숲도 본다"는 의미일 것입니다.

제가 아는 현오석 박사가 그렇습니다. 여러 분야를 폭넓게 경험했으면서도 전문성에서 뒤지지 않습니다. 경제 관료의 현실감과 학자적인 개혁의지를 균형 있게 갖췄습니다. 과거의 경험에서 배우되, 한편으론 늘 새롭게 보고 다르게 처방하려 애씁니다.

현오석 박사는 정통 경제 관료로서 경제기획원, 재정경제부, 청와대 등에서 요직을 두루 거쳤습니다. 또한 KDI 원장, 국제무역연구원장, 이코노미스트, 칼럼니스트, 겸임교수 등 다양한 연구 분야에서 활동했습니다.

그래서인지 현 정부가 새로운 행정패러다임으로 '협업'을 내세우며, 그를 초대 경제부총리로 전격 발탁했을 때 전혀 어색하지 않았습니다. 그의 경력이야말로 하이브리드(hybrid), 융합(融合), 통섭(統攝·consilience) 등 최근의 시대흐름과 가장 잘 어울리기 때문입니다. 바야흐로 "이종결합이 경쟁력"입니다.

이런 그의 경력으로 미루어 "세상에 풀어놓을 생각의 보따리가 적지 않을 것"이라 여겼었는데, 마침 그가 언론 기고문과 부총리 재임 시 연설문 등을 일부 골라서 책으로 엮어냈습니다.

"파티는 끝났다"며 공공기관 개혁을 지휘하던 단호함에서부터, 포지티브 게임으로서의 FTA에 대한 강한 소신, 기업가 정신의 퇴색에 대한 안타까움 등을 오롯이 읽을 수 있습니다. 우리경제의 좌표를 진단하고, 갈 길과 할 일을 제시한 여러 대목에도 전적으로 수긍하게 됩니다. 망원경으로 큰 흐름을 조망하면서, 동시에 현미경으로 정밀하게 들여다본 글들입니다.

특히 그가 "정책을 만들다보면 단기대응책으로 손이 가기 마련"이라거나, "미리 정책방향을 정해놓고 거기에 맞는 근거만 찾아 꿰맞추기 쉽다"고 지적한 부분은, 사무관에서 장관까지 정책수립자라면 늘 경계해야 할 대목입니다. 어쩌면 30년 관료생활에 대한 반성처럼 읽히기도 해서 겸허하게 느껴지고, 또한 이 책이 여느 경제학 교과서와 다른 이유이기도 합니다.

책을 읽다보면 또한, "우리사회는 참 빠르게 변하는데 우리경제의 문제점들은 아직도 극복되지 않고 있다"는 것을 곳곳에서 실감합니다. 이 책에 실린 글은 짧게는 몇 개월에서 길게는 10년 전에 쓴 것인데도 저성장, 노동시장 양극화, 청년 고용, 규제개혁, 내수·수출과 대·중소기업 불균형, 저출산·고령화, FTA, 서비스산업 등 모든 주제에서 마치 최근에 쓴 것처럼 문제의식, 쟁점, 처방이 유효하기 때문입니다. 우리 사회의 문제해결 능력이 빨리 회생되기를 바랄 따름입니다.

아울러 그의 글 전반에 걸쳐 경제학자 알프레드 마샬(Alfred Marshall) 의 격언인 '차가운 머리와 따뜻한 가슴'이 느껴집니다. 우리경제가 처한 현실에 대해서는 자로 재고 저울로 달 듯 냉철하게 상황을 분석하면서도, 그 정책적 대안에서는 경제적 약자에 대한 따뜻함을 담으려고 고민한 흔적이 여럿 보입니다. 넓고 큰 시야, 현실 균형감, 쉬운 논리전개도 이 책의 장점입니다.

주지하다시피, 요즘은 국력의 부침(浮沈)이 기술변화만큼이나 빨라졌습니다. 잘 나가던 나라들이 '헤픈' 살림살이나 정책 실패 몇 개만으로도 한 순간에 추락해 국제기구에 손을 벌리거나 새로운 위기의 진앙으로 지목되기도 합니다. 글로벌 대전환기이고, 위기의 승자와 패자가 갈리는 시점이기도 합니다.

우리경제로서도 올해는 구조 개혁을 위한 골든타임의 해입니다. 임시변통이 아니라 근본처방을 통해 새로운 성장 기틀을 설계해야할 때입니다. 그런 점에서 이 책은 '경제혁신 3개년계획'을 설계한 그의 생각과 경험을 들여다보기에 아주 적절한 내용을 담고 있다 하겠습니다.

40여년 가까이 저자를 지켜보면서 그의 탁월한 학적 능력과 합리적인 정책관을 잘 알고 있는 본인은, 이 책의 내용도 그에 걸맞은 수준임을 확인할 수 있었습니다. 그의 문제의식과 제안이 우리경제의 희망 찾기에 큰 도움이 되기를 기대합니다.

2015. 3월

서울대학교 명예교수 **이현재***

---

* 前 서울대학교 총장 및 국무총리

지난해 7월 경제부총리 직을 내려놓고 국립외교원 석좌교수를 맡았습니다. 그렇다보니 요즘은 주로 "좋은 경제정책은 어떻게 만들어질까?"라는 학자적인 화두(話頭)로 생각이 이어지곤 합니다.

혹시 아이들이 축구하는 모습을 보신 적이 있으십니까? 아이들은 네 편 내 편 할 것 없이 공을 쫓아 우르르 몰려다닙니다. 경기장을 다 쓰지 못하는 것은 물론이고, 경기의 흐름을 지배하지도 못합니다. 반면에 체력 소모는 아주 큽니다. 한 나라의 경제정책이 축구하는 아이들 마냥 '눈앞의 이슈'만 허겁지겁 쫓아가선 안 될 것입니다.

그렇다면 경제정책을 수립할 때 정부에게 가장 필요한 덕목은 무엇일까요?

저는 우선 정책의 균형감이라고 생각합니다. 장기와 단기, 거시와 미시, 국내와 국제경제를 균형 있게 고려해야겠지요. 물론 정책을 만들다 보면 우선은 '발등의 불'을 끄기 위한 단기 대응책으로 손이 가게 마련일 테니 쉽지 않은 일입니다.

둘째는 정책의 일관성입니다. 정책방향은 예측 가능해야 한다는 점에서, 장관이 바뀌든 정권이 바뀌든 큰 틀에서 정책의 연속성이 유지되는 것이야말로 불확실성을 낮추는 가장 좋은 방법입니다. 정부 정책의 정합성도 매우 중요합니다. 히터와 에어컨을 동시에 틀면 당연히 정책

효과가 반감됩니다.

이렇게 일관성과 정합성을 유지하려면 여론을 가장한 집단이익과 인기영합을 경계해야 합니다. 당장 먹기에는 곶감이 달겠지만, 재정이 화수분이 아닌 이상 모든 사람을 지속적으로 만족시키는 정책은 불가능하기 때문입니다. 정말 필요하고 미래를 책임지는 우수한 정책은 "좋은 게 좋은 것"이 아니라, 현실에 기반을 둔 냉철한 판단에서 시작됩니다.

셋째, 반듯한 근거에 바탕을 둔 정책입니다. 정책을 만들 때 우리는 흔히 방향을 미리 정해놓고 거기에 맞는 근거(policy based evidence)를 찾아 꿰맞추는 오류에 빠지기 쉽습니다. 정책수립자들이 가장 경계해야할 대목입니다. 현장의 근거에 기반 한 정책(evidence based policy)에서 벗어나지 않도록 항상 되돌아봐야 합니다.

이런 생각으로, 제가 최근 10여 년간 언론에 기고했거나 연설에 사용했던 글들을 찬찬히 정리해보았습니다.

졸고(拙稿)입니다다만 다행스럽게도 저성장, 양극화, 일자리, 규제개혁, 저출산·고령화, FTA, 글로벌 경제위기, G20, 인재활용, 서비스산업 등 우리경제가 반드시 해결해야할 정책과제들이 폭넓게 다뤄졌습니다.

내친 김에 "이 글을 묶어내면 혹시 정책 결정자나 후학들이 우리경제가 처한 현실을 냉철하게 읽어내고, 큰 그림을 균형 있게 그려내는 데 조금이라도 도움이 되지 않을까"하는 생각에 용기를 냈습니다.

우리경제의 방향과 목표는 잘 설정되어 있는지, 투자와 자원의 배분은 합리적인지, 경제 전반에 걸쳐 어떤 성찰이 필요한지, 글로벌 경제 환경은 어떤지 등에 많은 지면을 할애했습니다. 특히 FTA를 포함해 대외경제정책에 관한 글은 가급적 모두 담으려 노력했습니다.

저는 무역정책을 '흘러간 옛 노래' 취급하는 일부 시각에 동의하지 않습니다. 무역은 오히려 환율·경상수지·금융·자본흐름·일자리·투자·기술변화 등 점점 더 많은 경제요소에 영향을 미치고, 여전히 각국의 이해가 첨예하게 부딪치는 최전방입니다. 그런 점에서 박근혜 대통령께서 취임하자마자 무역투자진흥회의를 신설하고, 지금까지도 줄곧 회의를 직접 주재하시면서 무역정책을 국가 경제정책의 중심으로 복원시킨 것은 매우 적절했다고 생각합니다.

이제 거친 파도 위의 야전함대에서 물러났으니 눈앞에서 크게 출렁거리는 물결에 천착하기보다는, 멀리 수평선을 보며 좌표를 가늠하거나 보이지 않는 물밑 조류를 읽어내는 것이 마땅한 역할일 것입니다. 이 책은 이런 마음가짐의 첫 결실입니다.

물론 경제학이 가끔은 "무엇 하나 제대로 예측하지도 못하고, 적절하게 처방하지도 못하는 학문"으로 비판당하는 현실을 잘 알고 있기 때문에, "괜히 또 하나 공론(空論)을 보탠 것은 아닌가"하는 자문(自問)도 해보았습니다. 다만 제 글이 우리경제의 여러 과제에 대한 교과서 역할을 하지는 못하더라도, 제 나름대로는 냉철하게 분석하고, 가슴 따듯한 처방을 담으려했던 기록이라고 자부합니다.

마지막으로 부끄러운 글을 묶어내도록 용기를 주고, 편집 등에 도움을 주신 한국경제신문사에 진심으로 감사드립니다.

2015년 3월

국립외교원 석좌교수 **현오석**

| 차례 |

1장 불확실성의 시대, 한국경제와 경제정책

2장 창조경제를 꽃피워라

3장 기업하기 좋은 나라 만들기

5장 우리의 경제영토를 확장하는 길

6장 경제, 그리고 살아가는 이야기

불확실성의 시대, 한국경제와 경제정책

지금 세계경제는 글로벌 금융위기 여파에서 여전히 벗어나지 못한 채 대전환기를 맞고 있습니다. 우리나라도 예외가 아닙니다. 지금 도약이냐 정체냐를 결정지을 중대한 기로에 서 있습니다.

—박근혜 대통령. 2014년 2월 25일, 경제혁신 3개년 계획 담화문 중에서

가계, 기업, 정부 등 모든 경제주체들이 가장 꺼리는 것은 불확실성, 즉 앞날이 어떻게 될지 알 수 없는 상황입니다. 그래서 경제학에선 "미래가 과거보다 비싸다"고 합니다. 미래를 예측하는 것이 과거를 분석하는 것보다 훨씬 어렵기 때문입니다. 더구나 경제가 비약적으로 발전하는데도, 불확실성은 오히려 더 많이 넘쳐납니다. 과거 경험을 충분히 분석하고, 온갖 변수를 통제했다고 자신하는 순간에도 블랙스완(black swan)은 어김없이 등장해 시장을 휘젓습니다. 세계경제는 그때마다 테일리스크(tail risk)에 휘청댑니다. 이처럼 위기가 상시화되면서 각국 정부는 툭하면 튀어 나오는 새로운 위기를 틀어막느라 급급한 형국입니다. 근본적으로 전열을 정비할 여력들이 없습니다. 하지만 단순한 위기 대응을 넘어, 철저하게 경제혁신을 실천하는 나라가 결국 위기의 승자가 될 것입니다. 착실하게 우리 경제의 체력을 키우고, 재정·금융 분야의 정책수단을 건실하게 운용하고, 경제 전반의 체질을 바꿀 때입니다. 불확실성의 시대라고 시간을 낭비할 수는 없습니다. 지금이야말로 우리경제가 새로운 도약을 준비할 골든타임입니다.

1
대한민국의
자화상

경제의 '머피 법칙'

누구나 '머피의 법칙(Murphy's Law)'을 한번쯤 경험해보거나 들어보았을 것이다. 화장실에 들어가 변기에 앉는 순간 전화벨이 울린다든가, 세차를 했더니 비가 내린다든가 하는 일은 흔히들 경험한다. 그럴 때 우리는 '잘못될 가능성이 있는 것은 반드시 잘못된다(If anything can go wrong, it will)'는 머피의 법칙을 떠올리게 된다. 본래 머피의 법칙은 엔지니어들 사이에서 주로 인용되어왔지만 요즈음은 경제 정책을 다루는 이코노미스트에게도 적용되지 않나 하는 자조적인 분위기가 형성되고 있다. 어째서 경제에서도 머피의 법칙을 신봉하는 사람들이 늘어나는 것일까?

몸이 아프면 유능한 의사를 찾듯이 경제가 어려워지면 우선 경제 전문가의 처방에 기대를 거는 것이 일반적이다. 그러나 최근 이코노미스트들이 자주 좌절감에 빠지는 것은 그들의 의견이 실제 정책결정 과정에 큰 영향력을 발휘하지 못하기 때문이다. 물론 이코노미스트가 경제현상에 대해 모든 것을 알 수는 없지만, 그렇다고 이것이 아무것도 모른다는 의미는 아니다. 그럼에도 민주주의 사회에서 경제정책의 최종결정은 결국 정치가에 의해 이루어진다.

우리는 정치와 경제의 숱한 갈등을 경험하고 있다. 흔히 이코노미스트들은 정치인들이 주도하는 정책결정이 광범위한 일반적 이익보다는 협소한 특정이익에 좌우되고, 말 없는 다수의 장기적인 편익보다는 아우성치는 소수의 단기적인 이익을 우선하고 있다고 주장한다.

그러나 다른 한편으로 이코노미스트에 대한 비판도 없지 않다. 돌이켜보면 문민정부 이전의 경제에서는 정책의 수립이 중시되었고 집행은 그다지 문제가 되지 않았던 것이 사실이다. 권위주의 체제하에서의 정책은 계획에 따라 강력하게 추진될 수 있었기 때문이다. 그런 의미에서 경제 공무원의 자질도 소위 '테크노크라트(technocrat)'로 충분했던 것이 아닌가 싶다.

그러나 이제는 정책의 수립도 중요하지만 어떻게 효율적으로 집행하느냐 하는 전략에 더 큰 비중을 두어야 하지 않나 생각된다. 이렇게 보면 이코노미스트에게는 테크노크라트보다 '교섭자(negotiator)'로서의 역할과 기능이 요구된다. 교섭의 의미는 이해당사자뿐만 아니라 언론 활용과 대국민 설득을 포함하는 광범위한 내용이 될 것이다.

경제정책에서 머피의 법칙을 깨뜨리려면 우선 신뢰가 선행되어야 한다. 정치인과 이코노미스트 간의 신뢰는 물론이고 모든 경제주체 간에 믿음이 있어야 할 것이다. 저명한 경제사회학자인 프랜시스 후쿠야마(Francis Fukuyama) 교수가 '신뢰'를 노동·자본 등과 마찬가지로 중요한 경제요소라 주장하는 것도 이러한 맥락일 것이다.

다음으로 이코노미스트의 부단한 노력이 필요하다. 앞서 논의한 대로 이코노미스트의 역할은 달라지고 있으며, 경제현상에 대한 인식에 있어서도 장기적인 관점에서 경제학뿐 아니라 다른 분야에 걸치는 학제적 노력이 요구된다. 그러나 무엇보다 중요한 것은 머피의 법칙을 깨뜨리겠다는 자신감이다. 우리는 일상생활에서 머피의 법칙을 증명하는 상황을 겪더라도 항상 새롭게 시도하고 있지 않은가! '머피'도 실은 낙관주의자였다는 사실을 늘 염두에 두어야 할 것이다.

이젠 경제야, 얼간이들아

미국 MIT의 레스터 서로(Lester Thurow) 교수는 20세기에 후발국에서 선진국 진입에 성공한 국가는 일본이 유일하다고 지적했다. 싱가포르와 일본이 국민소득 1만 달러에서 1만5,000달러에 도달하는 데 걸린 기간이 각각 3년, 5년에 불과했던 반면, 아르헨티나는 지난 1974년 1만 달러 고지에 올라선 뒤 오히려 뒷걸음질했다. 우리는 국민소득 2만 달러를 구호로 내걸지만, 실상은 1995년 도달한 1만 달러 '깔딱고개'에서 8년째 헉헉대고 있을 뿐이다.

1992년 미국 대선에 처음 나선 클린턴(Bill Clinton) 진영은 '이젠 경제가 가장 중요하단 말이야, 얼간이들아(The economy, stupid)'라는 표어를 금과옥조 삼아 선거전을 치렀다. 당시 걸프전 승리를 발판으로 재선을 노리던 조지 부시(George W. Bush) 전 대통령은 부진한 경제에 발목이 잡혀 결국 패배의 쓴잔을 마셔야 했다.

우리는 2002년부터 월드컵 4강, 북핵, 보혁(保革)갈등, 세대논쟁 등의 문제를 둘러싸고 공방을 벌이느라 경제문제를 등한시해왔다. 우리가 어떻게 해볼 수 없는 대외여건은 어느덧 최악의 국면을 지나 안정을 되찾고 있다. 이라크전쟁이 종결되면서 유가가 안정되었고, 북핵문제와 주한미군 재배치 등의 안보문제도 노 대통령의 방미를 계기로 상당 부분 개선되었다. 이제 더 이상의 핑계는 통하지 않는다. 국내 경기회복은 우리가 어떻게 대응하느냐에 달린 것이다. 경기를 좌우하는 순환적 요인과 구조적 요인 중 특히 후자에 집중적으로 대응해야 한다. 순환적 요인에 의한 경기변동은 자연스러운 경제운행의 과정이지만, 구조적 요인은 적기에 대응하지 않으면 헤어날 수 없는 수렁에 빠질 수도 있기 때문이다.

이를 위해 그동안 하드웨어 중심으로 추진해온 구조개혁을 소프트웨어 쪽으로 전환할 필요가 있다. 특히 노동문제에 있어서는 법과 원칙을 확립함으로써 예측 가능성을 높여야 한다. 노사분규에 대해 사안별로 정부의 입장과 대응방식이 달라지면 혼란을 가중시키고 노사관계마저 악화시킬 뿐이다. 노사관계의 안정이 '동북아경제 중심' 도약의 첫 단추라는 점에서도 법과 원칙의 확립은 절대적이다.

둘째로 디플레가 우려되는 가운데 부동산 가격급등, 고(高)물류비와 같은 불균형 현상을 바로잡아야 한다. 부동산 가격폭등은 근로의욕 저하, 자금 흐름의 왜곡, 근로자의 임금인상 요구로 이어지는 악순환을 부른다. 부동(浮動)자금에 의한 자산버블 현상이 IMF 경제위기 이후 잡아놓은 저비용 구조에 불을 지피도록 방치해서는 안 될 일이다. 거시정책과 세제 조치를 병행해 부동산 가격안정에 총력을 기울여야만 일본의 전철을 밟지 않을 수 있다. 아울러 일본의 두 배 이상 높은 기업 물류비 부담을 낮추기 위한 노력도 시급하다. 동북아 물류중심지로 부상하기 위해서는 항만이나 공항 등의 확충도 중요하지만, 그에 못지않게 화물연대 파업사태에서 드러난 물류산업의 전근대성을 반드시 해결하고 넘어가야 한다.

셋째로 내수부진을 그나마 상쇄하고 있는 수출을 성장의 모멘텀으로 삼기 위해서 개방정책을 과감하게 밀고 나가야 한다. 세계무역기구(World Trade Organization, 이하 WTO) 도하개발어젠다(Doha Development Agenda, 이하 DDA), 일본·미국·멕시코 등과의 자유무역협정(Free Trade Agreement, 이하 FTA) 등 통상현안이 산적해 있음에도 불구하고 범정부 차원의 대처는 미흡해 보인다. 지금이라도 다수 국민의 행복을 위해 개방에 저항하는 소수를 설득하고 개방의 이익을 공유할 수 있는 방법을 적극적으로 모색해야 한다.

지금까지 그래왔던 것처럼 미적거리다가는 세계 속의 미아로 전락할지도 모를 일이다. 1만 달러의 깔딱고개를 넘어 선진국으로 도약하기 위해서는 소모적인 갈등과 대립을 접고 근로자, 기업, 정부가 머리를 맞대고 지혜를 모아야 한다. "The economy, stupid!"

저성장 이력효과

경제학과 가장 가까운 학문은 아마 물리학일 것이다. 물리학에서 개발된 개념과 방법론을 경제학자들이 다수 차용하기도 했지만, 숫자를 다루고 균형을 찾는다는 점에서도 유사하다. 물리학에는 자기이력(磁氣履歷)현상이 있다. 철과 같은 강자성체에 외부 자기장을 걸면 내부의 원자들이 외부 자기장과 같은 방향으로 정렬하게 되는데, 외부 자기장을 없애더라도 강자성체 내의 원자들은 원래대로 되돌아가지 않는다는 것이다.

경제학에서는 이를 차용해 '이력효과(hysteresis)'로 개념화했다. 외부의 충격 때문에 경제가 균형에서 일단 벗어나게 되면, 외부 요인이 사라지더라도 쉽사리 원상회복이 되지 않는 것이다. 저성장이 장기화되어 경제주체가 성장에 대한 확신을 잃어버리면, 상황이 호전되더라도 소비나 투자가 원래의 자리를 되찾기가 쉽지 않다. 이것은 1990년대 일본의 저성장을 설명하는 데 흔히 사용되어왔다. 1990년대 일본경제의 잠재성장률은 3퍼센트 수준이었으나, 92년 이후 실제성장률은 1퍼센트대에서 크게 벗어나지 못했다. 수년 동안 경제가 부진에 빠지면서 기업과 가계의 비관적 전망이 우세해지고 경제활동이 위축되면서 경기침체가 장기화된 것이다.

우리 경제도 저성장에 점차 익숙해지는 이력효과가 우려되고 있다. 2003년 3.1퍼센트 성장에 이어 2004년에도 5퍼센트 경제성장 달성이 힘들 전망이다. 잠재성장률 5퍼센트에도 못 미치는 저성장이 이대로 몇 년만 더 지속되면 저성장이 정상으로 인식될 판이다. 경기순환적 현상이라면 다행이지만, 회복기에 접어든 세계경기 사이클과 동떨어져 있다는 점에서 심각하게 생각하지 않을 수 없다.

일단 경제가 저성장의 이력효과에 빠지면 정부 정책은 기대한 효과를 발휘하기 어렵다. 대표적인 것이 기업의 설비투자를 유도하는 정책이다. 기업들이 저성장을 기정사실로 인식하게 되면 정부가 아무리 금리인하, 조세감면을 내세운다 해도 선뜻 투자에 나서지 않을 수 있다. 기업을 일으키고 사업을 확장하고자 하는 기업가 정신이 희석되면 이런 분위기를 되돌리는 것은 쉽지 않다.

현재의 정치적 불안정성, 정책의 불확실성이 소멸된다 하더라도 기업들이 투자에 적극적으로 나설지는 미지수다. IMF 이후 우리는 경제개발기의 낡은 제도만 선진화하면 성장세도 곧 회복될 것으로 믿어왔다. 그러나 제도개혁은 경제성장의 필요조건일지언정 충분조건은 아니다.

소비도 마찬가지다. 정부에서는 신용불량자 문제만 해결하면 소비가 되살아날 것으로 내다봤다. 하지만 가계가 저성장을 당연하게 받아들이고 소비를 줄이기 시작하면 정부가 이런 흐름을 바꾸기는 대단히 어렵다. 저성장의 암울한 경제 앞에서 정부가 세금을 깎아준다 한들 흔쾌히 지갑을 열 소비자가 몇이나 되겠는가. 일본의 경우, 소비를 진작시키기 위해 정부가 쿠폰을 나누어주기까지 했지만 가계소비에는 별다른 영향을 미치지 못했던 사례도 있다.

지금은 저성장의 이력효과가 일시적으로 그치느냐, 고착화되느냐 하는 기로의 시점에 서 있다. 한국경제가 당면한 저성장의 덫을 슬기롭게 헤쳐 나가려면 상황별 대처계획(contingency plan)을 수립하여 적극적으로 대응할 필요가 있다. 단기적으로는 노사분규의 잠정적 중단, 생산성 향상 등을 통해 경제주체의 흐트러진 자세를 바로잡는 노력이 시급하다. 아울러 차세대 성장동력의 육성, 연구개발 투자의 확대, 과학기술인력의 양성 등 한국경제의 미래를 준비하는 중장기적 노력도 병행해야 한다.

사막화되어가는 한국경제

지구상에서 가장 큰 사막은 사하라 사막이다. 동서의 길이가 5,600킬로미터, 남북의 길이가 1,700킬로미터, 전체 면적이 750만 제곱킬로미터로 아프리카 대륙의 1/4에 달한다. 지금은 생명이 살지 못하는 죽음의 땅 사하라 사막도 한때는 울창한 밀림지대였다고 한다. 그 증거로 기원전 4000년경 유목민들이 남긴 동굴벽화에는 한때 푸르렀다는 사막의 풍경과 농경, 목축생활을 하는 사람들의 모습이 아직도 선명히 그림으로 남아 있다.

요즘 우리 경제를 보노라면 자연의 사막화 과정과 흡사하다는 생각을 지울 수 없다. 경제주체가 건실하게 성장하기가 점차 어려워지고 있는 데에는 무엇보다 최근 수년간 크게 위축된 투자와 창업활동의 영향이 크다. 투자와 신규창업은 경제 내에 최신기계, 신기술, 참신한 아이디어를 공급함으로써 경제의 활력을 높이는 단비와 같다. 하늘에서 내리는 비의 양보다 증발되는 수분이 많아지면 필연적으로 사막화가 진행되는 것처럼, 경제도 끊임없이 효율성과 창조력을 높이지 않으면 경쟁력을 유지하기 어렵다.

한국산업은행에 따르면 국내 제조업체들의 고정자산은 1999년 392조 원에서 2003년 344조 원으로 48조 원이나 감소했고, 기계장치 자산은 무려 17.4퍼센트나 감소했다. 신설법인 수도 2000년 4만1,460개였던 것이 2003년에는 3,497개로 불과 3년 만에 19.2퍼센트나 감소했다. 이처럼 투자와 신규창업은 소홀히 한 채 기존의 기업과 공장, 기계만을 활용하려는 경제는 사막화를 피할 길이 없다.

IMF 이후 기업들은 재무건전성 확보에 더 치중하면서 중국에 대한 투자를 늘린 반면 국내투자에는 소극적이었으며, 설비투자를 확대하는 대신 가동률을 높임으로써 불확실한 경제에 대응해왔다. 신규창업 역시 겹겹의 규제와 높은 창업비용 때문에 부진을 면치 못하고 있다. 세계은행의 창업절차 단계에 대한 조사에 따르면 우리나라는 전 세계 145개국 중 104위로 창업환경이 매우 까다로운 것으로 나타났다.

하지만 무엇보다 우려되는 것은 기업가 정신이 퇴색되고 있는 현실이다. 오늘날 기업인들은 창업세대가 발휘했던 위험감수(risk taking)보다는 위험관리(risk management)에 지나치게 몰두하고 있다. 경제는 돌보지 않아도 저절로 잘될 것이라는 근거 없는 자만에 빠진 것도 잘못이다. 국가가 번영하기 위해서는 우수한 인재들의 창업이 활발해야 하는데, 갈수록 공무원, 판검사, 의사와 같은 안정된 직장을 선호하는 풍조가 심화되고 있다.

한국경제에 새로운 활력을 불어넣기 위해서는 무엇보다 경제를 움직이는 기업인들이 미래에 대한 꿈과 희망을 갖고 다시 도전하는 기업가 정신을 되찾아야 한다. 이를 위해서는 기업을 아끼고, 기업인들에게 용기를 북돋아주는 사회 분위기가 조성되어야 하겠다. 기업이 아무리 이윤의 극대화를 추구한다지만, 고용창출이나 세금납부와 같은 공(功)은 무시하고 허물만을 탓하는 분위기에서는 투자도 기업활동도 움츠러들 수밖에 없기 때문이다. 아울러 노사관계 선진화, 규제철폐, 창업절차 간소화와 같은 제도도 개선될 필요가 있다.

덧붙여 기업들도 마냥 움츠리기만 할 것이 아니다. 정부 탓, 근로자 탓을 하다가 실기(失機)했을 때 그 화는 고스란히 기업의 몫으로 돌아온다는 사실을 직시해야 한다. 일본경제가 부활의 노래를 부르고, 중국이 뒤를 바짝 추격해오고 있는 오늘날, 시간은 결코 우리 편이 아니다.

어려운 여건 속에서도 기업가 정신을 발휘하여 적극적인 도전에 나설 때, 비로소 우리 경제도 재도약의 전기를 마련할 수 있을 것이다.

대한민국의 자화상

요즘 10년 후의 한국경제를 비관적으로 예측한 책이 인기를 끌고 있다. "이대로 가다가는 소득 1만 달러의 덫에 걸려 선진국 진입이 어렵지 않겠는가" 하는 최근의 위기의식이 반영된 듯하다. 사실 우리는 경제개발 이래 성장은 당연한 것이고, 미래는 항상 현재보다 나을 것이라는 믿음을 갖고 살아왔다. 그러나 외환위기 이후 이러한 믿음에 균열이 갔고 최근 경제상황이 어려워짐에 따라 미래에 대한 불안감은 더욱 증폭되어왔다.

현재 우리 사회에 팽배한 패배주의와 무기력증을 극복하기 위해서는 냉철하게 우리 자신을 성찰해야 한다. 선장이 배를 목적지까지 무사히 이끌기 위해서는, 배가 위치한 좌표(where she is)를 정확히 파악해야 한다. 목적지를 알고 있다 하더라도 현 위치를 모르면 망망대해에서 진로를 잡을 수 없다. 이것은 개인이나 국가도 마찬가지다. 자신의 현 위치와 능력을 제대로 파악하지 못한 채 막연하게 세우는 미래의 청사진은 허황된 꿈에 불과하며 구호에 그치기 십상이다.

최근 무역협회 무역연구소가 우리의 현주소를 파악할 수 있는 《대한민국 2004》를 발간했다. 이 책자는 세계은행, 경제협력개발기구(Organization for Economic Cooperation and Development, 이하 OECD), 세계무역기구, 국제연합(The United Nations, 이하 UN) 등 국제기구 및 세계적인 전문 조사기관의 최신 통계자료를 참고해 주요 부문에서 한국이 차지하는 위상을 정리한 것이다. 이에 따르면 선박 건조량, D램 매출액, 초박막액정표시장치(TFT–LCD) 출하, 코드분할다중접속(CDMA) 단말기 판매, 초고속인터넷 보급, 편직물 수출 등의 분야에서 한국은 세계 1위를 기록하는 것으로 나타난다. 그 밖에 명목국내총생산 11위, 교역규모 12위, 외환보유고 4위, 세계시장 점유율 1위 품목 수는 77개로 13위를 기록했다. 주요 산업에서는 휴대전화 판매 3위, 자동차 생산 6위, 자동차 보유대수 12위, 조강 생산량 5위, 가정용 냉장고 생산 4위, 세탁기 생산 5위, 맥주 생산 16위 등이다. 쌀 생산량과 수산물 어획량은 각각 13위와 12위를 기록했다.

이들 지표를 종합해 볼 때 우리나라는 경제적으로 세계 200여 개의 국가들 중 10위권의 국력을 가진 강국이다. 1960년대 세계에서 가장 낙후됐던 나라 한국이 단기간에 이처럼 경이적인 경제성장을 이룬 것에 자부심을 가질 만하다.

그런데 우려되는 것은 우리 사회에는 지금까지 이루어온 성과에 대한 자부심보다 다가올 미래에 대한 위기감이 더 크다는 점이다. 그러나 위기라고 해서 좌절하거나 낙담할 필요는 없다. 위기(危機)는 그 본질상 '위험'과 '기회'를 동시에 내포하고 있기 때문이다. 따라서 우리가 어떻게 대응하느냐에 따라 도약의 계기로 삼을 수 있다.

한국경제의 재도약을 위해서 무엇을 해야 할까?

첫째, 개방과 경쟁을 한층 가속화해야 한다. 이를 위해서는 과감한 개혁이 필수적이다. 개혁은 뼈를 깎는 자기성찰을 통해 스스로 실력을 쌓고, 그릇된 점을 바로잡는 데서 출발해야 한다. 둘째, 지금 누리고 있는 풍요가 앞 세대의 피와 땀의 결과라는 사실을 직시해야 한다. 2004

년에 우리 수출은 대망의 2,000억 달러를 넘어서 2,500억 달러 시대에 진입할 것이 확실시된다. 1963년에 1억 달러에 불과하던 수출 성적표가 이처럼 급성장할 수 있었던 데는 물불을 가리지 않고 도전하고 숨가쁘게 뛰었던 선배들의 열정과 도전이 있었다. 말을 앞세우고 듣기 좋은 구호만 외쳐서는 혹독한 현실의 벽에 부딪힐 수밖에 없다. 피터 드러커(Peter F. Drucker)가 "산을 옮기는 것은 이론이 아니라 트랙터다"라고 한 말의 의미를 음미해볼 필요가 있다.

마지막으로 후손들에게 무엇을 남겨줄 것인가를 염두에 두고 미래를 모색해야 한다. 투자부진과 내수침체가 이대로 지속된다면, 우리가 다음 세대에 물려줄 역사의 패턴은 고난과 궁핍이 될 수도 있다. 후손들에게 떳떳한 세대로 기억되기 위해 지금 우리가 해야 할 일은 첫째도, 둘째도 경제라는 사실을 잊지 말아야겠다.

경제, 부정과 긍정 사이

"**안** 돼~!" 요즘 〈개그콘서트〉의 '비상대책위원회'라는 코너에서 한창 인기를 끌고 있는 유행어다. 강렬한 두괄식 부정 이후 쏟아내는 개그맨의 속사포 같은 설명을 들으며 웃다 보면 한 주의 피곤이 사라진다. 되는 일이 별로 없는 요즘 세상에 공감대를 불러일으키는 구체적인 이유를 짚어가면서 현실의 어려움을 항변해주니, 묘한 카타르시즘을 불러일으킨다. 이렇게 우리는 부지불식 간에 부정의 마력에 빠져들고 있다.

이렇게 부정적인 표현이 인기를 끄는 현상은 우리가 마주하는 냉혹

한 경제현실과 무관하지 않다. 최근 이탈리아, 스페인 등 유럽의 재정위기국은 물론, 프랑스와 같은 핵심국가에 대하여 S&P가 국가신용등급을 강등시켰다. 연초 국제금융시장에 나타났던 낙관적인 전망과 각국의 재정건전화 노력에 찬물을 끼얹는 뉴스다. 유럽의 경기가 하락세로 돌아서면서 2011년 12월 우리나라의 대유럽 수출은 2010년 대비 무려 13.5퍼센트나 격감했다. 급기야 2012년 1/4분기 우리 경제의 성장률이 3퍼센트에도 못 미치리라는 전망도 나오고 있다. 생활물가도 여전히 고공행진을 지속하는 가운데 기대인플레도 상승 추세를 이어가고 있다. 이런 상황에 이란에 대한 경제제재는 유가의 급등으로 이어져 경기를 급랭시킬 요인이 될 수도 있다.

우리에게 희망적인 소식은 없는 것일까? 경제에 대한 지나친 낙관도 금물이지만 근거 없는 비관도 바람직하지 않다. 각박한 현실에서 잠시 벗어나 냉정하게 전 세계적인 시각으로 우리나라의 경제상황을 바라보면 그리 나쁜 것만은 아니다.

높은 실업률에서 탈출구를 찾지 못하는 미국, 재정위기의 늪에서 수렁으로 빠져드는 유럽, 고령화와 엔고로 가계와 기업이 모두 활력을 잃고 있는 일본, 절대적으로 높은 성장률에도 불구하고 선진국 경기침체의 여파에 긴장을 곤두세우는 중국 등 세계 주요국의 표정은 하나같이 어둡기만 하다.

이러한 전 세계적인 경기하강의 국면에서도 우리나라는 자동차·선박·휴대전화 등 주요 수출 품목에서 높은 시장점유율을 기록하고 있고, 의료·문화·관광 등 서비스산업 분야에서도 활력을 찾고 있다. 한·EU(European Union; 유럽연합)에 이은 한·미 FTA는 우리나라 제조업과 서비스업의 경쟁력이 한층 강화되는 토대가 될 것이다. 과거와 비교할 수 없을 만큼 국제화된 인력자원은 신유목민 시대에 전 세계를 누비면서 한국의 저력을 떨치고 있다. 게다가 정책운용 측면에서도 재정의 건전성을 유지하고 있어 경기대응력이 어느 국가보다도 탄탄하다고 할 수 있다.

또한 우리에게는 위기에 강한 국민성이 있다. 사회가 백척간두의 위기에 처했을 때 사사로운 이익보다는 공동의 선을 앞세우는 전통이 있는 우리는 금 모으기와 같은 귀한 경험도 보유하고 있다. 비록 눈앞의 정치현실이 사사로운 이해관계를 앞세운 야단법석으로 보이기는 하지만 이 또한 과거보다 한층 성숙한 시민의식으로 새로운 소통문화와 화합의 분위기를 조성하는 과정으로 볼 수 있다. 약자에 대한 배려, 공정에 대한 가치, 혁신에 대한 열망 등은 보다 건강한 사회에 대한 우리의 요구이자 바람이다. 함께 성장하려면 비전을 공유하고 함께 노력해야 함을 명심해야 한다.

케인즈(John M. Keynes)가 말한 바와 같이, 피할 수 있는 위기도 없지만 극복 못할 위기도 없다. 글로벌 경제위기가 지나친 자신감에서 비롯되었다면, 지금 필요한 것은 자신감 회복이다. 이와 관련하여 하버드대학의 경제사학자인 데이비드 랜즈(David S. Landes) 교수가 강조한 긍정의 힘을 상기해본다.

"세상에서는 주로 낙관주의자들이 승리하는데, 그것은 그들이 항상 옳기 때문이 아니라 긍정적이기 때문이다. 그들은 잘못되었을 때조차도 긍정적이다. 이러한 태도는 성취, 향상 그리고 성공의 길로 연결된다. 교육을 받고 시야가 열려 있는 낙관주의는 그 대가를 얻는 것이다."

교과서적 구조개혁을 기대하며

박근혜 정부는 출범 이후 1년여 간 추경, 투자 활성화, 부동산 대책 등 전방위적 정책노력을 통해 성장률을 1/4분기 1.5퍼센트에서 4/4분기 3.9퍼센트로 끌어올리는 성과를 거두었다. 고용과 물가 안정세가 이어지는 가운데, 내수가 점차 회복세를 보이는 등 전반적인 경기개선세가 확대될 것으로 예상되고 있다. 특히 경기회복세에 힘입어 취업에 대한 기대감이 높아지고 노동시장 참여가 확대되면서 2014년 들어 80만 명대를 웃도는 일자리가 창출되는 의미 있는 성과도 거두고 있다.

다만, 대내적으로 설비투자가 여전히 부진한 가운데, 미국 양적완화 축소(Tapering)와 신흥국 불안 등 대외 리스크가 상존하고 있는 것은 부담으로 작용하고 있다. 그러나 충분한 외환보유액, 경상수지 흑자, 재정건전성 등 양호한 기초체력을 바탕으로 금융시장의 불안조짐은 나타나지 않고 있다.

또한 신흥국의 성장둔화에도 불구하고 최근 중국, 아세안(ASEAN, Association of Southeast Asian Nations; 동남아시아국가연합) 등 신흥국으로의 수출도 양호한 흐름을 이어가고 있다. 한국정부는 대외 리스크 요인의 영향과 파급경로를 면밀히 관찰하면서 대외충격이 발생할 경우 과감하고 신속하게 대응해 나갈 역량을 갖추고 있다.

한편 그간 한국정부는 대외 리스크에 대비하기 위한 시스템도 강화해왔다. 우선 주요 아시아 국가들에 이어 지난 2월, 호주와 통화스왑(currency swaps)을 체결하여 금융안전망을 확충했고, 최근 체결한 한·캐나다 FTA를 비롯하여 세계경제의 60퍼센트와 FTA를 체결하는 등 국가

간 자원·기술이 상호 보완적으로 경제를 업그레이드할 수 있도록 FTA 네트워크를 적극 확장해왔다.

2008년 글로벌 금융위기 이후 세계경제는 빠르게 재편되고 있다. 한국경제도 향후 3~4년 동안 저성장 흐름이 고착화되느냐 대도약을 이루어내느냐의 분수령이 될 것으로 보인다. 그러나 냉철하게 돌아보면 현실은 녹록지 않다. 비정상을 토대로 한 후진적인 경제행위가 혁신과 경쟁을 가로막고 있으며 대기업, 제조업, 수출 중심의 불균형으로 '경제의 균형판'에 균열이 커지고 있다.

한국정부는 그동안의 경기회복과 정책성과를 바탕으로 2014년부터는 경제의 구조적 문제들을 근본적으로 개선하고, 역동적이고 성장잠재력이 충만한 경제로 전환하기 위해 '경제혁신 3개년 계획'을 본격 추진하고 있다. '기초가 튼튼한 경제', '역동적인 혁신경제', '내수·수출 균형경제' 등 3대 추진전략과 59개 세부 실행과제를 통해 2017년까지 잠재성장률이 4퍼센트 수준인 경제, 국민소득 3만 달러를 넘어 4만 달러를 지향하며, 고용률 70퍼센트를 달성하는 경제로 거듭나는 것이 목표다.

우선, 비정상적인 제도와 관행들을 바로잡아 '기초가 튼튼한 경제'를 만들어갈 것이다. 공공기관은 정보공개를 확대하고 부채비율 감축, 과도한 복지지출 등의 방만경영을 근절하여 혁신의 선두주자로 탈바꿈하도록 할 것이다. 정규직과 비정규직의 차별을 없애 나가며, 개인정보 보호와 공정거래 환경을 정착시키는 등 원칙이 바로선 시장경제를 만들어갈 것이다. 고용보험의 사각지대를 완화하고 경제혁신 과정에서 뒤처지는 이들을 위해 사회안전망을 확충할 것이다.

둘째, 취약해진 성장엔진을 다시 점화시키기 위해 '역동적인 혁신경제'를 만들어 나갈 것이다. '창업–성장–회수–재도전' 단계별 지원(2017년까지 4조 원)과 M&A 활성화 등을 통해 창조경제를 구현하고, 과학기술 연구개발 투자를 확대(17년 GDP의 5퍼센트)하면서 기후·환경·에너지 등 범세계적인 문제에도 대비하는 등 미래를 위한 투자를 강화할 것이다. 또한 해외건설·플랜트, 온라인 수출 등 새로운 글로벌 시장을 개척하고 수출 먹거리를 창출하는 데 집중할 것이다.

셋째, 모든 부문과 국민이 함께 성장할 수 있도록 '내수·수출 균형경제'를 만들어 나갈 것이다. 가계부채 증가속도를 적정수준으로 관리하는 한편, 주택시장의 패러다임 변화에 맞춰 규제를 정상화하고 실수요자에 대한 지원을 강화하여 내수·소비기반을 확충해 나갈 계획이다. 보건의료·교육·관광·금융·소프트웨어 등 5대 유망 서비스업을 육성하고, 지역 밀착형 산업에 대한 맞춤형 발전으로 지역경제를 활성화할 것이다. 선취업–후진학 등 다양한 입직경로를 마련하고, 맞춤형 보육과 시간선택제 일자리를 확대하는 등 청년과 여성의 고용률을 제고할 것이다.

마지막으로, 통일이 한국사회 및 세계에 미치는 중요성을 감안하여 통일준비위원회를 신설하고, 통일의 경제적 효과를 심층 연구하는 등 통일시대를 준비해 나갈 것이다.

한편, 한국정부는 규제개혁을 본격 추진 중에 있다. 규제개혁은 경제혁신 3개년 계획에서 가장 핵심적인 사항 가운데 하나다. '규제개혁이 향후 한국경제의 사활을 결정한다'는 절박한 심정으로 추진하고 있는 것도 그 때문이다. 과거 정부에서는 규제개혁이 이렇다 할 성과가 없었으나, 대통령 주재 '끝장토론'을 통해 의지를 보여드렸듯이 박근혜 정부는 다를 것이다.

규제개혁 시스템을 혁신하기 위해 규제비용 총량제를 도입하고 경제규제를 2014년 내 10퍼센트, 17년까지 20퍼센트를 감축하며, 네거티브 시스템 도입과 함께 일몰제 적용도 늘릴 것이다. 분야별로 서비스 규제·입지·환경·노동 등 기업 핵심애로 규제를 개선해 나갈 것이다. 피규제자의 입장에서 문제를 해결하고, 사업을 추진하는 전 과정을 패키지로 개선하면서 창의적 대안을 활용하여 신속하게 규제개혁을 추진해 나갈 것이다. 아울러 공공성 유지가 필요한 경우에는 보완방안을 병행해서 마련하고 규제개혁이 투자와 일자리를 통해 기업뿐만 아니라 국민 모두에게 이익이 될 수 있도록 정책을 추진해 나갈 것이다.

전 세계는 지난 수년간 위기대응에 집중해왔으나, 이제 경제의 성장 잠재력 확충을 위해 '혁신의 경쟁'을 해야 할 시점이다. 경제혁신 3개년 계획은 중장기적 시계에 따라 국가발전 목표를 구체적으로 제시한 포괄적이면서 실천 가능한 국가혁신 전략이다. 변화하지 않으면 글로벌 경쟁에서 도태된다는 위기의식을 가지고, 한강의 기적을 이끈 한국경제 특유의 역동성을 되살려 선진경제로 발돋움해 나갈 것이다.

2008년 글로벌 금융위기 극복과정에서 한국경제가 '교과서적인 회복(textbook recovery)'이라는 찬사를 들었듯이, 경제혁신 3개년 계획은 '교과서적인 구조개혁(textbook reform)'이 될 수 있도록 추진할 것이다.

2

불확실성 시대에
살아남기

위기관리, 사전대비가 답이다

지난 2003년 2월 21일 시작된 미국과 이라크의 전쟁으로 세계경제가 또 한 번 요동치고 있다. 전쟁 발발 직후, 전쟁이 단기간에 끝날 것이라는 기대가 확산되면서 국제유가가 큰 폭으로 하락하고 세계 주가가 일시에 상승하는 등 일시적으로 상황이 호전되었다. 그러나 이라크의 반격으로 전쟁이 예상보다 길어질 조짐이 보이면서 국제유가가 다시 급등하는 등 불안정한 상황이 지속되고 있다. 아직까지는 이번 전쟁이 단기전으로 끝날 것이라는 전망이 우세하지만, 상황이 상당히 유동적이고 복잡한 것도 사실이다.

또 일부 국제적 투자은행을 중심으로 설혹 이라크전쟁이 단기간에 미국의 승리로 끝난다 해도 세계경제 침체의 골이 워낙 깊기 때문에 세계경제의 회복이 그리 쉽지 않을 것으로 전망하는 사람들도 적지 않다. 따라서 지금은 이라크전쟁의 파급 영향에 대해서 지나치게 비관적일 필요는 없지만, 그렇다고 긴장의 고삐를 늦추어서도 안 될 시점이다. 여러 가지 가능성에 대비하여 치밀하게 준비해 나갈 필요가 있다.

우선 전쟁 발발로 직접적인 피해를 입고 있는 수출 차질을 최소화해야 할 것이다. 무역협회에 따르면 24일 현재까지 중동지역에 대한 수출 차질은 상담 중단, 대금회수 지연, 선적 중단, 바이어와의 연락두절 등으로 피해액이 총 5,700만 달러로 집계됨에 따라 이번 이라크전쟁이 우리 수출업계에 직접적인 영향을 미치고 있는 것으로 나타났다. 또한 최근에는 전쟁프리미엄으로 한국과 사우디아라비아를 운항하는 컨테이너선의 운임이 20피트 컨테이너 한 대당 1,300달러에서 1,550달러로 약 20퍼센트 상승하여, 이미 주요 수출대상국의 경기침체, 원자재가격 상승 등으로 어려워진 수출기업을 더욱 압박하고 있는 실정이다. 따라서 수출기업에 대한 자금경색 완화, 물류비 인상 최소화 등 실효성 있는 지원 대책이 하루빨리 마련되어야 할 것이다.

둘째, 내수부양 등 성장에 집착하기보다는 대내외 위기관리에 정책의 우선순위를 두어야 한다. 주지하다시피 이라크전쟁의 여파와 함께 대내적으로 북핵문제, SK글로벌 분식회계 쇼크로 우리 경제는 잔뜩 위축되어 있다. 그뿐 아니라 신용카드 부실 및 가계부채 급증으로 불안요인마저 나타나고 있다.

따라서 정부는 에너지 수급안정과 재정 조기집행 등 단기대책뿐 아니라 장기적인 안정대책을 치밀하게 마련해야 한다. 특히 산적한 불확실성을 해소한다는 차원에서 예측 가능하고 일관성 있는 경제정책을 추진함으로써 국내외 투자자들을 안심시키고 신뢰를 확보해야 한다.

셋째, 이라크전 후의 복구사업에서 우리의 국익을 확보하기 위한 능동적인 대응이 요구되고 있다. 현재 미국, 영국 등 전쟁 주도국 외에도 러시아, 프랑스, 독일, 중국 등도 전후 복구 프로젝트에 적극 참여할 채비를 갖추고 있다. 우리도 전력, 담수, 통신장비 등 강점이 있는 분야에 진출할 수 있도록 민관이 함께 지혜를 모아야 하겠다.

한편 이번 전쟁을 계기로 WTO 등 세계 무역질서가 흔들리고 미국과 유럽 간의 무역마찰로 인해 세계경제 블록화가 더욱 심화될 것이라는 우려가 제기되고 있다. 이번 전쟁을 둘러싼 미국과 프랑스, 독일 등 유럽 간의 갈등이 무역분쟁을 심화시켜 앞으로는 WTO를 통한 다자간 협상보다는 쌍방 간 무역협상인 FTA가 더욱 활성화될 수도 있다는 것이다. 이러한 때일수록 우리도 안정적인 수출시장을 확보하기 위해 주요 국가와의 FTA 체결을 적극 고려해야 한다.

이번 전쟁이 단기간에 종식되어 평화를 가져옴과 동시에 세계경제의 불안정이 제거되어 세계 및 우리나라 경제에 긍정적인 효과를 가져다주기를 바라는 것은 모두의 바람일 것이다. 그러나 예상치 못한 상황은 언제든 발생할 수 있으므로 이로 인한 위기와 어려움을 최소화하기 위해 미리 대응책을 강구하는 것이 최선의 방안일 것이다. 이런 때일수록 우리의 원칙을 지키고, 수출을 통한 성장동력 유지와 경상수지 흑자에 더욱 충실해야 한다. 바로 지금, 에너지 절약 등 어려움을 함께 풀어나가는 국민적 동참이 필요한 때다.

불확실성 시대에 살아남기

20 02년 초까지만 해도 세계경제는 미국과 유로지역(Euro zone; 유로화를 사용하는 경제통화동맹 가맹국), 아시아에서 경제활동이 활기를 띠기 시작해 저점을 통과하고 있음이 확실해 보였다. 그러나 하반기부터는 세계경제의 견인차 역할을 하던 미국의 회복세가 주춤하고, 이라크전쟁 가능성으로 인한 국제유가의 급상승, 세계증시의 동반 침체, 그리고 IT시장의 회복지연 등 불확실성이 증대되고 있다. 이에 따라 세계경제의 3대 축인 미국, 일본, 유럽경제의 향후 전망도 밝지만은 않다.

우선 미국경제는 완만한 회복세를 지속하고 있으나, 향후의 회복강도에 대해서는 아직 불확실성이 상존하고 있다. 미 달러화는 경상수지 및 재정수지 적자 등 구조적 문제점에 기인한 약세요인이 있으며, 정보통신부문의 과잉투자 및 기업회계부정 등으로 주식시장 또한 약세를 면치 못하고 있다. 2002년 미국의 3/4분기 경제성장률이 4.0퍼센트로 상향 조정되면서 다소 희망적인 분위기가 없는 것은 아니나 미국경제의 3분의 2를 차지하는 소비지출이 위축되면서 전망을 어둡게 하고 있다. 이에 따라 대다수 기관들은 내년도 미국의 경제성장률을 2퍼센트대로 하향 조정하고 있다.

90년대 초 버블 붕괴 이후 장기불황을 겪는 일본의 경우, 소비·투자 등 내수가 부진하고 수출도 하락세로 돌아서는 등 성장 모멘텀이 점차 줄어들고 있다. 특히 주식시장이 약세를 면치 못해 소비·투자심리는 더욱 위축될 것으로 보인다. 주요 전망기관들은 내년에도 일본경제가 침체에서 벗어나기 어려우며 기껏해야 제로성장 정도를 예상하고 있다.

견실한 성장세를 보였던 유로지역도 최근 들어 산업생산과 수출, 구매자관리지수 등 기업 체감경기가 하락하면서 경기하락에 대한 우려가 증폭되고 있다.

이처럼 세계경제의 회복이 지연되고 있는 상황에서 한국경제가 지속적인 성장을 달성하기 위해서는 경제정책의 초점을 수출확대에 맞출 필요가 있다. 이를 위해서는 환율과 금리를 안정적으로 운용하는 것이 우선이다. 최근 무역협회가 수출업계를 대상으로 조사한 바에 의하면 수출의 최우선 과제로 환율안정을 지적하고 있고, 2003년에도 원화절상 압력이 커 외환시장 안정책이 필요하다고 강조하고 있다. 또한 대외적인 불확실성이 해소되고 수출회복이 본격화되기까지는 금리인상 조치를 단행하는 모험을 시도하지 않기를 바라고 있다.

한편 우리는 WTO가 출범한 1995년부터 2001년까지 중국(255건)에 이어 두 번째(138건)로 수입규제를 많이 받고 있는 나라다. 특히 1, 2대 시장인 미국과 중국으로부터의 수입규제가 많아 정부 차원의 예방조치와 통상협력 차원의 활동 강화가 요구된다. 또 최근 중국의 부상, 지역주의 확산 등 국제통상환경의 변화에 대응하여 수출시장 확보를 위한 FTA 체결 노력은 물론이고 DDA 협상의 적극적인 참여를 통해 무역장벽을 제거하는 데 정부가 앞장서야 한다. 최근 한·칠레 간 체결된 FTA에 대해서는 국회인준 등이 조속히 마무리되어야 함은 물론이다.

우리나라 수출의 약점은 지속적인 단가하락에 있다. 2001년 수출단가는 6년 전인 1995년의 절반 남짓한 수준으로, 이 기간 중 연평균 하락률이 무려 9.8퍼센트에 달한다. 다행히 수출단가 하락을 물량확대로 커버했으나 중국이 가격과 품질 양면에서 경쟁력을 획득하게 된 지금은 품질향상이 가장 중요하다. 품질경쟁력 향상의 가장 중요한 요인은 꾸준한 설비와 연구개발 투자에 있으므로 정부는 투자확대를 위한 선제적 조치를 강구해야 한다. 예를 들어 외환보유액이 1천억 달러가 넘는 이 시점에서 설비 및 연구개발 투자 촉진을 위한 특별외화대출 지원과 같은 제도의 도입을 적극 검토할 필요가 있다.

마지막으로 세계경제 침체기에는 국가 간의 수출경쟁이 치열해지는 만큼 이제는 수출기업의 투자가 양보다는 질을 추구해야 하며, 세계적 수준의 신상품을 개발하고 미래지향적인 신산업에 투자하는 데 초점을 맞추는 것이 바람직하다. 이를 위해 정부는 새로운 시장개척과 일류상품 육성에 정책적 노력을 아끼지 말아야 한다. 또한 선진권의 경제가 불확실할수록 신규수요를 창출하려는 노력과 함께 수출 마케팅의 눈을 경제여건이 나은 중국 등 신흥시장으로 돌릴 필요가 있다. 이와 같은 대체시장의 개척은 비교적 단기간에 성과를 거둘 수 있고 세계경기 회복기에 국내 수출기업의 신흥시장 기반강화에도 큰 역할을 할 수 있기 때문이다.

'선우후락'의 자세로

온 나라가 탄핵정국의 소용돌이에 빠져 경제가 실종된 느낌이다. 이런 와중에도 수출이 호조를 보여 그나마 경제를 지탱하고 있는 것은 다행스러운 일이다. 실제로 수출증가세는 2002년 19.3퍼센트에서 2003년 들어 더 확대돼 3월까지 40퍼센트에 달하고 있다. 만약 이러한 추세가 연말까지 지속된다면 2003년 수출은 1987년의 3저 대호황 당시 기록했던 36.2퍼센트를 넘어서는 것은 물론, 76년 이래 최대

증가율을 기록하게 된다.

하지만 이런 때일수록 경제를 책임져야 하는 위정자들은 중국 북송 때의 혁신적인 정치가이자 학자인 판중안(范仲淹)이 말한 바와 같이 '걱정할 일은 남보다 먼저 하고, 즐거운 일은 남보다 나중에 즐기라' 는 선우후락(先憂後樂)의 자세가 필요하다.

지금은 수출이 폭발적으로 증가하고 있지만 앞날도 과연 순탄하기만 할까? 여기에 답하려면 최근의 수출호조 요인을 살펴볼 필요가 있는데, 결론부터 말하자면 장기적인 지속 가능성은 커 보이지 않는다. 무엇보다 최근의 수출증가세가 우리 제품의 자체 경쟁력보다는 외부 수출여건이 호의적으로 변한 데 상당 부분 기인하기 때문이다.

최근 수출이 증가된 배경은 첫째로 세계경기의 회복세, 특히 IT경기의 회복을 들 수 있다. IT 분야가 세계경기 회복을 주도함에 따라 우리가 경쟁력을 확보하고 있는 반도체, 휴대전화, LCD 등의 수출이 큰 폭으로 증가하고 있다. 하지만 이 같은 세계경기의 회복세가 향후에도 지속될 것인지, 그리고 경기회복의 현 속도가 유지될 것인가에 대한 회의론도 만만치 않다.

둘째로, 중국경제의 고성장에 따른 특수다. 중국의 2002년 경제성장률은 9.1퍼센트였고, 지난 10년 동안 연평균 8.9퍼센트에 달했다. 이에 따라 우리의 대(對)중국 수출은 2002년 34.6퍼센트, 2003년 2월까지 47.8퍼센트의 폭발적인 성장세를 기록하고 있다. 하지만 중국 내부에서조차 경기과열을 우려한 경제성장 속도조절론이 제기되고 있는 데다, 중국의 세계시장 석권에 따른 국제사회의 중국 책임론 등을 감안할 때 중국 특수가 마냥 지속될지는 의문이다.

마지막으로 내수부진에 따른 국내업계의 수출확대 노력을 들 수 있다. 내수의 바로미터라 할 수 있는 자동차 내수판매는 지난 1월에 2002년 동기보다 41.1퍼센트, 2월에는 24.2퍼센트 급락했다. 업체들이 내수 부진을 타개하기 위해 수출에 매진하고 있지만 여기에는 분명 한계가 있다.

이 밖에도 우리 수출에는 곳곳에 암초가 도사리고 있다. 이미 1,150원대를 위협하는 원화환율은 경상수지 흑자와 주식시장으로 유입되는 외국인 투자자금 때문에 추가절상이 불가피하다. 고공행진을 지속하고 있는 원유, 고철, 구리 등 원자재가격의 상승도 대부분의 원자재를 수입해야 하는 우리 수출업계로서는 원가부담을 가중시키는 요인이 된다. 또한 내년 1월 시행될 섬유쿼터제의 완전 폐지도 걱정이다. 미국 섬유제조업협회(ATMI)는 쿼터제 폐지 시 중국의 독주에 따라 미국 섬유시장에서만 한국의 손실이 16억2,000만 달러에 달할 것으로 추산한 바 있다.

평범한 의사는 병이 생긴 후 치료하고, 명의는 병이 나기 전에 치료한다는 말이 있다. 이러한 점에서 최근 정부가 5~10년 후 한국 무역의 주춧돌이 될 10대 차세대 신성장동력 산업에 대해 출자총액제한 제도를 완화키로 한 것은 높이 평가할 만하다. 차제에 대기업에 대한 투자 규제 정책을 제로베이스에서 재검토해 우리 수출을 이끄는 핵심 산업에 대한 투자 활성화 방안을 적극적으로 모색할 필요가 있다. 정부의 이러한 노력과 더불어 기업 및 근로자 등도 합심해 우리 경제의 효율성을 떨어뜨리는 군살을 제거하고 진정한 '몸짱 경제'로 거듭날 수 있도록 힘을 모아야 할 것이다.

원자재난 장기화에 대비하려면

기초원자재 구득난과 이에 따른 가격상승 기조가 좀처럼 완화되지 않고 있는 가운데 석유수출국기구(Organization of Petroleum Exporting Countries, 이하 OPEC)의 생산량 감축과 이라크를 둘러싼 국제정세 불안 등으로 당분간 국제원유가격도 고공행진을 지속할 전망이다. 중소기업들은 원가부담으로 채산성이 악화되는 것은 둘째 치고, 원자재 확보를 위한 자금조달이 어려워 수출오더의 포기사태 조짐마저 보이고 있다. 이는 자연히 하반기 수출 불안요인으로 작용하고 있다.

원유 및 원자재 가격상승이 국내물가에 본격 반영되면 소비수요는 더욱 위축될 것이고 그에 따라 내수침체가 장기화할 가능성이 높아진다. 과거 수차례의 경기순환에서 보았듯이 세계경기의 회복단계마다 원자재의 수급불균형이 발생했다. 그러나 특히 이번에는 상당 기간 지속될 가능성이 크다는 점에서 과거와 다르다. 과거에는 선진국을 중심으로 세계경기가 회복되고, 선진국 시장을 타깃으로 하는 여타국들의 경기가 뒤따라 상승했기 때문에 원자재 공급증가가 수요증가를 따라잡을 만한 시간적 여유가 있었다. 그러나 이번에는 브릭스(BRICS, 브라질·러시아·인도·중국·남아프리카공화국 등 주요 신흥국)가 가세하고 있다. 중국은 고도성장에 따른 기본수요에다 올림픽, 박람회 등의 특수로 원자재 수요가 폭증하고 있다. 중국의 원자재 사재기는 가격앙등을 통해 제품 가격에까지 영향을 미쳐 중국발 세계 인플레를 우려하지 않을 수 없는 상황이다. 게다가 러시아, 브라질, 인도 등 원자재 수출국들도 자국의 경제성장으로 인해 수출물량을 줄이면서 가수요까지 가세하고 있다.

수출업계는 원자재 해상운임이 2003년 초에 비해 두 배 이상 인상됨에 따라 원자재 수입가격의 급등에다 물량을 확보하기도 어려운 이중고에 시달리고 있다. JP모건(J.P. Morgan) 등은 2004년 원자재난이 70년대 말 제2차 오일쇼크 이후 가장 심각할 것이라는 분석을 내놓고 있다. 원자재난이 장기화되면서 부품 및 소재 구득난으로까지 확산될 조짐을 보이고 있어 우리 경제의 유일한 버팀목인 수출에 큰 부담을 주고 있다. 특히 유가가 5달러 상승하면 무역수지는 55억 달러 악화되는 것으로 나타나 우리 경제에 엄청난 파급효과를 가져올 것으로 무역연구소는 분석하고 있다.

정부는 비축 물량을 방출하면서 수입 원자재를 확보하기 위한 다각적인 정책으로 원자재 파동의 영향을 최소화하고자 노력하고 있다. 그러나 원자재 수급난을 좀 더 일찍 인지하고 조기대응했더라면 하는 아쉬움이 남는다. 중국은 이미 2003년 10월 철광석, 비철금속, 원목 등 주요 원자재의 수출에 대해 2004년 1월부터 부가가치세 환급을 철폐함으로써 원자재 수출을 억제하여 수급난에 대비했다. 늦게나마 우리 정부가 추진하고 있는 긴급 수입, 할당관세 적용 등을 비롯하여 주요 원자재의 수급상황 변동에 따른 단계별 대응전략이 지금으로서는 최선책일지 모른다. 장기적으로도 자원보유국과의 자원개발 협의를 비롯하여 자원수입선도 새로 개발하여 다변화할 계획을 세우고 있다. 중요한 것은 지금부터다. 중장기 원자재 수급계획을 추진하여 향후 같은 상황이 발생할 때 충격을 최소화시킬 수 있어야 한다.

원자재난이 우리나라에서 더욱 심각한 것은 우리 기업들의 생산구조에 문제가 있기 때문이기도 하다. 우리 기업들은 공정 간 분화 및 부품 모듈화가 미흡하여 한 기업이 원자재 조달부터 부품 생산, 완제품 조립까지 전 공정을 담당하는 경우가 많다. 따라서 필연적으로 원자재

수요가 많아지고 다수 기업들이 소량씩 구매하면서 구매교섭력도 약화될 수밖에 없는 구조다. 따라서 세계적인 정보망과 네트워크를 가진 종합상사가 원자재 조달을 위해 역량을 발휘해야 한다. 기업들은 동종업계 간 또는 이업종 간의 교류 활성화를 통해 공정분화와 제품표준화를 추진하는 생산구조 조정이 필요하다.

아무쪼록 기업과 정부 모두 이번 원자재 구득난을 스쳐 지나갈 홍역 정도로 여기지 말고, 정부는 원자재의 합리적인 유통과 안정적인 장기 수급시스템을 갖추고, 기업들은 생산 합리화로 체질을 강화함으로써 원자재난을 경쟁력 업그레이드의 계기로 삼기 바란다.

불치이병 치미병

항공기가 활주로를 이륙하기 위해서는 시속 250킬로미터 이상의 속도가 필요하다고 한다. 마찬가지로 한 나라의 경제가 꾸준히 성장하기 위해서는 일정 이상의 속도를 낼 수 있는 성장엔진이 필수적이다. 우리 경제는 지난 수십 년간 수출이 이끌고 내수가 받쳐주는 소위 '쌍발엔진'을 통해 고도성장을 이룩했다. 그러나 최근 한국경제는 내수부진 속에서 수출에만 의존하는 경기 양극화의 구조적 한계에 직면하고 있다.

수출은 2003년 19.3퍼센트 늘어난 데 이어 2004년 들어서는 5월까지 38.6퍼센트 증가하여 우리의 경쟁국인 대만, 싱가포르는 물론, 중국보다 높은 수준을 보이고 있다. 이러한 수출증가에 힘입어 5월까지 무역흑자는 123억 달러를 기록하여 2003년 한 해 동안 달성한 흑자규모에 육박하고 있다. 이처럼 최근 우리 경제는 내수회복의 기미는 보이지 않는 가운데 수출이라는 단발엔진에 의해 시계비행(視界飛行)을 지속하고 있지만, 대내외 여건을 감안할 때 우리 경제의 앞날은 불투명할 뿐만 아니라 불안하기까지 하다.

먼저 국내 여건을 보면 현재 수출호조는 반도체, 자동차 등 대기업 관련 업종에 국한되고, 그나마 기술보다는 가격경쟁력으로 버티고 있는 형편이다. 여기에다 국내 부품소재 산업의 기반이 취약한 탓에 주요 전자제품의 수입부품 사용비율이 2002년 30퍼센트에서 2003년 40퍼센트로 급증하였고, 수출이 증가할수록 부품 수입은 더욱 늘어나고 있다. 또한 5년, 10년 후에 우리 상품이 해외에서 잘 팔리기 위해서는 투자가 필수적인데 현실은 그렇지 못해 우리 수출의 앞날은 어둡기만 하다. 기업의 설비투자는 2003년 1.5퍼센트 감소한 데 이어 2004년 1분기에도 0.3퍼센트 감소하여 사실상 올스톱 상태다.

대외여건은 우리 경제의 앞날이 더욱 순탄하지 않음을 예고하고 있다. 유가급등은 원유를 전량 해외에 의존하고 에너지 이용 효율성마저 낮은 우리 경제에 치명타가 될 수 있다. 또한 중국의 긴축정책도 우리의 수출에 적신호일 수밖에 없다. 실제로 최근 무역협회가 모니터한 바에 따르면 수출기업들은 중국의 긴축정책으로 인해 하반기에 부정적 영향이 가시화되고 내년에는 심화될 것이라고 응답했다. 점진적으로 이루어질 것으로 기대했던 미국의 금리인상마저 최근 인플레의 우려가 커지면서 의외로 급진적으로 단행될 가능성이 높아지고 있다. 이러한 흐름이 우리 경제에 미치는 파장은 만만치 않을 것으로 전망되고 있다.

이 같은 대내외 불확실성 증대로 하반기 수출증가세는 상반기의 절반 수준으로 꺾일 전망이고 내년에는 더욱 둔화될 것으로 보인다. 더불어 1998년 이래 2004년 초까지 약 1,220억 달러에 달하는 무역흑자 누적액은 생산적인 투자로 연결되지 못하고 부동산 투기와 임금상승 그리고 가파른 원화절상에 대한 우려마저 낳고 있다.

최근의 경제상황을 접하면서 필자가 느끼는 것은, 지난 1980년대 후반 3저 호황을 제대로 살리지 못하고 고비용 저효율의 경제구조를 양산한 뼈아픈 실패를 되풀이해서는 안 된다는 것이다. 앞으로 경제운용은 당장의 유례없는 수출증가세와 급증하는 무역흑자에 만족하기보다는 닥쳐올 위기를 진지하게 받아들여 미리 준비하고 대응하는 자세로 임해야 한다.

한의학의 고전인 《황제내경(黃帝內經)》에 '불치이병 치미병(不治已病 治未病)'이라는 말이 있다. 이미 병이 된 것을 치료하지 말고 병이 나기 전에 치료하라는 뜻이다. 이러한 차원에서 얼마 전 대통령과 기업 총수들 간의 청와대 회담 직후 대통령이 기업의 현장 애로를 직접 챙기고 기업총수들은 설비투자를 적극 늘리겠다고 한 발표는 환영할 만하다. 차제에 정부는 경제정책 운용을 수출경쟁력 강화와 무역수지 흑자관리 그리고 성장잠재력 확충에 초점을 맞춰 나가면서 수출과 내수의 균형적 발전을 모색해야 한다. 또한 노사는 노사분규로 제 몫 찾기에 열중하기보다는 우리 경제의 효율성을 제고하는 데 힘을 모아야 할 것이다.

경제, 아는 만큼 보인다

'경제' 하면 무엇이 떠오르는가? 이해하기 힘든 전문용어, 숫자, 그래프가 먼저 떠오를 것이다. 많은 사람들이 경제는 난해하고 복잡한 전문가들의 전유물이라는 선입견을 가지고 있다. 하지만 경제를 모르고서는 지혜롭게 살아갈 수 없는 것이 우리의 현실이다.

개인이 경제생활을 할 때는 물론이고, 나라 경제가 성장하기 위해서도 국민 각자가 시장경제의 원리를 잘 알고 이해할 필요가 있다. 인간은 살아가면서 직업을 갖고, 물건을 사고, 예금을 하는 등 경제활동에서 벗어날 수 없다. 시장개방, 노조의 파업, 조세 정책, 부동산 정책 등 국가경제의 주요한 사안들은 국민의 여론을 반영하는 동시에 국민들의 생활에 큰 영향을 미친다.

국회의원이나 대통령 선거에서도 경제문제는 여야가 공방을 벌이는 가장 큰 이슈 중 하나다. 이처럼 경제를 잘 알지 못하고서는 국가의 중대 사안에 대한 판단은 물론, 개인적인 경제생활에서도 현명한 선택을 하기 어려워졌다. 하지만 우리는 여전히 경제교육이라고 하면 막연히 어려운 것으로 치부해버리거나, 최근 유행하는 '부자가 되는 공부'만을 떠올린다. 실제로 요즘 서점을 찾아보면 일반 서적 코너는 물론이고 어린이들이 즐겨 찾는 서가에도 부자가 되는 방법을 가르쳐주는 책들이 빼곡하게 진열되어 있는 것을 볼 수 있다. 경제교육의 우선순위는 살면서 흔하게 부딪히는 경제현상을 이해하고 경제의 흐름을 파악하는 데 있는 것이지, 단순히 부자를 만들기 위한 목적이어서는 안 된다. 경제에 대한 전반적인 이해가 뒷받침되어야 부자가 되기 위한 공부도 의미가 있는 것이지, 부자가 되고 싶다고 해서 책만 읽는다고 저절로 부자가 되는 것도 아니다.

여기에 우리의 경제 실력을 잠시 점검해보자. 우리나라의 경제규모는 어느 정도일까? 2004년 우리나라의 수출액은? 우리나라의 1인당 국민소득은? 지금 우리나라 경제는 어떤 어려움을 겪고 있나?

위의 질문에 쉽게 답이 나온다면 평소 경제 공부를 게을리 하지 않은 사람들이다. 하지만 대부분은 답변이 잘 떠오르지 않을 것이다. 정답부터 알아보자. 세계은행이 2004년 GDP(Gross Domestic Product; 국내총생산)를 기준으로 발표한 우리나라의 경제규모는 놀랍게도 세계 11위다. 여전히 우리나라는 개발도상국이라고 생각하던 사람들에게는 놀랄 만한 수치다. 2004년 우리나라 수출액은 처음으로 2,000억 달러를 돌파해 2,538억 달러를 달성, 역시 세계 11위를 기록했다. 우리나라의 1인당 국민소득은 2004년을 기준으로 1만4,162달러였으며, 2008년경에는 1인당 국민소득 2만 달러를 달성할 것으로 예상된다.

현재 우리 경제가 매우 어렵다고 말하는 사람들은 많다. 그러나 어렵다고 말하는 사람에게 원인이 무엇이냐고 물어보아도 시원한 답변은 듣기 힘들다. 우리 경제가 어려운 가장 큰 원인은 기업의 생산은 물론, 우리 생활에도 필수적인 각종 원자재가격이 크게 올랐다는 데 있다. 또 각종 중국 상품이 해외시장에서 저렴한 가격으로 우리 상품을 밀어내고 있어 우리나라의 수출과 경제 전반에 큰 위협이 되고 있다.

지금까지 우리나라는 열심히 일해서 경제성장을 이루는 것에만 급급했다. 국민들도 저마다 돈을 벌어 저축을 하고 내 집을 마련하는 것을 최우선 목표로 생각했다. 하지만 이제는 더 이상 열심히 일만 한다고 해서 성공할 수 있는 환경이 아니다. 은행에 저축만 꾸준히 한다고 부자가 되는 것도 아니다. 쌀시장 개방, FTA 체결 등 국민적 합의가 필요한 경제문제도 한두 가지가 아니다.

경제에 대한 올바른 이해는 생활 전반에 산적한 경제문제에 대한 정확한 판단과 현명한 대처로 이어진다. 지속적인 경제교육이야말로 개인의 윤택한 생활은 물론, 선진국으로 진입하려는 우리나라의 발전을 뒷받침할 원동력인 것이다.

러시안룰렛 시대

웅장한 빌딩을 비웃기나 하듯이 세계적인 증권사, 투자은행, 보험 회사들이 성냥갑처럼 무너지고 있다. 그야말로 '100년에 한 번 일어날' 국제금융시장의 일대 위기상황이다. 더욱이 이번 금융위기는 이미 발생한 현상보다도 앞으로 닥칠 또 다른 위기와 세계경제에 미칠 엄청난 파장에 대한 두려움이 특징적이다. 마치 공포영화의 스산한 분위기처럼 무언가가 닥쳐올 것만 같은 무서움(phobia)이다.

시장경제 자체의 존립을 위협하는 이러한 미증유의 위기를 타개하기 위하여 미국을 비롯한 주요 선진국은 최대 규모의 구제금융 방안을 마련하고 공동보조를 취하기로 합의했다. 그러나 이러한 대책은 급한 불부터 꺼야 한다는 전술적 고려에 따른 것이지, 근본적인 치유책이라 보기는 어렵다. 다시 말해 금융시스템의 회복을 위해 공적자금을 얼마나 투입할 것인가에 초점이 맞추어져 있을 뿐, 추가적 위기요인을 사전에 예방할 수 있는 금융시스템의 정비와 실물경제에 미치는 영향을 종합적으로 고려한 대책은 아직 마련되지 못하고 있다. 따라서 금융시장의 신뢰도 회복은 요원한 데다 불안감이 증폭되면서 자기실현적 위기(self-fulfilling crisis) 현상으로 이어지고 있다.

바로 이러한 세계경제의 회오리바람이 우리의 외환시장을 강타하면서 연일 환율이 급등하고 있다. 더욱이 환율 관련 파생상품의 부담이 큰 중소기업은 정부의 긴급자금 방출조치에도 불구하고 위기감이 극에 달하고 있는 실정이다. 세계화의 거대한 흐름은 이미 우리 경제에 내재화되어 있으며, 개별 경제주체의 경제행위 쏠림현상도 일반화되고 있다. 따라서 효율적 위기관리는 경제운용의 가장 중요한 요소다. 이를 계기로 우리 경제의 위기관리 시스템을 재점검하고 철저히 대비해야 할 것이다.

위기관리의 원칙으로 다음의 여섯 가지를 따져볼 것을 제안한다.

첫째, 위기는 예측하기 어렵다는 전제하에 대비책을 마련해야 한다. 위기가 언제, 어디서 발생할 것인가에 촉각을 곤두세우기보다는, 현재의 경제시스템이 그러한 위기상황에서 견딜 수 있는가를 면밀히 분석하고 보완해야 할 것이다. 둘째, 금융 및 외환위기에 대한 감독과 규제의 초점은 금융기관이 위기관리를 잘하고 있는가보다는 개별 금융기관의 행태가 전체 금융시스템에 어떠한 영향을 줄 것인가에 맞춰져야 한다. 셋째, 위기관리에 있어 가장 우선순위는 시스템 리스크의 신속한 제거다. 물론 시스템 위기의 판단 여부는 어려운 것이나 언제나 시장경제의 원칙에 입각해 퇴출 조치도 병행해야 한다. 넷째, 위기상황에 대한 대처는 단기간에 집중적으로 실시해 시장에 대한 신뢰도를 신속히 회복해야 한다. 정부지원에 따라 야기될 도덕적 해이도 고려해야 하지만, 시스템 자체가 위험한 상황에서는 엎질러진 물을 치워야 하는 대응책 마련이 더 시급하다. 다섯째, 위기관리를 위해 정부 재정의 건전화가 반드시 필요하다. 재정상태가 취약하면 증세 또는 차입 등으로 거시경제의 새로운 불균형이 야기될 수 있다. 여섯째, 위기관리에 대한 규제가 경제 자율화에 역행해서는 안 된다. 정부의 감독과 규제는 언제나 중복과 과도한 개입으로 이어지고 이것은 오히려 또 다른 위험요소를 불러들일 수 있다.

위기관리는 아무리 강조해도 지나치지 않다. 고유가, 세계경제의 불황, 내수침체 등 어려운 여건하에서 위기관리 체제를 점검하고 보강해야 한다. 그렇지 않으면 2008년도 노벨상 수상자인 프린스턴대학의 크루그먼(Paul Krugman) 교수가 주장한 '러시안룰렛' 처럼, 누가 쓰러질지 모르는 불안하고 위험한 공포의 시대를 살아가야 할지도 모른다.

신흥국 위기에 대한 G20의 역할

2013년 9월 7일부터 러시아에서 주요 20개국(G20) 정상회의가 개최된다. 최근 신흥국 외환금융시장의 변동 폭이 커지고 경제위기설이 번지면서 G20에 대한 관심이 부쩍 커졌다. '위기에 강하고 균형 잡힌' 세계경제질서에 대한 기대감 때문이다. 이번 회의에서는 세계경제의 성장과 금융안정, 포용적 개발, 일자리 창출과 투자확대, 무역증진 등을 논의한다. 박근혜 대통령은 거시정책 공조, 일자리 창출, 개발지원 등 주요 의제에 있어서 선진국과 신흥국의 가교 역할을 할 예정이다.

사실 '신흥국 위기설' 의 와중에 열리는 이번 G20 회의는 우리의 경험을 바탕으로 '세계경제의 갈 길과 할 일' 을 논의할 기회다. 1997년 외환위기 당시 우리나라는 힘없이 무너졌지만 경제체질을 강화해 우뚝 일어섰다. 2008년 글로벌 금융위기 때 외신들은 "한국이 제2의 아일랜드가 될 것"이라고 전망했지만, 2년여 뒤 머쓱한 표정으로 "한국이 가장 먼저, 교과서적으로 위기에서 벗어났다"고 평가했다. 양적완화 축소 움직임으로 촉발된 이번 위기국면에서 외신들은 아예 초반부터 "한국은 이번 위기의 승자"라며 대접을 달리하고 있다. 위기 때마다 착실하게 체력을 키우고, 거시경제 여력을 비축하고, 경제체질을 바꿔온 결과다. 위기를 결코 낭비하지 않은 셈이다.

이런 위기극복 경험을 바탕으로 우리는 이번 회의에서 거시정책의 국제공조를 촉구할 것이다. 특히 선진국들은 이웃 국가의 일이 곧 자기 일임을 염두에 두고, 양적완화 출구전략을 신중하고 정교하게 설계해야 한다.

이미 일부 신흥국들은 자금이 썰물처럼 빠져나가고 통화가치가 급락하고 있다. 이들의 위기는 다시 선진국 경제를 어렵게 하는 '역(逆)파급효과(Reverse Spillover)'를 가져와 세계경제를 저성장의 늪에 빠뜨릴 수 있다. 또한 위기 가능성에 효과적으로 대응하기 위해 권역별 위기대응체제, 즉 지역금융안전망(RFA)의 역할과 기능을 강화해야 한다. 안전망을 2중, 3중으로 촘촘하게 설계할 때다.

개발 의제에서는 단연 우리의 역할과 경험이 돋보인다. 가장 가난했고, 식민통치와 전쟁을 겪었고, 여전히 분단상태인 나라가 반세기 만에 이룩한 경제발전 경험이야말로 '동반성장을 위한 인류 공동의 자산'이기 때문이다. 개도국들이 한결같이 "우리도 한국처럼 될 수 있느냐"고 묻는 이유이기도 하다. G20 회원국들은 이번 회의에서 개발문제를 비중 있게 다루는 한편, 손에 잡히는 성과물을 만들어내야 한다. 특히 개도국에 대한 국제적 지원은 단발적·시혜적인 것이 아니라 개도국의 자생을 촉진하는 방향으로 이뤄져야 한다.

교착상태에 빠진 재정건전성 문제에 관해서도 G20은 시장에 신뢰를 줄 수 있는 해법을 내놓아야 한다. 주요 선진국들은 글로벌 금융위기에 적극 대응하는 사이 나랏빚이 크게 늘어났다. 고령화 등으로 복지지출

압력도 점점 커지고 있어 재정이 중장기적으로 버틸 수 있을지 우려되는 상황이다.

그동안 G20 국가들, 특히 선진국은 재정건전화 필요성에 대해 이해하면서도 그 방법과 속도에 대해서는 합의하지 못했다. 일자리 창출 의제는 정부 정책의 최우선 과제로 다뤄져야 한다. 그동안의 고용증진 노력은 확장적 거시정책과 노동공급 측면의 애로요인을 해소하는 방향으로 이루어졌다. 성과는 있었지만 만족스럽지는 않다. 이제는 새롭게 접근해야 한다. 무엇보다 노동수요 창출에 효과적인 '창조경제'를 확산해야 한다. 창업과 벤처기업은 새로운 상품과 서비스를 만들어내며 일자리 창출의 새로운 엔진으로 떠오르고 있다.

국민행복, 희망의 새 시대를 열겠다는 취지하에 '고용률 70퍼센트 달성' 과제는 우리가 제시한 것이지만, 선·후진 각국의 경제문제 해결에도 도움이 될 것이라고 본다. G20 정상회의에서 이러한 문제에 대한 국제공조를 이끌어냄으로써 한국의 위상 제고와 함께 글로벌 경제문제 해결이라는 실질적인 기여를 이룰 것으로 기대된다.

3
세계경제 불균형,
어떻게 대처할까

'상하이 쇼크'를 행동으로

대통령의 중국 방문 이후 '상하이 쇼크'가 화두로 떠오르고 있다. 특히 노 대통령은 상하이 방문 이후 많은 충격을 받았다고 하는데, 이공계 출신이 주축인 중국 지도부의 해박한 실무지식에 놀랐고, 중국의 눈부신 경제성장과 활발한 외자유치에 놀랐으며, 중국과 우리의 기술 및 산업발전 격차가 크지 않다는 사실에 또 한 번 놀랐다고 한다. 최근 몇 년간 수많은 기업인과 경제전문가들이 중국경제의 고속성장에 따른 '차이나 쇼크'를 귀가 따갑도록 이야기해왔다. 대비책을 만들고 실행에 옮겨야 한다는 경고도 줄을 이었지만, 반향(反響) 없는 공허한 외침에 그쳤다. '상하이 쇼크'라는 신조어에는 바깥세계의 변화에 둔감하고 국내문제에만 매달려온 정부와 정치권에 대한 불만이 담긴 것은 아닐까. 이번 방중 성과는 우리 정부가 지금처럼 계속 미적거리다가는 중국에 추월당할지 모르겠다는 위기의식을 자각하게 된 것이 아닌가 한다.

우리가 세대 간의 반목, 지역 간의 대립, 노사갈등에 빠져 허우적대는 사이 13억 인구대국 중국은 무서운 속도로 추격해오고 있다. 과거 우리는 '잘살아보세', '수출만이 살 길이다'와 같이 명확한 목표와 추진전략을 전 국민이 공유하고, 근로자와 기업가 그리고 정부가 하나로 뭉쳐 경제성장에 매진했다. 명확한 목표와 그것을 달성하기 위한 구체적 전략, 그리고 해내겠다는 강한 의지가 결합되어 60년대 세계 최빈국에서 오늘날 국민소득 1만 달러의 세계 13대 경제대국으로 성장할 수 있었다.

하지만 오늘날 우리의 목표와 비전은 무엇인가. 세계화, 정보화, 중국의 추격이라는 거센 파고를 헤치고 과연 선진국 진입은 가능할 것인가. 우리는 지금 제 몫 찾기에만 몰두하여 미래를 준비하고 새로운 성장동력을 창출하는 데 등한하고 있는 것은 아닐까. 우리는 무모하다는 내외의 지적에도 불구하고 1970년대 전후부터 조선, 자동차, 철강, 반도체 등에 투자하여 경쟁력을 키운 결과 오늘날 그 과실을 누리고 있다. 그때 섬유, 신발, 합판 등에 만족하고 먼 앞날을 내다보며 적극 대비하지 않았더라면 오늘 우리 경제는 어떤 모습일까.

지금은 과거처럼 정부가 모든 것을 결정하는 시대가 아니다. 그럼에도 불구하고 투자 분위기를 조성하고 기업인을 격려하며, 기업하기 좋은 나라를 만드는 것은 여전히 정부의 몫이다. 세계 유수의 기업들을 유치해 일자리를 만들고 자본과 선진기술, 첨단 경영기법 등을 받아들이는 제도와 여건을 갖추는 것도 정부가 할 일이다. 아울러 정부 정책의 불투명성을 제거해 기업이 먼 미래를 내다보고 투자할 수 있는 여건을 조성하는 노력도 있어야겠다. 새 정부가 국정과제의 하나로 제시한 '동북아경제 중심' 건설은 상품수출을 통한 성장방식에 새로운 힘을 불어넣기 위해서 물류, 금융, 관광, IT 등 서비스산업을 육성해야 한다는 인식에서 출발했다고 볼 수 있다.

하지만 동북아경제 중심 건설은 아직까지 구호만 있고 구체적인 추진계획이나 실천은 미흡하기 짝이 없다. 정부와 정치권은 여전히 수동적이고, 7월에 추진하기로 했던 '경제특구'도 노조 등의 반발을 의식한 까닭인지 슬그머니 연기되었다. 우리에게 주어진 시간은 많지 않다. 자동차, 반도체 등 우리의 핵심 산업에서조차 중국과 기술격차를 유지할 수 있는 기간은 5년 내외라는 전망이 있다. 그동안 한·중 간 수출경합이 점차 치열해져, 100대 수출품의 중복은 96년 15개에서 2002년 상반기에 29개로 확대되었으며 미국, 일본 등 주요 수출시장 점유율도 중국에 비해 크게 뒤떨어지고 있다.

제한된 자원으로 소기의 성과를 거두기 위해서는 국정의 우선순위를 정하고 선택과 집중을 통해 목표를 분명히 해야 한다. 우리의 국민소득은 지난 1995년 1만 달러를 돌파한 이래 8년간이나 정체되어왔다. 마의 1만 달러 벽을 넘기 위해서는 국정의 최우선순위를 경제성장에 두고 정부와 기업인, 근로자 모두가 합심하여 노력하는 길 외에 다른 방안은 있을 수 없다. 최근 구체화되고 있는 '국민소득 2만 달러 달성'이라는 목표를 향해 매진하는 한편, '상하이 쇼크'가 '차이나 쇼크'를 극복하는 계기가 되기를 기대해본다.

세계경제 불균형, 어떻게 대처할까

최근 세계경제의 불균형이 확대되면서 2005년 5월 G7 회의에서는 세계 불균형 시정을 위한 적극적인 조치가 필요하다는 성명이 발표되기에 이르렀다. 세계경제 불균형 문제의 진원지는 미국과 중국이다. 미국경제는 2004년도에 경상수지 적자가 GDP의 5.7퍼센트, 재정적자는 3.5퍼센트에 달해 대외신인도가 흔들리고 있다. 불균형의 또 다른 축인 중국은 2000~2004년 5년간 총 2,544억 달러의 외국인 직접투자를 자국으로 끌어들였고, 수출의 급성장에 힘입어 같은 기간에 1,358억 달러의 누적 무역흑자를 기록함으로써 세계의 돈을 빨아들이는 블랙홀로 부상했다. 특히 2005년부터 섬유쿼터가 폐지되면서 중국의 대미 면바지 수출물량이 16배나 증가하는 등 중국 전체 섬유 수출이 1~4월 중 전년 동기 대비 32.9퍼센트나 증가해 미국과 EU의 수입규제를 불러오고 있다.

한편 원유 등 원자재가격의 급등은 세계경제 불균형을 증폭시키고 있다. 국제유가는 2002년 초에 비해 두 배 이상 상승함에 따라 석유 수입에 의존하는 선·후진국의 경상수지가 악화되어 세계경제성장을 둔화시키고 있다. 원래 유가의 등락은 세계경기 동향과 연동되어왔으나, 세계의 공장으로 부상한 중국이 원유 수요 증가분의 약 40퍼센트를 흡수하면서 이러한 연동 트렌드도 깨어져버렸다. 원유, 철강 등 원자재가격은 향후 중국경제가 고성장을 지속하는 한 상승이 불가피할 것으로 예상된다. '차이나 임팩트(China Impact)'가 본격화되면서 전 세계가 몸살을 앓고 있는 셈이다. 이런 와중에 중국정부는 2005년 1월 〈중국 현대화 보고 2005〉 보고서에서 2050년까지 중국경제를 선진국 수준으로 끌어올려 세계 최대의 경제대국으로 부상한다는 계획을 발표했다.

세계경제의 불균형이 확대되면서 보호주의 망령이 되살아날 조짐도 보이고 있다. 미국은 경상적자 축소를 위해 달러화 하락을 유도하면서 미국 경상수지 적자의 약 25퍼센트를 야기하는 중국에 '불균형 해소'를 위해 위안화 절상을 요구하고 있다. 세계 각국이 달러화 하락으로 받게 될 고통을 분담할 자세가 되어 있지 않으면 달러화 하락이 환율전쟁과 보호무역주의로 연결될 가능성은 농후하다. 수출의 성장 기여율이 2004년의 85.4퍼센트에서 2005년 1/4분기에는 147.4퍼센트로 더욱 높아진 가운데 이러한 상황이 발생한다면 우리나라로서는 견디기 어려운 시련이 될 것이다. 이와 함께 G7 회의에서 촉구된 바와 같이 세계경제의 불균형을 해소하기 위한 미국과 일본의 재정건전화, EU의 구조조정 등이 본격화되면 이들 지역에 대한 우리의 수출환경은 더욱 악화될 것이다. 또한 세계경제 불균형의 심화로 인해 지역경제통합이 확산되면서 지역경제통합에서 뒤쳐진 우리나라가 '수입규제가 아닌 수입규제'를 점점 더 크게 받게 될 것이다.

세계경제의 불균형 확산과 우리 경제의 구조적 문제들을 극복하려면 지금부터라도 단편적인 대책을 서두르기보다 먼 미래를 내다보면서 기본에 충실한 경제운영이 우선되어야 한다. 공자의 제자 중 한 사람인 자하(子夏)가 고을의 태수로 임명되어 떠나면서 공자에게 앞으로 어떻게 마을을 다스려야 하는지 물어보았다. 이에 공자는 욕속즉부달(欲速則不達), 즉 '일을 서둘러 공적을 올리려고 하다가는 도리어 목적을 이루지 못한다'는 가르침을 주었다고 한다. 우선 대내적으로 불안한 거시경제를 안정시키기 위한 정부의 중장기적인 대책을 마련하고 적극적으로 해야 한다. 기업들의 투자도 절실하다. 점점 치열해지고 있는 글로벌 경쟁에서 우리 기업이 살아남기 위해서는 사람, 기술, 신산업 등 미래 경쟁력 원천에 대한 투자가 선행되어야 한다. 대외적으로는 브릭스, 동유럽 등 선진국 시장을 대체할 신시장을 개척하는 한편, FTA 추진을 통해 시장을 확보하고 국내적으로는 경쟁을 가로막는 규제를 완화해야 할 것이다.

금융위기의 극복 과제

위기의식과 관한 다음과 같은 이야기가 있다. "경기후퇴는 이웃사람이 실직하는 것이고, 경제불황은 자기가 일자리를 잃어버렸을 때이며 경제위기는 신문기자가 직장을 떠나게 되었을 때다." 물론 지어낸 이야기이지만 불확설성의 시대에는 그만큼 위기의 정확한 인식이 어렵다는 의미다.

2007년 7월 서브프라임 모기지 부실이 표면화된 이래 금융시장 불안이 지속되다가 2008년 9월에는 세계적인 증권사, 투자은행, 보험회사들이 성냥갑처럼 무너지는 국제금융시장의 일대 혼란이 발생했다. 금융시장, 나아가 시장경제 자체의 존립을 위협하는 이러한 위기에 대해 미국정부의 노력이 본격화되고 있다. 지난번 하원에서 부결된 미 정부의 구제금융 방안이 압도적인 표차로 상원을 통과함에 따라 하원 재처리 가능성에 대한 시장의 기대감이 커지고 있다. 그러나 쓰나미 같은 경제위기가 이번 조치로 완전히 극복되리라고는 누구도 믿지 않고 있다. 오히려 더 큰 위기가 닥칠 수 있음에도 그 시기나 파급효과를 예측하기 어려워 두려움이 커지는 형국이다.

미국발 금융쇼크는 세계로 번지고 있다. 이러한 세계 금융시장의 회오리와 이에 따른 대응책은 앞으로 우리 경제에 단기적인 파동뿐 아니라 중장기적으로도 영향을 줄 것이다. 이미 금융위기의 영향은 실물경제의 위축으로 나타나고 있다. 수출이 둔화되고 이에 따라 경상수지 적자가 확대되고 있으며 내수의 조속한 회복도 기대하기 어려운 처지다.

세계화의 거대한 흐름 속에서 오직 글로벌 시장만이 존재하는 오늘날, 우리 경제도 글로벌 경제의 향배에 따라 대응할 수밖에 없다. 더욱이 소규모 개방경제인 우리 경제는 언제나 위기상황에 노출돼 있다. 무역의존도가 2007년 75.1퍼센트에 이르고 증권시장도 외국인 투자에 크게 영향을 받는 상황에서 그만큼 글로벌 경제의 변화는 우리 경제에 언제나 위험요소로 작용한다. 이와 함께 국내에서도 개별주체의 경제행위 쏠림현상이 정보의 다양화·동시화에 따라 일반화되고 있다. 이러한 의미에서 위기관리 시스템의 효율적 운용이 국가경제의 가장 중요한 요소라 할 수 있다.

정부는 하루빨리 우리 금융시스템의 위기요인을 예방할 수 있는 제도를 정비하고, 실물경제에 미치는 영향 등을 종합적으로 고려하여 대책을 마련해야 한다. 위기는 언제나 예측하기 어렵다는 전제하에 대비책을 수립해야 한다. 각국의 경험을 보면 기업이든 정부든 나름대로 예측기법을 가지고 있으나 정확히 예측한 사례는 드물다. 기상관측의 예에서 보듯 언제, 어디서 위기가 발생할 것인가를 예측하는 것도 중요하지만 더욱 우선해야 할 것은 현재의 경제시스템이 그러한 위기상황에서 견딜 수 있는가를 면밀히 분석하고 대응책을 마련하는 일이다.

불치이면 치미병, 즉 이미 병이 된 것을 치료하지 말고 병이 나기 전에 치료하라고 했다. 미국발 금융쇼크로 촉발된 경제위기를 극복하기 위해 대통령과 야당 대표가 만나 국정운영 협력에 관해 논의한 것은 바람직한 일이다. 기업 차원에서도 노사분규로 제 몫 찾기에 열중하기보다는 합심하여 생산성을 높이고 우리 경제의 효율성을 제고하는 데 힘을 쏟아야 한다. 위기관리는 완전할 수 없으며 위기를 초래한 원인은 다양할 뿐 아니라 명확히 드러나지 않고 있다. 외환위기 때 뼈아픈 경험을 했듯이 이런 상황에서 막연히 잘될 거라는 안이함은 절망의 늪으로 빠지는 지름길이 될지도 모른다.

세계적 불황에 선제적 대응을

20 07년 7월 BNP 은행의 부실에서 시작된 금융시장의 혼란이 2008년 들어 대규모 국제금융 위기로 이어져 전 세계를 강타하고 있다. 이러한 위기에 대한 두려움은 주가폭락과 실물경제 불황을 낳고, 급기야 자기실현적 위기상황으로 치닫는 패닉 현상마저 나타나고 있다. 그러나 이러한 위기는 처음도 아니며 더욱이 마지막도 아니다. 케인스(John Maynard Keynes)의 말처럼, 피할 수 없는 경제현상이란 존재하지 않는다. 우리가 예상하지 못한 사태는 언제든 발생할 수 있는 것이다.

우리 경제는 외환위기 이후 글로벌 경제의 중요성을 인식하는 한편, 체질개선에 노력해왔다. 우리 경제가 외환위기를 통해 터득한 귀중한 학습효과는 바로 지금 우리에게 필요한 시장과 경제정책에 대한 신뢰회복과 자신감이다.

최근 금융위기를 타개하기 위한 미국과 유럽의 경제정책을 보면서 역사의 아이러니를 실감한다. 이러한 경제정책은 대부분 10년 전 금융위기 극복을 위해 아시아 각국에 권고한 정책과 정반대 방향에서 추진되고 있기 때문이다. 부실은행 구제는 바람직하지 않고, 금리는 인상해야 하며, 재정도 적자보다는 균형을 이루어야 한다는 것이 위기극복의 일반화된 처방이었다.

위기 대책은 만병통치약인 듯 판박이 정책을 무조건 대입할 것이 아니라, 각국의 경제상황을 고려해 일관성 있고 효율적인 카드를 마련해야 한다. 자본주의 시장경제에는 '보이지 않는 손'과 함께 시장기능의 원활한 작동을 보장하는 '보이는 정부의 감독'이 반드시 필요하다. 그 두 가지를 통해 시장의 신뢰도는 높아지는 것이기 때문이다. 이런 의미에서 최근 외신 보도는 우리 경제상황에 대한 무지와 편견에서 비롯되었으며, 그로 인해 새로운 불신을 초래할 염려가 있다.

외채 규모의 증가가 위기 징후라고 지적되고 있으나 이는 조선업계 선물환 등 미래 수익을 기초로 한 일시 차입인 만큼, 경상수지 적자 보전용 외채와 구분돼야 한다. 더욱이 지난 10월 30일 체결된 한·미 통화교환협정의 결과, 외환유동성 불안이 해소되면서 CDS 프리미엄(국가부도 위험)도 급락하고 주식시장과 외환시장도 안정세에 들어섰다. 우리 경제의 어려움은 외환위기의 재발이 아닌 세계적 불황에 대한 대응이다. 세계적인 불황의 파고를 헤쳐 나가기 위한 준비를 철저히 해야 한다. 머뭇거리거나 뒤돌아볼 여유가 없다. 선제적이고 충분한 정책을 단호히 추진해야 한다.

우선 정책의 우선순위를 단기적인 유동성 공급에 두어야 한다. 금융기관과 중소기업이 유동성 확보에 어려움을 겪지 않도록 외화와 원화의 유동성을 충분히 공급하고, 외채상환능력의 신뢰성을 높이기 위해

은행 대외채무에 대한 국가보증을 조속히 확대 시행해야 한다. 은행 간의 상호신뢰가 회복되지 않는 상황에서는 중앙은행이 금리를 추가 인하하는 동시에, 금융권을 거치지 않고 직접 실물경제에 자금을 공급하는 방안도 적극 고려해야 한다. 정부도 추가적인 재정지출과 감세를 통해 소비기반 확대와 기업 투자 및 고용창출에 기여하는 모든 조치를 강구해야 한다. 정부 지원으로 야기될 미래의 도덕적 해이도 고려해야 하지만, 시스템 자체가 위험한 상황에서는 당장 엎질러진 물을 치우는 대응책 마련이 더 시급하다. 이와 함께 세계경제의 글로벌화가 심화되면서 불황의 동조화 현상이 빠른 속도로 진행되고 있는 만큼 국제적 정책협조가 필수적이다. 이러한 의미에서 최근 한·미 양국의 통화교환협정은 매우 고무적인 현상이다.

우리 경제는 2차 세계대전 이후 후진국에서 선진국으로 발돋움한 유일한 사례다. 일본경제가 10여 년 동안 하지 못한 구조개혁을 '금 모으기 운동'으로 대표되는 국민적 에너지 결집을 통해 이뤄내지 않았던가. 세계적인 불황의 그림자가 드리워진 가운데서도 경제주체 모두가 위기를 기회로 바꾸겠다는 굳건한 의지와 긍정적인 사고가 필요하다. 미래에 대한 자신감을 가지고 노력한다면 위기는 다시금 기회로 다가올 것이다.

성공적인 G20 정상회의의 세 가지 평가기준

20 08년 글로벌 경제위기 이래 세계경제를 한마디로 표현하면 '혼돈 그 자체'라고 할 수 있다. 2009년 하반기 이후 선진국

경제가 다소 회복되고 한국, 중국 등 신흥공업국을 중심으로 빠른 회복세를 보이고 있어 세계경제의 급격한 추락 현상은 나타나지 않았지만, 세계경제가 빠른 기간 내에 정상화될 가능성은 높지 않다. 더욱이 어려운 것은 응급처방 이후 추가적인 대책이 마땅치 않다는 점이다. 오히려 단기적인 처방에 따른 후유증이 나타나고, 경제정책에 대한 경제주체들의 불신이 커지고 있다. 정책효과의 폭과 시기도 기대와 달리 부진하고, 결과적으로 세계경제 전망과 관련한 비관론이 확산되고 있다.

그러면 이러한 상황에서 세계경제정책의 목표를 어디에 두어야 할 것인가? 그동안 G20을 비롯한 여러 국제적인 정책공조의 장에서 지적되었듯이 '세계경제의 지속 가능하고 균형적인 성장'이 상당 기간 최우선 과제가 될 것이다. 선진국뿐만 아니라 개도국도 '잃어버린 10년'이라는 암울한 상황이 전개되지 않도록 위기관리와 함께 성장잠재력의 제고에 경제정책의 초점을 맞추고 있다. 지난 G20 정상선언문에서 '성장'이라는 단어가 무려 29번이나 사용된 것은 이처럼 절박한 정책당국자의 고민이 반영된 결과라 할 수 있다.

그러나 대규모 재정적자, 고령화, 보호주의, 구조개혁의 지연 등으로 생산성과 성장잠재력 제고는 어려운 상황이며 국제공조 없이는 문제가 더욱 악화될 위험이 상존하고 있다. 이런 측면에서 이번 서울 G20 정상회의는 위기극복에서 지속 가능한 성장으로 전환하는 가장 중요한 모멘텀이 될 것이다.

서울 G20 정상회의 성공의 첫 번째 평가기준은 이번 G20 회의가 단순한 위기관리를 넘어 세계경제성장의 최고결정기구(Steering Committee)로서 확실하게 자리매김할 수 있는가 하는 점이다. 우리 정부는 G20 위원회를 중심으로 KDI, 브루킹스 연구소(Brookings Institution) 등과 함께 G20 제도화의 중요성을 강조한 바 있으며, 의제에 있어서도 세계경제의 안정적 성장을 위한 거시경제정책, 금융규제개혁, 자유무역주의 강조, 국제기구 거버넌스 개선 등을 제안했다. 민간부문의 참여를 강조한 비즈니스 정상회의를 개최하는 것도 이러한 노력의 일환이라 할 수 있다.

둘째로 국제적 정책공조에는 반드시 실천이 뒤따라야 한다. 정책 결정자 간의 합의는 쉽지만 언제나 실천이 어렵고, 실천 없는 국제공조도 불가능하기 때문이다. 따라서 서울 G20의 두 번째 성공기준은 합의된 사항에 대해 어떠한 실천계획(action plan)을 마련했느냐 하는 것이다. 물론 지난 4차에 걸친 G20 회의에서도 실천적 목표를 제시했으나 이번 서울 정상회의의 여건은 환율전쟁에서 보듯 과거 어느 G20 정상회의 때보다 긴박한 상황이다. 따라서 전 세계 경제주체들에게 지속성장에 대한 확신을 심어줄 수 있는 실천의지를 표명하고, 이에 따라 구체적인 실천계획을 천명해야 할 것이다.

세 번째의 성공기준은 이번 서울 G20 정상회의에서 우리 정부가 새로이 제안한 의제에 대한 중요성의 인식과 지속성이다. 우리 정부가 제안한 의제, 즉 글로벌 금융안정망과 개발의제는 서울 G20 정상회의가 단순히 20개국의 이해가 아닌 세계경제 전체의 안정적 성장을 담보하는 필수적인 기구라는 점을 확인해준다. 그뿐 아니라 제도적인 측면에서도 중장기적으로 G20의 위상을 높일 수 있는 중요한 제안이라고 할 수 있다. 글로벌 금융안정망의 확보는 향후 세계경제의 위기방지와 안정 성장의 가능성을 제고할 것이다. 또한 개발의제는 단순한 원조가 아닌 발전전략의 효과성을 제고함으로써 개도국의 소득수준 향상과 함께 글로벌 불균형의 시정에도 기여할 것이다.

서울 G20 정상회의는 분명 우리 경제사뿐만 아니라 세계경제사에서 분수령이 될 수 있다. 지금은 경제학의 위기라고 부를 만큼 어려운 상황이다. 세계경제문제 해결에 발상의 전환이 필요하고 모든 국가와 개인의 지혜를 모아야 한다. 서울 G20 정상회의의 성공 여부에 세계는 물론 우리 경제의 향방이 좌우된다고 해도 과언이 아닐 것이다.

조화로운 생존의 해법

20 08년 금융위기와 최근 남부유럽발 경제위기 추이로 볼 때 '지구촌'이란 표현은 더 이상 언어적 비유가 아닌, 돌이킬 수 없는 지구 문명의 현실이다. 위기를 넘어 인류 공영의 미래를 구현할 마스터플랜의 기획과 실현을 위해서는 전체의 부분이자 부분으로서 전체인 세계 각국의 긍정적 상호인정과 긴밀한 협조가 필수적이다. '위기를 넘어 다 함께 성장'이라는 슬로건 아래 '서울 액션플랜'을 채택한 2010년 서울 G20 정상회의 이후, 세계경제에 재정위기 상황극복을 위한 새로운 리더십과 정책조정이 요구되고 있다.

세계지식포럼은 2000년 설립 이래 '지식경제'라는 새로운 패러다임을 우리 경제에 시사한 바 있으며, 이번 12회 포럼에서 '글로벌 리더십의 변혁과 아시아의 도전'이라는 또 다른 지평선을 제시했다. 글로벌 경제의 중심축이던 미국이 더블딥 위기로 재정확장과 적자감축을 고민하는 현 상황은 단순한 위기 타개책이 아닌, 새로운 글로벌 거버넌스의 필요성을 웅변한다. 그리스 구제금융 이후 신용등급 하향 도미노의 굴욕을 겪고 있는 EU의 고난 역시 세계경제질서의 재편에 대한 절체절명의 요구라 할 수 있다. 위기극복에 필수적인 글로벌 리더십 변혁에 대한 공감대를 조성하고, 그 과정에서 아시아가 수행할 새로운 역할을 모색하는 2011년 포럼의 방향은 매우 시의적절하게 설정되었다.

위기를 계기로 드러난 글로벌 리더십의 부재는 아시아에 대한 세계적 관심을 불러일으켰다. 과거 이국적 신비 혹은 관용의 대상으로 인식되던 아시아 국가들이 오늘날에는 세계경제를 이끌고 있는 실세라고 해도 과언이 아니다. 지난 5년간 세계경제성장 기여의 2/3가 중국 등 신흥공업국에서 이루어진 바, 세계경제회복은 선진국이 아닌 아시아의 향배에 달려 있다. 역동성이라는 추상적 개념만으로는 온전히 포착할 수 없는 아시아적 성장모델을 규명함으로써 새로운 글로벌 거버넌스의 가능성을 찾으려는 시도가 끊이지 않고 있다.

첫날 포럼의 기조연설자인 마에하라 세이지(前原誠司) 일본 민주당 정책조사회장과 세라 페일린(Sarah Palin) 전 알래스카 주지사의 강연은 특히 이목을 집중시켰다. 차기 총리 후보 일순위로 거론되는 마에하라 정책조사회장은 '잃어버린 10년' 이후 일본의 성장모델이 겪은 역경을 반추하고 재도약을 위한 방향 정립의 시급성을 강조하면서, 대지진과 원전사태 이후 채택할 안정과 성장의 청사진을 제시했다. 세계경제 불균형과 위험요소를 해소하기 위해서는 오픈 아시아의 중요성이 더욱 강조되어야 하며 이를 위한 한·일 간 신뢰 강화가 필요하다는 지적에 동의하지 않을 수 없다. 유럽은 물론, 위기로부터 결코 자유롭지 못한 세계 각국은 일본의 경험에서 실질적인 교훈을 얻을 수 있을 것이다.

또한 페일린 전 주지사는 흔히 단기적·대중적 처방을 위한 정부 개입이 정당화되는 현실에서, 개인의 창의에 바탕한 시장경제의 창달이 정부부문의 확대보다 경제부흥에 효과적이라고 강조했다. 2011년 노벨경제학상을 수상한 토마스 사전트(Thomas Sargent), 크리스토퍼 심스(Christopher Sims) 교수의 공통된 주장이 합리적 의사결정에 의존한 경제정책의 운용이었음을 생각할 때, 궁극적으로 개인의 창의와 기업가 정신에 입각한 시장원리야말로 경제회복의 근본적 처방이라 할 수 있다.

촘촘히 연결된 글로벌 체제 아래 개별 국가의 생존은 더 이상 외따로 이루어질 수 없다. 세계 최고의 석학들과 CEO들, 각계의 전문가들이 모여 머리를 맞댈 수밖에 없는 이유다. 인류의 생존과 균형 잡힌 성장을 위해 온 세상의 비전을 조화시키는 글로벌 토론장으로 세계지식포럼이 자리 잡아 나아가길 기대한다.

남의 돈에 의존하지 말라

그리스 재정위기를 해결하기 위한 국제공조가 진행되고 있으나 디폴트에 대한 우려는 사라지지 않고 있다. 그리스에 이어 이탈리아 등 여타 남유럽 국가에서도 문제가 발생할 가능성이 높아지면서 금융시장의 불안은 계속되고 있다.

당초 위기는 금융시장과 실물경제에서 시작되었다. 유럽통합을 앞두고 금융시장은 낙관론에 빠져들었다. 유로통합이 이루어지면 유로권의 모든 나라가 독일만큼 튼튼한 경제기반을 마련할 것이라는 허황된 기대감에 그리스, 이탈리아, 스페인 같은 남유럽 국가로 자본이 쏟아져 들어왔다. 그리스의 경상수지 적자는 2007년 GDP의 14퍼센트, 2008년 15퍼센트에 달했다. 자본유입이 이뤄지면서 이들 국가의 금리는 급격히 낮아졌다. 예를 들어 1997년 그리스의 장기금리는 독일보다 5.5 퍼센트포인트 높았으나, 2001년에는 차이가 없어졌다. 같은 통화를 쓴다고 해서 사실상 모든 나라의 정부가 금융시장에서 동일한 평가를 받을 이유는 없다. 미국 기업들은 모두 달러화를 쓰지만 신용등급은 천차만별이고, 이들이 발행하는 회사채의 금리 역시 제각각이다. 이러한 측면에서 유로통합 과정에서 목격된 금리의 수렴은 매우 이상한 현상이었다. 그러나 당시에는 특별히 주목을 받지 못했다.

남유럽 국가들은 쏟아져 들어오는 외국자본으로 소비와 투자를 늘렸다. 생산능력이 뒷받침되지 않은 채 소비와 투자가 늘어나면서 물가가 불안해졌다. 그리스의 소비자물가 상승률은 2000년부터 2008년까지 매년 3~4퍼센트의 비교적 높은 수준을 보였다. 물가가 상승하자 임금이 오르고 수출경쟁력은 떨어졌다. 제조업부문의 단위노동비용(unit labor cost)은 그리스에서 1995년에서 2010년까지 15년간 89퍼센트 상승했다. 반면 같은 기간 독일은 거의 변하지 않았다. 민간부문뿐 아니라 정부부문 역시 재정적자를 늘리고 흥청망청 돈을 쓴 결과, 그리스의 재정적자는 2007년 GDP의 7퍼센트, 2008년 10퍼센트에 달했고, 이는 정부부채의 누적으로 이어졌다. 그리스의 정부부채는 2000년에 이미 GDP의 10퍼센트를 넘어섰다.

2008년 말 미국에서 금융위기가 시작되었을 때, 유럽은 다소 느긋하게 관망하는 모습을 보였다. 돈벌이를 위해 물불을 가리지 않는 미국식 자본주의에 비해 사회적 형평을 중요시하는 유럽의 경제시스템이 훨씬 안전하다는 목소리도 있었다. 그러나 금융위기가 전염되면서 유럽의 금융기관들도 부도위험에 몰리기 시작했다. 마음이 불안해진 금융시장은 경제구조가 취약한 남유럽 국가에 대해 먼저 돈줄을 조이기 시작했다. 우리나라가 1990년 말에 경험한 외환위기도 우리 경제 내부의 문제가 국제금융시장의 불안과 겹치면서 발생한 것이다. 즉 개발연대 중에 기업 및 금융부문의 부실이 누적된 데다 1990년대 중에 자본자유화와 더불어 외화차입이 과도하게 이루어지면서 해외 충격에 대한 취약성이 높아졌다. 이런 상황에서 1997년에 동아시아 국가에서 발생한 금융위기가 우리나라에 전염되면서 외환위기가 터진 것이다.

우리나라와 남유럽의 위기가 주는 시사점은 명확하다. 민간부문이든 정부부문이든 남의 돈에 의존하는 버릇을 버려야 한다. 언제까지나 경상수지 적자로 민간소비와 투자를 지탱할 수는 없으며, 재정적자로 정부지출을 지탱할 수도 없다. 언젠가는 빚을 갚아야 하는데, 빚쟁이들은 예상치 못한 시점에 코앞에 나타날 수 있다. 우리나라나 남유럽 국가들과 같은 변방 국가는 그런 위험에 더 많이 노출되어 있다.

미국과 유럽의 부채해소(de-leveraging)가 완료되기까지는 앞으로 최소한 3~4년이 걸릴 것으로 예상된다. 통화정책이나 재정정책을 통해 공연히 경기부양에 나섰다가 또 다른 부실의 싹을 키우기보다는 거시경제의 건전성 확보에 초점을 맞추어 정책을 펼쳐야 할 것이다.

계포일낙은 천금보다 중하다

G20 정상회의가 9월 5일과 6일 양일간 러시아 상트페테르부르크에서 열린다. 벌써 여덟 번째다. 박근혜 대통령에게는 다자외교 무대 데뷔전이다. 주지하다시피 2008년 이후 글로벌 금융위기와 유럽 재정위기를 겪으면서 G20은 '위기관리체' 역할을 충실히 해냈다. 재정

·통화·환율·무역 등 주요 경제정책 분야에서 정책공조를 성공적으로 이끌었고 그 결과 "세계경제를 심각한 위기상황에서 구했다"는 평가를 받았다.

하지만 세계경제가 위기국면에서 벗어나 정상화되어가는 지금, G20은 새로운 도전에 직면해 있다. 당장 양적완화 축소 과정에서 나타날 신흥국시장의 급변동 가능성에 대응해야 한다. 경기회복에도 불구하고 구조적으로 실업문제가 해결되지 않는 상황도 심각한 과제다. 중기적으로는 나라 살림살이를 건전하게 유지하되 단기적으론 경기를 살리기 위해 나랏돈을 푸는 숙제도 해결해야 한다. 지금 G20은 위기관리자 역할에 머물지 않고 새로운 국제경제 질서의 설계자로 변신해야 한다. 이처럼 역할 변화에 대한 요구와 더불어 'G20이 추진동력을 잃어가고 있다'는 지적도 아프게 받아들여야 한다. 위기감이 사라지면서 G20이 구심점을 잃어가고 기존에 합의했던 약속마저 지키지 않는 일이 잦아졌기 때문이다. 예컨대 2010년 서울 G20 정상회의에서 합의한 IMF 지배구조 개혁(안)은 아직 마무리되지 못했다.

하지만 G20은 세계경제의 안정과 지속 가능한 성장을 위해 여전히 유용한 협력의 장이다. 세계경제의 상호연관이 날로 긴밀해지고 세계경제의 축이 다원화되는 상황에서 주요 선진국과 신흥국을 망라한 G20만이 정당성 있고 효과적인 해법을 제시할 수 있기 때문이다. 전통적인 주요 7개국(G7)도 부상하는 브릭스도 G20을 대체하기에는 역부족이다. 문제는 G20이 어떻게 제 역할을 다하느냐인 것이다.

이런 취지에서 한국은 이번 회의에서 G20에 "말보다는 행동이 중요하고, 약속한 것은 반드시 지키는 포럼으로 거듭나야 한다"고 강력히 촉구할 계획이다. 특히 약속한 정책들이 제대로 실현될 수 있도록 효과적·상시적 점검 체제를 갖춰 나가야 한다. 그래야 G20에 대한 각국 및 시장의 신뢰가 회복될 것이다.

G20은 우리에게 가장 중요한 경제외교의 장이다. 비중 있는 다자경제협의체 중 우리가 속한 거의 유일한 무대이기 때문이다. 또 원화가 기축통화도 아닌 데다 한국은 소규모 개방경제이기 때문에 글로벌 이슈는 곧 한국경제의 이슈가 된다. 모든 글로벌 이슈가 '강 건너 불'이 아니라 '발등의 불'인 만큼, G20에서 한국의 입장을 반영하고 한국 정책의 국제적 정합성을 확인해야 한다.

우리는 개도국에서 선진국 문턱으로 도약했고 G20 정상회의를 개최하기도 했다. 선진국과 신흥국 사이의 가교 또는 신흥국의 이해를 대변하는 맏형으로서 역할을 수행해야 한다. G20 회의에 참여하는 각국 정상들과 우의를 다지는 한편 양자회담 등을 통해 투자를 유치하는 등 세일즈 외교를 적극 펼칠 기회로 삼아야 한다.

중국 초(楚)나라 사람 계포(季布)는 한번 한 약속은 끝까지 지켰다고 한다. 그래서 '계포일낙(季布一諾)은 천금보다 중하다'라는 격언이 있다. G20은 정책공조 약속을 무겁게 여기고 실천하는 계포일낙의 교훈을 새겨야 한다. G20 리더십의 핵심은 '신뢰'다. 한국은 이번 회의에서 G20 회원국들에 약속의 중요성을 상기시키는 한편 상생의 공약수를 찾아내는 데 적극 참여할 것이다.

4

케인스가 우리 경제에
조언한다면

경제정책 결정을 위한 제안

새 정부의 청와대 비서진과 각 부처 장·차관 진용이 짜여졌다. 경제부총리, 정책실장, 정책수석, 경제보좌관 등을 주축으로 하는 경제팀도 본격적으로 가동되기 시작했다. 새 경제팀은 대통령이 선거과정에서 제시한 공약과 인수위원회가 마련한 국정과제를 이뤄야 하는 과제를 맡고 있다.

최근 우리 경제는 경제팀을 시험이라도 하듯 악화일로로 치닫고 있다. 미국−이라크 전쟁과 북핵사태에 따라 투자 및 소비위축, 무역수지 적자, 물가불안, 주가하락 등 곳곳에서 적신호가 켜진 것이다.

2003년 경제성장률이 애초 예상치인 6퍼센트를 크게 밑돌 것이라는 전망도 있다. 그래서 새 경제팀의 경제정책 방향과 못지않게 경제정책 결정 과정이 앞으로 어떤 메커니즘을 가질 것인가가 주목받고 있다. 특히 청와대의 경제관련 기구가 대폭 개편되고, 시민단체와 일반인들의 참여를 적극 유도하고 있다는 점에서 참여정부의 경제정책 결정과정은 큰 관심을 모은다. 지금까지 참여정부의 정책결정 과정 구도는 매우 의욕적이었다. 이를테면 청와대에 국민 참여수석을 신설하고, '국민이 대통령'이라며 일반인들의 적극적인 정책제안을 구하는 것은 과거 정부에서는 유례없는 파격으로 여겨진다. 대통령과 정부가 경제정책을 마음대로 주무르는 것이 아니라 국민 개개인에게 참여할 기회를 제공하는 것은 좋은 일이다. 사회가 다원화되는 가운데 이익단체 혹은 시민단체의 입김이 커지고, 이들이 정책결정 과정에 직접 뛰어들어 영향력을 적극 행사하려는 경향에 비추어 볼 때 이런 시도는 일단 바람직한 방향이라 할 수 있다.

하지만 이것이 양질의 경제정책 결정과정으로 정착되기까지는 많은 노력이 필요하다. 미국 클린턴 행정부 시절 고위 관리를 지낸 앨리스 리브린(Alice Rivlin)은 "경제정책 결정과정은 너무 복잡하고 범위가 넓기 때문에 어떻게 진행되고 있는가는 고사하고 어떻게 되어야 하는가를 설명하는 것조차 불가능하다"고 말했다.

우리 정부의 정책결정 과정 역시 갈수록 복잡해지는 양상이다. 과거 우리 정부에서 일반인의 정책결정 참여는 매우 제한적이었다. 정부 부처 간 이해와 이견의 조정은 강력한 대통령제를 토대로 컨센서스를 이루는 식이었다. 부처 간 이해조정의 해법을 찾지 못할 때는 해결을 미루다 타이밍을 놓치는 바람에 부작용을 초래한 경우도 많았다. 정부안의 정책조정은 주로 대통령과의 거리에서 우위에 있는 쪽이 주도하면서 시비와 잡음이 빚어지곤 했다. 이제 경제정책 결정과정에 참여자의 폭이 확대되는 만큼 정책조정 과정이 더욱 정교해져야 한다. 경제정책 결정과정이 정교하면서 효율적으로 이루어지려면 먼저 경제팀의 역할 분담과 책임소재를 명확히 해야 하며, 정부 부처 간 정책 관련 정보를 적극 공유해야 한다. 국민들의 자발적이고 창의적인 참여를 유도하기 위해 국민들의 정보공유도 확대되어야 한다.

두 번째로는 경제정책 수립과 실행과정에서 협상을 고려해야 한다. 협상은 공익증대를 위한 문제해결 과정으로, 대립과 갈등을 조정하고 해소하는 데 의의가 있다. 정부 정책이 이해관계자의 반대에 부딪힐 가능성이 있다면, 언론을 통한 여론 조성과 당사자를 설득하는 협상전략을 포함해야 한다. 또 정부 정책조정에서는 한편의 효용을 감소시키지 않으면서 다른 편의 효용을 증대시키는 '파레토 최적'을 찾아내 공익을 극대화해야 하며, 다양한 목소리를 수렴할 수 있는 사심 없는 조정자를 두어야 한다. 마지막으로 경제정책 결정과정을 지켜본 필자의 경험에 비추어, 국민경제 발전전략 및 주요 정책방향의 수립을 위해 헌법상의 대통령 자문기구인 국민경제자문회의를 활성화하는 것이 바람직하다. 이를 위해 전문성을 중심으로 자문위원 수를 늘리는 방안을 생각해볼 수 있을 것이다.

한국경제정책의 경쟁력

최근 우리 경제는 성장이 둔화되는 가운데 기업 투자부진과 근로자 파업, 부동산 투기, 카드채 부실 등으로 많은 어려움에 직면해 있다. 현재 우리 경제의 위기는 경기순환의 국면에 따라 나타나는 일시적 현상이기보다는 '1만 달러 함정'의 구조적 현상과 경제정책의 경쟁력 부재에 근본 원인이 있다. 최근 발표된 스위스 국제경영개발연구원(International Institute for Management Development, 이하 IMD)의 세계 경쟁력보고서를 보면 정부효율성 부문에서 한국은 59개국 중 35위에 머물러 있다. 싱가포르, 홍콩, 대만 등 경쟁국들이 10위권 내외에 있음을 감안할 때 한국정부부문의 경쟁력에 '적신호'가 켜진 셈이다.

오늘날 세계 각국은 21세기에 본격적으로 펼쳐질 새로운 경제질서의 주도권을 잡기 위해 공공부문의 생산성과 효율을 높이고, 민간부문의 경쟁력 향상을 뒷받침하기 위해 온갖 노력을 기울이고 있다. 아일랜드는 1980년대 후반까지만 하더라도 서유럽의 최빈국이었다. 하지만 글로벌화와 유럽화를 지향하는 경제정책의 효과로 세계 최고수준의 국가경쟁력을 확보했다. 싱가포르는 지역 허브로서의 위상 강화를 위해 15년 앞을 내다보는 장기비전을 수립해 추진 중이다. 중국 또한 2020년까지 전면적인 샤오캉(小康, 먹고 살 만한 비교적 잘사는 수준)사회 건설을 목표로 사회주의 시장경제체제의 확립과 경제국제화에 박차를 가하고 있다.

한국은 어떤가. 한국경제는 지난 한 세대 동안 세계에서 유례가 없는 압축성장을 해왔으며 여기에는 정부 주도의 경제정책이 큰 역할을 했다. 그러나 이제는 정부가 직접 나서기보다 각 경제주체들의 합리적 경제활동을 유도해 성장잠재력을 극대화하는 방향으로 경제정책의 경쟁력을 높여 나가야 한다. 이를 위해서는 우선 정책조정이 보다 정교해질 필요가 있다. 경제팀의 역할분담과 책임소재를 명확히 하고 정부 부처 간에 정책과 관련된 정보공유가 확대되어야 한다. 참여정부 들어 경제정책 결정과정에 참여자의 폭이 확대된 것은 바람직하지만, 정교한 정책조정을 통해 이를 보완할 필요가 있다.

둘째, 정부와 이해당사자와의 협상은 '공익증대'를 위한 문제해결 과정이어야 한다. 이를 위해서 정책담당자는 아우성치는 소수의 단기적 이익보다 말없는 다수의 장기적 편익을 우선하는 '사심 없는 조정자(Honest Broker)'가 되어야 한다. 대화와 타협도 이 같은 원칙 위에서 진행돼야 한다.

셋째, 경제정책은 일관성을 유지해 신뢰를 얻어야 한다. 일관성이 없으면 정책의 불신과 경제불안을 초래하게 된다. 저명한 경제학자인 프란시스 후쿠야마 교수의 지적대로 신뢰야말로 노동, 자본과 더불어 가장 중요한 생산요소의 하나임에 틀림없다.

넷째, 경제정책은 기본적으로 시장원리에 충실해야 한다. 시장원리는 경제주체의 행동규범으로, 자원의 최적배분을 이뤄내기 위한 전제다. 참여정부도 예외는 아니다. 경제를 살리려면 궁극적으로 경제정책 코드가 항상 시장에 중심을 맞춰야 하며, 이를 위해서는 시장원칙이 엄격하게 지켜져야 한다.

마지막으로 경제정책은 글로벌 시각에서 추진되어야 한다. 국제규범에 부합하고 유연성을 수용하는 정책을 추진할 때 국가 간 이동성이 높은 자원들을 국내에 유치할 수 있으며 참여정부가 국정 핵심과제로 수립한 동북아경제 중심 전략도 달성할 수 있을 것이다.

한자로 위기(危機)는 위험(危)과 기회(機)라는 두 단어로 구성되어 있다. 올바른 경제정책은 위험을 기회로 만드는 필수적 요소다. 이 시점에서 우리에게 가장 시급한 것은 경제정책의 경쟁력 제고임에 틀림없다.

케인스가 우리에게 조언한다면

최근 우리 경제는 수출이 호황인 반면 민간소비 및 투자 등 내수가 지지부진하고 일자리가 별로 늘지 않는 이른바 '고용 없는 성장'을 지속하고 있다. 이것은 고용효과가 높은 신발, 섬유, 피혁 등 노동집약 산업이 고임금에 부담을 느껴 중국과 동남아로 빠져나간 데에서 기인하고 있다. 무역연구소가 추정한 결과에 따르면 중국에 진출한 우리 기업들의 국내 고용인원은 약 100만 명에 달한다. 하지만 이보다 더 우려되는 것은 투자여력이 있는 기업들조차 투자를 망설이고 있는 현실이다. 여기에는 불안정한 노사관계, 출자총액 제한제도를 포함한 각종 규제, 그리고 기업들의 미래 불확실성에 대비한 현금보유 욕구가 자리 잡고 있다. 이것은 수출호조가 투자 및 고용확대로 이어지고 다시 소비증가로 연결되었던 지난 90년대까지의 선순환 고리가 사실상 끊어졌음을 의미한다. 이제 한국경제는 수출만으로는 순탄하게 성장하기 어려우며, 결국 소비와 투자가 함께 살아나지 않으면 실업해소도 어렵고 경기회복도 더딜 수밖에 없다.

지금의 한국경제처럼 투자와 소비가 극도로 위축되어 있는 상황에서 내수 진작을 이루려면 어떤 정책이 필요할까? 1929년 증시대폭락으로 시작된 대공황(the great depression)으로부터 세계경제를 구원한 케인스에게서 해답을 찾을 수 있을 것이다. 케인스는 1935년에 경제학사상 불후의 명작으로 꼽히는 《고용, 이자 및 화폐의 일반이론(The General Theory of Employment, Interest and Money)》을 간행해 유동성 함정(liquidity trap)이 존재함을 역설했다. 유동성 함정이란 이자율이 충분히 낮아 사람들이 경쟁적으로 현금보유를 선호하기 때문에, 통화공급을 늘리더라도 이자율이 더 이상 하락하지 않는 경제상황을 의미한다. 이 경우 현금수요가 높기 때문에 통화정책은 그다지 효과가 없고, 정부지출을 증대시키거나 조세를 감면하는 재정정책이 유효하다. 미국 등 주요 선진국들은 그의 이론을 받아들여 재정지출을 확대함으로써 실업률을 크게 낮추고 대공황에서 탈출할 수 있었다.

갑자기 케인스 이야기를 하는 것은 혹시 우리 경제가 유동성 함정에 근접하고 있는 것은 아닌가 하는 경계심 때문이다. 우리 금융시장을 보면 그동안 통화량 증가율이 외환위기 이후 20퍼센트대에서 2003년과 2004년에는 6퍼센트대로 둔화되었는데도 이자율은 콜금리 기준으로 1998년 14.91퍼센트 이래 지속적으로 하락해 지금은 3.75퍼센트라는 사상 최저 수준에 머무르고 있다. 또한 이처럼 낮은 이자율 수준에서도 기업대출은 증가세가 크게 둔화되는 반면, 민간의 현금보유 규모는 사상 최대 수준이다. 사상 최저금리와 사상 최고의 민간 현금보유 욕구는 무엇을 시사하는가? 바로 우리 금융시장이 통화량 증대만으로는 이자율 하락을 더 이상 기대하기 어려운 유동성 함정에 빠질 위험성이 있다는 점이다. 1990년대 일본정부가 불황을 해결하기 위해 금리를 인하시켰음에도 불구하고 유동성 함정에 빠지면서 장기불황의 터널로 빠져든 선례를 반면교사로 삼아야 한다.

정부가 통화정책보다는 거시경제정책 운용의 기조를 정부지출 확대, 혹은 조세감면과 같은 케인스적 확대재정정책에 두어야 할 필요성이 바로 여기에 있다. 이러한 점에서 최근 정부가 특소세를 인하하고, 고용창출형 창업투자에 대해 세제지원 등의 재정정책을 활용하는 것은 올바른 정책방향이라고 평가할 수 있을 것이다. 재정정책이 단기처방이라면, 중장기적으로는 산업구조의 고도화에 승부를 걸어야 한다. 우선 수출중대가 관련 부문 생산 및 고용확대로 연결될 수 있도록 수출산업에 대한 투자확대가 절실하다. 정부가 발표한 '10대 성장동력 산업과 서비스산업 육성방안'에 나와 있듯이 우리의 주력 수출산업인 IT와 기초소재 산업에서 지나치게 높은 수입의존도를 낮추고 국산화율을 높여야 하며, 이를 위해서는 R&D 투자확대를 통해 수입대체능력을 높여야 한다. IT와 기초소재 산업의 국산화율을 높인다면, 수출증대에 따른 국내산업의 연관효과가 높아져 생산과 고용이 동시에 개선될 수 있을 것이다.

어머니 경제학

어머니는 '명사(noun)'가 아니라 '동사(verb)'라는 말이 있다. 우리가 '어머니'라고 부를 때 그 말은 단순한 호칭을 넘어 그 안에는 자녀가 원하는 것이라면 무엇이든 할 수 있다는 동사적 의미가 담겨 있다는 뜻이다.

얼마 전 미국의 한 조사기관이 어머니날을 기념해 전업주부의 노동력을 서비스 제공업자의 연봉으로 계산한 결과가 화제를 모았다. 조사 결과, 전업주부인 어머니는 요리사, 운전수 등 1인 10역을 동시에 수행하며 연봉으로 환산하면 13만8,095달러, 우리 돈으로 약 1억3,000만 원에 달하는 노동력을 사회에 제공하고 있다고 한다.

미국의 경제학자 낸시 폴브레(Nancy Folbre)는 현대 경제의 발전이 이기심을 뜻하는 '보이지 않는 손(Invisible Hand)' 뿐 아니라 여성의 이타적인 돌봄을 뜻하는 '보이지 않는 가슴(Invisible Heart)'에도 의존하고 있다고 분석했다. 최근 이처럼 여성의 가사노동을 적극적인 경제활동으로 해석하는 움직임이 증가하고 있다. 그뿐 아니라 선진국에서는 저출산·고령화로 인한 노동력 감소문제를 해결하기 위해 여성의 경제활동 참가율 제고를 위해 노력하고 있다. 일본의 경우 경제재정자문회의 차원에서 25~40세 기혼여성의 취업률을 2006년 말 57퍼센트에서 2017년 71퍼센트까지 끌어올리겠다는 목표와 전략을 수립했다.

반면 세계에서 가장 낮은 출산율을 기록하며 가장 빠른 속도로 고령화되고 있는 우리나라에서는 아직까지 여성의 경제활동을 증진하기 위한 노력이 미진하다. 우리나라 전체 여성의 경제활동참가율은 지난해 50.1퍼센트로, 꾸준히 증가하고 있으나 여전히 OECD 회원국 중 최하위 수준이다. 그나마도 여성 취업자 대부분(67.7퍼센트)이 비정규직이다. 기혼여성의 경제활동참가율은 여성 전체의 참가율보다도 훨씬 낮다. 자녀출산 후 생후 2년까지 여성 취업률이 25.9퍼센트까지 떨어진다는 조사도 있다. 사회적으로 영·유아 보육시설이 부족한 데다, 직장에 나가기 위해 개인적으로 지출하는 보육비용이 일반 봉급생활자에게는 턱없이 높은 수준이기 때문이다.

최근 노동부 조사에서도 여성 응답자의 67.9퍼센트가 취업에 가장 큰 걸림돌로 육아부담을 꼽았다. 보육문제 해결이 저출산 문제는 물론 여성의 경제활동참가율을 높이는 핵심적인 대책임을 알 수 있게 하는 대목이다.

출산과 육아로 인한 문제 외에도 여성들이 지속적으로 직장생활을 하는 데 또 다른 어려움이 있다. 흔히 '유리천장'이라고 불리는 직장 내의 보이지 않는 장벽이다. 최근 일부 기업에서 유능한 여성을 고위급 임원으로 발탁하는 등 개선의 기미가 보이고 있지만, 여전히 대부분의 직장에서 여성은 특정 직무나 직급 외에는 승진이 어려운 것이 현실이다. 직장에서 성별과 무관한 객관적인 평가가 이루어질 때, 여성들도 자신의 능력을 마음껏 발휘할 수 있고 동시에 기업과 사회 전반의 노동 생산성도 높아질 것이다.

여성은 우리 모두의 어머니이자 누이이고 동료다. 그러나 그동안 우리 사회가 유독 직장생활과 가정생활을 병행하는 여성들의 어려움과 희생을 당연시해오지는 않았는지 반성할 필요가 있다. 또한 그들이 우리 경제에 얼마나 큰 기여를 해왔는지, 또 앞으로 지속적으로 성장해 나가는 데 있어서 그들의 능력이 얼마나 필요한지를 되짚어보고, 의식과 제도의 개선을 국가적 최우선 과제로 추진해야 한다. 지금 우리 경제를 움직이는 것은 남성일지 모르나 향후 우리 경제를 구할 수 있는 것은 여성이라는 점을 잊어서는 안 된다.

최선이 안 되면 차선을

지금 우리 경제는 극심한 내수 위축, 높은 실업률, 고유가에 따른 가파른 물가상승 그리고 세계경제의 불황 등으로 인해 매우 어려운 상황이다. 여기에다 남북관계의 경색과 독도영유권 분쟁 등 대외적 갈등이 증폭되는 가운데 촛불시위와 노동계의 파업투쟁이 우리 경제의 앞날에 어두운 그림자를 드리우고 있다.

영어에 '치킨 레이스(chicken race)'라는 말이 있다. 두 사람이 차를 타고 절벽을 향해 질주하다가 겁에 질려 먼저 내리는 사람이 겁쟁이가 되는 게임이다. 최근의 사회적 갈등현상은 이 같은 치킨 레이스를 연상시킨다. 제로섬(zero-sum)만 있고 플러스 섬(plus-sum)이 없다. 역지사지의 지혜가 사라진 지 오래다. 오로지 흑백논리만이 난무하는 대립과 갈등 속에서 헤어나지 못하고 있다. '전부' 아니면 '전무'의 사고만이 지배한다.

21세기의 지식경제사회는 상호조화와 시너지, 복합화의 유연한 사고를 요구한다. 미국 스탠퍼드대학원의 연구에 따르면 초우량 기업의 장수비결은 'A 아니면 B'라는 흑백논리에서 벗어나 'A 그리고 B'라는 새로운 발상과 전략을 구사하는 데 있다고 한다. 초우량 기업들은 극단적인 것을 동시에 포용하는 '그리고(and)'의 발상을 받아들였다. 백색과 흑색을 섞은 회색을 추구한 것이 아니라 흰색과 흑색이 모두 공존토록 한 것이 성공요인이었던 것이다. 개인은 물론이고 기업과 정부도 언제나 여러 대안 중에서 하나를 선택하며 살아간다. 모두에게 폭넓은 혜택이 주어진다면 가장 좋겠지만, 만약 최선의 선택이 여의치 않을 때는 차선의 선택을 해야 한다. 있는 그대로의 현실을 인정하고 차선의 대안이 무엇인지를 깊이 고민할 때 비로소 생산성 있는 논의가 가능하다.

통상문제에서도 차선의 원칙은 필요하다. 소고기 수입문제는 식품안전, 소비자의 후생, 축산농가의 피해 등 교역에 따른 여러 파급효과를 고려해야 한다. 그러나 세계 11위 무역대국으로서의 국제적 신뢰문제도 중요하다. 국가는 국민의 안전과 복지향상을 최우선으로 살펴야 한다. 이와 함께 글로벌 시대에 부합하는 선진통상국가의 구현으로 국가경쟁력을 제고해야 한다.

그렇다면 지금 우리에게 주어진 대안은 무엇인가? 원칙도 신조도 없이 대충대충 세상을 살아가서는 아무것도 될 수 없다. 대안은 '차선을 다하라'가 되어야 한다. 최선은 전지전능한 신만이 할 수 있고 오로지 차선만이 인간에게 허용된 최상의 전략인지도 모른다. 차선의 방법으로 우리가 할 수 있는 것은 최악 혹은 극단을 피하고자 노력하는 것인데, 그것은 누구에게나 가능한 일이다.

하버드대학의 로버트 퍼트남(Robert Putnam) 교수는 국가발전의 핵심 동인으로 경제적 여건이나 제도보다는 국민의 가치관과 신념이 더 중요하다는 사회적 자본이론을 제시한 바 있다. 민주주의나 자본주의 같은 제도가 국가발전을 보장하는 게 아니라, 그런 제도가 제 기능을 발휘하는 환경을 만들기 위해서는 국민의 가치관이나 의식이 별도로 존재해야 한다는 것이다. 이런 맥락에서 세계적 석학 후쿠야마 교수도 경제적으로 발전한 나라와 그렇지 않은 나라의 가장 확실한 차이는 자원·자본·노동력의 차이가 아니라 국민들 간의 신뢰라고 설명한다.

우리 모두는 서로 역지사지의 관계에 있으며 궁극적으로 보완의 관계에 있다. 각자 다름을 인정하고 비판을 수용하며 차선을 공유하는 합리주의로 돌아가야 한다. 서로 자기의 목소리를 낮추고 조속한 경제 및 사회 안정을 위해 합심해야 한다. 지금은 선진국이 되었으나 과거 오랫동안 갈등과 반목을 겪었던 네덜란드, 아일랜드, 스웨덴 국민이 터득한 것은 나만의 이익을 추구할 때 결국 모두가 손해를 본다는 지극히 평범한 진리였다.

정부의 '보이는 손' 효과

100년에 한 번 일어날 국제금융시장의 대혼란과 사상 최악의 경기침체를 예상한 정책 당국자와 경제학자는 거의 없다. 2008년 초만 해도 세계경제는 오히려 유가폭등 속에 인플레의 양상이 나타나리라는 전망이 우세했으며, 한국경제는 적어도 5퍼센트대 성장 아래 물가상승이 우려되었다. 2008년은 경제예측가에게 최악의 예측력을 보여준 해로 기록될 것 같다. 이러한 상황에서 경제예측은 쓸모없는 작업, 심지어 경제에 해악을 가져오는 일이 되었는지 모른다. 왜냐하면 본질적으로 미래는 모든 점이 불확실한데 예측을 통해 그릇된 확신을 심어주기 때문이다.

왜 이렇게 예측이 빗나갈까? 많은 경제학자들이 1980년대에는 새롭게 등장한 컴퓨터가 경제예측의 신뢰도를 높일 것이라 기대했고, 대규모 계량경제모형을 사용해 자신 있게 경제현상과 정책효과를 예측했다. 경제현상은 끊임없이 변화하고 반복하는 복잡한 것이지만 형태와 진폭은 언제나 다른 양상으로 나타난다. 경제예측이 더욱 어려운 것은 글로벌 경제체제에서 나비효과처럼 조그만 사건이 엄청난 파급효과를 가져오는 데 반해, 예측모형은 기본적으로 추세 분석이나 평균회귀 같은 과거의 경험이 반영된 예측을 하기 때문이다. 최근의 금융위기에서 경험했듯이 리먼브라더스(Lehman Brothers)의 파산이 전 세계 금융시장의 기능마비로 이어질 것이라 예상하는 일은 어떤 의미에서 합리적이 아닐지 모른다.

급격한 기술변화와 정치적 변혁은 모형이 가진 예측능력의 범위를 벗어나지만, 실제로는 이런 변혁이 종종 경제에 커다란 영향을 미친다. 따라서 경제예측은 언제나 단정적이기보다는 확률적인 신뢰도로 뒷받침되어야 하고 그에 따라 정책을 제안해야 한다.

통계학에서는 이와 관련해 예측 오류(error)를 두 종류로 구분한다. 제1종 오류(Type I error)는 어떤 현상이 진실인데 그렇지 않은 것처럼 예측할 때 발생하는 오류다. 예를 들면 실제는 대불황이지만 대불황이 아니라고 예측하는 오류를 의미한다. 제2종 오류(Type II error)는 진실이 아닌데 진실이라고 예측할 때 범하는 오류다. 대불황이 아닌데 대불황이라고 예측하는 오류다.

최근의 경제예측을 보면 정부 당국이 제1종의 오류를 축소하는 데 지나치게 몰두하고 있는 듯 보인다. 다시 말해 경제 대불황에 대한 지나친 확신으로 모든 정책수단을 동원한다는 느낌을 금할 수 없다. 제2종의 오류를 범하면 앞으로의 정책 운용에 커다란 제약을 가져오는 어려운 상황을 맞게 된다. 정부는 예측의 두 가지 오류를 동시에 대비하는 것이 중장기적 관점에서 더 균형 있는 정책의 운용이라 할 수 있다. 정책수단에서도 경제시스템에 영향을 줄 수 있는 기업환경 개선, 노사관계의 정상화 등 미시적 정책을 병행하고 시장의 신뢰도를 회복하도록 정책의 일관성을 우선 확보해야 한다.

케인스의 말처럼 세상에 피할 수 없는 현상은 일어나지 않는다. 다만 우리가 예상하지 못했던 사태가 발생할 뿐이다. 위기는 예측하기 어렵다. 판박이 정책을 만병통치약인 듯 무조건 대입하지 말고 각국의 경제 상황을 고려해 일관성 있고 효율적인 카드를 마련해야 한다. 자본주의 시장경제에는 '보이지 않는 손'과 함께 시장기능의 원활한 작동을 보장하는 '보이는 정부의 정책'이 반드시 필요하다.

'빈곤에서 번영으로' 한국을 이끈 실용주의

"왜 목표를 달성하지 못했나요?" 박정희 대통령의 물음에 방 안에는 정적만 감돌았다. 침묵과 긴장감속, 그 자리에 모인 국무총리와 부총리, 각 부처의 장관 및 기업 총수들의 얼굴은 초조해졌다. 1963년부터 암살된 1979년까지 대한민국의 대통령직을 수행한 박정희 대통령은 이날 열린 월례 회의에서 부문별 수출 실적과 향후 전략을 철저히 검토했다. 박대통령이 하는 모든 질문에는 대답과 설명이 잘 준비되어 있어야 했다.

이 회의는 1965년에 시작되어 15년간 이어진 "수출진흥회의"였다. 당시, 천연자원이나 인프라, 외국인 투자가 부족하고 정치적으로 불안정하며 빈곤에 허덕이던 우리나라의 무역수지가 적자를 기록하는 것은 어찌 보면 자연스러운 결과였다. 그러나 박대통령은 수출성장이 경제발전의 원동력이라 믿었고, 이는 정책에 직접적으로 반영되었다.

일각에서는 박대통령 집권 시기의 대한민국을 독재국가로 정의하고 비난하기도 하지만, 경제적 측면에서 볼 때 박정희 정부 시절의 한국은 매우 역동적인 시기를 경험하였다. 당시 대한민국 정부는 민간부문이 직면한 어려움을 인지하고 있었고, 정부의 정책은 시장에 직접 개입하기보다는 민간 부문을 활성화하는 방향으로 이루어졌다.

한국 근대사의 주요시기인 1970년대 초반은 중화학공업 육성 시기였다. 당시 미국은 닉슨 독트린을 통해 아시아에 주둔하는 미군을 감축할 것이라고 선언했다. 그 결과 한국에 주둔하던 미군의 1/3이 철수했다. 이에 따라 북한의 위협이 거세지면서 방위산업과 연관이 깊은 중화학공업의 필요성이 강조되었다. 뿐만 아니라, 한국의 일인당 GDP가 증가하면서 산업구조를 고부가가치 산업 구조로 바꾸어야 할 필요성 또한 제기되었던 터였다.

1971년 12월 17일, 박대통령은 무기 생산역량 강화의 일환으로 생산된 한국산 무기들을 점검하며 뿌듯해하고 있었다. 그는 무기들 중 하나인 대포를 "올해 최고의 크리스마스 선물"이라고 언급하며, 청와대에 그 무기들을 전시해 놓고 중화학공업 육성에 대해 확신이 없던 관료들을 소집하여 국무회의를 열었다. 그 회의에서 그는 한국의 안전과 미래를 위해 중화학공업 육성이 최적의 정책임을 설명하였다. 이후 정부는 전자, 철강, 조선, 석유화학, 기계(자동차 포함) 부문에 집중하여 한국의 산업구조 전환 및 고도화에 성공했다.

1980년대에 정부는 국가 발전 과정에 지속적으로 영향력을 행사했다. 과거와 다른 점은, 무역 자유화와 함께 무역에서 국경의 개념을 완화했다는 것이다. 제7차 경제개발 5개년 계획이 1996년 종료됨에 따라 정부 주도의 공식적인 경제 계획은 자취를 감추게 되었다. 지금까지 한국은 선진국들과의 기술격차를 크게 줄여왔으며, 일부 산업의 경우에는 이미 세계에서 선도적인 위치에 있다. 이제 정부의 역할은 기업들이 직면한 장애물을 제거하고, 규제개혁과 자유화를 통해 혁신을 장려하며, 시장실패를 바로잡고 우수 인재를 공급하는 데에 있다. 한국의 1960년대 전략적 수출진흥정책과 1970년대의 중화학공업 육성정책, 그리고 1980년대 이후 시장경제원리에 입각한 자유화 및 안정화 정책 등은 모두 당시의 긴박한 정책 필요성에 의해 적시에 시행되었으며, 이러한 정책 수립과 시행은 전쟁과 빈곤에 시달리던 대한민국이 근대 산업 경제국가로 탈바꿈하는데 기여하였던 것이다.

Hands-on approach that quickly took
Korea from poverty to prosperity

"Why didn't it meet the target?" The room fell silent as the South Korean president Park Chung-Hee put forth his question.

A sense of nervousness overtook the faces of the prime minister, the vice prime minister, ministers and entrepreneurs as a tense silence filled the room. At this monthly meeting, export performances by sector and future strategies were thoroughly examined and analysed by Mr Park, who was president from 1963 until his assassination in 1979. Answers and explanations to every question he asked were expected to be prepared.

This was the regular "export promotion meeting", which began in 1965 and continued for 15 years. For a country with no natural resources, infrastructure, foreign investment, political stability and nothing but widespread poverty, it was a natural result that the trade balance always signalled negative. Yet Mr Park believed export promotion was crucial for economic development and this belief was reflected directly into his governance.

Although some describe Korea under Mr Park as authoritarian or dictatorial, in terms of the economy, the public and the private dialogue, it was very active. The government was always aware of the difficulties the private sector was facing. Government intervention was mainly directed towards promoting the private sector rather than direct intervention in the market..

One major period in the modern history of Korea was its drive for the development of the heavy-chemicals industry (HCI) in the early 1970s. At this time, the United States proclaimed its plan to diminish military presence in Asia through the Nixon Doctrine. As a result, nearly one third of the US forces in Korea were withdrawn. The necessity of a strong heavy-chemicals industry that could be converted into a defence industry was emphasised as the threat of North Korea became ever more prevalent. Also, as the GDP per capita of Korea increased, there was a need to transform its industrial structure into a higher value-added one.

On December 17, 1971, Mr Park was proudly examining armaments that were products of a national plan to develop domestic weapon production capacity. He referred to the artillery as "the best Christmas gift this year" and opened a cabinet meeting in the Blue House where such weapons were on display, inviting members who were uncertain about pursuing the HCI drive. He explained it was the best policy for the sake of Korea's security and future. Focusing mainly on sectors such as electronics, steel, shipbuilding, petrochemicals and machinery (including cars), the government successfully transitioned and advanced Korea's industrial structure.

In the 1980s, the government continued to maintain a channel of influence over the national development process. Yet the difference was the loosening of trade borders with a turn toward liberalisation.

With the seventh five-year economic plan coming to an end in 1996, there was no longer official economic planning carried out by the government. Korea has significantly narrowed the technological gap with advanced countries and in some cases is leading the industry. Its role now lies in eliminating obstacles to entrepreneurship, encouraging innovation through regulatory reform and external liberalisation, correcting market failures and supplying high-quality manpower. The promotion of exports as a strategic choice in the 1960s, the focus on developing heavy-chemicals industries in the 1970s and emphasising liberalisation and stabilisation based on the market economy principle since the 1980s all took place under governmental guidance in a timely manner, transforming the poor and war-torn country into a modern industrial economy.

파티는 끝났다

지난 반세기 동안 공공기관은 SOC(사회간접자본) 기반을 확충하고 전기·가스 등 공공서비스를 제공하는 한편, 경제발전 과정에서 중요한 역할을 수행했다. 그러나 지금은 과다 부채와 과잉복지 등의 방만경영으로 국민들의 불신과 비난을 사고 있다.

과거 공공기관 부채가 급격하게 증가하면서 일부 기관의 부채비율이 500퍼센트에 육박한 사례도 있다. 위기관리에 실패할 경우 정부에 막대한 재정 부담을 야기하게 된다. 특히 상당수 공기업이 수입으로 이자도 내지 못하는 상황임에도 임직원들은 안정된 일자리, 높은 보수, 복리후생을 누리고 있다는 것은 큰 문제가 아닐 수 없다. 심지어 고용을 세습하고 비리 퇴직자에게 퇴직금을 과다 지급하는 등 일부 공기업이 도덕성과 책임성을 망각한 사례가 빈번히 적발되고 있다. 민간기업이었더라면 감원의 칼바람이 몇 차례 불고, 사업 구조조정을 수차례 겪었을 것이다. 상황이 이런데도 공공기관이 사태의 심각성을 깨닫지 못하면서 국민의 불신은 물론 각계의 공분을 사는 지경에 이르렀다. 국회는 "국정감사에서 아무리 지적해봤자 고쳐지는 게 없으니 자괴감이 든다"고 한탄할 정도이고 언론은 공공기관을 방만경영, 비리, 부채, 과잉복지 등의 단어와 세트로 취급하고 있다.

이달 초 서울에서 미주개발은행(IDB)과 공동개최한 컨퍼런스에서 아르헨티나, 볼리비아, 에콰도르 등 중남미 국가들의 사례를 통해 공공기관의 부채 및 경영관리의 중요성을 다시금 인식하게 되었다. 이들 국가는 공공기관 부채 등 국가의 우발성 채무를 관리하는 데 실패하여 국가경제의 위기를 초래한 장본인들이다.

우리도 파티는 끝났다(Party is over). 이제 냉정하게 현실을 직시하고 재정위험 관리에 총력을 쏟아야 할 때다. 정부는 어느 때보다도 책임감을 가지고 공공기관을 관리해 나갈 것이다. 첫째, 고착화된 방만경영을 근절하기 위해 과다한 복리후생과 예산낭비 사례를 면밀히 조사해 특단의 대책을 마련할 계획이다. 이를 위해 임원들의 보수체계를 조정하고 직원의 복리후생 수준을 점검하여 불합리하거나 과도한 사례를 시정하도록 경영평가를 강화해 나갈 것이다. 둘째, 공공기관의 부채관리를 최우선 과제로 삼아 획기적인 재무건전성 대책을 추진해 나갈 것이다. 과거 5년간 부채증가를 주도했던, LH, 한국전력, 수자원공사, 가스공사 등 12개 기관에 대해 부채규모와 성질, 발생원인 등을 2013년 말까지 낱낱이 공개하도록 할 것이다. 부채를 발생원인별로 분석하여 표시하는 구분회계제도를 14년 상반기 중 도입해 단계적으로 확대하고, 자구노력 이행실적 등 부채관리 노력에 대한 경영평가 비중을 대폭 확대할 계획이다. 셋째, 공공기관운영위원회에 재무위험 및 방만경영 모니터링 체계를 구축해 부채가 증가하거나 방만경영이 재발하지 않도록 엄격히 관리해 나갈 것이다.

정부개혁에 앞서 자발적인 개혁과 동참이 무엇보다 중요하다. 정부는 공공기관 스스로의 개혁을 적극 지원하고, 냉정히 평가함으로써 적절한 보상책을 강구해 나갈 것이다.

2장

창조경제를
꽃피워라

성장에 관한 문제는 새로운 것이 아무것도 없습니다. 이는 경제학에서 언제나 중요한 위치를 점하고 있는 오래된 문제, 즉 현재 대 미래의 문제를 재조명한 것입니다.

－제임스 토빈(James Tobin) 노벨경제학상 수상자

최근 우리경제는 불안과 답답함에 짓눌려 있습니다. 투자, 생산, 수출, 소비 등 여러 부문에서 사이렌이 울립니다. 특히 우리경제의 잠재성장률에 대한 우려가 큽니다. 잠재성장률은 경제의 성숙과 함께 추세적 하락이 불가피하지만, 우리는 외환위기 이후 10여년 넘게 가파르게 떨어지고 있습니다. 그런데도 상황에 대한 진단과 논의만 무성하고 돌파구를 찾지 못하다보니, 위기라고 말하는 것이 오히려 공허할 지경입니다. 심지어 성장을 주장하면 한물 지난 경제학자로 취급당하기도 합니다. 그러나 파이를 키우는 유일한 정답은 아직 성장뿐입니다. 저출산·고령화에 따른 노동공급 둔화, 투자 위축, 기술 개발 부진, 수출·내수 불균형, 노동시장 경직성 등 구조적 취약성과 정면승부를 벌여야 합니다. 대외적으로도 경제패권의 변화, 위기의 상시화, 빨라진 기술 변화, 통상질서의 대전환, 환율 전쟁 등에 능동적으로 대응해야 합니다. 바로 이러한 측면에서 '경제혁신 3개년 계획'의 차질 없는 실천이야말로 우리경제 활성화의 관건입니다.

1

이제는 성장에
눈을 돌려라

총선보다 경제에 '올인' 해야

올 인(ALL-IN)이란 자기가 가진 모든 판돈을 한 판에 다 걸고 벼랑
끝 진검(眞劍)승부를 벌인다는 의미로 도박판에서 쓰는 용어다.
일반인들에게는 생소한 단어였으나 2003년 모 방송국에서 방영한 〈올
인〉이라는 드라마가 인기를 끌면서 이제는 초등학생도 의미를 알게 됐
다. 어느 틈엔지 정치권에서도 '4월 총선 올인' 이라는 식으로 유행어를
사용하면서 모든 힘을 총선에 쏟아붓고 있다. 예컨대 국회는 국가 체면
과 적잖은 국익이 걸린 한·칠레 FTA 비준안을 세 번이나 연기시키는
어처구니없는 결정을 내리다가, 지난 16일에야 겨우 통과시켰다. 이런
혼란은 4월 선거에서 무조건 이겨야 한다는 정치권의 '총선 올인' 전략

에서 비롯된 것이다.

좋든 싫든 정치권의 총선 올인 전략 덕분에 정부의 경제정책 수행에 새로운 계기가 조성되고 있다. 총선에 출마하는 청와대 비서실 인사들과 경제부총리, 장관들이 교체되면서 아마추어 코드형 인물이 아니라, 국정경험이 풍부한 행정관료 출신들이 경제정책의 전면에 등장했다. 때마침 첨예한 갈등을 빚어온 한·칠레 FTA 비준안과 이라크 파병안도 국회를 통과했고, 노동계와 경영계도 임금안정과 고용안정에 노력하기로 합의했다. 걸핏하면 경제의 발목을 잡곤 하던 고질적인 정치적·사회적 불안정에서 벗어나 정부가 경제 살리기에 올인할 수 있는 여건이 조금씩 조성되고 있다.

우리 경제는 지난 95년 국민소득 1만 달러를 달성한 이후 8년째 2만 달러를 바라보고 있지만 그 목표가 공허하게만 여겨지고 있다. 게다가 신용카드 남발로 400만 명에 육박하는 신용불량자가 양산됐으며, 금융기관들은 눈덩이처럼 불어나는 부실채권 규모에 골머리를 앓으면서 금융시장의 불안정이 여전히 지속되고 있다.

지금부터는 정부가 일자리 몇 십만 개, 또는 몇 백만 개 창출계획을 경쟁적으로 발표하거나, 신용카드 사태만 해결되면 국내경제가 잘 풀릴 거라며 국민을 안심시키려고만 하는 것은 곤란하다. 날씨가 흐리면 비가 올 것에 대비하듯이, 정부는 불확실한 상황에서도 국가경쟁력 강화를 위해 정책적인 대비를 해야 한다. 예를 들어 산업 공동화를 최소화하면서도 경제성장을 주도할 고부가가치 신성장동력 산업의 육성, 기업가의 사기 진작을 통한 투자확대 유도 및 외국기업들의 투자유치, 일자리 창출, 주요 교역국과의 FTA 체결을 포함한 수출시장 확대정책 등, 정부는 국민들에게 실현 가능한 비전을 제시해야 한다.

올해 들어 나라 안팎의 상황도 우리를 긴장시키고 있다. 원유를 포함한 각종 해외 주요 원자재 시세가 급등했고, 원자재 수출국들의 수출 규제로 원자재 확보난이 가중되고 있다. 이에 더해 급격한 원화절상과 해상 운임의 급등으로 우리 경제는 더욱 힘들어지고 있다.

미국경제나 일본경제, 중국경제를 둘러보면 한국보다 훨씬 앞서 상승세를 타고 있다. 반면 한국경제의 앞날에 위안과 희망을 가져다줄 신호는 별로 없어 보인다. 정부는 더 이상 총선에만 올인하는 정책을 남발하지 말고, 국민과 합심해 경제 살리기에 모든 힘을 쏟아야 한다.

한국경제 구하기

몇 해 전 〈라이언 일병 구하기(Saving Private Ryan)〉라는 영화가 인기를 끈 적이 있다. 2차 대전을 배경으로 미 행정부가 숱한 어려움을 극복하고 라이언 일가의 사형제 중 유일하게 생존해 전투에 참가한 '라이언 일병'을 구해낸다는 줄거리다. 자국기업의 이익을 보호하기 위해 미국정부가 팔을 걷고 나설 때마다 이 영화를 떠올리곤 한다. 지금 한국경제를 둘러싼 외부 환경은 마치 영화 속의 라이언 일병처럼 그냥 방치하기에는 너무도 위태로운 상황이다. 미국의 금리인상, 고유가 그리고 중국의 감속성장이라는 삼각포화에 놓여 있는 형국이다. 외끌이로 한국경제를 떠받치고 있는 수출에 대한 직접적인 위협요인이라는 점에서 우려하지 않을 수 없다.

우선 미국발 금리인상을 이야기해보자. 그동안 미 연방준비제도이사회(FRB)의 초저금리(1퍼센트) 정책이 장기간 지속됨에 따라 단기 저리로 달러 자금을 빌려 장기 고수익 자산에 투자하는 캐리 트레이드(Carry Trade)가 성행해왔다. 그러나 미국이 경기회복과 원자재가격 상승, 고유가 등으로 FRB의 금리를 0.25퍼센트포인트 인상하면서 국제금융시장이 요동치고 있다. 주식시장의 외국인 투자비중이 44퍼센트로 아시아에서 가장 높은 한국경제는 국제 헤지펀드, 금융기관 등이 리스크 축소를 위해 경쟁적으로 '한국매도(sell Korea)'에 나설 경우 큰 타격을 입을 수밖에 없다.

다음으로 중동발 고유가의 가시화다. 한 치 앞을 내다보기 어려운 이라크 정황, 잇단 중동지역에서의 테러 등으로 유가불안은 당분간 지속될 전망이다. 최근 들어 다소 호전되기는 했지만 유가상승이 지속될 경우 우리 경제는 타격을 입을 수밖에 없다. 제품생산을 위해 필요한 에너지의 크기를 비교해보면 한국은 0.362로 일본의 0.107에 비해 에너지원 단위가 3배 이상 높다. 따라서 IMF는 원유가격이 5달러 상승할 경우 일본의 무역수지는 43억 달러 감소에 그치지만 우리는 55억 달러 감소에 달할 것으로 분석하고 있다.

그리고 중국의 감속성장 정책이다. 우리의 제1수출시장이자, 2004년 1~5월 중 57.2퍼센트의 수출증가를 기록하고 있는 중국시장이 위축되면, 자칫 한국경제 전체가 충격에 휩싸일지도 모른다. "중국경제의 과열우려를 해소하기 위해 강력하고 효과적인 조치가 필요하다"는 원자바오(溫家寶) 중국 총리의 말 한마디에 주식시장이 요동쳤던 것이 이를 뒷받침한다.

영화 속의 라이언 일병은 체력이 뒷받침된 덕에 쏟아지는 포탄을 뚫고 구원 병력과 함께 뛰어 살아날 수 있었다. 하지만 우리 경제는 체력마저도 고갈된 상태다. 수년간 제자리걸음을 면치 못하는 설비투자와 연구개발 투자는 말할 나위도 없고, 2003년 3.1퍼센트 성장에 이어

2004년에도 잠재성장률 5퍼센트 달성이 어려울 전망이다. 대내외의 악조건을 뚫고 한국경제를 살리기 위해서는 비상한 대처가 필요하다. 당장 경제위기가 닥칠 가능성은 낮지만 지금처럼 투자가 부진하고 수출에만 매달리는 경제구조로는 오래 지탱하기 어렵다. 경제문제에 대한 국민적 관심을 모으고 흩어진 국가역량을 집중하기 위한 범국민적 에너지 절감운동, 노사분규의 잠정적 중단, 생산성 배가운동 등을 시도해 봄 직하다. 아울러 차세대 성장동력 육성, 에너지 효율증대를 위한 시설투자와 산업구조의 고도화 등 중장기적 노력도 병행할 필요가 있다.

다행히도 그동안 우리 경제를 짓누르던 국내적 악재는 상당 부분 해소되었다. 대통령 탄핵정국이 원만하게 마무리됐고, 노사정 합의기구도 다시 가동되기 시작했으며, 대기업 총수들도 본격적인 투자의지를 밝혔다. 정부는 더 이상 좌고우면(左顧右眄)하지 말고 기업의 투자를 유도하기 위한 프로그램을 내놓아 행동과 실천에 나서야 한다. 더불어 정치권도 한국경제 구하기에 거국적으로 동참하기를 기대한다.

패자부활전은 없다

전세계 기업판도가 요동치고 있다. 세계 자동차시장을 주름잡던 GM과 포드(Ford)의 신용등급이 정크본드 수준으로 추락하고, PC산업의 대명사였던 IBM의 PC부문이 중국에 넘어갔으며, 경쟁자인 르노(Renault)와 닛산(日産)이 세계시장을 공략하고자 손을 잡았다. 생존을 위해 적과의 동침도 마다하지 않는 글로벌 기업들의 몸부림은 숨 막힐 정도다. 시장은 글로벌화 되고, 기술은 디지털화 융·복합화 되면서 어디서 막강한 경쟁자가 나타날지 알 수 없는 전방위 경쟁상황이다. 핀란드 국민기업인 노키아(Nokia)가 제지업체에서 휴대전화업체로 과감하게 변신했고, 순익 1조 원이 넘는 초우량기업 도요타(Toyota) 스스로 "타도! 도요타"를 외치고 있다.

생존의 절박감은 우리 기업들에게도 예외는 아니다. 외환위기를 겪으면서 30대 그룹 중 절반이 몰락하고 1955년의 100대 기업 가운데 반세기가 지난 지금까지 100위권에 남아 있는 기업은 7개사에 불과하다. 최근 30년간 우리 기업 5개사 중 한 곳만 살아남았다. 이런 추세라면 향후 생존전망도 희망적이지 않다. 오죽했으면 삼성 이건희 회장이 5년, 10년 후를 생각하면 등골이 오싹해진다고 했겠는가. 우리 기업들은 IMF를 거치면서 과감한 비용절감을 통한 구조조정으로 수익성은 개선했으나 고용과 투자는 위축되고 있다. 상장 제조업체 평균 수익률은 95년 3.4퍼센트에서 2004년 8.3퍼센트로 높아졌지만, 다운사이징 위주의 수세적 구조조정으로 같은 기간 평균 종업원 수는 무려 23.8퍼센트나 감소했다. 국내 100대 기업의 매출대비 연구개발 투자비율도 1.6퍼센트로 글로벌 100대 기업 평균(3.7퍼센트)의 절반에도 못 미친다. 게다가 일부 대기업과 하이테크 벤처기업을 제외한 대다수 기업들이 경쟁력과 실적 악화로 새로운 성장동력에 투자할 엄두조차 못 내고 있다.

기업이든 국가든 성공적인 미래전략 없이는 경쟁력을 확보할 수 없다. 세계 자동차 1위 기업인 GM과 가전 브랜드가치 1위인 소니(SONY)의 최근 위기에서 보듯 이제는 세계 1위 기업도 안심할 수 없는 시대다. 최소한 5년, 10년 앞을 내다보고 캐시 카우(cash cow)가 될 경쟁무기를 확보하지 않으면 안 된다. 더욱이 규범화되는 글로벌 관행을 받아들이면서 환율 유가 원자재가격 등 대외 불안요인과 싸워야 하고, 막강한 선진기업들을 뛰어넘어야 한다. 떠오르는 브릭스도 기회인 동시에 위협적인 경쟁상대다.

"세계 제일이 아니라 세계 유일의 상품을 만들어야 한다"는 마치다 가즈히코(町田勝彦) 샤프(sharp) CEO의 말처럼 공격적 구조조정이 필요하다. 이를 위해서는 눈앞의 이익에 연연하지 말고 수익이 나더라도 미래 성장이 불확실한 사업은 과감히 매각·분사·아웃소싱하고, 경쟁사의 추격이 불가능한 최초이자 최고의 제품을 개발하는 공격적 구조조정이 필요하다. 향후 시장을 주도할 혁신사업 진출을 위해 과감한 전략적 제휴도 중요하다. 차세대 사업으로의 매끄러운 전환을 위해 GE의 R&D전략에 주목할 필요가 있다. GE는 자사 총역량의 15퍼센트를 현 사업과 기초연구 개발에 각각 투입하지만, 35퍼센트는 신제품 개발, 나머지 35퍼센트는 차세대 제품개발에 쏟고 있다. 지금 눈에 보이지 않는 것을 창조해야만 시장을 지배할 수 있기 때문이다.

"전략보다 사람이 우선한다"는 잭 웰치(Jack Welch)의 말처럼, 기술개발과 더불어 또 하나의 필수적인 경쟁력 원천은 우수한 인력이다. 연령, 성별, 학력과 국적에 관계없이 글로벌 차원에서 핵심인재를 확보하고 활용하는 글로벌 경영체제의 도입은 국제경쟁력 확보를 위해 시급하다. 시장구조와 산업조직 면에서의 혁신도 시급하다. 규모나 경쟁력, 기술 면에서 뒷받침해줄 유망한 중소·중견기업이 많이 나올 수 있도록 상생의 리더십도 절실하다. 패자가 되어 역사의 뒤안길로 사라질 것인가, 아니면 성공의 월계관을 쓸 것인가?

지금 우리에게 절실히 필요한 것은 미래를 담보할 성장동력에 대한 투자와 범국가적인 지원이다. 글로벌 경쟁에서 패자부활전은 없기 때문이다.

경제위기 극복은 자신감으로

지금 우리 경제는 불안과 답답함에 짓눌려 있다. 내수부진에 따른 경기침체와 고용사정의 악화, 고유가를 비롯한 원자재가격 상승에 기인한 인플레이션 현상의 중첩으로 겪는 어려움만은 아닌 듯하다. 오히려 과거 개발연대의 경제 패러다임은 급속히 와해되고 있는데 이를 대신할 새로운 경제질서가 아직 갈피를 못 잡고 방황한 탓이 크다. 이러한 현상은 세계 속 우리 경제의 위상 변화에서도 읽을 수 있다. 세계은행 자료에 따르면 우리나라의 국민총소득 순위는 지난 2005년 이래 해마다 떨어져 2007년에는 중국·브라질·러시아·인도 등 브릭스 국가 모두에 뒤져 13위로 하락했다.

사람으로 비유하자면 청소년기에 겪는 성장통에 비유할 수 있다. 몸은 성인만큼 커졌지만 정신적으로는 아직 유치함을 벗어나지 못한 상태다. 개발연대에 전 국민이 가졌던 희망과 자신감은 지금 앞날에 대한 걱정과 근심으로 바뀌고 있다. 심리적으로 위축되고 쫓기는 감정은 아마 필자만 느끼는 것은 아닐 것이다. 세계경제에서 중국의 역할증대, 글로벌 경쟁의 심화, 광속으로 이뤄지는 기술진보는 오히려 둘째 문제다.

문제는 우리 자신이다. 목표와 비전이 불분명하고 국론이 분열돼 있으며 남 탓만 일삼는 그릇된 풍조가 만연하고 있다. 세계의 변화에 둔감한 채 우물 안 개구리처럼 폐쇄적이고 이분법적인 사고에 경도되고 있다. 다른 나라들은 앞을 향해 질주를 거듭하고 있는데 우리나라는 그렇지 못하다. 다시 강조할 필요도 없이 오늘날은 경제전쟁의 시대다. 세계시장에서 펼쳐지는 치열한 경쟁에 각국이 사활을 걸고 매진하고 있다. 이념의 잣대보다는 실리의 기준에 따라 경쟁과 협력이 공존하는 전략적 제휴와 무역협정에 범국가적 노력이 집중되고 있다.

미국, EU와 같은 선진국은 말할 필요도 없고 중국·인도·브라질·러시아와 같은 인구대국, 자원대국들도 경제성장에 총력을 기울이고 있다. 그런데 우리는 분열된 채 허송세월을 보낸 지 10년이 다 되었는데도 아직도 망망대해의 한가운데서 갈 곳을 잃고 방황하고 있다. 세계경제에 대한 비관적 전망이 풍미하는 시기에 태풍이 오기 전 한국호를 정비하고 확고한 신념과 비전으로 방향타를 새롭게 잡아야 한다.

외환위기 때보다 더한 경제위기라고 아우성이다. 새 정부 들어서도 기업들의 설비투자는 회복의 기미를 보이지 않고, 돈 가진 사람들도 지갑을 열지 않아 민간소비는 4년 만에 최저 수준이다. 지금 우리에게 필요한 것은 경기부양 대중요법이나 거창한 경제의 청사진을 마련하는 것이 아니다. 오히려 정부나 기업, 개인의 의식 전환이 우선돼야 한다. 우리 경제의 파이를 키우는 데 중점을 둬야 하며, 국민들의 경제심리가 꺼지지 않도록 해야 한다.

이와 함께 글로벌 시대에 우리 경제정책의 패러다임을 재점검할 필요가 있다. 세계은행의 분석에 따르면 지난 40년간 건실한 경제성장을 달성한 '잘사는 나라'들의 공통점을 네 가지로 요약할 수 있다. 시장친화적 정책, 정부 정책의 일관성과 효율성, 지속적인 생산성의 증가, 그리고 적극적인 개방이다. 또한 이러한 정책들은 글로벌 경제라는 커다란 테두리 안에서 마련돼야 한다. 이런 측면에서 국제경제 리더이자 우리 경제에 절대적인 미국·EU·중국 등 경제 파트너의 행보를 정확히 인식하고 이들과 FTA를 통한 경제협력을 강화하는 것이 우선이다.

휴가철에도 국가경제 운용에는 휴식이 있을 수 없다. 경제현상과 정책을 근원부터 돌이켜보고 남을 탓하기보다 우리 스스로 난관을 극복할 수 있다는 자신감으로 재무장하지 않으면 우리 경제는 저성장의 굴레에서 벗어나기 어려울지 모른다.

글로벌 경제위기, 잠재성장률 그리고 출구전략

세계경제는 전대미문의 불황이라는 커다란 그림자를 드리우고 있다. 다행히 시간이 지날수록 경기회복의 새싹에 해당하는 여러 지표가 나타나고 있으며 특히 우리 경제의 빠른 회복에 대한 대내외적인 기대감이 커지고 있다. 이제는 경제회복의 시기와 속도보다 중장기적으로 경제위기가 잠재성장률에 어떠한 영향을 주는가에 대해 관심이 집중되고 있다.

잠재성장률이란, 한 나라 경제가 꾸준히 커 나갈 수 있는 적정한 성장속도를 의미한다. 즉, 물가를 안정시키면서 달성할 수 있는 최대 성장률이며 자본·노동 등의 생산요소와 생산성에 의해 결정된다. 잠재성장률은 국가부채에서 주식가격에 이르기까지 주요 경제현상의 지속 여부를 결정할 만큼 한 나라 경제의 장래를 가늠하는 중요한 척도라 할 수 있다. 일반적으로 잠재성장력은 경제의 성숙과 함께 추세적으로 하락하는 양상을 보이나 우리의 경우 외환위기 이후 지난 10년간 급격히 감소했다는 데 문제의 심각성이 있다. KDI의 분석에 따르면 잠재성장률은 1990~1997년 사이에 7.2퍼센트였으나 2000년대에 들어 4.6퍼센트로 급락했다. 이미 글로벌 금융위기 이전에 우리 경제의 잠재성장률은 크게 하락한 것이다. 이러한 잠재성장률의 하락은 고령화 등 인구구조의 변화에 기인한 노동공급의 둔화에도 원인이 있으나 보다 중요한 것은 기업환경의 악화에 따른 투자위축 및 기술개발 부진, 그리고 노동시장의 경직화로 인한 생산성 향상의 지연 등 구조적 취약성이 근본적인 원인이다.

새 정부 들어 경제의 성장동력 강화를 경제정책의 최우선 과제로 삼은 배경은 바로 이러한 잠재성장률의 감소가 지속될 경우 우리 경제와 선진국의 격차가 더 이상 줄어들지 않는 비수렴 함정(non-convergence trap)에 빠질 것이라는 절박한 인식에서 출발했다. 그러나 이러한 불리한 초기 여건을 시정하려는 시도가 본격 추진되기도 전에 국제금융시장의 대혼란과 경제 대불황을 맞이했다.

그러면 경제위기는 우리의 잠재성장률에 어떠한 영향을 미칠까? 일반적으로 경제위기의 결과로 생산과 투자의 급속한 위축, 이에 따른 기술개발 지연, 기업가의 창조적 모험정신의 후퇴와 실직자의 전직이 어려워짐에 따른 구조적 실업의 증가 등이 잠재성장률을 하락시키는 것으로 알려져 있다. 그러나 정부의 인프라 및 교육투자의 확대, 위기 이후 부(富)의 감소에 따른 노동의욕의 증대 등 성장률을 증대시키는 요인도 상존하며, 특히 구조조정의 성공 여부에 따라 생산성이 증대될 가능성도 있으므로 위기가 잠재성장률에 미치는 영향은 각국의 정책효과에 따라 달라질 수 있다. 역사적으로 1930년대 대공황 이후 미국경제의 잠재성장률은 나일론 등 신기술의 확대로 오히려 증가하였으며, 스웨덴은 1990년대 금융위기 이후 성공적인 구조조정으로 생산성을 크게 증대시킨 사례도 있다.

경제위기와 관련한 잠재성장률 논의의 요체는 성장잠재력의 제고에 있다. 한국경제가 직면한 제반 여건을 감안할 때, 요소투입 위주 성장의 한계를 인식하고 생산요소의 활용도 제고와 생산성 향상 등을 통한 질적 성장에 역점을 두어야 할 것이다. 노동분야에서는 노동시장의 유연성 제고와 인력의 질 향상을 통해 기존 노동인력의 생산성을 제고하고, 지속적인 규제완화와 법질서 확립 등으로 기업환경의 획기적 개선을 통해 투자 및 기술개발의 활성화와 기업가 정신을 고취하고 중소기업 경쟁력 강화에 힘써야 할 것이다. 이와 함께 글로벌 경제하에서 동시다발적인 FTA 등 대외개방과 적극적인 외국인 투자 유치를 통해 새로운 투자기회를 발굴해야 한다. 또한 신성장동력으로 녹색성장 산업의 육성과 국내 서비스산업의 생산성 제고에 주력해야 할 것이다.

케인스의 말대로 세상에 피할 수 없는 현상은 절대 일어나지 않는다. 다만 우리가 예상하지 못했던 사태가 발생할 뿐이다. 새로운 아이디어를 창출하기는 어렵지만 더 어려운 것은 과거의 생각에서 벗어나는 것이다. 경제주체는 '도취(euphoria)와 두려움(fear)이 순환' 하는 현실을 벗어나 미래를 준비해야 한다. 그러한 의미에서 최근 거론되는 출구전략(exit strategy)은 위기 시에 채택한 거시경제정책의 정상화뿐만 아니라 우리 경제가 저성장의 늪에서 빠져나올 출구를 모색하는 성장잠재력 제고 정책이 되어야 할 것이다.

이제는 성장에 눈을 돌려라

리먼브라더스 사태 이후 5년 이상을 달려온 긴 터널의 끝이 보이는가? 다행히 최근 국내외 경제지표들은 이러한 기대에 부응하는 듯하다. 서민경제는 아직 어렵지만, 미약하게나마 대외여건이 개선되고 국내 경기의 둔화추세가 완만해지고 있다. 성장률은 지난 1/4분기 3퍼센트 정도로 추정되며, 하반기 이후 회복세가 지속되면서 연간으로는 4퍼센트 내외에 달할 것으로 전망된다. 이에 맞추어 이제는 우리 경제를 다시 한번 도약시킬 방안을 논의해야 한다. 성장이 없이는 복지의 근간인 일자리 창출을 기대하기 어렵다. 그럼에도 불구하고 이번 총선 과정에서는 성장에 대한 논의를 찾아보기 어려웠다. 이는 정부가 경제성장을 좌지우지하기 어렵다는 믿음 때문으로 보인다. 또한 성장과 분배 사이에는 상충관계가 존재해, 성장을 지나치게 추구하면 분배가 악화될 수밖에 없다는 인식도 작용한 것으로 보인다. 그러나 이 두 가지 인식 모두 근거가 희박하다.

첫째, 정부는 성장에 중요한 역할을 할 수 있다. 단적인 예로 북한과 남한의 경제력 격차는 남북한의 서로 다른 경제체제, 즉 북한의 폐쇄적 공산주의 체제와 남한의 개방적 자본주의 체제로 대부분 설명된다. 같은 자본주의 체제에서도 남한의 경제성장이 1950년대까지 부진하였던 것은 기업가 정신을 제대로 발휘할 수 없었던 당시 경제정책에 기인한다. 반면 1960년대 이후에는 정부가 환율을 현실화하고 수출을 장려하여 적극적으로 해외시장을 개척하도록 독려함으로써 빠른 경제성장을 이룰 수 있었다. 현재도 정부가 경제성장에 영향을 미칠 수 있는 여지는 크다. 소비·투자 등 수요를 부양하라는 뜻이 아니다. 1990년대에 경험하였듯이 수요부양정책은 물가 앙등과 부실을 누적시켜 결국 파국을 초래한다.

그보다는 경제의 공급능력을 늘리기 위한 구조개혁을 추진해야 한다. 글로벌 금융위기 이후 이탈리아 등 선진국들은 성장잠재력 제고를 위해 대대적인 구조개혁을 추진하고 있다. 우리나라에서는 노령화가 급속히 진전되면서 성장률이 하락할 것으로 예상되는데, 향후 10년간 4퍼센트대의 잠재성장률을 달성하기 위해서는 생산성 향상이 관건이다. 구체적으로는 교육서비스의 품질을 향상시켜 인적자본을 확충하고, 근로친화적인 방향으로 복지정책의 방향을 수정해야 한다. 또 시장경쟁을 촉진하여 기업들이 기술투자와 생산성 향상에 매진하도록 하며, 민영화 등을 통해 시장의 영역을 넓혀주어야 한다. 그리고 대외개방을 확대하여 세계시장이 제공하는 기회를 우리나라가 선점하도록 해야 한다.

둘째, 성장과 분배의 조화는 쉽지 않지만 불가능하지도 않다. 조화시키기 쉽지 않은 것은 정부의 고차원적인 능력을 요구하기 때문이다. 현재 많은 저숙련 근로자들이 글로벌 시대에 적응하지 못하고 빈곤의 함정에 빠져 있다. 이들의 근로능력을 향상시키기 위해 내실 있는 직업훈련을 제공하는 동시에 노동시장 참여를 지속적으로 독려하고 지원해야 한다. 그러나 정부가 이런 업무를 효과적으로 수행할 능력은 한순간에 길러질 수 없다.

중소기업도 중요한 분야다. 대기업과 중소기업의 관계를 제로섬 관계로 인식하는 경향이 있다. 물론 공정한 경쟁질서 확립도 중요하지만, 그에 못지않게 중소기업의 경쟁력 제고도 중요하다. 우리나라는 선진국에 비해 영세한 규모의 중소기업이 많다. 이들은 기술투자, 해외시장 개척, 브랜드 구축 등은 꿈도 꾸지 못하고 있다. 이들의 세계시장 진출을 위해 현장 밀착적인 기업서비스를 제공하고 경쟁력을 갖춘 기업 중심으로 구조조정을 유도해야 한다.

이런 측면에서 우리나라는 아직 갈 길이 멀다. 노동시장 정책이나 중소기업 정책은 아직도 과거의 틀에서 벗어나지 못하고 있다. 이제는 긴 호흡으로 성장과 분배를 동시에 추구하기 위한 방안을 논의해야 할 시점이다.

국가경쟁력의 4대 키워드

요소투입 확대를 통해 경제성장을 달성하는 시대는 종언을 고하고 있다. 경제학에서 잘 알려진 수확체감의 법칙에 더해, 글로벌 경제의 불안요인인 저출산·고령화, 불확실성 확대에 따른 투자성향 보수화가 지속 가능한 성장을 저해하기 때문이다. 이러한 상황에서는 창의와 혁신을 통해 신성장동력을 발굴하고, 생산성을 제고하는 것이 곧 경쟁력의 핵심이다.

이러한 견지에서 한국 국가경쟁력 정책의 첫 번째 키워드는, 바로 성장과 혁신(growth and innovation)이다. 한국은 경제총괄부처인 기획재정부를 중심으로 민관이 함께 참여하는 국가경쟁력정책협의회를 통해 노동·금융 등 취약 분야를 점검하고 경제활성화의 걸림돌인 규제를 개선하는 등 창의와 혁신을 바탕으로 성장잠재력을 제고하기 위해 구체적인 정책과제를 추진하고 있다.

두 번째 키워드는 여성(female)이다. 전 세계의 절반은 여성이다. 한국의 절반도 여성이다. 하지만 1인당 국민소득이 3만 달러를 넘는 국가들의 평균 여성 경제활동참가율은 60~70퍼센트 수준인 데 반해 한국 여성의 경제활동참가율은 50퍼센트 내외에 그친다. 일과 가정의 양립과 출산·보육지원 등을 통해 여성의 경제활동 참가를 독려하여, 숨어 있는 국가경쟁력의 절반을 이끌어내는 것이 두 번째 과제다.

세 번째 키워드는 융합과 협력(convergence and cooperation)이다. 오늘날 국가 간, 산업 간, 영역 간 경계는 점차 허물어지고 부문 간 연계성은 점차 커져가고 있다. 한국정부는 제조업과 서비스업, 신산업과 전통산업, 정부와 민간부문 간 융합을 적극 장려하여 새로운 부가가치를 창출하기 위해 노력하고 있다. 아울러 미국·EU·중국·호주 등 주요 경제 파트너와의 FTA를 통한 경제협력 기틀을 구축에 힘쓰고 있다. 국가 간 경계를 넘나드는 협력과 융합이 우리와 글로벌 경제 모두에게 기여함을 누구보다도 잘 인식하고 있기 때문이다.

마지막 키워드는 공유가치의 창출(creating shared value이하 CSV)이다. 과거에는 기업의 이익과 사회적 책임이 상호 대립하는 것으로 여겨졌으나, 이제는 사회적 책임을 다하는 것이 기업의 발전에 유용하다는 견해가 힘을 얻고 있다. 여기서 한 걸음 더 나아가 CSV는 경제사회적 조건의 개선과 기업의 핵심 경쟁력 강화를 동시에 추구하여 시장경제의 역동성, 효율성, 생산성을 제고하고 지속적 성장을 가능하게 할 수 있음을 보여주고 있다.

한국정부는 이번 세계경쟁력포럼(GFCC) 개최를 통해 우리나라가 추진하고 있는 창조경제 전략이 경쟁력 원칙에 반영되고 전 세계 각국이 이를 공유함으로써 궁극적으로 전 세계의 경쟁력 제고에 기여할 수 있기를 기대하고 있다.

망원경이 아닌 탐사선을 택하라

창조경제는 창의적 아이디어와 신시장 창출, 산업 융·복합을 통해 성장동력을 창출하기 위한 것으로서 경제혁신 3개년 계획의 핵심전략이다. 지난 1년여 간 창조경제 실현계획(2013년 6월)을 수립하는 등 다양한 노력을 기울였으나, 아직은 국민이 창조경제의 성과를 체감하기에는 충분치 못하다. 2014년부터는 혁신 3개년 계획에 포함된 세부과제를 중심으로 창조경제가 확실하게 자리매김할 수 있도록 할 것이다.

온라인 '창조경제타운'을 활성화하고 오프라인 '창조경제 혁신센터'를 전국에 설치할 것이다. 정보통신기술(information and communications technology, ICT)을 타 산업에 접목해 전통산업의 생산성과 부가가치를 높이고 인터넷 기반 융합산업의 발전을 저해하는 낡은 규제를 개선해 신산업·신시장을 육성할 것이다. 지식재산권의 보호와 활용을 촉진하고 에너지 수급과 환경문제를 동시에 해결하기 위한 '친환경 에너지타운'도 조성할 것이다. 아울러 최근 발표된 'M&A 활성화 방안'을 토대로 벤처기업의 창업-성장-회수-재도전 단계별로 제도를 개선하고, 2017년까지 4조 원의 재정을 투입하여 창업과 재도전의 역동성을 회복함으로써 벤처 성공신화를 만들어 나갈 것이다.

창조경제의 생태계 조성을 위한 정책을 적기에 마련하는 것은 정부의 책무이지만, 그 생태계 안에서 창의적인 아이디어를 바탕으로 새로운 상품과 서비스로 부가가치를 창출하여 창조경제의 '꽃을 피우고 열매를 맺는 것'은 민간과 기업의 역할이다. 오늘 출범하는 창조경제 민관협의회가 민간과 기업의 역할을 도울 문제해결의 장(場)이 되도록 할 것이다. 이를 위해 민간의 현장 애로사항을 발굴하고 정부에 대한 정책 건의사항들을 중심으로 운영할 것이다.

우선 전국 17개 시도에 설치될 창조경제혁신센터와 긴밀한 협력체 계를 구축하여 중앙과 지방을 연계하고, 창조경제의 효과가 우리사회 전반에 확산되도록 할 것이다. 또한 오늘 디캠프(D-Camp)처럼 창조경 제의 최일선 현장과의 연계도 강화할 것이다. 협의회에서 논의된 과제 중 정부 내 의사결정이 필요한 과제는 매달 한 번씩 개최되는 경제혁신 장관회의 등을 통해 신속히 결론을 내리고 추진할 것이다.

달을 더 잘 보려고 사람들이 망원경 성능 경쟁을 벌이고 있을 때, 어 떤 사람은 "직접 가서 보지, 뭐"라며 달나라로 가는 탐사선(moon shot) 을 만들 생각을 하기도 한다. 망원경에서 탐사선으로 목표가 바뀌었기 때문에 생각도 다르고, 도입해야 할 혁신의 크기도 달라진다. 이처럼 남들과 전혀 다른 새로운 접근방식, 즉 '문샷씽킹(moonshot thinking)'이 대우받고, 이런 생각이 현실화되도록 뒷받침하는 것이 우리 협의회의 역할이다. 민·관이 힘을 합쳐 우리 사회를 상상력과 창의성으로 재충전 하는 첫걸음을 내딛는 지금, 걸음을 더할 때마다 일자리와 부가가치를 만들어내고, 우리 경제를 혁신과 대도약으로 이끌도록 해야 할 것이다.

2

경제문맹 퇴치와
인재양성

학위보다 경쟁력을

예년보다 일찍 찾아온 추위처럼 하반기 취업전선에도 찬바람이
불고 있다. 대졸자의 취업전망은 얼마 전까지만 해도 장밋빛이
었으나, 미국-이라크 간에 전운이 감돌고 내년도 경기전망이 불투명해
지자 기업들이 채용규모를 줄이면서 잿빛으로 바뀌고 있다. 해마다 연
례행사처럼 반복되는 이런 뉴스를 접하면서 학력 인플레가 취업난을
가중시키고 있는 우리 사회에서 이제 국민적 인식의 전환이 필요하다
는 생각이 든다.

물론 21세기가 지식기반 사회이고 인적자원의 경쟁력이 국가경쟁력
으로 연결되므로 고급인력의 배출은 국가적으로 바람직하다. 더욱이

내세울 만한 부존자원이 없는 우리나라로서는 인적자원의 개발에 더 많은 투자가 이루어져야 할 것이다. 우리나라의 박사 취득자는 2000년 말 현재 약 9만1,000명에 달한다. 해마다 7,000명 내외의 박사가 신규로 배출되고 있으니 지금은 10만 명이 넘었을 것으로 추정된다. 인구 500명당 1명이 박사인 '박사대국'인 셈이다. 그러나 안타깝게도 많은 박사들이 그동안 들인 노력에도 불구하고 적절한 일자리를 찾지 못하거나, 정작 필요한 분야의 박사는 제대로 배출되지 않는 문제점이 발생하고 있다.

박사학위자의 분야별 진출현황을 보면 46.7퍼센트가 대학, 13.8퍼센트가 연구소에서 활동하는 반면, 개업 중인 의학박사 등을 제외한 나머지 약 25.4퍼센트는 전공을 살리지 못하고 있는 것으로 나타난다. 고급인력이 적절히 활용되지 못하는 것은 대학이나 민간부문이 채용하는 규모에 한계가 있기 때문이다. 미국은 우리나라의 6배인 연간 4만 명이상의 박사를 배출하고 있지만 그중 30~40퍼센트는 외국 유학생들이다. 더구나 GDP로 본 미국의 경제규모는 우리나라의 24배 이상이다. 따라서 우리나라는 경제력에 비해 과도한 수의 박사가 배출되고 있어 문제가 된다고 볼 수 있다.

또 하나의 요인은 사회의 수요를 고려하지 않는 전공 선택에 기인한다. 이로 인해 정작 고급인력이 필요한 생명공학, 나노산업 등 첨단기술 분야는 인재부족으로 어려움을 겪는 반면 일자리가 한정된 인문사회 분야의 박사는 넘쳐나는 미스매치(mismatch) 현상이 빚어지고 있다. 박사학위 취득에 소요되는 기간은 평균 64개월로 5년이 넘는다. 박사학위를 취득하기까지는 많은 학비가 소요될 뿐만 아니라 취업을 유보한 데 따른 기회비용까지 감안하면 경제적 부담이 만만치 않다. 이렇게 많은 시간과 비용을 투자하고도 제대로 활용되지 못한다면 이는 국가적으로 엄청난 국력낭비가 아닐 수 없다. 이 같은 학력인플레 현상을 막기 위해서는 정부 차원에서 보다 정치(精緻)한 중장기 인력수급정책이 수립되어야 한다. 이를 통해 취업률, 임금 등 노동시장의 여건변화 및 산업구조의 변화에 대해 충분한 정보를 제공해야 한다. 산업계에서 필요한 분야의 박사인력 수요를 주기적으로 발표하는 것도 바람직하다. 박사학위 취득에는 오랜 기간이 소요되기 때문에 일종의 선행지표가 필요하다.

무엇보다 중요한 것은 젊은이들의 의식이 바뀌는 것이다. 학위보다는 실질적으로 국가경쟁력에 도움이 되는 실력을 쌓는 것이 개인을 위해서나 국가를 위해서나 바람직하다는 인식변화가 이루어져야 한다. 다행히 최근 2~3년간 전문대학의 취업률이 80퍼센트를 넘어 대졸자의 취업률(50퍼센트 수준)을 크게 웃돌자 전문대 지원율이 높아지면서 변화의 조짐을 보이고 있다. 이런 상황에 학사 출신인 일본의 다나카 고이치(田中耕一)가 뛰어난 연구성과를 인정받아 2002년 노벨화학상 수상자로 선정되는 영광을 안았다는 점은 시사하는 바가 크다.

국제통계를 비교해보면 양적인 면에서 우리의 대학진학률은 71퍼센트로 세계 최고이지만 질적인 면에서는 그렇지 못하다. 작지만 잘사는 강소국(强小國) 싱가포르의 실질적 대학진학률은 28퍼센트에 불과하고, 노벨상 수상자를 20명이나 배출한 스위스의 대학진학률도 15퍼센트에 그치고 있다. 우리는 이런 강소국들의 효율적인 인적자원 배분시스템을 다시 한 번 음미해볼 필요가 있다.

2만 달러 시대 도약을 위한 인재양성

1 인당 국민소득 2만 달러 시대를 향한 질주가 시작됐다. 일부에서 는 정치적 의미가 강한 구호에 불과하다는 비판이 있기는 하지만 이 같은 장기적 비전의 필요성을 경제계는 물론 국민 대부분이 공감하고 있다. 우리는 지난 95년에 1만 달러 시대를 맞이했으나 외환위기로 주저앉았다가 다시 일어나 7년 만에 다시 1만 달러 시대에 들어섰다. 선진국들의 사례를 보면 1인당 소득이 1만 달러를 넘으면 경제성장률이 둔화되는데, 이는 과거의 성장방식이 한계에 봉착하기 때문이다. 경제학자 루이스(A. Lewis)는 이를 '분수령(watershed)'이라고 표현했다. 우리도 지금과 같은 성장 패러다임을 유지한다면 2만 달러는 다소 버거운 목표일지 모른다.

이에 정부는 2만 달러 시대를 앞당기기 위한 10대 성장동력 산업군을 얼마 전 최종 확정했다. 134개 미래 유망기술 및 품목을 10대 산업군으로 분류하고, 오는 2012년까지 국가역량을 집중하겠다는 것이다. 이번 10대 성장동력 추진전략이 과거의 성장전략과 다른 점은 과거에는 노동·자본 등 생산요소의 투입을 통한 생산량 증대에 주안점을 둔데 비해 이번에는 연구개발 투자확대를 통한 기술혁신 주도형으로 전환했다는 점이다. 그러나 차세대 성장동력을 찾는 논의과정에서 미래 유망기술을 개발할 주체인 인력양성 문제에는 구체적인 대책이 별로 없다는 것이 아쉽다. 선진국보다 앞서 개발하고, 지금까지 없던 것을 개발하려면 창의적인 아이디어로 번뜩이는 인재가 양성되어야 한다는 것은 너무도 당연하다.

경제개발 이후 대량생산체제를 통한 1만 달러 시대의 주역은 묵묵히 일해온 근로자들이었다. 하지만 다가오는 2만 달러 시대의 주역은 창조적 인재가 될 것이다. 따라서 국내외적인 경제환경의 변수를 극복하고 우리 산업이 앞선 기술과 제품으로 세계시장을 선도하기 위해서는 창조적 인재의 지속적인 육성이 필요하다. 2003년 8월 개최된 차세대 성장산업 국제회의에서도 국내외 석학들은 인재양성이 성장을 위한 핵심과제라고 입을 모았다. 미래학자인 존 네이스비츠(John Naisbitt)는 "인적자본의 질과 양이 경제성장의 주요 요인이므로 교육이 가장 중요한 우선순위여야 한다"고 강조하고 "창조적인 교육 없이 소득 2만 달러 달성은 어렵다"고 지적했다. 그러나 최고급 인재를 길러내야 할 우리의 대학 교육이 지금과 같아서는 창조적인 인재가 배출되기 어렵다. 논란이 되는 이공계 인재 육성론이 한 예다. 지나친 표현일지는 모르지만 지금 이공계 출신은 부족한 게 아니라 남아돈다. 다만 세계 어디에 내놓아도 손색없는 우수 인재가 절대 부족하다는 게 문제다. 말로만 기초과학 인력양성을 외치지만 열악한 연구환경으로 인해 재능 있는 학생들이 앞다투어 외국으로 떠나는 것도 국가적인 손실이 아닐 수 없다. 이제는 인력양성에서도 '대량생산 체제'를 끝내야 한다.

지금 세계 교육의 큰 흐름은 '경쟁'이다. 무한경쟁 속에서 무한대의 창의력을 가진 글로벌 인재를 키워내는 것이다. 그래야만 세계 초일류의 신기술이 개발되고 그 힘으로 국가경쟁력을 선도할 수 있다. 평준화와 평등교육으로는 그러한 인재육성이 불가능하다. 무한경쟁 교육체제는 70년대 미국에서 시작되어 90년대 이후 IT혁명을 맞아 꽃을 피웠다. 아시아권에서도 싱가포르는 80년대 말에, 중국·일본에서도 90년대 초에 시작했다. 경쟁교육이 유행처럼 번져 나가고 있는 시대에 OECD 국가 중 한국만이 평준화와 평등교육이라는 틀을 고수하고 있다.

경쟁력 있는 인재육성은 더 이상 선택의 문제가 아니다. 똑똑한 한 명이 1만 명, 10만 명을 벌어 먹이는 시대가 이미 다가왔고, 그것이 선진국의 교육목표가 되고 있다. 인재육성은 더 이상 늦출 수 있는 사안이 아니다. 국민적 공감대를 바탕으로 창의성 있는 인재를 육성하는 실천적인 대안이 제시되고 이를 정부가 강력한 추진력으로 뒷받침해야만 2만 달러 시대가 요원한 메아리로 전락하지 않을 것이다.

경제문맹을 퇴치하자

몇 해 전 대학생들의 해외 배낭여행이 붐을 이루더니 이제는 초·중·고생의 해외 어학연수가 보편화되고 있다. 그런데 일선 선생님들의 이야기를 들어보면 우리 학생들은 환율에 대한 기본개념조차 모른 채 비행기에 오른다고 한다. 경제의 세계화는 이제 우리의 일상생활에 바짝 다가섰는데 경제현상에 대한 학생들의 이해력은 과거 폐쇄경제시대와 별반 다르지 않은 것 같아 걱정이다.

21세기 급변하는 경제환경하에서 경제원리에 대한 국민의 이해력은 일국의 번영을 위한 기초라 해도 과언이 아니다. 자유무역협정, 외자유치 등과 같이 국가발전의 성패를 좌우할 경제현안이 국민의 현명한 선택을 기다리고 있다. 하지만 감성에 호소하는 이해집단의 억지 주장에 휩쓸리지 않고 합리적인 경제적 잣대로 판단할 수 있는 국민은 많지 않다. 과거 문맹퇴치가 국가발전의 중요한 전제조건이었듯이 21세기에는 경제문맹을 퇴치하는 것이 주요 과제로 추가되어야 할 것이다.

그런데 우리의 경제교육은 위기를 맞고 있다. '이태백(이십 대 태반이

백수'이라는 현실에서 치열한 경쟁을 뚫고 최종면접에 오른 엘리트조차 '노동의 유연성'이 무엇인지 제대로 알지 못하는 경우가 태반이다. 젊은이들의 상당수가 학교에서 합리적 소비와 경제원리를 제대로 배우지 못한 채 사회에 나와 신용불량자로 전락하고 있다. 기업의 목적을 '이윤창출'이 아닌 '부의 사회적 재분배'로 잘못 알고 있는 국민이 더 많고, 고등학생의 경제이해력은 100점 만점에 고작 56점이라고 한다.

그런 우리에게 미국의 경제교육 사례는 좋은 본보기다. 1997년 '개인금융문맹조사' 보고서에 따르면 미국 고등학교 3년생 대다수가 낙제점이라는 충격적인 결과가 나왔다. 연이어 미 증권거래위원회(SEC)의 레빗(Arthur Levitt) 의장은 "미국은 금융문맹국가이며 그로 인해 엄청난 희생을 치르게 될 것"이라고 경고했다. 이에 따라 '세계경제의 기관차'라는 미국조차도 경제교육, 특히 금융문맹 퇴치에 총력을 기울이기 시작했다. 공익재단인 전국금융교육기금(NEFE)에서는 학생 250만 명을 대상으로 경제교육을 실시하였고, 현재 140개가 넘는 비영리단체가 경제교육을 담당하고 있다. 또한 미국은행 가운데 약 87퍼센트가 청소년 대상 금융교육 프로그램을 운영하고 있다. 2002년에는 미국 재무부 산하에 금융교육실을 신설했고, 미국 교육부도 경제교육 및 금융문맹 포럼을 개최해 의견수렴을 시작했다.

우리도 청소년들에게 제대로 된 경제교육을 시작해야 한다. 여기에는 정부, 학교, 가정, 사회 모두가 나서야 한다. 무엇보다 정부는 경제 전문 지식을 갖춘 우수 교사의 양성과 재교육, 경제교육을 위한 교재 및 부교재의 개발, 일정 학점 이상의 경제교육 이수 의무화 등을 추진해야 한다. 학교는 실생활에 응용할 수 있는 경제생활교육을 시도하고, 가정에서는 어려서부터 자녀가 경제관념을 가질 수 있도록 용돈관리와 합리적인 소비를 지도해야 한다.

사회에서도 청소년 경제교육을 위한 적극적인 노력이 요구된다. 우리나라에는 경제교육을 전문적으로 담당하는 민간기관이 없을 뿐만 아니라 시민운동도 아직 여기까지는 관심이 미치지 못하고 있다. 보다 못한 무역협회 등 경제단체가 지난 겨울방학을 이용해 중·고등학교 교사를 위한 경제교육에 나섰고, 교육에 참가한 선생님들도 한결같이 취지에 공감했다고 한다. 금융기관, 기업, 경제단체의 역할도 중요하지만, 앞으로 시민단체들이 더욱 적극적으로 청소년 경제교육에 나서기를 기대해본다.

바야흐로 정치의 계절이다. 4·15 총선을 앞두고 정치인들은 그럴듯한 말로 포장한 각종 선심성 공약을 경쟁적으로 내놓고 있다. 하지만 세상에 비용은 들지 않으면서 이득만 주는 정책은 없다. 경제교육을 통해 우리 국민들이 정치인의 허울 좋은 언어의 안개 속을 뚫어볼 수 있게 된다면 국가를 위해 진정으로 헌신할 선량을 뽑을 수 있지 않을까?

일자리 창출과 오프쇼어링

인도(印度)기업 사상 최초로 나스닥에 상장된 인포시스(Infosys)사는 2003년에 인도의 IT기업 중 처음으로 10억 달러 매출을 기록했다. 거기에는 미국 실리콘밸리의 해외 아웃소싱 수요확대라는 배경이 있다. 원가절감뿐 아니라 실리콘밸리와 11시간의 시차를 가진 인도를 활용하여 24시간 연구개발 시스템을 구축하려는 것이었다. 이제 인도는 과학기술 두뇌를 밑천으로 정보통신에서 한 걸음 더 나아가 바이오, 의학 등 연구개발 분야에서 급부상하고 있다. 또한 소비자 고충처리, 회계, 재무분석 등에 있어서도 인기 있는 해외 아웃소싱 기지로 떠오르고 있다.

선진 기업들이 규모, 업종, 직무를 불문하고 아웃소싱에 나서기 시작한 것은 이미 1980년대 후반부터다. 아웃소싱은 이제 경영의 필수적 요소로 자리 잡았다. 최근 아웃소싱이 미국에서 논란이 되는 것은 오프쇼어링(offshoring) 때문이다. 오프쇼어링이란, 인도·중국·동유럽 등 인건비가 싸고 시차 활용이 가능한 해외로 기업들이 업무를 이전하는 현상이다. 여기엔 일자리의 해외 유출을 야기한다는 문제가 있다. 오늘날 기업이 봉착하는 가장 중요한 의사결정 중의 하나는 '직접 만들 것이냐, 외부에서 조달할 것이냐(make or buy)' 다. 아웃소싱의 대명사인 나이키(Nike)의 경우, 자체 생산공장은 하나도 없이 전 세계 50여 개국에 퍼져 있는 아웃소싱에 운동화 생산을 맡겨 '공장 없는 제조업'을 실현하고 있다. 단지 제품디자인, 기술개발, 그리고 마케팅만을 하고 있을 뿐이다.

글로벌 경쟁 속에서 생존이 화두인 기업들에게 해외 아웃소싱은 하나의 출구일 뿐이다. 우리나라에서도 조만간 오프쇼어링이 확산될 것이다. 삼성전자나 현대자동차가 연구개발, 마케팅, 경리, 소비자 고충센터 등을 중국이나 인도로 이전하는 날이 수년 내에 현실화될 수 있다는 이야기다. 청년실업률 8퍼센트에 비명을 지르는 현재의 고용사정이 그때 가서 얼마나 더 혹독해질지는 미루어 짐작할 뿐이다.

하지만 오프쇼어링의 확산이 위기만은 아니다. 국내 기업들이 해외에서 아웃소싱을 하는 것 이상으로 우리가 오프쇼어링의 대상국으로 부상하면 된다. 그러기 위해서는 구체적으로 어떤 준비를 해야 할까?

첫째로 우리나라에서 활동하는 기업들이 경쟁력을 갖출 수 있도록 경영환경을 개선하는 것이 급선무다. 대표적으로 규제완화, 노사관계 선진화, 반기업 정서의 개선 등이 필요하다. 우리나라에서 활동하는 기업들이 국적을 불문하고 가벼운 몸집으로 국제무대에서 뛸 수 있도록, 불필요한 짐을 강요해서는 안 된다.

둘째로, 인재양성을 위한 교육시스템의 개혁이 절실하다. 대기업 인사담당자들의 이야기를 들어보면 구름같이 몰리는 구직자들 속에서 정작 기업이 필요로 하는 능력을 갖춘 사람은 얼마 없다고 한다. 지금 업계가 요구하는 인재상은 한마디로 글로벌 경제환경에서 탁월한 능력을 발휘할 전문가다. 여기에는 유창한 어학능력, 탄탄한 전공실력, 그리고 세계무대에서 함께 뛰고 호흡할 수 있는 열린 사고가 필수적이다. 학교나 학생 모두 졸업장이 아닌 실력으로 평가받겠다는 발상의 전환이 있어야겠다.

마지막으로 선택과 집중이다. 21세기 글로벌 경쟁시대는 승자독식 사회(winner-takes-all society)다. 어느 한 분야에서든 1등을 해야만 살아남을 수 있다. 버릴 것은 과감히 버리고 핵심역량 위주로 끊임없이 재편하는 구조조정이야말로 생존의 열쇠다. 이제 기업은 누가 시키지 않더라도 일상적으로 구조조정을 하고 있다. 문제는 국가적인 차원에서 구조조정을 일상화하는 발상의 전환과 시스템의 정착이다.

IT인력 수출에 답이 있다

한국이 선진국으로 자부해온 세계 IT시장에 인도가 풍부한 전문인력을 무기로 경쟁대열에 합류하면서 새로운 판도가 형성되고 있다. 1997년 인도의 소프트웨어 및 IT서비스 수출은 18억 달러 규모였으나 2003년에는 125억 달러로 증가해 수출액이 6년 만에 590퍼센트나 늘어나는 눈부신 성과를 거뒀다. 이는 한국의 2003년 중 소프트웨어 수출실적 5,000만 달러의 250배에 달하는 금액이다. 인도의 상품수출액 가운데 IT서비스산업 비율은 97년 5.0퍼센트를 차지했으나 2003년에는 19.7퍼센트로 급증, 단기간에 인도의 기간산업으로 발전했다.

그렇다면 과연 무엇이 인도 IT서비스산업을 이토록 발전시켰을까? 바로 90년대 중반부터 본격화된 인도의 대미(對美) IT인력 수출이다. 미국의 외국전문기술인력 수입제도(H-1B 비자)로 미국에 수출된 인도의 전문기술인력은 92년만 해도 8,000여 명에 불과했다. 그러다 90년대 중반 미국 내 IT 붐이 본격화되면서 인도의 대미 전문인력 수출규모가 큰 폭으로 증가했으며 2001년에는 13만7,000명에 달해 대미 최대 전문인력 수출국으로 부상했다. 2003년에는 미국 내 IT 붐이 잦아들어 인도의 대미 전문인력 수출규모가 7만 6,000명으로 줄었으나 여전히 인도는 미국에 전문인력을 가장 많이 수출하는 나라다.

IT인력의 수출은 여러 가지 면에서 경제발전에 공헌한다. 첫째, 외화획득에 기여한다. 미국 내 외국 IT인력의 평균 연봉은 5만8,000달러로 한국 돈으로 6,000만 원이 넘는다. 둘째, 외국인의 투자진출을 촉진하는 효과가 있다. 인도 IT인력의 우수성을 체험한 인텔(Intel), 시스코(Cisco), IBM 등 미국 내 거대 IT기업들이 최근 앞을 다퉈 인도에 대규모 첨단기술개발연구소 설치계획을 발표하고 있다. 인도 내 IT인력의 임금이 상대적으로 값싸고 풍부하면서도 높은 기술수준을 보유하고 있기 때문이다. 셋째, 본국의 IT서비스산업을 발전시킨다. 인도정부는 미국에 대한 IT인력 수출이 큰 성과를 거두자 지난 98년 히데라바드에 대규모 IT전문인력 양성기관을 세우고, 캘커타를 비롯한 주요 도시에도 잇따라 설립했다. 이 기관들을 통해 육성된 전문인력은 인도가 IT서비스 산업의 강국으로 부상하는 데 크게 기여했다.

한국은 연간 900억 달러 이상의 IT제품을 세계시장에 내다파는 IT제조업 강국이다. IT제조업 강국의 자리를 계속 지키려면 공장, 생산설비와 같은 실물자본뿐 아니라 우수한 기술인력의 양성에도 비중을 둬야 한다. 우리도 이제는 우수 전문인력을 양성하고 외국기업들의 투자를 한국에 유치하는 데 기여할 IT인력 수출에 눈을 돌려야 할 때다. 그러나 아직까지 해외에서 활동 중인 한국의 IT 전문인력은 미미한 수준이다. 2001년 기준으로 미국 내에서 활동 중인 한국의 IT 전문인력은 1,360명으로, 인도 출신 IT 전문인력의 1퍼센트에도 미치지 못했다.

IT 전문인력의 양성은 공공부문보다는 민간부문이 주도하고 있다는 느낌이 든다. 민간업체들도 자체 연수원을 통해 전문인력을 양성하고 있지만 무역협회의 무역아카데미에서도 2001년부터 IT 전문과정을 개설, 3년간 약 300명을 일본과 미국 등지의 IT전문기업에 취업시키는 성과를 거뒀다.

그러나 이같은 IT전문과정도 학위를 인정받지 못해 많은 어려움을 겪고 있다. 기업의 수요가 신속하게 교육현장에 반영될 수 있는 곳은 제도권 교육기관보다 민간단체의 교육이라는 현실을 인정하고, 우수한 민간단체의 교육기관에서도 학위를 수여하는 제도가 시행돼야 한다.

한국이 세계에서 IT강국의 위치를 확고히 하고 IT선진 한국을 실천해 나가려면 우수한 IT인력을 지속적으로 양성하고 세계 각국에 수출해야 한다. 나아가 세계 IT업계가 한국의 우수한 IT인력의 우수성을 체험하고 한국에 투자하게끔 적극 유도해야 할 것이다.

여성들의 유리천장

경제나 사회부문에서 우리나라는 짧은 기간에 비약적으로 발전했고, 그래서 많은 나라들이 '한국처럼 되기'를 꿈꾸고 있다. 그러나 세계경제포럼에서 발표하는 남녀격차지수(Gender Gap Index, GGI)를 보면 우리나라는 130여 개 조사국 중 100위 안에도 못 든다. 남녀 간 임금격차는 OECD 국가 중 가장 크다. 민간기업의 여성관리자 비율은 2013년 기준 18퍼센트에 불과하며, 30대 여성의 경우 경력단절 현상이 뚜렷하다.

경제가 발전하고 교육수준이 높아지면서 여성의 경제활동 참여는 꾸준히 늘어나는 반면, 여성이 일과 함께 성장하는 것은 여전히 어려운 현실이다. 실제로 여러 통계를 보면, 여성은 높은 학력과 전문성에도 불구하고 결혼·임신·출산·육아 등 여성 생애의 주요 계기마다 경력단절이 무더기로 발생하고 있다. 그렇다 보니 엄마가 딸에게 "엄마처럼 일을 관두지 말라"고 당부하는 상황이 수십 년째 되풀이되고 있다. 우리 사회의 부끄러운 자화상이다.

여성인력의 활용이 부진할수록 국가경제적으로도 인적자원 손실과 성장잠재력 저하를 초래한다. 특히 저출산·고령화 시대에는 여성인력 활용이 최선의 정책 대안이다. 일과 가정을 양립할 수 있느냐가 국가경쟁력을 좌우하는 셈이다. 물론 정부도 "여성인재야말로 우리 경제에 활력을 불어넣을 산소탱크"라는 점을 잘 인식하고 있다. 그래서 지난 2월, 생애주기별로 경력유지 방안을 담은 청사진을 마련해 추진하고, 경제혁신 3개년 계획에서도 여성고용 확대를 핵심과제로 담았다. 이처럼 제도와 인프라를 개선하는 것 못지않게 여성인재에 대한 우리의 인식과 문화도 바뀌어야 한다. 우리는 흔히 여성이 직장을 그만두는 이유를 애 키우기 힘들어서, 즉 육아 때문이라고 생각한다. 하지만 통계청 조사를 보면 여성 경력단절의 가장 큰 요인은 '결혼'이다. 장래에 경력개발 기회를 갖기 어렵다고 판단해 결혼과 동시에 스스로 직장을 관두는 것이다. 이처럼 아직도 많은 여성들은 승진이나 임금을 '오르지 못할 나무'로 인식하고 있다.

결국 기업 및 조직에서 남성과 동등하게 대우받고 경력개발 기회를 충분히 가질 수 있다는 확신이 서고, 그런 희망의 증거들이 충분히 축적됐을 때 비로소 직장을 포기하지 않게 될 것이다. 따라서 이제는 기업의 매출 등 외형적 성과 못지않게 '여성이 일하기 좋은 업무 순위' 같은 지표를 개발하고, 우리 사회가 그런 지표를 중히 여겨야 한다. 이런 점에서 고용주체인 기업들이 모여 자발적으로 목표를 설정하고 실천하게 될 이번 TF 출범은 중요한 의미를 갖는다. 기업의 선택이 모여 변화가 이루어지고, 그런 선택의 축적이 대한민국의 미래가 될 것이기 때문이다.

우리는 흔히 '시작이 반'이라는 속담을 즐겨 쓴다. 이 속담은 논리적으로는 맞지 않지만, 심리적으로는 매우 타당하다고 한다. 실제로 사람 심리라는 게 묘해서, 당장은 담배를 끊기 어렵지만 왠지 새해부터는 끊을 수 있을 것 같고, 지금 공부하기는 싫지만 어쩐지 저녁 먹고 나면 잘 될 것 같다. 그러다 보니 결국 담배 끊기도, 공부하기도 계속 미루게 된다. 이렇게 미루지 않기 위해서, 지금 당장 시작하고자 한다. 양성평등을 실천하기 가장 좋은 때는 따로 있는 것이 아니고, '지금, 당장, 여기'에서 실천해야 하기 때문이다. 현실의 벽이 높은 것은 사실이지만, 담쟁이처럼 한 뼘씩 밀어 올리다 보면 세상이 바뀌어 있으리라 믿는다.

3
경제하려는
의지의 회복

이젠 브랜드 파워다

지난해 우리 경제를 플러스 성장세로 견인했던 수출은 최근 유가 상승, 원자재난, 환율하락 등으로 어려움에 직면하고 있다. 어찌 보면 모든 경쟁국들도 다 함께 겪고 있을 어려움이지만 우리 수출에 더 많은 영향을 미칠 것으로 우려되는 까닭은 원가상승 요인들을 수출 가격인상으로 흡수할 만큼 우리 제품의 경쟁력이 높지 않기 때문이다. 그럼에도 우리는 디지털기술 분야에서 중국 등 개도국보다 우위를 유지하고 있기에 2004년에도 휴대전화, 반도체, 컴퓨터 등 IT산업제품이 수출증가를 주도해줄 것으로 기대하고 있다. 그러나 해당 품목 분야에서도 중국이 우리 기업을 바짝 추격하고 있다. 과학기술위원회가 최근 발표한 내용에 의하면, 우리나라의 평균 기술수준은 선진국의 65퍼센트에 불과한 반면, 중국과의 기술격차는 10퍼센트대에 근접한 것으로 나타났다. 이처럼 개도국과의 기술격차가 줄어들고 있는 상황에서 이를 보완해줄 수 있는 것은 디자인과 브랜드 파워를 키워 부가가치를 높이는 것이다.

그러나 우리 기업 중 고유 브랜드로 수출을 하는 업체는 전체의 37퍼센트에 불과할 정도로 브랜드 육성이 미흡한 실정이다. 인터브랜드(Interbrand)에서 브랜드가치를 기준으로 발표한 '2003년 세계 100대 브랜드'에도 우리나라는 겨우 삼성전자 한 곳만 포함되었을 뿐이다. 여기에는 미국이 62개로 가장 많은 브랜드를 포함시켰으며, 일본과 프랑스가 7개, 독일, 영국 등이 6개를 올려놓고 있다. 공교롭게도 100대 브랜드를 다수 보유한 국가들이 GDP 기준 경제력 순위에서도 상위 1위부터 5위까지를 점하고 있는 것을 보면, 세계적인 브랜드의 보유가 국가경제에 얼마나 중요한 영향을 미치는지 짐작할 수 있다.

지난 연말 구미지역에서 크리스마스에 가장 받고 싶은 선물로 삼성휴대폰을 꼽을 정도로 우리나라도 휴대전화와 디지털가전 분야에서의 약진을 바탕으로 브랜드 이미지가 크게 상승한 것은 사실이다. 그러나 다른 해외소비자 조사에 따르면, 우리 상품의 브랜드 이미지는 아직 세계 일류상품의 62퍼센트 수준으로, 우리 상품의 경쟁력이 여전히 취약하다는 것을 보여준다.

글로벌 브랜드의 육성은 국가경쟁력 제고를 위해 필요한 목표이기도 하지만, 기업의 사활을 위해서도 반드시 필요하다. 그나마 다행스러운 것은 우리 기업들도 이제 브랜드의 중요성에 눈을 뜨고, 고유 브랜드의 육성에 매진하고 있다는 점이다. 안경테 업체 최초로 디자인실을 설치해 디자인 능력을 강화하고 꾸준한 고유 브랜드 알리기를 통해 당당히 세계의 명품 안경테와 동등한 대우를 받고 있는 서전 코레이, 외국업체로 인식될 정도로 한국에서보다 해외에서 더 유명한 하나코 비사의 락앤락, 11전 12기의 기술개발을 통해 적외선 전구 시장에서 돌풍을 일으키고 있는 인터히트, 불량품 제로의 품질관리와 줄자에 패션요소를 가미해 세계적인 줄자업체로 성장한 코메론 등이 바로 고유 브랜드로 세계시장을 누비는 우리의 자랑스러운 중소업체들이다.

글로벌 브랜드의 육성을 위해서는 고유 브랜드가 배양될 수 있는 풍토의 조성이 필요하다. 다행히 우리나라는 세계에서 유일하게 정부 부처에 브랜드 전담기구를 신설할 정도로 브랜드 경쟁력 강화에 적극적이다. 이러한 노력이 가시적 성과를 거두려면 브랜드 기획부터 개발, 마케팅까지 전 단계에 걸쳐 체계적인 기반조성과 지원이 필요하다. 창의력을 고양하는 교육환경을 조성하여 디자인 산업을 강화하고, 브랜드를 널리 알릴 수 있도록 세계적인 전문전시회에 국내 업체들이 참가할 수 있는 기회를 제공해야 한다. 그러나 무엇보다 중요한 것은 고유 브랜드를 개발·육성하려는 기업의 의지와 노력이다. 이러한 기업의 노력과 정부의 정책들이 어우러질 때 브랜드 경쟁력 또한 한층 강화될 것이다.

경제하려는 의지의 회복

20 04년도 우리 경제를 상징하는 키워드는 무엇일까? 언뜻 떠오르는 단어는 경기양극화, 소비침체, 투자부진, 부동산 규제, 유가상승, 환율급락, 수출 2,000억 달러 달성…. 2004년 한국경제

는 수출 2,000억 달러 달성이라는 희망을 제외하면 모두가 힘든 한 해였다. 내수부진과 수출호조라는 경제의 이중성이 유례없이 심화된 탓이다.

2004년도 한국경제가 어려움을 겪었던 원인은 크게 민간의 의욕저하와 정부 정책의 적시성 및 일관성 결여라는 두 가지 측면에서 살펴볼 수 있다. 우선 민간의 의욕저하는 가계와 기업의 행태에서 드러난다. 소비의 주체인 가계는 대출증가에 따른 상환부담과 400만 명에 육박하는 신용불량자를 양산하며 소비심리가 위축되었다. 여기에 성매매법, 접대비상한제 등으로 관련 소비가 위축되면서 국내소비는 줄어드는 반면 해외소비가 늘어나는 기현상을 보였다. 더욱 우려되는 것은 6개월 뒤 경기나 소비지출에 대한 기대심리를 보여주는 소비자기대지수가 연초 98에서 지난 10월 88로 크게 떨어졌다는 점이다. 한마디로 가계는 미래에 대해 비관적이다.

기업 역시 마찬가지다. 수출은 호조를 보이고 있지만, 기업들은 설비투자를 확대하기보다 가동률을 높여 대응하고 있다. 여기에는 기업가정신의 실종, 도전정신의 약화와 같은 기업의 책임이 크지만, 정부나 노조에도 공동의 책임을 물을 수밖에 없다. 만약 정부가 각종 규제를 전향적으로 제거해 기업의 투자의욕을 살리기 위해 노력했다면 투자의 물꼬도 트였을 것이다. 정부 정책의 적시성이 부족했던 점도 지적하고 싶다. 경기부진을 예방하거나 탈출하기 위해 중요한 것은 정책의 타이밍이다. '호미로 막을 일을 가래로 막는다' 는 속담처럼, 시기를 놓치면 막대한 비용과 노력을 들이더라도 소기의 성과를 달성하기 어렵다. 이러한 점에서 경제위기 여부를 놓고 논쟁을 벌이다 정책대응의 적기를 놓치고 연말에서야 공론화된 '한국형 뉴딜정책' 은 좀 더 일찍 시도되었더라면 하는 아쉬움을 남긴다.

정부 정책의 일관성 결여 역시 풀어야 할 숙제다. 첫째, 단기대응과 장기정책이 균형을 이루어야 하는데 각종 로드맵과 같은 장기계획에 치중한 나머지 현안에 소홀한 점을 지적할 수 있다. 대표적으로 중소기업, 소상공인, 재래시장 등이 불경기에 가장 큰 타격을 입고 있는데 이에 대한 단기처방이 미흡했다. 둘째, 미시정책과 거시정책이 조화를 이루어야 하는데 확장적 거시정책을 취하면서도 산업정책적 측면에서는 이를 뒷받침하지 못했다. 예를 들면, 정부에서 발표한 신성장동력산업 육성정책을 구체화하기 위한 정책 집행이 시급하다. 셋째, 국내정책과 개방정책이 조화를 이루어야 함에도 FTA를 적극적으로 추진하겠다는 의지표명은 있었지만, 이를 뒷받침하는 농업 및 산업 구조조정 등은 마냥 뒤로 미뤄진 느낌도 있다.

정책당국은 한정된 자원으로 중요성과 시급성이 높은 것부터 처리하는 '선택과 집중의 원칙'을 한시도 잊어서는 안 된다. 이러한 점에서 정부가 국정의 최우선순위에 놓아야 할 것은 경제다. 경제는 일국의 체력을, 정치는 지력을 나타낸다는 말이 있듯이 경제가 활력을 찾지 않고서는 정치·문화·국방·복지 등 어느 분야도 제대로 기능할 수 없다.

이제 한 달 후면 새해를 맞이한다. 대내외 여건을 종합해볼 때 2005년도에는 2004년보다 경제가 악화될 가능성이 높고, 자칫 잘못하면 일본과 같은 장기불황에 직면할 위험성도 배제할 수 없다. 더구나 최근의 가파른 원화절상 추세가 지속되면 그동안 우리 경제의 버팀목 역할을 해온 수출마저 어떻게 될지 모른다. 대내외로부터 닥쳐오는 도전을 슬기롭게 극복하고 선진국 진입의 발판을 마련하기 위해서는 무엇보다 정부가 앞장서 경제회복에 대한 국민적 합의를 도출하고, 민간의 경제하려는 의지를 되살려 경제에 매진하는 수밖에 없다.

경제국경이 사라진다

20 04년 국내의 한 연구소가 재미있는 연구결과를 발표했다. 1인
당 국민소득 2만 달러 이상인 선진국의 일곱 가지 특징 중 하
나로 외국인 직접투자(FDI)의 유치를 들면서, GDP 대비 FDI 비중이 높
을수록 2만 달러를 달성하기까지 소요되는 기간이 단축되는 경향이 있
다고 지적했다. 유엔무역개발회의(UNCTAD)가 2004년 발표한 자료에
따르면 우리나라의 GDP 대비 FDI 유치실적은 세계 140개국 중 120위
로 최하위권에 머무르고 있다. 중국이 대외개방 이후 2004년까지 5,604
억 달러의 FDI를 유치하여 생산력을 확대하고 수출을 늘려온 것을 감안
하면, 우리는 그간 FDI 유치에서 별 성과를 내지 못해 커다란 성장기회
를 놓쳤다.

한편 최근 중국의 부상과 우리 주력 수출 분야의 세계적인 공급과잉
등으로 우리의 상품수출이 점차 한계점에 도달하면서 서비스 수출에
대한 관심이 높아지고 있다. 더욱이 서비스 무역 자유화가 진행되는 동
시에 국제적인 아웃소싱이 확대되는 등 서비스 무역의 기반이 강화되
면서 서비스 무역의 활성화가 중요한 과제로 등장하고 있다. 하지만 서
비스 수출의 현실은 그리 낙관적이지 않다. 2004년 우리나라의 서비스
수출은 세계 서비스 수출의 1.9퍼센트를 점해 세계 15위에 그쳤다. 상
품수출에서의 비중이 2.8퍼센트로 세계 12위를 차지한 것을 감안하면
상대적으로 부진하다. 국내 서비스산업의 경쟁력이 약한 것도 문제다.

2005년 1~4월 중 서비스 수지는 39억6,000만 달러 적자로, 전년 동기에 비해 적자 폭이 16억6,000만 달러나 증가했다. 그중 일반여행과 유학·연수를 포함하는 여행수지 적자는 27억1,000만 달러로 전년 동기 대비 적자가 9억9,000만 달러나 늘었다. 결국 우리 국민들이 해외로 나가고 있는 것은 국내 관광산업과 교육산업이 취약하기 때문이다.

그렇다면 저조한 FDI의 유치, 서비스산업 육성과 함께 미래 성장산업까지 동시에 육성할 방안은 무엇인가? 현재 정부가 추진하고 있는 '동북아 중심국가' 정책의 핵심과제인 경제자유구역에서 그 해답을 찾을 수 있다. 정부는 인천, 부산, 광양만을 경제자유구역으로 지정하고 각종 혜택을 부여함으로써 세계 유수의 바이오기술(BT), 정보기술(IT), 나노기술(NT), 물류기업을 유치하고 있다. 또 외국기업을 유치하기 위해 쾌적한 주택, 테마파크, 골프장 등 인프라를 설립하고 외국병원과 외국학교를 유치하기 위해 추진 중이다. 세계 최고수준의 공항과 항만시설을 이용해 우리나라를 동북아 비즈니스 중심으로 육성한다는 계획의 일환이다. 경제자유구역을 추진하는 과정에서 발생하는 이해당사자 간 다양한 갈등을 거시적인 관점에서 잘 극복하는 것도 중요한 과제다. 예컨대 경제자유구역 내의 외국학교와 병원을 내국인에게도 개방한다하여 의료·교육 분야가 반발하고 있다. 그러나 대학교육 경쟁력이 조사대상 60개국 중 59위, 의료체계의 국민건강 기여도가 167개국 중 107위에 머무르고 있는 이들 분야의 국제경쟁력을 제고하고, 늘어나고 있는 해외진료 및 교육 수요를 국내로 돌리기 위해서는 의료 및 교육시장의 개방이 필요하다.

경제국경이 없어지면서 세계는 무한경쟁시대에 돌입했다. 이 무한경쟁시대에 살아남기 위해서는 정부, 기업, 국민 모두가 글로벌화하지 않으면 안 된다. 19세기 격동의 시대에 서양문물을 적극 받아들인 일본은 근대화에 성공해 세계의 전면에 나선 반면, 개방을 거부하고 은둔했던 한국과 중국은 어려운 시기를 거쳐야 했다. 또한 80년대 우리와 같은 아시아 신흥공업국이었던 싱가포르가 FDI를 적극 유치해 아시아의 비즈니스 허브로 거듭나면서 1인당 국민소득이 2만 달러를 웃도는 선진국 수준으로 도약한 것은 의미하는 바가 크다. 특히 세계경제의 불균형 심화로 수출환경이 악화되고, 내수 및 투자부진으로 잠재성장률이 하락하고 있는 지금 시점에 선진국의 제도를 국내에 정착시키기 위한 시험장소(Test-bed)인 경제자유구역의 성패는 21세기 한국의 진로를 좌우할 중요한 시험대가 될 것이다.

대만형 경제모델의 교훈

한국과 대만은 지난 40여 년 동안 수출주도형 성장방식으로 높은 경제성장을 달성하면서 전 세계 개도국의 경제발전모델이 되어 왔다. 특히 대만은 탄탄한 중소기업을 바탕으로 안정적인 성장을 이룩하여 1990년대 초까지만 해도 대만경제를 배우려는 국가들이 줄을 이었고, 우리 기업인들도 그 노하우를 전수받기 위해 대만으로 가곤 했었다. 그러나 불과 10여 년이 지난 지금은 사정이 달라졌다. 우선 수출에 있어서 지난 1994년부터 우리나라가 대만을 추월했다. 최근 두 나라 수출규모의 차이는 더욱 벌어져 우리나라가 내년에 3,000억 달러 이상을 목표로 하고 있는 반면 대만은 이제 2,000억 달러를 바라보는 수준에 그치고 있다. 또한 대만은 우리나라보다 3년 앞서 1992년에 국민소득 1

만 달러 벽을 넘었지만, 2004년에는 1만4,032달러로 우리나라의 1만 4,162달러에 오히려 뒤졌다.

이처럼 대만경제가 과거와 달리 부진하는 원인은 무엇인가? 중국으로의 생산기지 이전 등 많은 문제점을 지적할 수 있겠지만 가장 근본적인 이유는 견실한 중소기업의 역량에도 불구하고 이를 앞에서 이끌고 갈 대기업의 부재라고 생각한다. 중국의 부상 등으로 국제경쟁 환경이 급변하면서 중소기업에 의존하는 대만의 발전모델이 한계를 보이기 시작한 것이다. 치열한 세계시장에서 승리하기 위해서는 마케팅, 연구개발 등을 선도할 막대한 자금과 인적자원을 갖춘 글로벌 기업의 존재가 필수적이다. 그러나 대만은 〈포춘(Fortune)〉이 선정하는 세계 500대 기업에 속하는 기업이 불과 두 곳에 불과하다.

우리나라는 〈포춘〉의 세계 500대 기업에 들어가는 기업이 11개로, 대만에 비해서는 사정이 그래도 조금은 낫다고 할 수 있다. 하지만 우리 경제가 무역규모 5,000억 달러를 넘어 1조 달러를 지향하고, 국민소득도 1만 달러의 벽을 허물고 2만 달러 시대로 진입하려는 도약대에 와 있음을 고려하면 얘기는 달라진다. 특히 세계 30대 기업에 우리나라 기업은 한 군데도 없고, 삼성전자가 39위, 현대자동차가 92위, LG전자가 115위를 차지하는 데 그치고 있는 현실은 아직 크게 미흡하다는 느낌을 지울 수가 없다.

우리 경제가 새로운 목표를 달성하고 장기적인 성장을 달성하기 위해서는 대만의 교훈을 거울 삼아 세계적 경쟁력을 갖춘 글로벌 기업을 늘려 나가야 한다. 그러기 위해서는 첫째, 역량 있는 기업들의 과감한 투자를 유도함으로써 선도적 위치를 확립해 나가야 한다. 특히 중국의 거센 추격과 자국 기업끼리 연합해 공세를 펼치는 일본, 미국 등 선진국 기업을 이겨내기 위해서는 투자 및 연구개발 역량을 갖춘 우리 기업들이 신명나게 일할 수 있는 환경을 만들어야 한다. 둘째, 글로벌 경쟁력을 갖춘 기업과 핵심부품을 생산하는 중소기업을 전략적으로 연계해야 한다. 글로벌 기업은 부품을 공급하는 중소기업의 든든한 뒷받침이 있어야 경쟁력을 확보할 수 있다. 부품공급 중소기업을 육성하고 대기업과의 상생전략을 추진하는 것이 중요한 과제다. 셋째, 우리 사회에 널리 퍼져 있는 기업규모에 대한 부정적인 인식을 털어내야 한다. 글로벌 기업이 선진국의 거대 기업과 경쟁할 수 있는 능력을 배양해 나가야 한다. 따라서 글로벌 기업부터 중소기업까지 다양한 기업이 공존하면서 협력하는 경제를 지향해야 한다.

우리나라의 경제성장은 예나 지금이나 수출주도로 이루어져왔다. 앞으로의 우리 경제도 경쟁력을 갖춘 글로벌 기업이 얼마나 등장하고 이 기업들이 수출을 어떻게 선도해 나가느냐에 달려 있다. 21세기 새로운 경제발전모델을 우리가 다시 한 번 제시할 수 있기를 기대해본다.

전략적 글로벌 경영

일본 도요타자동차는 해가 지지 않는다고 한다. 일본뿐 아니라 미국·영국·터키·인도·중국·태국 등 전 세계에 걸쳐 있는 도요타의 해외 생산공장을 두고 하는 말이다. 오늘날 세계 무역환경은 상품뿐 아니라 자본·기술·노동 등 생산요소의 자유로운 이동이 확산되면서 국경 없는 경영활동이 가속화되고 있다. 해외직접투자와 M&A 및 자원의 글로벌 아웃소싱 등을 통해 전 세계 차원에서 무역·생산체제가 이루어짐에 따라 글로벌 경영은 기업의 선택사항이 아니라 생존전략이 되었다. 여기에 맞춰 국제수지 구조도 상품수출을 통한 '무역수지'에서 해외투자에서 나오는 배당과 이자소득 등을 통한 '소득수지'로 중심이 이동하고 있다. 일본은 기업의 활발한 해외투자의 결실로 2005년부터 소득수지 흑자가 무역수지 흑자를 상회하고 있다.

우리 기업의 글로벌 경영은 어떠한가? 1980년대 후반부터 본격화된 우리 기업의 해외진출은 외환위기 때 잠시 주춤했으나 2003년 이후 꾸준히 증가하고 있다. 최근에는 국내의 펀드자금이 중국·동남아시아에 대거 투자되고 있다. 이 같은 해외 펀드투자는 원화(貨)의 힘으로 동아시아를 공략한다는 뜻에서 '문화 한류(韓流)'에 이은 '원류(won流)'로 불리기도 한다. 그러나 해외직접투자만 보더라도 2005년 GDP 대비 비중은 4.6퍼센트로 일본(8.5퍼센트)이나 미국(16.4퍼센트)에 비해 매우 낮은 수준이다. 해외투자 규모뿐 아니라 구조적인 측면에서도 적지 않은 문제점을 안고 있다. 우리 기업의 해외투자는 제조업 분야와 중국 등 아시아 투자에 집중돼 있어 이들 국가의 정책변화에 따라 리스크가 커지는 구조적 취약성을 안고 있다. 또 저임금 노동력 활용과 같은 수동적·방어적 목적의 해외진출이 주류이고, 선진기술이나 자원확보 등을 위한 전략적 투자는 미흡한 실정이다.

이런 측면에서 최근 정부가 내놓은 해외투자 대책은 때늦은 감은 있지만 기업의 해외진출 촉진에 초점을 두고 있다는 점에서 환영할 일이다. 기업의 해외사업에 대한 보험한도 확대 및 국책은행을 통한 금융지원 강화 등의 조치가 우리 기업의 해외진출에 긍정적 영향을 미칠 것으로 기대한다. 이제 정부의 해외투자 정책은 글로벌 경영환경 속에서 대전환이 필요하다. 과거와 같이 기업의 글로벌 경영과 동떨어지거나 지엽적인 정책에서 벗어나, 경쟁력 한계에 도달한 기업의 해외진출 지원을 강화하여 세계시장을 주도하는 방향으로 바뀌어야 한다.

이를 위해서는 첫째, 시장개척형·기술획득형·자원확보형 등 해외진출 목적에 부합하는 맞춤형 지원방안을 수립해야 한다. 둘째, 지역산업전문가 육성, 대·중소기업 간 해외진출 정보공유 등을 통해 진출·지역에 대한 연구와 정보제공을 강화해야 한다. 셋째, 해외펀드를 포함한 해외진출 관련 법률의 개편, 해외진출기업 원스톱 서비스, 진출 지역과의 정부 간 협력채널 활성화 등 종합적이고 제도적인 지원을 강구해야 한다. 아울러 정부는 해외투자 활성화를 통해 '경상수지 흑자＋자본수지 적자(유출 초과)'의 선진국형 구조를 정착시킴으로써 환율안정을 도모한 일본의 정책을 되새겨볼 필요가 있다. 우리 기업 역시 글로벌 경영추세에 발맞추어 세계를 향해 또 다른 블루오션을 찾아 나서야 한다. 저임금을 활용한 초보적 투자행태에서 벗어나 새로운 시장개척과 선진기술 습득, 그리고 에너지·자원 확보를 위한 전략적 해외투자를 적극 수립해 나가야 한다. 우리 경제의 새로운 성장잠재력을 모색하기 위해 정부와 기업 모두 해외진출에 눈을 돌려 글로벌 진출전략을 준비해야 할 때다.

기후협약에 대한 국가적 대응

교토의정서가 내년부터 발효됨에 따라 국내 산업계에 상당한 파장이 예상된다. 교토의정서는 지구온난화 규제 및 방지의 국제협약인 기후변화협약의 구체적 이행 방안으로, 선진국의 온실가스 감축 목표치를 규정하고 있으며, 1997년 12월 일본 교토에서 개최된 기후변화협약 제3차 당사국총회에서 채택됐다. 특히 에너지·자동차·철강업계 등 온실가스 과다배출 기업에 대한 큰 영향이 우려된다. 일부에서는 우리나라가 온실가스 배출의 감축 의무가 없으므로 산업계에 미칠 파장이 제한적일 것으로 내다보기도 한다. 의무이행 대상국은 오스트레일리아, 캐나다, 미국, 일본, EU 회원국 등 총 38개국이며 각국은 2008~2012년 온실가스 총배출량을 1990년 수준보다 평균 5.2퍼센트 감축해야 한다. 각국의 감축 목표량은 −8~+10퍼센트로 차별화하였고 1990년 이후의 토지 이용변화와 산림에 의한 온실가스 제거를 의무이행 당사국의 감축량에 포함하도록 했다. 2012년까지 EU는 8퍼센트, 일본은 6퍼센트의 온실가스를 줄여야 한다. 감축대상 가스는 이산화탄소, 메탄, 아산화질소, 불화탄소, 수소화불화탄소, 불화유황 등 여섯 가지다.

그러나 OECD 국가 중 우리나라와 멕시코는 교토의정서에 따른 의무 부담을 받지 않고 있어 앞으로 의무감축에 대한 국제사회의 압력을 회피하기 어렵다. 더욱이 교토의정서가 끝나는 2013년부터 기후변화협약의 실천방향을 재조정하는 이른바 '포스트−교토체제'의 큰 그림을 그리게 된다. 이 협상에서 우리나라는 인구, GDP, 이산화탄소 배출량 등으로 미루어볼 때 배출감축 의무를 지게 될 것이 확실시된다. 2009년까지 협상을 마무리하기로 함에 따라 포스트−교토체제에 대한 대책이 시급하다.

교토의정서의 발효는 거대한 탄소시장을 탄생시켰다. 탄소시장은 지구온난화를 일으키는 온실가스 중 80퍼센트 이상을 차지하는 이산화탄소 배출권을 금융상품으로 만들어 마치 주식처럼 거래하는 시장이다. 2006년 시장 전체의 총 거래액은 300억 달러에 이르렀고, 교토의정서가 끝나는 2013년에는 무려 2조 달러에 이를 것으로 전망되고 있다. 미국과 EU 등 주요국들은 탄소시장의 주도권을 두고 치열한 경쟁을 벌이고 있다. 교토의정서에 의해 탄생된 탄소시장을 EU에 선점당한 미국은 교토의정서에는 불참했으나 포스트-교토체제에는 적극적으로 참여하고 있다.

지난 6월 독일에서 열린 서방선진국 G8 회담에서 주요국 정상들은 온실가스 감축에 대한 중장기 목표설정에 합의했다. 한 걸음 더 나아가 미국은 9월 말 유럽의 주요 국가를 포함한 주요 배출국 회의를 개최했으며, UN의 주도 아래 2009년 말까지 포스트-교토체제를 완성키로 합의했다. 개도국들의 입장도 눈에 띄게 변화했다. 지난 50년간 전 세계 이산화탄소 배출량의 80퍼센트는 선진국에서 이루어졌으므로 온실가스의 대책은 전적으로 선진국의 책임이라며 방관하던 입장에서 선진국에 더욱 적극적인 온실가스 삭감을 요청하고 나섰다. 감축 의무가 없는 개도국에 선진국들이 배출시설을 만들어 감축 의무를 인정받는 프로젝트시장에 적극적인 투자를 요구하고 있는 것이다. 이러한 현상은 청정개발체제(CDM)가 대표적이며 앞으로 더욱 활성화될 전망이다.

EU가 주도하는 교토체제의 방식에 미국이 불참하고 있기 때문에 포스트-교토체제는 선진국에 대한 배출권을 할당하는 교토방식으로 지속되지는 않을 전망이다. 경우에 따라서는 EU와 미국의 대립으로 탄소시장이 양분될 것이라는 전망도 있다. 그러나 온실가스의 감축은 선택의 문제가 아니라 당위이기 때문에 범지구적 대응이 불가피하다. 포스트-교토체제에 어떻게 대응하는가에 따라 우리의 경쟁력은 장기간에 걸쳐 영향을 받게 될 것이다. 정부는 온실가스 저감과 관련된 정책을 보다 명확히 하고 대외경쟁력을 고려한 국가적 대응체계를 구축해야 한다.

최근 정부는 탄소시장의 설립과 2,000억 원 규모의 탄소펀드 조성을 검토하고 있다. 기후변화에 대응한 새로운 국가전략에 따라 기업의 선행적인 대응전략 또한 요구된다. EU 중심의 탄소시장에 대한 가격분석과 동향파악 등을 통해 배출권을 조기에 확보하는 한편, CDM 사업에 대한 적극적인 직접투자, 탄소펀드에 대한 금융권의 참여 등 종합적인 대책이 마련되어야 한다.

기업성공시대, 국민성공시대

시장친화적이며 실물경제를 잘 아는 기업 CEO 출신 대통령이 취임함으로써 경제회복에 대한 국민들의 기대가 크다. 그러나 경제활성화를 최우선 과제로 삼고 있는 새 정부의 초기 여건은 밝지 않다. 어떻게 보면 5년 전 노무현 정부 출범 시기보다 더 어려운 여건인지 모르겠다.

국제유가는 배럴당 100달러를 넘어섰고, 곡물가격은 천정부지로 치솟고 있으며, 미국경제의 침체 속에 세계경제는 인플레 속의 저성장이라는 스태그플레이션 현상을 보이고 있다. 대내적으로도 지난 5년간의 경제정책 실패로 투자부진이 지속되고 국내소비보다 해외소비가 확대되는 기현상이 나타나고 있다. 더욱이 그나마 경제성장의 버팀목이었던 무역수지도 지난 12월 적자를 기록한 이래 2월 20일까지 3개월 연속 적자를 보이고 있다. 한마디로 우리 경제의 앞길에 경기침체, 물가

불안, 무역수지 적자라는 적신호가 동시에 켜져 있다.

새 정부는 시장친화적 경제정책의 추진으로 성장잠재력을 제고하는 것을 국정운영의 최우선 과제로 삼고 있다. 경제정책의 성패는 정책에 대한 경제주체의 신뢰에 달려 있다. 따라서 정부 정책의 신뢰도를 제고하기 위해 현재의 어려운 여건을 어떻게 풀어내느냐가 대단히 중요하다.

단기적으로는 스태그플레이션을 미연에 방지하기 위한 대책을 서둘러야 한다. 이를 위해서 법인세 인하 및 금리인하 등 수요 견인정책을 추진해야 하며, 수요확대가 투자를 촉진하도록 정책적으로 유도해야 한다. 또한 국제유가 등 원자재가격 상승이 인플레 기대심리와 연계되지 않도록 공공요금 안정과 임금안정에 힘써야 한다. 그러나 이러한 경기대책과 함께 보다 근본적인 대안으로 기업환경 개선을 통한 성장잠재력 확충이라는 새로운 패러다임을 하루속히 정착시켜야 한다.

자본주의의 가장 위대한 발명은 바로 기업이다. 기업의 투자의욕을 북돋우고 이로 인해 고용창출과 민간소비가 되살아날 수 있도록 유도할 필요가 있다. 다시 말해 기업활력 제고를 통한 '기업성공시대'로 '국민성공시대'를 열어 나가야 한다.

이를 위해 '전봇대'로 상징되는 규제를 최단 시일 내에 혁파해야 한다. 기업의 활동영역에서 국경이라는 울타리가 무너진 만큼, 글로벌 스탠더드에 부합하는 경영환경을 조성해야 한다. 이를 위해서는 불필요한 규제를 철폐하여 기업이 보다 자유로이 활동할 수 있는 환경을 조성해야 한다. 이러한 친기업 환경(business–friendly) 조성은 일자리 창출과 직접적으로 연관돼 있으므로 친근로자(worker– friendly) 정책이라고 볼 수도 있다.

또한 세계경제의 글로벌화에도 적극 대응해야 한다. 이를 위해 세제·금융 등에 대한 제도 개선을 통해 기업의 글로벌 경영을 위한 기반을 조성해야 한다. 또한 글로벌 협력강화와 적극적인 대외개방이 필요하다. 특히 한·미 FTA를 조기에 비준하고 FTA 효과 극대화를 위한 산업대책을 세워야 한다. 더불어 자원의 안정적 확보를 위해 신흥 에너지·자원 부국을 중심으로 상호 윈윈(win-win)하는 포괄적 경제협력을 확대해야 한다.

이렇게 산업경쟁력을 제고하고 적극적으로 경제영토를 확장하여 무역과 투자의 선순환과 수출과 내수의 선순환이 원활해지면, 우리는 현재의 경제 파고를 이겨내고, 앞으로 무역 1조 달러 달성과 새 정부의 목표인 연평균 7퍼센트 경제성장을 통한 10년 내 1인당 국민소득 4만 달러 달성, 세계 7대 경제권 진입에 성큼 다가설 수 있을 것이다.

경제는 심리다

지난 주 온 국민의 환호 속에 경제 살리기를 국정운영의 주요 목표로 설정한 새 정부가 야심 찬 항해를 시작했다. 기업과 개인은 물론 주요 경제단체 역시 새 정부의 경제활성화 정책에 거는 기대가 크다. 특히 향후 5년이 우리 경제가 선진국 경제로 진입하는 데 매우 중요하다는 점에서 새 정부의 원년인 2008년 경제운용 방향에 대한 관심이 남다르다.

정부가 경제를 운용할 때는 '마(魔)의 5각형'이라는 내재화된 어려움이 존재한다. 즉 경제성장·물가·고용·국제수지·소득분배의 균형을 동시에 추진하기 어렵다는 것이다. 예를 들면 성장 위주의 정책은 소득을 증가시킬 수 있으나 물가상승과 국제수지 불안을 유발한다. 최근에는 '고용 없는 성장'이란 말이 있는 것처럼 성장 위주의 정책이 언제나 고용증대를 가져오는 것은 아니다. 또한 소득분배를 중시하는 정책은 양극화를 해소할 것 같지만 성장과 고용을 감소시켜 오히려 분배상황을 악화시킨다.

또 하나 경제운용에서 중요한 전제는 초기 여건이다. 그러나 우리의 대내외 환경은 그리 밝지 않다. 미국경제는 여전히 서브프라임 모기지(비우량주택담보대출)의 늪에서 허덕이고, 중국 역시 성장둔화에 대한 우려가 커지고 있다. 유가는 100달러를 웃돌고, 환율 역시 불안 조짐이 역력하다. 내부 여건도 만만치 않다. 극심한 투자부진 속에 해외소비만 늘어나는 기현상이 계속되고 있다. 최근 주가와 부동산가격 상승에 따른 소득 양극화가 경제운용에 부담이 되고 있다. 여기에다 경제성장의 버팀목이었던 무역수지마저 석 달 연속 적자행진을 이어가고 있고, 국제 원자재가격은 폭등했다. 한마디로 우리 경제의 앞길에 세계경기 후퇴, 물가불안, 국제수지 적자라는 빨간불이 켜진 것이다.

이러한 난관을 어떻게 극복할 것인가. 결론부터 말하면, 경제운용의 패러다임을 기업 중심으로 전환해야 한다. 경제현상은 순환적 요인과 구조적 요인이 병행해서 나타난다. 따라서 경제정책은 단기적 대책과 중장기 구조적 대책이 조화롭게 시행되어야 한다. 최근의 경제위기를 극복하기 위해서는 단기적으로 환율안정, 금리와 법인세 인하 등으로 투자를 촉진해 경기급락을 막고, 유류세 인하와 공공요금·임금안정을 통해 서민의 물가불안을 해소하는 것이 급선무다.

또 우리 경제의 경쟁력 제고를 위해 각종 규제를 혁파해 글로벌 스탠더드에 부합하는 친기업 환경을 조성하고 성장잠재력과 생산성 향상에 필요한 인프라를 구축해야 한다. 친기업 환경조성은 일자리 창출과도 직접적으로 연관되므로 친근로자 정책이라고도 볼 수 있다. 아울러 한·미 FTA를 하루빨리 비준하고 이를 극대화하기 위한 산업정책을 수립하는 등 세계경제의 글로벌화에도 적극 대응해야 한다.

무엇보다 각 경제주체의 자신감 회복이 중요하다. '경제는 심리다'라는 말이 있듯이 지난 10년간 우리 경제는 내수부진이 지속되면서 일종의 이력현상(履歷現象)에 빠졌다. 즉 과거의 행태에 익숙한 나머지 정부가 아무리 변화를 꾀하려 해도 경제정책이 소기의 효과를 거두지 못한 것이다. 이력현상에서 벗어나기 위해서는 지도자의 강력한 추진력과 경제주체의 신뢰와 협조가 중요하다.

저성장의 유산에서 벗어나기 위한 패러다임의 전환은 단기간에 이루어지지 않는다. 그러나 정부를 비롯한 경제주체들의 기업환경 개선을 위한 적극적인 노력과 지원은 투자와 수출의 선순환으로 이어져 우리 경제가 무역 1조 달러 달성과 세계 7대 경제권 진입을 앞당기는 초석이 될 것이다.

4

복지, 성장 그리고
서비스 산업의 역할

이젠 서비스 수출 시대

조기유학 열풍이 거세다. 2001년 한 해 동안 약 8,000명의 초·중·고
등학생이 해외로 빠져나갔다고 한다. 1999년에 비해 무려 4배
를 넘어서는 수치다. 통계 집계의 어려움을 감안하면 이보다 훨씬 많을
것이다. 그래서 우리 사회에 '기러기 아빠'라는 신조어까지 생겼다.

2002년 말 해외여행자 수는 700만 명을 웃돌아 사상 최고치를 기록
했다. 이중 골프여행자 수는 8만 5,000명으로 추정된다. 출국하면서 골
프채를 들고 가지 않은 사람들을 고려하면 골프여행자 수는 이보다 훨
씬 많을 것이다. 의료서비스를 받기 위해 해외로 나간 사람도 상당수에
이른다. 우리가 수출로 땀 흘려 벌어들인 외화가 교육이나 골프, 의료

등의 명목으로 해외에서 엄청나게 지출되고 있다.

어디 이뿐이겠는가. 우리 기업들이 해외에 지불하는 기술사용료도 어마어마하다. 휴대전화의 경우 대당 가격의 5~10퍼센트를 로열티로 해외에 지불하고 있고, 디지털TV는 대당 20~25달러를 해외에 지불한다. '재주는 곰이 넘고 돈은 되놈이 받는다'는 말을 떠올리게 한다.

우리는 서비스산업이라 하면 흔히 먹고 마시고 즐기는 산업으로 생각하는 경향이 있다. 이것은 이해 부족에서 빚어진 오해다. 서비스산업에는 개인서비스업 외에도 금융·물류·디자인·경영컨설팅·연구개발 등 기업의 수요를 충족시켜주는 사업서비스업이 있으며 의료·보건·교육·법률 등 사회적인 수요를 충족시켜주는 사회서비스업이 있다.

서비스산업은 여타 산업보다 부가가치와 고용창출 효과가 크다. 항만에서 컨테이너를 이 배에서 저 배로 환적하는 경우 컨테이너 한 개당 200달러의 소득이 생긴다. 관광객 열 명을 유치하면 자동차 한 대를 수출하는 것과 맞먹는 외화가 들어온다. 유학생 한 명을 유치하면 연간 2만 달러를 벌어들인다. 서비스산업이 발달한 선진국에서는 이러한 소득이 엄청나다. 네덜란드는 화물운임 수입으로 매년 100억 달러 이상을 벌어들이고, 프랑스는 인구 수 이상의 관광객이 찾아와 관광수입으로만 매년 300억 달러 이상의 소득이 생기며 미국은 해외유학생을 유치해 매년 120억 달러 이상을 벌어들인다.

이제 서비스산업에서 경쟁력을 갖추지 못한 국가는 더 이상 성장을 기대할 수 없게 되었다. 그러나 우리 현실은 안타깝게도 서비스산업 경쟁력이 크게 낙후돼 있는 실정이다. 서비스 수지는 99년에 적자로 돌아섰고, 2002년 적자규모는 74억 달러로 잠정 집계돼 사상 최대치를 기록했다. 상황이 이렇다 보니 서비스 수지 악화가 경상수지 흑자 기조를 뒤흔들고 있다. 서비스 수지 악화는 우리의 산업구조, 법, 제도 등을 들여다볼 때 필연적인 결과다. 우리나라 교육과 의료서비스에 대해 만족하지 못해 해외로 나가고, 골프 칠 곳이 마땅치 않으니 해외에서 즐기는 것이다.

2003년부터 시작되는 WTO DDA 협상 진전에 따른 개방 압력은 농업과 더불어 서비스업에 집중될 것이다. 아무런 대책 없이 낙후된 상태로 두었다가 뒤늦게 개방을 못하겠다고 버틴다고 해결될 문제가 아니다. 서비스산업의 취약성과 서비스 수지 적자는 역설적으로 우리에게 서비스산업에 대한 잠재력이 그만큼 크다는 것을 의미한다. 또한 지난 수십 년 동안 제조업이 그랬듯이 우리의 서비스산업 역시 선진국을 쉽게 따라잡을 수 있는 여지가 크다.

바야흐로 21세기는 서비스 수출 시대다. 따라서 서비스산업의 경쟁력 강화와 이를 통한 서비스 수출증대가 시급하다. 이를 위해서는 무엇보다 경쟁 촉진을 위한 규제완화가 필요하다. 서비스산업은 아직도 많은 규제를 받고 있다. 사실상의 가격규제가 좋은 예다. 교육, 의료와 같은 서비스업에 가격규제가 시행되는 상황에서는 결코 다양화, 고급화, 경쟁력 강화를 기대할 수 없다. 그 값에는 그만큼의 질, 그 수준의 서비스밖에 공급되지 않기 때문이다.

서비스산업의 체질을 강화하기 위해서는 시장개방이 필요하다. 당장은 충격을 받을 가능성이 있겠지만 개방 후 경쟁에서 살아남으려고 노력하다 보면 경쟁력이 생긴다. 상대적으로 개방된 해운·항공·금융 분야가 국제적 수준의 경쟁력을 갖춘 것과 같다. 항만, 공항 등 물류기반 시설확충과 세계적 기업들의 국내투자가 이뤄지도록 투자환경을 획기적으로 개선하는 것도 중요하다.

또 하나 빼놓을 수 없는 것은 국제적 감각을 갖춘 전문인력 양성이다. 외국기업이 국내에서 계속 활동하기 위해서 뿐 아니라 해외인력 진출을 위해서도 전문인력 양성은 필수적이다. 우리 경제가 재도약하기 위해서는 상품수출뿐만 아니라 서비스 수출에 승부를 걸어야 한다.

동북아경제 중심 전략의 핵심은

지금 세계경제 환경은 과거에는 상상도 할 수 없었을 정도로 시시 각각 변하고 있다. 세계화와 정보화의 물결은 어느 국가도 예외 없이 경제전쟁이라는 전장(戰場)으로 내몰고 있다. 이와 함께 중국경제의 급격한 부상은 세계경제에 또 하나의 새로운 충격을 가하며 우리나라에 큰 위협요인으로 작용하고 있다.

이러한 상황에서 장차 우리 산업의 살길이 무엇인지 진지하게 고민하지 않을 수 없다. 중국의 급속한 산업화로 우리의 수출시장은 빠르게 잠식당하고 있다. 2002년 미국과 일본시장에서 중국의 시장점유율은 각각 10.8퍼센트, 18.3퍼센트인 데 비해 우리는 각각 3.1퍼센트, 4.6퍼센트 수준에 머물렀다. 또한 중국은 이제 첨단산업 분야에서도 무서운 기세로 우리를 추격하고 있다. 중국을 비롯한 개도국들과의 기술격차가 점차 소멸된다는 것은 치열한 경쟁의 무대에서 곧 도태될 수 있음을 의미한다.

우리 수출의 역동성을 저해하는 또 다른 요인으로 수출단가의 지속적인 하락을 들 수 있다. 그 결과 지난 2월의 교역조건은 사상 최악으로 떨어졌다. 상품을 고부가가치화 하는 연구개발 노력을 상대적으로 게을리한 결과, 단순 저가제품의 물량중심 수출구조를 낳은 것이다. 그러나 이제는 이러한 수출구조에서 벗어나 한 차원 높은 전략을 모색해야만 한다. 이러한 의미에서 복합무역이야말로 우리에게 새로운 가능성을 열어줄 수 있다. 복합무역이란, 상품무역과 서비스 무역이 균형을 이루면서 상호 보완적으로 성장해 나가는 것을 말한다. 과거, 원자재를 수입해 이를 단순 가공하여 재수출하는 식의 전략과는 차원을 달리한다. 이미 세계경제의 흐름은 지식집약·소프트화의 방향으로 나아가고 있다. 선진국일수록 서비스산업이 전체 GDP에서 차지하는 비중이 높으며, 이미 전 세계적으로 서비스 무역의 비중은 날로 증가하고 있다.

우리나라는 과거에 비해 서비스 수출규모가 크게 증가하기는 했으나 만년 적자국의 신세를 면치 못하고 있다. 2002년 우리나라 서비스 수지 적자규모는 74억 달러로 사상 최대치를 기록했다. 상품무역으로 힘들여 번 외화가 서비스 무역으로 인해 안타깝게 새어 나가고 있는 것이다. 휴대전화는 한 대당 가격의 5~10퍼센트가, 디지털TV는 대당 20~25달러가 해외에 지불되고 있다. 이제는 물류·관광·금융·교육 등의 서비스산업을 발전시키고 복합무역을 실현함으로써 무역의 폭을 넓혀 나가야만 한다. 이미 동북아경제 중심의 실현은 신정부의 핵심과제로 채택되어 국민적 공감대를 얻고 있다.

우리는 물류와 관광의 동북아 중심지가 되기 위한 천혜의 지정학적 조건을 갖추고 있다. 부산항·광양항과 인천공항을 활용해 폭발적으로 증가하고 있는 동북아 지역의 물동량을 흡수하면서 동북아 물류의 중심지로 발돋움해 나가야 한다. 항만에서 컨테이너를 환적하는 것만으로도 컨테이너 한 개당 200달러의 소득이 생긴다. 또한 우리의 아름다운 자연환경을 관광상품으로 개발해 중국과 일본 등 인근의 잠재 관광

수요를 관광수입으로 현실화시킬 수 있어야 한다. 이와 더불어 동북아 비즈니스 중심지로서의 역할도 추구해야 한다. 결국 복합무역은 동북아경제 중심 전략의 핵심이라고 할 수 있다.

서비스산업의 발전은 단순히 서비스 수출의 증대에서 그치는 것이 아니라 상품 고도화를 촉진해 상품무역의 경쟁력을 높인다는 점에서 더욱 중요하다. 물류산업의 발전은 수출산업의 물류비 절감을 가져올 것이고 관광산업의 발전으로 우리나라의 이미지가 제고된다면 이는 곧 수출증대로 이어질 것이다. 물론 서비스산업의 발전을 꾀하는 동시에 정보기술·나노기술·생명공학 등 차세대 유망 산업분야에서 기술을 개발하고 전문인력 육성에도 적극 투자해 제조업의 경쟁력과 부가가치를 극대화해 나가야 한다. 이렇듯 전통산업과 IT산업의 접목을 통해 제조업을 고도화함으로써 상품의 부가가치를 높이고 서비스산업의 개발을 통해 복합무역을 실현할 때 우리 산업의 새로운 활로는 열릴 것이다.

한류의 확산에 따른 새로운 전략

상품교역을 통한 무역수지가 7년 연속 흑자를 기록하는 데 반해 서비스 수지는 만성 적자를 기록하고 있다. 해외여행이 급증하고 교육과 기술이전료 등에 대한 해외지출이 늘어나면서 2004년 서비스 수지 적자규모는 88억 달러로 사상 최대치를 나타냈다. 이 돈이 모두 국내에서 쓰였다면 우리 경제는 7퍼센트에 육박하는 경제성장률을 달성할 수 있었을 것이다.

세계 각국은 상품수출뿐 아니라 관광·교육·금융서비스 등 다양한 서비스 수출시장을 선점하기 위해 전력을 경주하고 있다. WTO에 따르면 서비스 수출은 지난 20년간 연평균 7.2퍼센트의 증가세를 보여 상품수출 증가율 5.8퍼센트를 크게 앞질렀다. 더욱이 2005년을 기점으로 DDA라운드 협상이 본격화되면서 서비스산업에 대한 대외개방 압력이 거세질 것이다. 서비스산업의 경쟁력을 제고하고 서비스 수지 개선을 위한 대책을 마련하는 일은 더 이상 미룰 수 없는 초미의 과제다. 서비스산업의 경쟁력을 개선하기 위해서는 글로벌 스탠더드에 따른 과감한 구조조정과 개방이 필요하다. 또한 금융·물류·관광 등에 국제적 시각을 갖춘 인재를 육성하는 한편 세계적인 외국 서비스업체들의 유치확대를 통해 경영 노하우를 전수받고 이를 최대한 활용해 나가야 한다.

사실 서비스산업 육성은 우리 경제의 잠재성장력 향상과 성장의 고용흡수력 증대를 위해서도 꼭 필요하다. 산업연관분석에 의하면 서비스산업의 부가가치 유발효과는 제조업보다 크고 특히 산출액이 10억 원 증가할 때 취업자가 18.2명 발생하여 제조업(4.9명)의 약 4배에 이른다.

이와 병행하여 서비스 수지 적자규모를 축소하기 위한 대안을 시급하게 마련해야 한다. 물론 단기간 내에 서비스 수지 적자문제가 말끔히 해결되리라고 기대하기는 어렵지만, 지금부터라도 적극적으로 추진해야 할 과제를 제시해보고자 한다.

첫째, 복합무역 전략을 적극 추진해야 한다. 복합무역 전략은 상품무역과 서비스 무역이 균형을 이루면서 상호 보완적으로 성장하는 전략이다. 구체적으로는 우리나라를 생산기지에서 물류·관광·금융을 망라

하는 국제비즈니스 중심지로 탈바꿈시키고 나아가 문화 중심지를 추구하는 입체적인 접근을 말한다. 복합무역 전략이 성공적으로 추진되려면 먼저 서비스 무역에 대한 인식의 전환이 필요하다. 이를 바탕으로 항만, 공항 등 하드웨어 확충과 세계적인 기업의 진출과 투자가 이뤄지도록 기업환경을 개선해 나가고 동시에 서비스산업의 시장개방도 병행되어야 한다.

둘째, 한류에 대한 체계적 활용전략을 수립하고 시행해야 한다. 최근 아시아 전역으로 확산되고 있는 한류 열풍은 우리나라 서비스산업에 새로운 전기를 가져다줄 것으로 기대되고 있다. '욘사마 열풍'으로 일본 관광객들이 2004년 우리나라에서 지출한 비용이 약 1조 원을 넘는 것으로 집계되고 있으며, 한류의 영향으로 중국 내 우리나라 전자기업들의 매출이 40퍼센트가량 신장한 것으로 알려지고 있다. 한류를 지식기반 콘텐츠 및 상품수출 확대기회로 적극 활용하기 위해서는 전문인력 양성 등 문화콘텐츠 제작, 인프라 구축이 선행되어야 한다. 또한 지역별 문화적 특성을 고려한 마케팅 전략을 추진하고, 외국의 광역미디어를 활용하여 우리 문화콘텐츠의 저변 확산을 통해 문화콘텐츠 수출을 늘려야 한다.

셋째, 서비스산업 경쟁력 위원회를 설치할 필요가 있다. 정부에서도 부분적으로 서비스산업의 경쟁력 제고를 위해 노력하고 있으나, 서비스 부문의 경쟁력 향상과 서비스 수지 개선을 전방위적으로 추진하기 위해서는 산·학·관이 참여하는 보다 강력한 추진기구의 설립이 절실하다. 이러한 과제를 통해 2005년에는 만성적인 서비스 적자현상을 단절하고 상품과 서비스 수지의 동반 흑자 달성을 위한 해법을 마련해야 할 것이다.

대한민국, 이제는 의료 허브다

20 05년 우리나라는 사상 최초로 무역규모 5,000억 달러를 넘어섰으며 무역수지는 232억 달러의 흑자를 기록했다. 이는 양적·질적으로 모두 만족스러운 수치다. 그러나 이와 반대로 서비스 부문에서는 2005년 131억 달러의 적자를 비롯하여 매년 적자가 누적되면서 상품부문의 성과를 상당 부분 잠식하고 있다. 이는 그동안 우리나라의 경제구조가 상품 중심으로 이루어진 탓에 금융·법률·교육·관광·의료 등 서비스산업의 국제경쟁력이 취약하기 때문이다.

그동안 이러한 서비스 부문의 경쟁력을 강화하기 위해 금융 허브, 물류 허브를 구축하는 등 다양한 노력을 기울여왔다. 최근에는 이와 더불어 국내 우수한 의료인력과 동아시아에서의 유리한 입지 조건을 바탕으로 외국환자를 적극적으로 유치하는 의료 허브 전략이 서비스산업 육성의 핵심과제로 주목받고 있다. 지속적인 의료수요 증가와 서비스산업 개방화, 세계화 추세 등을 감안할 때 의료사업은 차세대 성장동력으로써 성장잠재력이 매우 높은 분야라고 할 수 있다.

우선 세계경제의 성장과 함께 노령화가 심화되면서 전 세계적으로 의료수요가 급속히 증가하고, WTO 자유경쟁체제하에서 개방의 범위가 상품에서 서비스로, 서비스에서 인력으로 확대되면서 환자들의 국제적 이동 역시 증가하는 추세에 있다. 현재 동북아시아와 동남아시아 국가들의 경제발전으로 크게 증가한 고소득층이 질 높은 의료서비스를 받기 위해 해외로 나가고 있다. 또 미국에서는 전체 인구의 15퍼센트에 이르는 무의료보험자들이 의료비가 상대적으로 저렴한 국가로의 원정 치료를 희망하고 있는 것으로 나타난다. DDA 협상과정에서 선진국의 개방 압력이 높은 서비스 시장의 경우 향후 개방이 불가피할 전망이어서 외국인 환자 유치경쟁이 더욱 치열해질 것으로 예상된다.

싱가포르, 태국 등은 이미 90년대 말부터 의료산업을 국가전략 산업으로 육성하고 있는 대표적인 국가들이다. 싱가포르의 경우 1997년 외환위기를 겪은 이후 제조업부문에서 중국과의 경쟁이 어렵다는 판단하에 새로운 국가전략 산업으로 서비스 부문을 집중 육성해왔다. 특히 자국의 의료 허브화를 위해 의료 연구개발을 지속적으로 지원하는 한편, 외국환자들의 입국심사 절차를 간소화하고 국제의학회의를 다수 개최하는 등 정부 차원에서 행정적·재정적 노력을 기울이고 있다. 또한 '싱가포르 메디슨(SingaporeMedicine)'이라는 의료 허브 전담기구를 설치해 연간 32만 명의 외국인 환자를 유치하는 성과를 거두고 있다.

국제관광의 지속적 성장과 함께 의료관광이 관광의 새로운 테마로 부상하고 있다. 태국에서는 성형수술의 유행과 함께 "Sun, Sea and Surgery(태양, 바다 그리고 수술)"과 같은 문구를 통해 의료관광 붐을 일으키고 있으며 건강검진, 치과 치료, 라식수술 등의 인기 또한 높아져 이들을 관광상품에 포함하고 있다. 이에 따라 연간 110만 명의 외국인이 태국의 병원을 이용하고 있으며, 순수 치료 목적으로 방문하는 관광객 수는 52만 명에 이른다.

최근 우리나라도 유명 병원을 중심으로 외국인 환자의 입국이 증가하고 있지만, 싱가포르와 태국의 외국인 환자 수와 비교할 때 미미한 수준이다. 그러나 우리나라의 의료 허브 성장잠재력만큼은 매우 높다. 우선 암 치료 등 여러 분야에서 우리나라 의료진의 기술력이 세계적인 수준이며, 드라마와 영화 등이 기여한 한류 열풍 덕에 중국·일본·동남아시아 국가를 중심으로 우리나라의 미용·성형의료 분야에 관심이 높아지고 있다. 또한 바이오 분야에서의 연구 성과와 반경 1,200킬로미터 이내에 7억 명이 거주하고 인구 100만 이상 도시 43곳이 인접한 우리나라의 입지조건은 의료 허브 추진에 매우 유리한 환경이다.

그러나 아직까지 우리나라 의료 허브 전략은 시작단계에 머물러 있다. 우리의 의료산업 잠재력을 의료 허브로 현실화시키기 위해서는 무엇보다도 의료기술에 비해 뒤쳐져 있는 수요자 중심으로의 의료서비스 마인드를 개선해야 하며, 외국인 환자들이 어려움을 겪고 있는 언어소통 및 비자문제 등에 대한 해결책이 마련되어야 한다. 아울러 의료산업의 발전을 저해하는 각종 정부규제에 대한 전면적인 재검토가 속히 이루어져야 할 것이다.

서비스산업 선진화의 방향

1960년대 이후 우리나라의 경제성장은 수출 지향형 정책에 의해 주도되어왔다. 특히 제조업은 수출의 최전선에서 세계 각국 기업과의 첨예한 경쟁에 노출되어왔고, 정부는 제조업체들이 세계시장을 성공적으로 개척할 수 있도록 다양한 금융 및 세제지원을 제공했다. 최근 경제가 성숙함에 따라 시장의 역할이 강조되고, 제조업의 지속적 성장을 위해 기업의 창의성과 경쟁이 중요하다는 인식이 강화됨에 따라 규제개선 역시 제조업을 중심으로 이루어졌다. 최근 우리 경제가 겪는 저성장·저고용의 어려움은 이러한 상황과 관계가 깊다. 지속적인 구조조정과 자본집약적인 생산활동으로 인해 제조업 고용창출이 한계에 다다르기 시작한 것이다.

반면 서비스산업, 특히 도소매 및 음식숙박업은 제조업에서 퇴출된 인력을 흡수하는 완충지대의 역할을 했지만, 각종 규제와 정책적 차별 등 열악한 여건 탓에 생산성의 증가를 이루지 못했다. 2008년 말 현재 전기·가스·수도를 제외한 우리나라 서비스산업의 고용비중은 약 68퍼센트에 달한 반면, 부가가치 비중은 약 60퍼센트로 OECD 30개국 중 29위에 그치고 있다.

최근 추진되는 서비스산업 선진화는 다양한 의미를 지닌다. 첫째, 무엇보다도 고용과 부가가치 비중이 큰 서비스산업의 생산성을 제고해야 성장잠재력을 확충할 수 있다. 서비스산업의 부가가치가 제조업의 약 두 배에 달하는 상황에서 서비스산업의 생산성이 제고되지 못한다면 향후 우리 경제의 성장을 기대하기 어렵다. 둘째, 서비스산업, 특히 법률·회계·디자인 등 사업서비스 부문의 효율성을 제고한다면 서비스를 생산요소로 사용하는 제조업의 경쟁력 제고 역시 가능하다. 셋째, 안정적 내수기반 확충과 서비스 수지 적자해소를 위해서도 서비스산업의 선진화가 필요하다. 2008년 우리나라 상품수지는 약 60억 달러의 흑자를 기록한 반면, 서비스 수지는 약 167억 달러의 적자를 기록했다. 넷째, 서비스산업을 선진화 할수록 국민들이 누릴 수 있는 후생이 증대한다. 서비스는 내수의 상당 부분을 차지하며, 국민의 생활과 상당 부분 직결되어 있기 때문이다. 서비스산업의 선진화는 생산성을 제고하고, 다양한 융합 서비스를 창출하여 국민들이 종전보다 낮은 가격으로 고품질의 서비스를 소비할 수 있게끔 한다.

이러한 점에서 정부가 2008년 세 차례에 걸친 서비스산업 선진화 방안을 수립하고, 2009년 5월 경제난국 극복과 성장기반 확충을 위한 서비스산업 선진화 방안을 발표한 것은 매우 시의적절하다. 특히 최근의 선진화 방안은 관련 부처가 국민·기업과의 공동 작업을 통해 서비스산업 도약을 위한 기본 방향과 실천 방향을 수립했다는 점에서 의의가 있다.

교육·콘텐츠·IT서비스·디자인·컨설팅·의료·고용지원·물류·방송통신 등 아홉 개 분야에 걸쳐 120여 명의 민간 전문가와 관계 부처 공무원이 참여한 이번 작업에서 가장 눈에 띄는 것은, 제조업과의 차별적 대우를 개선하고 규제를 개혁하여 서비스산업의 자체적이고 효율적인 발전방안을 수립한 것이다. 서비스산업에 대한 세제·재정지원 확대, 지식서비스업에 대한 금융지원 확대, 그리고 중소기업 범위 확대 등은 서비스산업에 대한 기존의 차별대우를 개선함으로써 보다 효율적인 자원 배분을 유도할 것으로 기대된다.

각 분야에서도 구체적이고 다양한 선진화 방안이 도입되었다. 예를 들어 교육 분야에서는 우수 외국교육기관의 설립 및 운영을 촉진하기 위해 잉여금의 해외송금 허용을 추진하고 경제자유구역 내 초·중등 외국교육기관의 내국인 입학비율을 완화했다. 방송통신 분야에서도 방송통신시장의 서비스 경쟁을 강화하고 시청자의 다양한 미디어 욕구를 충족하기 위해 신규 종합편성 PP의 도입이 구체화되었으며, 민영 미디어랩 도입이 추진되는 등 각 분야에서 괄목할 만한 성과를 거두었다.

그러나 아쉬움이 없는 것은 아니다. 아직도 정부의 재정지원과 투자가 필요하다는 인식이 강했고, 일부 서비스업 분야에서는 충분히 가능한 산업적 성장에 대한 논의마저 공공성의 논리가 가로막았다. 소비자의 후생이 특정 이익집단의 이해관계에 함몰되는 사례도 있었다. 서비스 선진화는 몇 차례의 정책 수립이나 수행만으로는 이룰 수 없음을 보여주는 반증이다.

서비스 선진화 작업은 항상 현재형이어야 한다. 공공성의 논리로 산업성을 매몰시키고, 이익집단의 이해관계를 과감히 털어내지 않는 한, 선진화의 길은 멀고 험할 수밖에 없다.

복지, 성장 그리고 서비스산업의 역할

오늘날 우리 경제가 겪고 있는 성장의 둔화, 소득분배의 악화, 심각한 고용상황 등 상당수의 문제들은 1990년대 당시 우리 경제구조의 변화에 충분히 대처하지 못한 데에서 비롯되었다고 본다. 1980년대 말 공산권이 붕괴되고 중국 등 신흥개도국들이 세계경제권으로 편입되면서 우리 경제에는 노동집약적 산업의 붕괴라는 쓰나미가 덮쳐왔다. 섬유·신발 업종이 속속 폐업하거나거나 생산비가 낮은 외국으로 대거 빠져나갔다. 이로 인해 직장을 잃은 인력들은 새로운 일자리를 찾아 나설 수밖에 없었다. 당시에는 중국이 쫓아오지 못하는 IT, 자동차 등 기술집약적 산업을 육성하면 노동집약적 산업에서 퇴출된 인력들을 흡수할 수 있으리라는 견해가 지배적이었다. 그러나 결과적으로 이는 불완전한 해법이었음이 판명되었다.

정부와 기업들이 합심하여 기술개발에 집중한 결과, 부분적으로 산업구조의 고도화를 이룬 것은 사실이다. 그러나 기술집약적 산업에서 흡수할 수 있는 인력규모가 불충분한 탓에 일자리를 구하지 못한 인력들은 음식숙박업과 같은 생계형 자영업자로 연명할 수밖에 없었다. 사실상 퇴출인력들의 일자리를 어떻게 보전할 것인지에 대한 대책은 거의 없었다고 해도 과언이 아닐 것이다. 최근의 연구결과를 보면 이때부터 소득분배가 악화되기 시작했고 자영업자의 수가 급격히 늘기 시작한 것으로 나타난다.

외환위기를 맞아 처음으로 '사회적 안전망'이란 생소한 단어를 접하게 되었다. 구조조정이라는 위험한 강을 건너갈 때 발생할 수 있는 탈락자들을 안전하게 받쳐줄 그물망이 필요하다는 개념이다. 그때까지만 해도 우리 사회에서 '복지'란, 잘사는 선진국에서나 통용되는 사치스러운 개념이었다. 후진국의 추격을 뿌리치고 새로운 성장의 원천을 찾아 경제구조를 개편하는 과정에서 생겨나는 빈곤층을 끌어안기 위해 막대한 재원을 투입해야 하는 선진국 내부의 고충을 충분히 인지하지 못했던 것이다.

근래 복지확충이 우리 사회의 중심 화두로 대두되면서, 선진국의 복지체계에 대한 이해가 높아지게 되었다. 근로능력이 없는 이들에 대한 인도주의적 지원을 제외하면, 소모적 복지로는 경제가 위기에 처할 수 있으므로 일자리를 찾을 때까지, 그리고 일자리를 찾을 수 있도록 육아와 교육, 직업훈련 등에 재원을 쏟는 것이 선진국 복지의 요체임을 깨닫게 되었다. 복지지출로 일자리를 찾도록 돕고 이를 경제성장으로 이어지게 하는 것이 선진국의 복지와 경제를 지탱하는 축인 셈이다. 남은 과제는 복지재원을 누가 부담할지에 관한 것인데 일의적 정답은 있을 수 없으므로 사회적 선택을 기다릴 수밖에 없다. 문제는 이러한 논의과정에서 자신들의 계층으로 과중한 부담이 넘어올 것을 우려하여 사회적으로 매우 지루하고 소란스러운 논란을 거듭하리라는 점이다. 그러나 복지재원의 확보는 우리 사회가 반드시 해결하고 넘어가야 할 과제임에 틀림없다.

그러면 근로능력 향상에 초점을 둔 복지지출을 통해 새로운 일자리를 찾을 수 있는 분야는 어디일까? 서비스산업이다. 치열한 국제경쟁에 노출된 제조업이 생존하는 길은 생산성 제고밖에 없다. 이는 고용 없는 성장을 의미하기도 한다. 그런데 제조업의 생산성 제고는 주어진 소득으로 구입할 수 있는 물품의 양이 증가하는, 실질 구매력의 증진을 의미하기도 한다. 실질 구매력이 높아져도 종전과 같은 소비패턴을 유지하게 될 것인가? 선진국의 사례를 보면 그렇지 않다. 소득이 높아진다고 냉장고를 한 대 더 구입하지 않지만, 교육·의료·문화 등 소비구조를 고도화하는 서비스 구매는 늘게 된다. 공장의 기계생산에 의존하는 제조업과 달리 서비스의 공급은 철저히 사람에게 의존하게 된다. 증가일로에 있는 서비스 수요에 대처하기 위해서는 인력을 투입해야 하므로 일자리 창출이 확대되는 것이다. 이런 연유로 경제발전이 고도화된 선진국일수록 일자리 창출을 서비스업에 의존하게 된다.

서비스업에서 고용이 창출되는 것은 기계화가 어렵기 때문이다. 제조업의 기계화로 소득이 증가될수록 서비스 수요가 늘어나 서비스업의 고용이 늘고, 서비스업 종사자들의 몸값이 높아지게 된다. 제조업의 생산성 증가로 종사자들의 소득이 증대되면 소득분배가 일시 악화될 수 있으나, 서비스업 종사자들에게 소득이 이전되면서 소득분배가 다시 개선된다. 즉 시장을 통해 커다란 사회적 소요를 일으키지 않으면서 산업 간 그리고 계층 간 소득 재분배에 기여하게 된다. 물론 서비스산업 육성도 초기 단계에는 구조조정을 겪어야 하므로 사회안전망 혹은 복지를 동반한 적절한 직업훈련 등이 결합되어야 정책적 효과를 거둘 수 있다.

우리 사회와 정치권이 진정으로 복지 확충과 경제성장을 연결하려면, 근로능력 배양이라는 복지의 우선순위보다 보편성을 강조하고 서비스 진입규제를 존치시키며 경쟁으로부터 보호막을 치려는 대중 영합적 접근방식을 타파해야 한다. 이제 결연한 의지로 실천방안을 강구하여 사회적 합의를 도출해야 할 때다.

대한민국 발전은 사회적 진화의 산물

1962년 서독을 공식 방문하는 동안, 한국의 박정희 대통령은 몇 번이나 그의 차를 아우토반에 세우고 포장도로를 만지기도 하고 고속도로 IC를 살펴보기도 하고 가드레일을 자세히 관찰하기도 했다. 당시 경험은 경부고속도로를 건설하는 계기가 되었다. 그는 고속도로 건설에 필요한 일반적 예산 규모의 십 분의 일을 사용하여 서울에서 부산까지 잇는 430km의 고속도로를 완공했다.

한국은 산이 많고 아랍 에미레이트에 비해 국토 면적이 조금 넓은 국가이다. 그러나 한국은 5000만이라는 훨씬 더 많은 인구를 갖고 있다. 정부는 국토의 효율적인 활용을 위해 경부고속도로 건설의 예와 같이, 산업단지를 조성하고 이를 고속도로와 철도로 연결하는 노력을 기울였다. 이러한 국토건설 정책과 사업은 지난 반세기에 걸쳐 발전해왔고 계속해서 진화 중이다.

1970년대에 개통된 경부고속도로는 항구와 주요 지역산업단지를 연결하였다. 이는 수출지향적 개발정책을 추구하는 한국에 유리한 조건을 만들어 주었다. 이러한 예는 한국 정부가 어떻게 제한된 재정을 가지고도 "선택과 집중" 전략을 통해 효과적으로 국토 개발을 했는지 보여준다.

지난 60년 동안 한국의 국토정책은 경제 및 사회 정책과 연관되어 구현된 것이라는 것을 주목해야 한다. 1960년대와 1980년대 사이에, 한국의 산업 발전은 한정된 자원을 최대한 활용하여 국가의 급속한 경제 발전을 이룬다는 목표 하에 지역의 '성장거점' 마련에 초점이 맞춰져 있었다.

1960년대에 한국 최초의 수출산업단지가 서울에 설립되었다. 이후 서울에 위치한 제조업체 수의 급증은 1960년대에는 전체인구의 10퍼센트, 1970년대에는 18퍼센트에 이르는 농촌인구가 서울로 이주해오는 결과를 낳기도 했다. 1970년대에 정부는 중화학공업육성정책의 기치 아래 국토 남동쪽에 해안 산업 단지를 건설했고 이는 전두환 정부(1980~1988)에 의해 완성되었다. 1988년 올림픽개최시기에는, 직접선거에 의해 노태우 대통령이 선출되면서 민주주의 시대가 열렸다.

시민단체가 다양한 사회문제에 목소리를 높이기 시작한 1990년대에 한국은 본격적으로 균형 개발을 위한 지방자치제도를 구현했다. 김영삼(1993-1998) 정부와 김대중(1998-2003) 정부는 인프라 프로젝트를 통해 지역균형개발을 위한 노력을 했고 토지이용의 규제완화를 통해 시장지향적인 정책 방식을 고수했다. 이러한 정책은 이전의 규제가 많았던 국토정책에서 많이 변화한 것이었다.

2000년대, 국가 균형발전이 추진되며 각 지역의 발전 격차는 많이 완화되었다. 더 나아가, 사회가 성숙해지고 민주화되면서, 질 높은 삶과 환경개선을 위한 수요가 증가하고 있었다. 정부는 이러한 새로운 수요를 만족시키기 위해 그 동안 급속한 경제 발전을 위해 효율성에 맞춰진 정부 정책을 재검토했다.

최근 사례로 서울의 중심부를 흐르는 '청계천 복구 사업'을 들 수 있다. 1960년대에는 개천이 현대적인 도로와 상점 건설을 위해 포장되어 덮여있었다. 하지만 2000년대 우리사회는 경제성장보다 깨끗하고 쾌적한 생활 환경을 요구하기 시작했다. 2003년 시행된 청계천 복원사업은 수많은 이해 관계자들 사이에서 이익과 갈등을 조정하며 추진되었다. 현 대통령인 이명박 당시 서울특별시장은 세부계획을 철저히 준비하고, 수많은 회의를 통해 주요 이해관계자들을 설득한 끝에 청계천 복원 프로젝트를 시행할 수 있었다.

당시 시민운동의 모태로 여겨졌던 박경리 작가는 "짧은 기간 동안 불편함을 견디는 인내심이 없다면, 우리의 미래는 희망이 없다. 우리는 우리의 후손들을 위해 불편함을 감내해야 한다"라고 선언하고 청계천 복원사업을 적극적으로 지지했다. 그녀의 이러한 지지는 이전에 청계천 복원사업에 반대하던 많은 사람들의 마음을 돌리는데 한 몫 하였다.

청계천 복구 사업은 성공적으로 이루어졌지만, 그 후에는 이로 악화된 교통혼잡을 해결하기 위해 서울 버스 시스템의 광범위한 개혁이 요구되었다. 물론 그것 또한 리더의 강력한 의지, 이해관계자의 이해와 갈등의 성공적 조정, 공공-민간 협력 관계 조정 등이 요구되는 쉽지 않은 일이었다. 이전에는 복잡하고 비효율적이었던 버스 시스템은 완전한 개혁을 거쳐 교통이 훨씬 편리해졌고, 시민들의 복리후생에도 크게 기여하였다.

한국산업단지, 혁신클러스터, 자유무역지역과 경제자유구역 등 거미줄처럼 광범위하고 잘 연결된 네트워크는 제4차 국토종합계획(2006~2020)을 포함한 정부의 지역경제발전을 위한 지속적 노력에 필수적인 부분이다. 제4차 국토종합계획은 또한 지역자생력 강화 및 네트워크형 인프라, 거주환경개선, 분권화된 지역개발계획 및 실행시스템 구축 등을 목표로 포함하고 있다. 대한민국의 경제발전이 성숙단계에 도달하면서, 한국의 국토정책도 시민의 새롭고 다양한 의견을 수용할 수 있도록 자연스레 진화해 왔다.

South Korea's progress is taking a social turn

In 1962, during an official visit to West Germany, the South Korean president Park Chung-hee stopped his car numerous times on the autobahn, kneeling to touch pavements, examining interchanges and investigating guardrails. His invaluable experience led to the construction of the Seoul-Busan Expressway from the capital to the nation's largest port - a 430km expressway completed at only a tenth of the budget that developed countries normally needed.

South Korea is a mountainous country little bigger than the UAE, but with a much larger population of 50 million. As exemplified by the Seoul-Busan Expressway, the efficient use of territory has always been at the centre of the government's policy on constructing industrial clusters and connecting them through expressways and railways. That policy has evolved over the past half-century, and continues to evolve.

With the new expressway open in 1970, major regional industrial complexes and ports were connected, creating a favourable condition in South Korea to pursue its trademark export-oriented development policy. This represented a typical case of "choice and focus," showing how the South Korean government used limited financial resources for the most effective territorial development.

It should be noted that South Korea's territorial policy over the past 60 years has been implemented in tandem with its economic and social policies. Between the 1960s and the 1980s, industrial development was concentrated in regional "growth centres" with the aim of making the most of limited resources for the country's rapid economic growth.

For instance, in the 1960s, the country's first export industrial park was launched in Seoul. The consequent sharp rise in the number of manufacturing operations in Seoul accelerated the rural population's migration to the capital from 10 per cent of the total population in the 1960s to 18 per cent in the 1970s. In the 1970s, the government built coastal industrial complexes in the south-east of the country under the heavy and chemical industry drive, which was completed by the Chun Doo-hwan administration (1980-1988). In 1988, when the country hosted the Olympic Games, Roh Tae-woo became president by direct election, ushering in a period of democratisation.

In the 1990s, when civic organisations began to raise their voices on various social issues, the country adopted a policy of full-fledged local autonomy, paving the way for decentralisation and balanced economic development across regions. The Kim Young-sam (1993-1998) and Kim Dae-jung (1998-2003) administrations followed suit to focus their efforts on improving the regional distribution of infrastructure projects and adopted a market-oriented approach through the deregulation of land use. This was a stark departure from the previous territorial policy that was characterised by a myriad of regulations.

In the 2000s, the drive to promote balanced national development gained further momentum to close regional development gaps. As society matured and democratised, there was growing interest and demand for environmental improvements and a better quality of life. The government initiated a re-examination of the projects that had been designed on the basis of efficiency during the years of rapid development.

A recent case in point was the restoration of Cheonggyecheon, a small but vital stream that flows through the centre of Seoul. In the 1960s, the stream was paved and covered to be used as a site for modern roads and shops. However, as society began to demand a cleaner and more comfortable living environment rather than high economic growth, the Cheonggyecheon restoration project was formulated in 2003. Such a major project initiation required balancing of interests and management of conflicts among numerous stakeholders. Lee Myung-bak, then Seoul mayor and now South Korean president, prepared a detailed preparation plan, and showed strong leadership in going ahead with the project through numerous meetings and intensive persuasion of main stakeholders.

Park Kyung-ree, a renowned novelist who was regarded as the mother of the civic movement at that time, was in the forefront of supporting the project, saying: "Without the patience to endure a short period of inconvenience, our future will be ruined. We must endure it with the resolve of contributing to our descendants." Her full support helped persuade those who had before protested against the restoration.

Following the successful restoration, an extensive reform of the Seoul bus system needed to be carried out to address the traffic congestion aggravated by the restoration project. This was another case of a successful territorial project, made possible through the leadership's strong will, successful interest and conflict resolution among stakeholders, and well-coordinated public-private partnership. Through the complete reform of the bus system, which was once complicated and inefficient, public transportation has become much more convenient, contributing to public welfare.

In South Korea, an extensive and well-connected web of industrial complexes, innovations clusters, free trade areas, and free economic zones is an integral part of the government's continuous efforts to further develop regional economies, including the Fourth National Comprehensive Territorial Plan (2006-2020) that envisions a self-standing regional development base, a network-type infrastructure, a humane settlement atmosphere, and a decentralised territorial planning and implementation system. As South Korea's economic development reaches a stage of maturity, its territorial policy has evolved accordingly, embracing the new and diverse voices of the citizens.

창조형 서비스 경제

우리나라 서비스산업은 전체 고용의 약 70퍼센트를, GDP의 약 60퍼센트를 차지한다. 그러나 서비스산업의 생산성은 OECD

국가들은 물론, 국내 제조업과 비교해보아도 상당히 낮은 수준에 머물고 있다. 또한 청년실업이 심각한 상황에서 서비스산업에서도 청년층의 취업자 수가 줄어들고 있는 실정이다.

서비스산업에서 부가가치를 제고하고, 보다 많은 청년층 일자리를 창출하기 위해서는 서비스산업이 기존의 틀에서 과감히 벗어나 창조형으로 업그레이드되어야 한다. 이를 위해서는 디지털콘텐츠, 글로벌 헬스케어 서비스 등 그 속성 자체가 고도의 창의성을 필요로 하는 새로운 형태의 서비스 업종을 육성하는 한편, 전통적인 서비스 업종에서도 ICT기술 접목, 제공방식의 혁신 등을 통해 보다 창의적이고 부가가치가 높은 산업으로 전환해야 할 것이다.

흔히들 애플(Apple), 구글(Google), 페이스북(Facebook), IBM 등 글로벌 IT기업들을 창조형 서비스산업의 대표적인 사례로 언급하곤 하지만, 대부분이 알고 있는 국내의 친숙한 지역을 예로 들어볼까 한다. 230만 제곱미터에 이르는 거대한 갈대밭이 최고의 비경으로 손꼽히는 전남 순천만이 바로 그곳이다. 이곳은 창조서비스로 고객감동을 실현한 좋은 사례다. 자연을 보다 가깝게 느끼고 싶어 하는 관광객들의 욕구를 반영해 갈대밭 사이를 가로지르는 나무데크를 설치하고, 두루미 서식에 방해가 되는 흉물스러운 전봇대를 지상에서 제거했다. 먼발치에서 자연을 감상하는 데 익숙했던 사람들은 거대한 자연이 품에 들어오는 경험을 했고, 전 세계에서도 보기 드문 흑두루미 수백 마리를 한꺼번에 볼 수 있는 장관에 열광했다. 그 결과, 연간 10만 명 수준에 불과했던 관광객이 지금은 연간 300만 명에 육박하여 침체되었던 지역경제도 활기를 되찾았다. 지난 주말 개장한 순천만 국제정원박람회 역시 당초 목표치보다 두 배 이상의 관람객이 운집해 원활한 운영이 어려울 정도로 성황리에 개최되었다고 한다. 이처럼 기존 틀에서 벗어나 상상력과 창의력을 바탕으로 한 작은 변화만으로도 고객들이 공감하는 서비스를 생산할 수 있다.

감성과 문화 중심으로 변화하고 있는 수요자의 욕구를 충족시키기 위해 부단하게 노력해야 한다. 아이디어가 풍부하고 진취적인 청년들은 이런 측면에서 강점을 가지고 있다. 청년들의 잠재력을 이끌어내어 서비스 분야에 적극 활용해야 한다.

최근 인터넷 기업 야후(Yahoo)는 '섬리(Summly)'라는 모바일 앱을 330억 원에 구입하여 화제가 되었다. 이 앱의 개발자는 놀랍게도 '닉'이라는 영국의 17세 소년이었다. 한편 대전 KAIST 내에 위치한 벤처기업 'i-KAIST'는 멀티 터치스크린과 같은 IT기술을 교육과 융합하여 스마트스쿨 서비스사업을 선도하고 있다. 이 스마트스쿨 시스템은 세종시 내 전 학교를 비롯해 국내뿐 아니라 몽골, 사우디아라비아에까지 수출되고 있다고 한다. i-KAIST는 학생의 아이디어와 대학의 브랜드, 자본, 기술력이 결합해 높은 부가가치를 창출한 창조경제의 좋은 사례다. i-KAIST의 대표이사인 김성진(만 28세) 씨는 정보통신뿐 아니라 전산학, 산업디자인을 전공하고, 기업가 정신을 발휘하여 창업에 성공한 대표적인 융합형 청년 인재다.

그동안 우리 경제는 부존자원이 빈약한 상황에서 전 국민의 부지런함을 바탕으로 '빠른 추종자(fast follower)' 모델을 통해 압축성장을 이루었다. 우리나라 서비스산업이 '시장 선도자(market leader)'로 도약하기 위해서는 상상력과 창의성이 자유롭게 발현될 수 있어야 한다. 그래야 닉이나 김성진 씨와 같은 청년 혁신가가 배출될 수 있다. 좁은 국토를 탓할 필요도 없다. 무한 상상력을 발휘하여 응축적으로 개발하면 얼마든지 매력 있는 공간으로 탈바꿈시킬 수 있다.

싱가포르는 각종 규제를 혁파하고 투자 인센티브를 부여하여 마린 베이(Marina Bay) 지역을 복합리조트로 개발했다. 그 결과, 전 세계로부터 관광객을 끌어모으고 있으며 대규모 글로벌 MICE 행사도 유치하고 있다. 국내시장만 바라볼 필요도 없다. 가수 싸이는 전 세계인들에게 'B급'이지만 자신만의 색깔로 어필하였고, 유튜브(Youtube)를 통해 창의적인 음악을 전달하고 있다. 세계 각국에서 원곡을 모방하는 각종 패러디물들이 생산되었고 패러디물들이 또다시 유튜브에 유통되면서 그의 인기를 배가시켰다.

정부는 민간의 상상력과 창의력이 자유롭게 발휘되고, 적극적으로 공유·활용되어 서비스산업이 발전할 수 있는 여건을 조성하기 위해 노력할 것이다. 서비스 분야에 IT기술을 적극적으로 융합시키고 활용하여 새로운 서비스를 제공하고, 획기적인 비즈니스 방식으로 혁신이 가능하도록 적극 지원할 계획이다. 서비스산업에서 창의인력이 대폭 육성되고, 아이디어가 샘솟을 수 있도록 연구개발 투자에 대한 세제·예산 지원도 아끼지 않을 것이다. 아울러 서비스산업의 발전을 가로막는 서비스 분야의 규제도 폐지하거나 완화할 것이다. 관계 부처와 협력체계를 적극 가동하여 서비스산업에 대한 종합정책 패키지인 '서비스산업 발전방안'을 5월 말까지 발표할 계획이다.

아인슈타인(Albert Einstein)은 "상상력은 지식보다 중요하다. 지식은 한계가 있지만, 상상력은 세상을 품고도 남는다"고 했다. 세상을 품을 상상력을 마음껏 발휘해 서비스산업을 선진국 수준으로 도약시키고, 창조경제를 활짝 꽃피워야 하겠다.

3장

기업하기
좋은 나라 만들기

잠재성장력 제고와 경제의 지속성장은 한국뿐만 아니라 모든 중진국이 당면한 도전과제로 다른 나라보다 경쟁력을 가질 수 있도록 변화의 원천이 되려고 노력하는지, 또 혁신가가 되려고 노력하는지가 관건입니다.

–김용 세계은행 총재, 2013년 11월 22일 기자간담회 중에서

1. 우리 산업의 새로운 활로를 찾아라
2. 동북아 시대 주역이 되자
3. 교토삼굴의 시장전략
4. 기업하기 좋은 나라 만들기

20여년 전만해도 '힌두성장률(hindu rate of growth)'이란 단어가 있었습니다. 오랜 기간 저성장 상태인 인도를 빗댄 말입니다. 그러나 최근 들어 가장 각광받는 경제용어를 꼽으라면 아마 모디노믹스(modinomics)일 것입니다. 선진국들은 투자와 시장개척을 위해 너나없이 인도로 달려가고 있습니다. 지구촌 시장은 변화무쌍합니다. 브릭스(BRICs)가 대표하던 신흥국 시장도 민트(MINTs, 멕시코 인도네시아 나이지리아 터키)로 확산됐습니다. 인구피라미드의 하층부를 뜻하는 BoP(Bottom of Pyramid)도 거대시장으로 주목받고 있습니다. 세계 인구의 70%인 40억 명의 BoP 지역이 세계소비시장을 쥐락펴락할 날이 머지않았다는 것입니다. 우리는 지난 20여년 중국시장을 효과적으로 활용했지만, 중국의 성장둔화가 가시화하면서 어느새 "중국 보너스가 끝났다"는 진단이 나오고 있습니다. 우리도 인도, 중동, 중남미, 아프리카지역 등으로 바쁘게 움직이고 있지만, 아직 우리 경제의 새로운 돌파구나 신대륙이 되기에는 미흡한 형편입니다. 신흥시장 개척, 주력 수출품의 고부가가치화, 관세·기술·규제 등 다양한 무역장벽 대응 등을 국가전략 차원에서 강력하게 추진해야 합니다.

1

우리 산업의
새로운 활로를 찾아라

IT강국의 명과 암

'김'과 오징어에서 반도체·컴퓨터·휴대전화로'. 우리나라가 사상
처음 연간 1억 달러의 수출시대를 열었던 1964년의 주요 수출
상품과 현재의 수출 선도 품목을 비교한 것이다. 농업국가에서 첨단 미
래국가로의 질적 변화가 한눈에 들어온다. 국토가 전 세계 육지면적의
0.07퍼센트로 세계 109위에 불과한 우리나라가 수출확대에 힘입어 외
환보유고 세계 4강을 자랑하게 된 원천은 이 같은 수출산업 구조의 변
화와 무관치 않다.

최근 반도체·컴퓨터·휴대전화를 비롯한 IT제품의 수출호조는 어려운
국내외 수출환경에도 불구하고 '메이드인 코리아(Made in Korea)'의 입

지를 넓히는 데 견인차 역할을 톡톡히 해내고 있다.

2002년 상반기 컴퓨터 수출은 2001년 같은 기간보다 14.1퍼센트가 늘면서 64억 달러를 기록했고, 휴대전화를 중심으로 하는 무선통신기기는 2001년 25퍼센트 증가한 데 이어 2002년 들어서는 무려 40퍼센트에 육박하는 높은 수출신장률을 기록해 지루했던 수출부진의 늪을 벗어나는 데 효자 노릇을 해내고 있다. IT제품의 수출증가는 단순히 수출규모를 넘어 우리 수출의 체질을 한 단계 업그레이드한다는 점에서도 기대를 모으고 있다. 지식기반 사회에서 국가경쟁력의 기반이 되는 IT기술과 제품이 우리의 간판 수출산업으로 자리매김을 함에 따라 21세기 정보화 시대에 선진국으로 도약할 수 있다는 자신감을 가져다주고 있다. 아울러 IT기술을 활용해 전통산업과 접목할 경우 전통산업이 새로운 활력을 찾거나 경쟁력을 높여 수출에 새로운 돌파구를 찾을 수 있다는 점에서 의미가 크다.

무역협회 무역연구소가 전통산업의 IT화를 적극적으로 추진하고 있는 26개 기업을 대상으로 조사한 결과, 이들 기업의 2001년도 수출증가율은 42.1~66.1퍼센트(업종별 차이)에 달해 전통산업의 IT화가 우리 경제의 새로운 성장동력이 될 가능성이 높은 것으로 나타났다. 게다가 IT제품이 수출 한국호를 이끌면서 월드컵 4강 이후 구호에 머물고 있는 한국의 국가이미지 제고에도 더없이 좋은 기회를 제공한다. 우리나라는 선진국과 품질 면에서 손색이 없는 동종제품을 수출하면서도 가격은 10~20퍼센트가량 낮은데 그 이유 중 하나는 국가이미지가 선진국에 비해 뒤지기 때문이다.

그러나 최근 세계적으로 확산되는 IT코리아의 이미지, 즉 IT산업강국으로서의 우리 이미지는 이러한 한국산 제품의 디스카운트를 개선할 수 있는 열쇠로 기대를 모으고 있다. 그러나 한 가지 아쉬운 것은 IT제품의 수출이 다양화되지 않고, 전통산업과의 접목이 아직 미흡하다는 점이다. 이런 연유에서 두각을 나타내는 IT제품이, 우리나라 수출이 특정산업에 대한 의존도가 높다거나 해외 여건에 따라 부침이 심하다는 평가를 받는 원인 제공자로 해석되는 경우도 생겨나고 있다.

실제 우리나라 총수출에서 10대 수출상품이 차지하는 비중은 지난 상반기 37.3퍼센트에 달해 미국, 일본 등에 비해 매우 높다. 일본의 경우 10대 상품의 수출비중은 26.8퍼센트이며 미국은 우리의 절반 수준인 19.0퍼센트 수준이다. 최근 세계의 생산기지로 부상하고 있는 중국역시 16.0퍼센트에 불과하다.

또 한 가지 아쉬운 것은 IT제품 수출강국이라면 필수적으로 갖고 있어야 할 대표 브랜드가 부족하다는 점이다. 세계 100대 브랜드 안에 우리 기업이 단 한 곳뿐이라는 점은 IT 수출강국으로서의 이미지를 무색케 한다. 이제는 IT제품 수출규모에 만족하는 데 머물러서는 안 된다. IT기술과 제품을 연계한 국가이미지 업그레이드 전략을 치밀하게 모색하고, 다른 제조업에 IT기술을 접목시켜 수출 품목과 시장을 다변화시키는 동시에 고부가가치를 얻는 방향으로 나아가야 한다.

에너지 절약의 시스템화

최근 천정부지로 치솟던 유가가 등락을 거듭하면서 오일쇼크에 대한 위기감이 한풀 꺾였지만 불안감은 여전하다. 6월 7일 서부 텍사스 중질유 현물가격이 배럴당 38.61달러로 걸프전 이후 최고수준을 유지하고 있기 때문이다.

이러한 고유가 행진은 가뜩이나 국내 설비투자와 소비가 침체를 보이고 있는 가운데 물가를 상승시킴으로써 내수회복이 절실한 우리 경제에 큰 부담을 주고 있다. 우리 경제를 떠받치고 있는 수출에 대한 영향은 더욱 심각하다. 무역연구소의 분석에 따르면, 유가가 5달러 상승하면 우리 수출은 14.4억 달러 감소하고, 수입은 40.2억 달러 증가하여 무역수지를 54.6억 달러 악화시키는 반면, 중국은 43억 달러, 인도가 35억 달러, 태국 22억 달러 악화에 그치고, 말레이시아는 전혀 영향이 없는 것으로 분석된다. 즉 우리 경제가 아시아 주요국에 비해 고유가에 유난히 취약한 구조를 가지고 있다는 말이다. 2003년 수출의 경제성장 기여율이 111.2퍼센트에 달할 만큼 대외무역에 대한 의존도가 높은 우리나라에서 무역수지 악화는 결정적인 타격이 될 가능성이 높다는 점에서 우려가 크다.

최근의 고유가는 사우디 등 중동 원유시설에 대한 테러위협 고조, OPEC의 쿼터 축소 등 단기적인 요인에 기인하는 점도 있지만 세계경기 회복과 중국의 원유수입 급증, OPEC의 목표유가 밴드제 시행 등 장기적으로 영향을 미치는 요인도 크기 때문에 당분간 고유가 상태가 지속될 전망이다.

고유가의 영향을 최소화하기 위해서 가장 현실적이고 실효성 있는 방법은 원유수입을 줄이는 것이고, 원유수입을 줄이는 방법은 결국 에너지 절약밖에 없다. 우리는 70년대 오일쇼크 때 '한집 한등 *끄기*'와 같이 온 국민이 똘똘 뭉친 에너지 절약운동으로 효과를 거둔 적이 있다. 에너지 절약은 작은 실천이 중요하다는 점에서 무역센터도 최근 카풀 인터넷사이트 구축, 엘리베이터 절전 운휴, 점심시간 PC *끄기* 등 10

대 과제를 선정하여 실천하고 있다. 하지만 고유가의 지속이 예상되는 현시점에서는 에너지 절약운동과 병행하여 장기적인 에너지 절약시스템을 구축할 필요가 있다. 산업생산에 필요한 에너지 소비량을 나타내는 에너지원 단위가 한국은 0.362로 일본의 3.4배, 미국의 1.6배에 달해 에너지 효율이 크게 떨어지기 때문이다.

일본은 에너지 효율성이 우리보다 월등히 높은 수준임에도 불구하고 1998년부터 톱러너(top runner) 제도를 실시하여 자동차, 에어컨, TV를 포함한 18개 소비제품의 에너지 효율증대를 제도적으로 독려하고 있으며, 그 대상 품목을 더욱 확대할 계획이다. 이 제도는 같은 품목의 제품 중에서 에너지 효율이 가장 높은 제품(top runner)을 선정하여 그 제품의 에너지 효율수준을 모든 타사 제품이 3~5년 안에 충족시키도록 하는 제도다. 이는 에너지 절약뿐 아니라 산업계의 기술경쟁을 유발하는 일석이조의 효과를 거두고 있어 적극적으로 벤치마킹할 만하다. 한편 미국 등 선진국에서는 수소를 이용한 연료전지의 개발, 태양광·풍력 활용시스템의 개발을 추진 중이다. 이러한 전 세계적인 대체에너지 개발 노력에 우리도 적극 동참해야 한다. 아울러 기술개발을 통해 선진국의 에너지 절약제품 수요에 적극 부응해 나아가야 한다. 세계 최고의 연비를 자랑하는 세계 최초의 하이브리드 차인 도요타의 '프리우스(Prius)'가 환경보호에 대한 관심이 높은 미국에서 호평을 받으면서 고가임에도 불구하고 잘 팔리고 있는 것을 눈여겨보아야 한다.

그러나 무엇보다도 국민 스스로 에너지를 절약하고, 기업으로 하여금 에너지 절약기술을 개발하도록 정부가 에너지 절약형 경제시스템을 만드는 것이 고유가 시대에 살아남는 길이다.

산업과 통상, 정책연계 필요하다

참여정부의 산업정책은 혁신을 지향하고 다양한 정책수요에 부응한 맞춤형 산업지원을 시장적 방식으로 추진한다는 점, 그리고 혁신과 시장적 접근에 따라 초래되는 갈등을 해소하기 위해 통합을 강조한다는 점에서 과거 어느 정부의 산업정책보다 바람직하다고 평가할 수 있다. 다만 이러한 전략을 실제 정책으로 추진함에 있어 보완할 점으로는, 우선 기능적 접근으로써 기술혁신 역량을 확충한다고 할 때 구체적으로 어떠한 산업군에 대해 이루어져야 하고 산업 간의 연관관계는 어떠하며 일자리 창출과의 연계고리는 어떠한지 등에 대한 심도 있는 검토가 필요하다.

이러한 측면에서 통상정책과 산업정책의 연계가 필요하다. 최근 정부는 칠레 및 싱가포르와의 FTA를 끝내고 일본을 비롯한 다양한 국가들과 FTA를 추진하고 있다. 내년부터는 아세안, EFTA와 협상이 시작되고 인도, 캐나다, 메르코수르(Mercosur), 러시아 등과의 공동연구도 예정되어 있으며 멕시코와는 이미 공동연구가 진행 중이다. 여기에다가 미국, 중국, EU 등 거대경제권과의 FTA도 검토하고 있다. 대외의존도가 70퍼센트에 이르는 우리 경제의 구조를 고려할 때 적극적인 FTA 추진은 선택이 아닌 필수라 하겠다. 그러나 FTA 대상국의 선정과 내용의 확정에 있어서 농업을 포함한 산업 구조조정 및 정책연계가 보다 긴밀하게 이루어질 필요가 있다.

FTA든 DDA든 기본적으로는 관세를 철폐해서 무역을 자유화하자는 것인데, 관세철폐가 전 세계, 전 품목에서 동시에 이루어지는 것이 아니라 국가별, 상품별로 시간적 차이가 있다는 것이 문제다. 특히 FTA는 기본적으로 우리가 스스로 추진하는 무역자유화이기 때문에 협정체결 상대국의 선택이나 자유화 품목과 기간 선택에 있어서 DDA의 경우보다 훨씬 많은 재량이 주어지며 어떤 국가와 먼저 체결하느냐, 어떤 상품에 대해 먼저 관세를 철폐하느냐에 따라 국내산업에 미치는 영향이 제각각 다르게 나타난다. 이처럼 관세철폐를 수반하는 통상정책은 그 자체가 강력한 산업정책의 성격을 띠기 때문에 산업정책적 측면에서 필수적으로 고려해야 한다. 아울러 FTA 체결에 따른 대응책 마련에 있어서도 대상 국가별로 검토하여 정책을 세우기보다는 산업정책의 큰 밑그림을 토대로 통상·외교 및 기타 측면을 고려하여 FTA를 추진해 나가야 한다.

한·칠레 FTA를 예로 들면 정부는 협정 타결을 위해 특별법을 마련해 피해 예상 작목에 대한 보상기금을 마련한 바 있는데, FTA를 체결할 때마다 이런 식으로 보상을 하다가는 정부의 부담이 지나치게 커질 우려가 있을 뿐 아니라 대상 국가에 따라 일관성도 결여될 수밖에 없다. 따라서 우리 농업전반에 대한 구조조정 계획하에 보상이나 지원계획을 수립하고, 이를 토대로 FTA를 추진해 나갈 필요가 있다. 또 다른 예를 들자면 부품 소재산업 육성과 한·일 FTA가 있다. 그동안 우리 정부는 부품·소재의 대일의존도를 완화하기 위한 정책을 지속적으로 추진해왔다. 그런데 어떻게 보면 이 정책과 한·일 FTA는 상호 모순되는 정책이라고 볼 수 있다. 만약 부품·소재의 대일의존을 완화하는 것이 중요하다고 판단한다면 일본보다는 미국이나 EU와 FTA를 먼저 체결하는 것이 올바른 순서일 것이다. 일본과 FTA를 추진하겠다고 결정했을 때 이러한 산업정책적 고려가 얼마나 깊이 있게 검토되었는지 의문이다.

글로벌화된 경제여건 속에서 중국 등 후발국의 추격을 뿌리치고 선진경제권으로 진입하기 위해서는, 국내산업의 구조조정을 통해 제한된 자원을 어떤 부문에 집중시켜야 할지 방향을 제시하고 여건을 조성하는 일을 향후 정부의 중요한 과제로 삼아야 한다. 그리고 이러한 산업 측면의 신중한 검토가 이루어져야만 그 토대 위에서 통상정책이 올바르게 추진될 수 있다. 바로 이러한 이유로 통상정책과 산업정책의 연계가 중요한 것이다. 통상정책은 튼튼한 산업정책의 기반 위에서 추진될 때만이 국민적 지지와 추진력을 획득할 수 있다.

한국은 진정한 IT강국인가?

초고속인터넷 보급률 세계 1위, 인터넷 사용인구 세계 1위, 휴대전화 시장점유율 세계 2위, IT수출 743억 달러…. 적어도 외형적으로 본다면 한국은 IT강국임에 틀림없다. OECD가 발표한 보고서에 의하면 한국은 IT산업이 국가경제에서 차지하는 비중이 회원국 중 단연 최고이며, IT제조업이 총노동생산성을 향상시킨 정도도 가장 높은 것으로 나타났다. 이쯤하면 IT는 우리나라 경제의 중추적 역할을 담당하고 있는 수준을 넘어, IT를 빼놓고는 국가경제를 논의하기조차 어렵다고 말하는 것도 무리가 아니다. 우리나라 GDP의 14퍼센트 이상을 차지하고 수출의 30퍼센트 가까이 차지하는 IT산업은 미래 우리나라가 먹고사는 문제의 핵심이 될 것이다. 그렇다면 우리는 진정 IT강국이라고 할 수 있을까? 우리의 미래를 안심하고 맡길 수 있을 정도로 IT산업의 경쟁력은 뛰어난가?

지난 3월 세계경제포럼(WEF)에서 발표한 네트워크 준비지수 평가를 보면 우리나라는 대만보다도 뒤떨어지는 24위를 차지했다. 일각에서는 우리나라의 경쟁력이 제대로 반영되지 않았다고도 한다. 하지만 세부 평가지표들을 들여다보면 초고속인터넷, 인터넷 사용인구 등 IT 이용률은 여전히 세계 최고수준으로 평가받았다. 다만 금융, 행정규제, 입법의 효율성, 교육 및 교육시스템의 질 등 산업 외적 부문의 경쟁력이 매우 낮게 평가된 것이 문제였다. 얼마 전 산업은행이 발표한 보고서에서는 한국의 주요 IT제조업체들이 성장성과 수익성에서는 세계적 기업들을 앞서지만 연구개발 투자는 미흡한 것으로 나타났다.

만약 IT산업 경쟁력을 평가할 때 수출, 시장점유율, 사용인구와 같은 외형적 수치만으로 한정 짓는다면 한국은 명실상부한 IT강국이라 할 수 있다. 하지만 좀 더 광의적인 의미에서, 미래의 잠재력까지 포함해 따져본다면, 앞에서 언급한 보고서의 결과는 오히려 불안하다. 지금 우리는 눈앞에 나타나는 수출, 시장확대의 성과에만 만족하여 교육·연구개발·환경개선과 같은 기초체력을 키우는 데 너무 무관심한 것이 아닌가 하는 생각이 든다. 자칫 사상누각(沙上樓閣)이 되지나 않을까 걱정마저 앞선다.

우리에게는 시간이 많이 남지 않았다. 무서운 기세로 우리를 추격하고 있는 중국을 보자. 이미 제조업부문에서의 비교우위는 저임금, 풍부한 노동력을 자랑하는 중국으로 넘어갔다고 해도 과언이 아니다. 그나마 유지하고 있는 지금의 기술우위가 언제까지 지속될 수 있을 것인가? 산업통상자원부의 자료를 보면 우리의 디지털가전 가격경쟁력은 이미 중국에게 뒤처져 있고 기술의 우위도 2010년이면 끝날 것이라고 한다. 한편 인도는 저임금, 풍부한 노동력, 영어구사능력으로 이미 소프트웨어 강국으로 부상했고, 미국 실리콘밸리에 핵심인재를 공급하고 있다.

10년간의 경제침체에서 벗어난 일본의 기술 또한 아직 건재하다.

세계 각국의 기술인력의 배출과 기술발전 속도는 우리가 상상하는 것 이상으로 진행되고 있다. 오늘의 성과가 미래의 성과를 의미하지는 않는다. 우리나라가 확실한 IT강국이 되기 위해서는 정부의 친시장적인 정책, 교육의 질적 개선, 시장환경의 개선과 같은 기본기를 다져야 한다. 그리고 전문인력 양성, 지적재산권 보호, 소프트웨어산업 육성, 중소벤처기업 활성화 등 IT산업 전반에 동반 및 지속성장을 꾀할 수 있는 선순환 구조가 형성될 때 IT강국으로서의 확고한 입지를 구축할 수 있을 것이다.

바야흐로 정보통신의 경쟁시대는 이제 점입가경에 들어섰다. 언제 (any time), 어디서나(anywhere), 어떤 단말기(any device)로도 자유롭게 네트워크에 접속해 일을 처리할 수 있는 '유비쿼터스 시대'가 도래하고 있다. 이 시대를 우리나라가 주도해 나갈 수 있느냐가 앞으로 국가 경쟁력을 좌우할 것이다. 미래는 준비하는 자의 몫이다.

주택담보대출시장의 구조적 변화

최근 글로벌 금융위기로 인한 경제성장률의 하락과 주택담보대출을 포함한 가계부채의 증가는 채무상환능력에 상당한 압박을 가져올 수 있다. 1970년 중반 이후 선진국에서 발생했던 대부분의 금융위기는 모두 주택가격의 하락과 관련된다. 주택가격 하락과 관련된 경기후퇴는 주택시장과 무관한 경기후퇴기에 비해 평균적으로 경기후퇴 기간이 길며, 국민경제에 미치는 손실도 훨씬 큰 것으로 분석된다.

우리나라의 경우 상대적으로 저금리 기조가 장기간 유지되면서 주택담보대출을 포함한 가계부채가 증가했다. 그러나 GDP 대비 주택담보대출비율과 주택담보대출비율(주택가격 대비 대출비율; loan to value ratio, 이하 LTV)은 다른 OECD 국가와 비교해 상대적으로 안정적인 수준이다. 또한 주택담보대출 연체율도 아직 우려할 만한 수준은 아닌 것으로 판단된다. 하지만 실질적 가처분소득 대비 가계부채가 증가할 경우 단순한 LTV 및 GDP 대비 주택담보대출비율에 대한 국가 간 비교는 중요도가 떨어질 수 있다. 즉 LTV가 다른 국가와 비교해 안정적이라 하더라도 실질적 채무상환능력이 경제주체 전 방위적으로 급격히 하락할 경우 부채조정 과정이 필요할 수도 있다. 실질적 가처분소득 대비 부채비율은 중요한 의미를 갖는데, 이는 우리나라의 주택시장이 전세제도라는 독특한 구조를 갖고 있기 때문이다. 주택 소유주에게 전세보증금은 실질적인 부채이기 때문에 가처분소득 대비 부채비율은 과소평가되어 있을 가능성이 크다.

전세제도가 주택가격의 평균 50퍼센트에 육박하는 전세자금을 통해 주택 소유주에게 주택금융시장 이외의 큰 사적자금 조달창구 역할을 제공하고 있음은 주지의 사실이다. 또한 전세제도는 전세 입주자에게 일시에 목돈을 마련해야 하는 큰 부담을 지우게 되고, 이러한 목돈 마련은 결혼적령기의 신혼부부에게 가장 큰 어려움이 된다. 전세제도는 주택금융시장이 발달된 OECD 국가들과 비교해도 특이한 구조이며, 우리나라의 자가주택 거주비율을 낮추는 결정적 요인이다.

2011년 가계조사는 주택담보대출의 대출 유형을 거치식 만기일시상환과 분할상환 및 기타로 구분하여 각각 거주목적과 투자목적으로 현황을 파악하는데, 거치식 만기일시상환의 경우 투자목적 비중이 44.8

퍼센트로, 거주목적 비중인 30.4퍼센트보다 월등히 높다. 반면 분할상환의 대출구조를 가지고 있는 가구의 유형을 살펴보면 거주목적이 54.4퍼센트로, 투자목적인 38.2퍼센트보다 상당히 높게 나타난다. 즉 분할상환구조의 대출을 가지고 있는 가구는 주로 거주목적으로 주택을 구입하고, 거치기간 동안 원리금 부담이 없는 단기일시상환구조의 대출을 가지고 있는 가구는 주로 투자를 목적으로 주택을 구입하는 것으로 나타났다. 우리나라의 주택담보대출의 대부분이 거치식 만기일시상환의 변동금리 구조인 현실을 감안하면, 거주목적보다는 투자목적이 상당히 많다는 것을 유추할 수 있다.

주택가격의 변동성과 변동금리 단기일시상환구조의 주택담보대출 시장은 가계부채의 안정적 구조와 배치된다. 우리나라의 경우 가계대출에서 변동금리가 차지하는 비중은 현재 잔액기준 85퍼센트이고, 주택담보대출의 단기일시상환 비중은 35퍼센트, 거치식 분할상환이 55퍼센트에 이른다. 변동금리대출 비중이 높은 국가는 고정금리대출 비중이 높은 국가에 비해 글로벌 금융위기 동안 주택가격 하락 폭이 크고 이로 인한 금융위기 손실도 큰 것으로 분석된다. 이를 위한 개선대책으로 장기·고정금리 주택담보대출 확대방안과 주택저당증권(MBS) 활성화 방안이 제기되는데, 이는 시장수요자의 행태변화를 통해 시장공급자의 장기주택자금조달 확대로 이어져 가계부채 구조의 근본적인 취약점을 개선할 것으로 기대된다. 상대적으로 대출금리가 낮은 현 상황에서 서민들이 고정금리로 장기대출을 받도록 유도하여 향후 금리변동에 따른 서민층 가계들의 부채상환 불확실성을 감소시킴으로써 사전에 신용위험을 완화하는 것이다.

주택이 가계자산의 대부분을 차지하는 중요한 투자자산임에 틀림이 없으나 장기적으로 주택거주 서비스를 제공하는 중요한 내구소비재임을 간과해서는 안 된다. 장기거주 관점에서 주택은 장기주택금융이 연계되어야 가계의 부채구조도 안정될 수 있다.

최근 주택금융공사의 적격대출 출시에 기대가 크다. 적격대출은 시중은행에 장기고정금리 대출 재원을 공급하여 가계부채의 질적 구조를 개선하기 위한 고정금리 주택담보대출 상품이다. 적격대출의 적극적 권장으로 우리나라의 가계부채 구조를 개선하고 장기적 관점에서 부채 상환에 대한 불확실성을 제거하는 계기가 되었으면 하는 바람이다. 이러한 가계부채의 구조적 변화는 결국 전세제도 또한 점진적이고 선진화된 모습으로 변화시킬 것이다.

인터넷 강국이 된 대한민국

지금 대부분의 사람들이 인터넷을 사용하는 것과 대조적으로 20년전에는 아주 적은 수의 한국인만이 인터넷을 사용할 수 있었다. 1998년에도 인터넷 사용자의 수는 100명당 겨우 7명이었다. 당시 한국의 컴퓨터 보유율 및 인터넷 사용여부는 경제협력개발기구(OECD) 국가 중 매우 뒤떨어진 수준이었고 이는 한국의 정보활용능력 수준이 낮음을 의미했다.

정부는 이를 주된 문제로 인식했다. 왜냐하면 당시 미국과 일본 등 세계 주요국들은 정보통신기술(ICT)분야 개발의 최전선에 있었고 수많은 보고서는 경제성장을 위한 중요한 원동력으로 ICT를 꼽았기 때문이다. 놀랍게도 단 7년후인 2005년, 한국은 첨단정보인프라를 구축했다.

모든 144개 주요도시와 10,400개 공립학교에서 인터넷을 공급 받으며 93%의 가구가 인터넷을 사용하기 시작했다. 인터넷 사용자 수는 100명당 73명에 이르렀다. 이는 OECD 국가 중 7번째로 높은 비율이었다. 가정의 컴퓨터 보유율도 급격히 증가했고, 한국의 컴퓨터 보유율은 단기간에 OECD 국가 중 5위 안에 들게 되었다. 무선 인터넷은 곧 지하철 등 거의 모든 장소에서 사용 가능하게 되었다.

현재 한국의 총 인구 5000만명 중 3000만명 이상이 스마트폰을 소유하고 있다. 또한, 한국은 증가하는 e-테크놀로지 기술을 빠른 속도로 도입하고 있다. 한국 경제에 e-비지니스가 큰 부분을 차지하는 한편 e-정부 및 e-러닝 또한 급격하게 증가하고 있다.

스마트 기술은 스마트 자동차와 전국의 스마트 홈 등 다양한 시설에 적용되므로 이제는 없어서 안될 삶의 일부가 되었다. 예를 들어 자동차의 네비게이션을 스마트폰으로 작동시키고 집의 냉·난방 또한 휴대폰으로 작동하는 등 스마트 기술은 이미 한국 시민들의 라이프 스타일을 변화시키고 있다.

이 놀라운 발전은 어떻게 이루어 졌는가? 1980년대 중반 이후 정보통신부문에 대한 정부의 장기적이고 지속적인 노력의 덕이 크다고 할 수 있다. 그 당시 정부는 "우리가 산업화에는 늦었을 지라도 정보산업은 우리가 주도할 것이다"라는 슬로건 아래 ICT분야에서 선도국가가 되기 위해 노력했다. 80년대 중반 이후로 "정보화 사회"에 대한 준비가 경제성장 전략의 주요부분을 차지했다.

"전자산업 발전계획"에 따라 반도체 및 전자전화교환기와 함께, 정부는 가전제품보다는 전자산업 육성 노력의 일환으로, 컴퓨터를 육성 제품 세가지 중 하나로 지정했다. 또한, 정부는 컴퓨터 보유비용 및 인터넷 사용비용을 낮춤으로써 ICT 사용자가 증가할 수 있도록 유도했다.

1990년대에 정부는 다양한 인센티브를 제공하며 전자산업을 육성시켰고, 민간부문 투자와 더불어 전자산업은 튼실한 성장 기초를 다지게 되었다. ICT부문을 제약 없이 발전시키기 위해 정부는 전자산업 구조개혁을 실시했다. 정보통신부는 국가차원에서 ICT 증진을 위한 다양한 도구 개발에 총력을 다했다. 자유경쟁을 촉진시키기 위한 법적 근거가 마련되었으며, 이는 소비자 중심의 사고방식을 촉진시켜 더 나은 서비스와 저렴한 가격이라는 결과를 가져왔다.

정보화 촉진을 위한 정부의 전략은 두 가지로 이루어졌다. 첫 번째는 전국에 걸쳐 빠르게 ICT인프라를 확장한 것이다. 정부의 계획 아래, 광섬유 케이블 및 자동 인출기 네트워크가 전국에 깔렸고, 이는 원거리에서도 광대역 서비스 접속을 가능하게 했다. 이러한 인프라 확장은 추후 기술 발전을 위한 튼튼한 기반이 되었다. 두 번째는 교육 및 훈련이다. 정부는 ICT정책에 대한 전국적인 지지와 정보화 시대에 대한 대중의 인식을 높이기 위해 전방위 캠페인을 시작했다. 모든 사람의 디지털 활용능력 증진을 목표로, 정부는 개인용 컴퓨터 구매 및 기본적인 IT 교육자금을 지원했다.

일반인과 학생들 교육뿐만 아니라, 정부는 전문가 육성에도 우선 순위를 뒀다. 대학시설 및 R&D 센터에 대한 집중지원으로 IT 전문가를 육성했으며 그 결과 ICT 하드웨어 및 서비스 모두에 대한 안정적인 소비자 풀이 생겼고, 이는 상당한 경제적 이익으로 연결되었다.

전폭적인 정부 지원과 함께, 사람들의 높은 디지털 활용 능력은 ICT에 대한 강력한 국내 수요를 견인했고 이는 ICT산업의 붐을 일으켰다. 인프라 구축 및 ICT교육을 제공하는 정부 지원은 ICT산업의 생산과 소비역량을 제고했다. 결과적으로, 대부분의 시민들이 첨단 기술을 사용할 수 있게 되었고 대부분의 회사들이 디지털화된 시스템을 사용하여 업무를 효율적으로 할 수 있게 되었다.

1990년대 초까지만 하더라도 특정 집단이나 사람들만이 ICT를 사용했지만 현재의 대한민국은 완전히 디지털화되고 연결되었다. ICT는 한국경제에 단단히 뿌리 내리고 있다.

South Korea's path to internet mastery

Less than two decades ago, just a small number of South Koreans had access to the internet, in stark contrast to the current situation where almost all of them enjoy the fruits of the Web.

Even in 1998, the number of internet users was only seven per 100 people. South Korea lagged behind other countries in ratings by the Organisation for Economic Cooperation and Development (OECD) of computer ownership and internet usage, implying Koreans had low levels of information utilisation skills.

The government recognised this as a major modernisation challenge as the world leading economies, such as the United States and Japan, were in the forefront of developing their information and communication technology (ICT) sectors. Numerous reports pointed to ICT as a crucial driving force for economic growth.

Incredibly, by 2005, just seven years later, South Korea developed an advanced information infrastructure. All 144 major cities and all 10,400 public schools were digitally connected, allowing 93 per cent of Korean households to have access to the Web.

The number of internet users per 100 people reached 73, ranking seventh among OECD countries. Household computer ownership increased dramatically, putting South Korea in the top five among OECD countries. Wireless internet covers almost all locations, including subways.

Among South Korea's total population of about 50 million, more than 30 million people own smartphones. Furthermore, South Korea is increasingly adopting e-technology. E-businesses constitute a large fraction of the economy while e-government and e-learning are rapidly winning popularity.

Smart technology becomes a natural part of life applied to various facilities such as smart cars and smart homes across the country. It is drastically changing the lifestyles of ordinary people in South Korea, where navigation of cars is linked to the information system of smartphones and where lighting and heating of homes is remotely controlled.

What lies behind this incredible achievement?

The answer is the government's long-term and strenuous support for the sector since the mid-1980s. At that time, the government was committed to becoming a leading country in ICT, under a national slogan: "Though we were late in industrialisation, we will lead in ` informatisation."

Since the mid-1980s, preparation for the "informatisation" of society has been a major part of the country's growth strategy.

The Electronics Industry Growth Plan called for systematic governmental support for the electronics industry. Along with semiconductors and electronic telephone exchangers, the plan designated computers as one of the top three items in an effort to direct the industrial focus toward electronics rather than then prevalent home appliances. By lowering costs of computer ownership and internet usage, the plan greatly contributed to the expansion of ICT users.

In the 1990s, the government continued to provide the sector with various incentives, which, together with increased investment from the private sector, spurred the formation of a robust electronics industry. To help the ICT sector to prosper without restraint, the government carried through with a structural reform in the industry.

The ministry of information and communications was geared to design and coordinate various tools for ICT promotion at the national level. Necessary legal grounds were also laid for free competition in the information technology (IT) market, promoting a customer-oriented mindset among operators, which resulted in better services and lower prices.

The government's strategy for the promotion of informatisation had two main pillars.

The first was to continue to expand the ICT infrastructure rapidly expand across the country. Under the initiative, fibre-optic cables and automatic teller machine networks installed throughout the country allowed even people living in the remote areas access to broadband services. Such accelerated expansion in infrastructure laid a fertile ground for further technological developments.

Education and training represented the other pillar of the strategy. Seoul launched all-round campaigns to raise public awareness of the information age to arouse nationwide support for pro-ICT policies. With the goal of promoting digital literacy of all people, the government funded personal computer purchases and basic IT education in schools.

In addition to educating the general public and students, the government put priority on training specialists. Nurturing IT professionals became a top national agenda, which was supported by targeted public investment in university facilities and R&D centres.As a result, South Korea has developed a stable consumer pool for both ICT hardware and services, bringing in significant economic benefits.

A high digital literacy among people boosted strong domestic demand for ICT which, in tandem with the full-scale governmental support, led to a boom in the ICT industry on the production end.

Such a visionary and strenuous governmental support in building infrastructure and providing education for ICT has so far nurtured both consumption and production capacities of the industry, thereby expanding utilisation of the advanced technologies to almost all of the population, and making working places highly digitalised and efficient. Compared with the early 1990s, when ICT were used only by a small segment of people, present-day South Korea is fully digitalised and inter-connected, where a virtuous cycle based on the most modern technologies is firmly rooted in the economy.

협동조합, 시장경제와 공공기능의 융합

협동조합기본법이 시행된 지 불과 6개월 만인 2013년 5월 말 현재 1,200개가 넘는 협동조합이 설립되었고, 협동조합에 대한 범국민적 관심도 나날이 커지고 있다. 그간 여덟 개의 개별법상 협동조합이 존재해왔지만, 설립의 범위가 제한적이어서 협동조합을 지향하는 많은 단체들이 애로를 겪고 있었다. 그러나 협동조합기본법이 시행되면서 5인 이상이면 금융업 및 보험업을 제외한 모든 분야에서 누구나 협동조합을 설립할 수 있는 진정한 '협동조합의 시대'가 열리게 되었다.

40년 전, 산을 좋아하는 캐나다 젊은이들이 있었다. 이들은 좋아하는 산을 마음껏 오르기 위해 질 좋은 등산장비를 값싸게 공급하는 협동조합을 만들었고, 이제는 직원 1,500명, 연매출 3,000억 원이 넘는 대형 기업으로 성장했다. 이들이 바로 스페인의 몬드라곤 협동조합(The Mondragon Cooperatives)이다.

2008년 세계적인 금융위기 당시, 수많은 기업들이 파산하거나 정리해고를 단행했지만 몬드라곤 협동조합은 오히려 1만5,000명의 신규고용을 창출하며 안정적 성장세를 이어가 세계의 주목을 받기도 했다. 이러한 사례들은 이용자 소유회사인 협동조합도 투자자 소유회사와 비교해서도 여느 자본주의 기업 못지않은 시장경쟁력을 가질 수 있음을 보여준다. 이들은 특히 대내외 경제의 불확실성이 지속되는 시기에 눈에 띄는 경제안정 효과를 보여주고 있다.

또한 사회문제 해결을 위해서 설립된 각국의 다양한 협동조합들이 보육·급식·교육·장애인 돌봄서비스 등 취약계층을 지원하는 다양한 사업을 전개하며 공공부문의 기능을 보완하고 있다. 우리의 협동조합도 소액·소규모 창업 활성화 등을 통한 다양하고 질 높은 일자리 창출과 취약계층 보호·지원을 통한 복지시스템 보완 등 시장경제와 공공기능을 보완하는 모델로 성장하기를 기대한다.

하지만 협동조합이 좋은 일자리를 창출하고 정부나 대기업이 풀지 못하는 숙제를 해결하며 사회적 가치를 창출하는 명실상부한 경제사회 주체로 자리매김하기까지는 상당한 시간이 소요될 것이며, 협동조합의 지속성에 대한 우려가 있는 것도 사실이다. 정부는 협동조합의 씨앗이 올바르게 뿌리내릴 수 있도록 건전한 협동조합 생태계를 조성하는 데 최선을 다할 것이다. 다만, 개별 협동조합에 대한 직접적인 재정지원은 협동조합의 기초인 자율성이 훼손될 뿐만 아니라, 협동조합의 시장경쟁력을 약화시킬 수 있기 때문에 간접지원 원칙하에 협동조합 법령 및 전산시스템 등 관련 인프라 구축과 적극적인 교육·홍보 등을 통한 인식 향상에 중점을 둘 것이다.

협동조합의 주체는 협동조합인이므로 협동조합이 지속적으로 성장하기 위해서는 이들의 노력이 매우 중요하다. '협동조합'이라는 새로운 제도가 성공적으로 정착하여 우리 경제의 든든한 버팀목이 될 수 있도록 뜨거운 열정과 노력이 요구된다.

한 사람의 꿈은 몽상으로 끝날 수 있지만 여럿이 함께 꾸는 꿈은 현실이 된다고 했다. 이제 막 발걸음을 뗀 협동조합이 '자주·자립·자치'라는 기치에 걸맞은 기업조직으로 자리 잡을 수 있도록 힘을 모았으면 한다. 협동조합인 모두가 협동조합을 통해 꿈을 꾸며 희망을 만들고, 행복을 나누길 기원한다.

2

동북아 시대
주역이 되자

남북경협은 '동북아 중심' 기초

정몽헌 현대아산 이사회 회장의 갑작스런 죽음으로 온 나라가 충격에 휩싸였다. 정 회장은 현대그룹의 대북사업을 총지휘하면서 남북 정부를 설득해 난관을 돌파하고 남북교류의 새 장을 여는 데 크게 기여해왔다. 일각에서는 대북사업을 추진하면서 발생한 현대 계열사의 부실화, 남북정상회담을 전후로 한 대북송금의 불투명성 등의 과오를 지적한다.

하지만 남북경제교류가 민족 전체의 생존과 번영을 위해 불가피하다는 점에 대해서는 이견이 많지 않을 것이다. 우리는 그동안 남북관계를 지나치게 정치적·군사적 관점에서 보아왔다. 사회주의가 몰락하고 체제 경쟁에서 북한의 패배가 명확해졌지만 우리는 아직 남북관계에 대한 새로운 좌표를 제대로 설정하지 못하고 있다. 이제는 적어도 남북 간 경제교류만큼은 정치적인 관점에서 탈피하여 경제적 관점을 견지할 필요가 있다. 특히 우리가 추구하는 동북아경제 중심 전략의 성공을 위해서는 남북경제교류의 확대를 통한 한반도의 안정이야말로 핵심적인 과제다.

참여정부는 동북아경제 중심 전략을 통해 국민소득 2만 달러 달성을 목표로 하고 있다. 전략의 성공은 외자를 유치해 세계적인 기업을 유치하고 한반도를 비즈니스의 중심지화할 수 있느냐에 달려 있다. 물류, 금융, 산업클러스터 등 정부가 설정한 중심 목표 가운데 외국자본과 기업을 유치하지 않고 우리 스스로 이룰 수 있는 것은 아무것도 없다. 한반도의 긴장이 고조되고 군사적 대치가 격화되는 환경이 지속된다면 한국에 투자하겠다고 나설 투자가는 많지 않을 것이다. 따라서 남북관계를 개선해 한반도의 긴장을 완화하고 평화 분위기를 조성하는 것은 우리가 동북아경제 중심으로 도약하기 위한 대전제라 할 것이다.

독일의 통일경험을 보면, 1969년 10월 집권한 빌리 브란트(Willy Brandt) 총리의 동방정책 이후 서독정부가 '접촉을 통한 변화', '작은 걸음' 전략에 따라 동서독 교류의 범위를 넓히고 화해·협력을 추진했던 점이 독일통일의 가장 중요한 원동력이었던 것으로 평가받고 있다. 남북한 합쳐 100만 대군이 휴전선을 경계로 총구를 마주 겨누는 상황에서 교류와 협력경험의 축적 없이 적대감을 없애고 긴장을 완화하자는 것은 공염불에 그치기 쉽다. 남북경제교류의 확대는 장기적으로 가장 확실하게 평화기반을 구축하는 초석이라는 인식의 전환이 필요하다.

맹자(孟子)는 일의 성공을 위해서는 '천시(天時)와 지리(地利)와 인화(人

和) 가운데 인화가 제일 중요하다'고 갈파한 바 있다. 동북아는 세계경제의 약 1/5의 비중을 차지하며 북미자유무역협정(North American Free Trade Agreement, NAFTA), EU에 이어 세계 3대 경제중심축으로 급부상하고 있다. '문명의 서천설(西遷說)'을 주장한 아놀드 토인비(Arnold Joseph Toynbee)의 주장처럼 아시아의 시대가 열리고 있는 것이다. 게다가 한반도는 지경학적으로 동북아의 중심적 위치를 점하고 있다. 세계 2위의 경제대국 일본과 무서운 속도로 성장을 거듭하는 13억의 인구대국 중국을 좌우에 두고 있으니 지리(地利)도 갖추고 있는 셈이다. 그러나 우리에게는 인화가 부족하다. 국내적으로 지역, 세대, 이념으로 나누어져 있고 남북 간에는 불구대천(不俱戴天)의 원수처럼 대치하고 있다. 우리가 진정 동북아경제 중심이 되기 위해서는 내부적으로 개방과 자유화에 대한 공감대를 확산하는 한편, 남북 간 경제교류 확대를 통해 공동번영의 기반을 다지고 화해와 협력관계를 구축해 나갈 필요가 있다.

마지막으로 남북경제교류를 함에 있어서 우리가 맏형이라는 자세로 관용과 아량을 가지고 북한을 대할 필요가 있다는 점을 지적하고 싶다. 2002년도를 기준으로 남북한의 경제력 격차를 비교해보면 북한의 국민소득(명목 GNI)은 남한의 약 28분의 1, 1인당 국민소득(GNI)은 13분의 1, 무역량은 139분의 1에 불과하다. 북한의 군사적 위협을 과소평가할 수는 없지만, 적어도 경제적인 측면에서는 좀 더 자신감을 가지고 경제교류 확대에 나설 필요가 있다.

남북경제교류가 한반도의 평화와 안정을 공고히 하고 궁극적으로 한반도가 동북아경제 중심으로 부상하는 계기가 되도록 지혜를 모아야 할 것이다.

동북아 시대의 주역이 되자

바야흐로 중국경제의 급부상과 함께 동북아 시대가 활짝 열리고 있다. 일찍이 아놀드 토인비(Arnold Toynbee)는 '21세기는 태평양 시대'임을 예언하면서 문명의 서천설(西遷說)을 주장한 바 있다. 미래학자 존 네이스비츠(John Naisbitt)도 21세기의 메가트렌드로 아시아 시대의 도래를 이야기하고 있다.

2001년 GDP에서 동북아가 차지하는 비중은 18.5퍼센트, 세계교역액에서 차지하는 비중은 12.4퍼센트로 1960년에 비해 두 배가량 늘어났다. 더구나 2010년이 되면, 동북아의 총생산과 무역비중은 30퍼센트선에 달할 것이라는 전망도 있다.

다가오는 동북아 시대의 주역으로 부상하기 위해 우리 정부는 한반도를 물류·금융·IT의 중심지로 만든다는 동북아경제 중심 플랜을 국정과제로 채택하고, 도전의 첫발을 내딛었다. 이것은 단순히 서비스산업을 육성하자는 정책적 차원에서 한 걸음 더 나아가 국가개조 내지는 정신혁명운동이자 국가발전 패러다임의 전환이라는 성격도 갖는다. 가깝게는 60년대 이후, 멀게는 수천 년 이어져 내려온 우리 사회의 낡은 인습과 관행·의식·제도를 바꿔 뉴밀레니엄에 대비하고, 국민소득 2만 달러 시대를 준비하자는 것이다. 일본, 홍콩, 싱가포르 등은 5년여 만에 국민소득 1만 달러에서 2만 달러로 도약했지만, 우리는 지난 1995년 이래 국민소득 1만 달러에서 헤매고 있다. 선진국으로 도약하기 위해서는 새로운 성장동력을 발굴할 필요성이 절실하다.

동북아경제 중심 구상의 키워드는 개방·경쟁·자유화다. 동북아경제 중심을 실현하려면 세계 여러 나라와 투자협정, FTA 등을 맺는 적극적인 개방정책이 뒷받침되어야 한다. 아울러 우리의 후진적인 노사관계와 불필요한 규제 등을 기업하기에 편리하도록 개혁하는 노력도 병행해야 한다. 이를 통해 보다 많은 외국기업을 유치하게 되면 자본과 기술, 선진 경영기법이 유입될 것이고, 필연적으로 경쟁을 촉진하여 우리의 산업경쟁력을 한 단계 높이는 계기가 될 것이다.

우리가 외자유치와 동북아경제 중심 건설을 통해 선진국으로 한 단계 도약하기 위해서는 첫째, 세계인이 찾아와서 일하고, 공부하고, 생활하는 데 불편이 없는 열린 사회를 만들어야 한다. 외국인들과 의사소통을 하는 데 불편함이 없도록 많은 국민들이 외국어도 유창하게 구사할 수 있어야 하고, 제도·의식·관행을 글로벌 스탠더드에 맞춰 나가야 한다.

둘째, 우리 인재들이 오로지 한국 땅에서 성공해야 한다는 우물 안 개구리 식의 편협한 생각을 버리고 세계무대에 나가겠다는 진취적인 기상을 갖도록 교육도 바뀔 필요가 있다. 학교에서 배운 실력으로 세계무대에서 당당히 경쟁할 수 있도록 교육경쟁력을 높여야 한다.

셋째로, 화합을 바탕으로 국력을 모으는 화(和)의 기풍을 일으켜야 한다. 우리에게는 동북아 시대의 도래라는 천시와 한반도가 갖고 있는 지경학적 위치라는 지리는 갖추고 있으되 인화가 부족하다. 우리가 힘을 합쳐 가진 전력을 100퍼센트 발휘해도 세계와의 경쟁이 힘겨운 판에, 동서·남북·남녀·세대로 갈려서는 국민소득 2만 달러를 달성하기란 요원하다. 수천 년간 지속된 숙명과도 같은 변방의 역사를 청산하고 한반도가 동북아 시대의 주역으로 우뚝 서는 새 역사를 창조하기 위해서는 개방에 대한 두려움을 극복하고 이를 적극적으로 준비하는 의식의 전환이 시급하다.

아시아시장 통합에 대비해야

얼마 전 아시아 대륙의 한쪽에서는 또 하나의 쓰나미가 발생했다. 이번에는 그 여파가 우리나라에까지 밀어닥칠 것으로 보인다. 중국과 아세안 간의 FTA에 따른 관세인하가 본격 개시됨에 따라 인구 17억 명, GDP 2조 달러, 무역액 1조2,000억 달러에 달하는 거대한 경제블록이 탄생하게 된 것이다.

최근 수년 동안 아시아에서는 세계 어느 지역보다도 활발하게 FTA가 추진되어왔다. 특히 아세안 10개국은 AFTA(아세안 자유무역지대) 결성을 통해 내부적인 시장통합을 심화하는 가운데 외부적으로는 중국·일본·한국·호주·인도 등 주변국들과 동시다발적으로 FTA를 추진함으로써 아시아지역의 FTA 허브가 되고자 하는 목표를 향해 나아가고 있다. 그동안 아세안 국가들은 중국의 급부상으로 직접투자가 중국으로 옮겨간 데다가 중국산 저가품의 시장 잠식으로 경제적 어려움이 가중되어왔다. 하지만 이번 중국과의 FTA 체결로 해외직접투자의 재유입 및 대(對)중국 수출경쟁력 강화를 동시에 기대할 수 있을 뿐 아니라, 현재 진행되고 있는 다른 아시아 국가들과의 FTA 협상에서도 유리한 입장에 서게 되었다.

중국과 아세안의 통합은 이들 시장에 크게 의존하는 우리에게 커다란 위협요소가 아닐 수 없다. 중국은 이미 우리의 최대 수출시장으로 떠올랐고, 아세안 역시 수출의 10퍼센트 내외를 차지하는 중요한 시장이다. 이번 중·아세안 FTA로 인해 양 시장에서 우리 제품은 경쟁력이 크게 약화되는 위기에 직면할 것으로 예상된다.

이번 협정에 따라 관세인하가 일단락되는 2010년이 되면 우리나라의 대중국 수출 중 21.1퍼센트가 아세안 국가들보다 10퍼센트포인트 이상 높은 관세율을 적용받게 된다. 아세안시장에서는 대태국 수출의 22.2퍼센트, 대말레이시아 수출의 14.9퍼센트, 대인도네시아 수출의 8.5퍼센트가 각각 중국 제품보다 10퍼센트포인트 이상 높은 관세율을 적용받게 된다. 주로 철강금속·기계·전기전자·자동차 등 우리의 주력 품목이 많이 포함돼 있다.

다행히 우리나라는 현재 아세안과 상품양허 협상을 진행하고 있어서 이것이 타결되면 중·아세안 FTA에 따른 부정적 영향을 상당 부분 상쇄할 수 있을 것으로 기대된다. 다만 중·아세안 FTA에서 조기에 관세가 철폐되는 품목들에 대해서는 한국·아세안 FTA에서도 조기 관세 철폐가 되도록 협상력을 집중할 필요가 있다.

아시아의 지역주의 움직임은 중·아세안뿐 아니라 일본·아세안, 인도·아세안, 인도·중국 간에도 어지럽게 벌어지고 있다. 마치 춘추전국 시대의 합종연횡을 보는 듯한 이러한 짝짓기 양상은 장기적으로 범아시아의 통합으로 귀결될 것이다. 중·아세안에서 촉발된 아시아 지역통합이라는 쓰나미 앞에서 우리는 활발한 FTA 네트워크를 구축해야 한다. 이는 다른 나라의 FTA 체결에 따른 차별 해소를 통해 수출경쟁력을 확보함과 동시에 아시아 경제통합 진행과정에서 보다 유리한 입장에 서는 계기를 마련해줄 것이다.

장기적으로는 범아시아지역의 경제통합에 대한 비전을 가다듬어야 한다. 민주주의와 시장경제라는 기본원칙을 어떻게 아시아 전체에 확산할 것인가, 글로벌 스탠더드와 아시아의 고유한 특징을 어떻게 조화시킬 것인가, 미주와 유럽 등 타 지역과의 관계는 어떻게 설정할 것인가, 시장통합 과정에서 필수적으로 수반되는 산업 구조조정은 어떻게 추진할 것인가? 우리에게는 해답을 기다리는 많은 과제가 산적해 있다. 많은 국가와 동시다발적으로 FTA 추진하는 가운데 자칫 나무만 보고 숲을 보지 못하는 우를 범해서는 안 될 것이다.

한국, 선진 무역 국가로의 도약

한국의 무역규모가 곧 5천억 달러를 초과할 것으로 예상된다. 올해 10월 한국의 무역총량은 이미 4천4백억 달러에 다다랐고 12월 초 5천억 달러를 넘어설 것으로 전망된다.

40년 전, 우리의 무역 규모는 10억 달러 미만이었고, 세계 무역 순위는 90위 정도였다. 그 당시에 비하면 현재의 무역량은 엄청난 발전이자 변화이다. 2004년 기준 5천억 달러 이상의 무역 규모를 보유한 국가는 세계 무역기구의 148개 회원국 중 단 11개국—G7 국가들, 중국, 네덜란드, 벨기에, 홍콩에 불과했다. 위 국가들 중 중국을 제외한 대부분은 삼만 달러 이상의 국민소득을 갖고 있는 고도의 무역국가이다. 즉, 한국의 무역규모가 5천억 달러에 이르는 나라가 되었다는 것은 의미 있는 일이다. 수출이 빠른 무역량 증가에 크게 기여했다는 것은 잘 알려진 사실이다. 1964년 우리의 수출이 1억 달러를 초과 했을 때 우리는 세네갈, 에티오피아와 같은 수준의 위치에 있었으나 우리는 이제 내년 수출 3천억 달러를 달성 할 수 있을 것으로 기대하게 되었다.

이제 우리는 5천억 달러 교역량 달성에 만족하는 것이 아니라 더 큰 발전을 위한 추후 전략을 수립해야 한다. 세계의 주요 무역 국가들에 비해 우리는 아직도 기술적으로 경쟁력 있는 브랜드 확보, 시장의 개방

성과 유연성 등의 측면에서 갈 길이 멀다. 예를 들어, 지난 5월 IMD의 조사에 따르면 우리나라의 국가경쟁력은 조사대상국 60개국 중 29위를 기록했다.

한국은 과학과 기술 및 인프라 분야에서는 좋은 평가를 받고 있지만, 개방시장경제에 대한 사회적 시각은 53위로 매우 낮다. 이는 우리나라 기업의 사회적 환경이 아직 만족스러운 수준에 도달하지 않았다는 뜻이다. 따라서, 5천억 달러의 무역 규모를 1조 달러로 끌어올리기 위해, 우리는 과거의 프레임을 벗어나 사고방식을 전환하려는 필사적인 노력을 기울이고 더 큰 무역규모 특성에 맞는 특성을 갖추어야 한다. 그렇게 하려면 어떻게 해야 할까?

첫째, 우리는 주요 무역국가가 되기 위해 오랫동안 시행해온 수출지향방식에서 벗어나 우리의 수입 시장을 개방해야 한다. 공개시장(open market)은 사람들의 삶의 질 향상뿐만 아니라, 자원의 보다 효율적인 분배를 통한 국내산업의 경쟁력 향상에 기여한다. 또한 자유무역은 이미 세계적인 추세이기 때문에 무역의존국인 우리나라가 시장 문을 걸어 잠그는 것은 있을 수 없는 일이다.

둘째, 우리는 기존 제품 거래에 만족하는 것이 아니라 이를 서비스 분야로 확대시키는 등 사고의 패러다임을 변화시켜야 한다. 즉, 우리는 상품과 서비스를 모두 포함하는 복합무역을 추구해야 한다. 중국의 부상과 기업의 국제화 같은 국내외 무역환경의 급격한 변화를 고려할 때, 우리가 지금까지 무역거래를 해온 기존제품에만 의존하는 전략은 한국의 경제발전을 제한한다.

셋째, 작은 일에 얽매이는 것이 아니라 세계정세를 이해하고 진보적인 자세로 미국과 중국 등 주요국가들과 자유무역협정체결을 확대해야 한다. 세계 무역의 절반 이상이 자유무역협정에 의해 이루어지는 상황에서 주요국가들과 자유무역협정을 체결하는 것은 무역증대에 필수적이다. 우리는 현재 협상 중인 일본, 아세안 국가들 그리고 캐나다와 협정을 체결하는 것뿐 아니라 미국, 중국, 인도 같은 주요국들과도 무역협정을 체결하기 위한 노력을 강화해야 한다. 내일(2005년 11월 18일) 부산에서 열릴 APEC 정상회의가 이러한 협정 추진을 위한 좋은 기회라고 생각한다.

대한민국은 마침내 5천억 달러 수준의 무역규모를 달성했고 이제 무역규모를 1조 달러라는 목표에 도전할 것이다. 우리가 주요 무역국가에 걸맞는 새로운 사고를 가지고 무역 규모를 확장하는데 노력을 게을리 하지 않는다면 우리의 꿈이 머지않아 실현될 것이라고 확신한다.

Joining an exclusive trade club

- South Korea's trade volume has finally reached the stage of exceeding $500 billion within the foreseeable future. The total amount of Korea's trade as of October this year was already over $440 billion, and it is expected to surpass $500 billion around the beginning of December.

Only 40 years ago, our trade volume was less than $1 billion and we ranked somewhere around 90th in world trade. Compared to those days, it is almost like the beginning of the world all over again.

Of the 148 member countries of the World Trade Organization, only 11 countries had an annual trade volume of over $500 billion in 2004 — the G-7 countries, China, the Netherlands, Belgium and Hong Kong.

The fact that most of them, excluding China, are highly advanced trading countries with a national income of over $30,000 makes Korea's entry into the era of a $500 billion trade volume more meaningful.

It is a well-known fact that exports played a major role in our extravagant trade development. We were around the same level as Senegal or Ethiopia in 1964, when our exports exceeded $100 million, but we expect to achieve over $300 billion in exports next year.

However, we shouldn't neglect to establish a strategy for the future out of self-satisfaction over the achievement of a $500 billion trading volume. Compared to the major trading countries of the world, we still have a long way to go in terms of technologically competitive brands, the openness of our economy and flexibility. For example, the survey on national competitiveness by the International Institute for Management Development (IMD) last May showed that we ranked 29th out of 60 countries surveyed.

Korea especially received good marks in science and technology, and infrastructure, but the social perspective for an open market economy ranked only 53rd, showing that we have not yet reached a satisfactory level in the field of the corporate social environment.

Therefore, in order to develop our economy past the $500 billion trade volume level to grow into that of over $1 trillion, we need to cast away the frame of the past and make a desperate effort to change our way of thinking and characteristics to fit a bigger trade volume.

First, we have to overcome the export-oriented way of thinking to which we are accustomed and open our import market more so as to be fit to be a major trading country. An open market not only improves the quality of life of the people but also has many other positive effects, such as enhancing the competitiveness of domestic industry through a more effective distribution of resources. Moreover, it is hard to imagine that we would be the only one to keep our doors locked in the face of a worldwide trend toward free trade.

Second, we need to change the paradigm of thinking and not limit trade to existing products, but expand it to services. In other words, we need to pursue a combined trade that includes both goods and services. A strategy that depends solely on goods that we have been trading with so far can only limit development, considering the sudden changes in the domestic and international trade environment such as the rise of China and the internationalization of corporations.

Third, we need to expand free trade agreements with major countries like the United States and China on the basis of a forward-looking way of thinking in order to understand the world trade environment, instead of getting caught up in small issues.

In this age where more than half of the world's trade is carried out among countries that have signed free trade agreements, signing accords with major countries is essential for the expansion of trade. We not only need to sign agreements with Japan, the ASEAN countries and Canada, with whom we are negotiating now, but we also need to strengthen efforts to make agreements with major economies like the United States, China and India. I hope that the APEC summit meeting to be held in Busan tomorrow will be a good opportunity to speed up such agreements.

We have finally made our way to the $500 billion level that seemed to be far away, and now we are qualified to have the hope of reaching a $1 trillion trade volume level.

I am sure that our dream will come true soon if we arm ourselves with a new way of thinking befitting a major trading country and make efforts to expand our trade diligently.

지방무역 시대

21세기는 세계화의 시대다. 기술의 발전과 소비의 다양화로 더욱 확산되고 있는 세계화는 단순한 지리적 광역화가 아니다. 지금 세계화는 경제적 국경이 무의미한 무역의 생활화를 전제로 한다. 이는 필연적으로 지방화를 수반한다. 일찍이 영국 에버딘대학의 롤랜드 로버트슨(Roland Robertson) 교수는 세계화와 지방화가 병행되는 이러한 현상을 '글로컬라이제이션(glocalization)' 이라고 했다. 무역대국으로의 성장을 꾀하려면 지방무역의 성공이 필수 과제가 된 것이다.

지방무역의 대두로 지방자치단체의 활동에 대한 기대가 어느 때보다 높다. 우리나라 지자체들도 앞장서서 특산물을 소개하고, 수출상품화에 앞장서고 있다. 각 지자체들은 개별 기업이 수행할 수 없는 전문 생산단지를 체계적으로 육성하고 해외시장 개척활동 및 안정적인 생산·유통기반 확충을 지원하는 등 다양한 역할을 하고 있다. 이러한 노력은 지방특화상품 판매증대로 이어져 각 지방의 위상을 제고하고 세수를 증가시키는 윈윈 효과를 낳는다.

민관 유관기관의 역할도 지방무역의 성공에 중요한 열쇠다. 특히 한국무역협회는 지방무역의 활성화를 위해 전국 11개 지부를 통해 지방기업의 해외시장 진출을 위한 밀착서비스를 제공하는 동시에 지방업계의 제반 애로사항을 정부에 건의하여 지방 수출업체들로부터 호평을 받고 있다.

지방무역의 활성화는 중소기업 수출의 강화를 의미한다. 지금까지 대기업이 중심이 되어 수출 3,000억 달러의 기적을 이루었다면, 수출 5,000억 달러, 무역 1조 달러 시대의 목표는 중소기업이 대기업과 상생해 시너지 효과를 발휘해야 달성할 수 있다. 지방 중소기업의 경쟁력을 글로벌 스탠더드에 맞추고 세계시장 진출의 교두보를 마련하는 것은 무역 8강 진입을 위한 중요한 국가전략이다.

지방의 특성에 맞춘 수출품 생산 및 판매전략은 전 세계적인 경쟁력이 될 수 있다. 강한 독성을 가진 무기셀레늄을 첨단 바이오기술을 통해 항암효과가 있는 유기셀레늄으로 전이시킨 경남 함양의 셀레늄 버섯 등은 독특한 지방색을 지닌 특산품이다. 문제는 이 차별화된 상품이 국내를 넘어 세계적으로 통할 수 있는 보편적 경쟁력을 갖추었느냐다. 진정한 무역강국으로 도약하기 위해서는 지방의 특산품으로 전 세계인의 이목을 집중시켜야 한다. 와인의 본고장으로 통하는 프랑스 보르도나 패션디자인의 중심 이탈리아 밀라노처럼 한국이라는 국가명보다 각

지방명이 세계인들에게 친숙하게 다가가는 시대를 만들어야 한다.

지방무역의 활성화는 지방의 산업별 거점화와 다극화로 이어져 국가균형발전에 기여할 수 있다. 국제적인 경쟁력을 갖추기 위해서는 지역별로 전문화와 세분화를 위한 혁신의 노력을 거듭해야 한다. 이미 국제경쟁력을 잃은 산업에 대해서는 과감한 구조조정이, 세계 수준의 경쟁력을 갖춘 산업에 대해서는 집중적인 투자가 이루어져야 한다. 부산 자갈치시장의 경우 다양한 수산물과 전통시장의 정서, 독특한 먹을거리 문화를 결합시켜 한국형 먹을거리 관광단지로 혁신을 이룬다면 부산의 명소를 넘어 아시아를 대표하는 수산시장이자 세계적인 먹을거리 명소로 발돋움할 수 있을 것이다.

선진국 진입과 국가균형발전이라는 국가적 목표의 실현에 있어 지방기업의 성장과 수출증대는 주요 과제다. 지방 중소기업의 성공은 우리 경제에 중장기적으로 지속 가능한 경쟁력을 제공할 것이다. 지자체, 유관기관이 의지를 모아 지방기업의 성장과 수출증대에 힘쓸 때 무역 1조 달러 달성과 선진경제의 실현이 앞당겨질 것이다.

통상 선진국의 실현

압축성장이라는 놀라운 성과를 구가했던 우리 경제는 1990년대 들어 본격화하기 시작한 세계경제의 글로벌화 추세에 신속하게 대응하지 못해 위기를 맞았다. 세계경제의 불확실성은 날로 증대되고 글로벌화는 심화하고 있다. 이에 기업들은 활동 전반을 세계 최적지에 배치하는 글로벌 경영에 힘쓰고 있다. 이를 위해 선진국들은 기업환경 개선과 무역·투자 인프라 구축, 적극적인 통상협력을 추진 중이다.

우리 무역은 그간 양적 성장에도 불구하고 구조적인 측면에서 수출 채산성의 악화, 통상마찰형 무역구조, 수출과 내수의 연계성 약화, 서비스 무역의 경쟁력 취약 등의 문제점을 드러내고 있다. 무역규모의 확대는 선진국 진입의 충분조건에는 미치지 못하지만 필요조건임은 분명하다. 우리 경제가 지속적으로 성장하기 위해서는 새로운 성장동력을 확보함과 동시에 경제시스템을 글로벌 기준에 맞게 고쳐야 한다. 한국의 위상이 높아짐에 따라 과거처럼 국제사회에 무임승차하기는 더 이상 어려워졌으며, 대신 양자협상을 통한 상호 개방이 요구된다. 다자간 협상에서도 무역대국으로서의 적극적인 역할을 요구받고 있다.

과거 우리의 대외경제 인식은 일종의 개도국형 중상주의로, 수출 확대를 위해서는 시장개방이 불가피하다는 '개방불가피론'이 주된 패러다임이었다. 하지만 개방불가피론은 개방의 긍정적 효과를 적극적으로 인식하기보다는 개방하지 않았을 경우의 피해를 강조하는 수동적인 인식에 머물고 있다. 선진국 진입을 위해서는 과감히 탈피해야 하는 사고방식이다. 따라서 대외개방정책을 수립하면서 국내 개혁과제를 함께 고려해야 하며, 국내정책의 수립에서도 글로벌화의 요구가 반영돼야 한다. 국제규범에 부합하지 않는 경제정책은 불필요한 통상 마찰을 유발할 수 있으므로 대외개방과 국내 구조조정이 연계돼야 하는 것이다.

하지만 국내에는 아직도 대외개방이 대외정책일 뿐이라는 인식이 잔존한다. 대외개방과 대내개혁이 연계되지 않으면 개방의 긍정 효과를 충분히 활용하기 어려우며, 최악의 경우 국내경제의 위기를 초래하게 된다. 외환위기 이후 과감한 개방을 추진했으나 대내제도의 동반 개혁과 인식전환이 미흡하고 오히려 개방에 대한 민족주의적 경계심리가 표출되고 있는 것이 우리의 현실이다. 특히 대내개혁과 대외개방 추진은 불가피하게 사회갈등을 초래하므로 사회적 합의 도출을 위한 시스템 구축이 절실하다.

이렇듯 글로벌화의 효과를 극대화하고 그 부작용을 최소화하기 위해서는 대외개방과 대내개혁을 포함하는 종합적 패러다임이 필요하다. 대외개방과 대내개혁은 시계의 두 바늘에 비교할 수 있다. 대외개방과 대내개혁의 시너지 효과를 거두려면 경제시스템이 원활히 작동돼야 한다. '선진 통상국가'의 실현이 바로 그 요건이다. 우리가 지향해야 할 선진 통상국가는 '경제 각 분야에서 글로벌 스탠더드를 정착시켜 세계적 비즈니스 환경을 갖추고, 글로벌 생산요소의 활용과 생산체제의 구축으로 미래 성장산업을 육성하여 글로벌 시대에 부응하는 사회 인프라와 통상조직이 형성된 국가'라고 할 수 있다.

선진국 진입을 위한 국가경쟁력 제고의 출발점은 글로벌 시대에 부합하는 선진 통상국가의 구현에서 찾아야 한다. 대외 경제정책은 외국의 압력이나 국내 여론에 수세적으로 끌려다니지 않는 적극적인 자세에서 비롯된다. 물론 이러한 패러다임의 전환은 1~2년 안에 이룰 수 있는 과제가 아니다. 그러나 지금 일관된 정책을 추진하여 변화의 주춧돌을 놓지 못한다면, 세계무대에서 한국의 위상은 뒷걸음질 칠 것이다.

경제강국의 원동력이 된 한국의 창의성

지난 60년동안 한국은 지도자들의 통찰력 덕분에 산업강국이 되었다.

정주영 현대그룹 창업자는 바클레이 은행 회장 앞에서, 자신의 주머니에서 5백원짜리 지폐를 꺼내 테이블 위에 올려놓았다. 지폐 뒷면에는 한국인들이 1500년대에 제작하고 사용했던 철갑선인 거북선이 그려져 있었다.

"한국은 이 철갑선을 영국이 만들기 300년 전인 16세기에 건조하였다." "한국은 산업화 초기단계에 있지만, 이는 과거의 쇄국정책 때문이다. 산업화가 늦었을 뿐, 과거 이러한 고급전함을 만든 국가의 경험을 보면 한국은 선박을 건조할 수 있는 잠재력을 갖고 있다고 확신한다."

1971년 정주영은 조선소를 세울 계획을 발표했다. 당시 사람들은 돈도 기술도 명성도 없이 한국에 조선소를 세우겠다는 정주영 회장에게 모두 "미쳤다"고 했다. 그러나 정주영은 계속해서 조선회사 설립을 위해 필요한 투자를 확보하기 위해 외국 은행을 방문했다. 하지만, 그의 열정에도 불구하고, 그가 얻은 대답은 모두 "No" 였다.

그는 조선 산업을 시작하는데 필요한 투자를 확보하기 위해 멈추지 않았다. 영국의 바클레이 은행이 마지막 기회라고 생각하고 한국의 거북선에 대한 이야기로 바클레이 은행의 회장을 설득하여 드디어 차관을 받아낼 수 있었다. 그는 또한 그리스의 운송 에이전트를 설득하여 260만 톤짜리 배 두 척을 주문 받았다. 바로 이러한 기업가 정신 때문에 한국은 주요 산업국가가 될 수 있었다.

지난 60년 동안 한국경제의 엄청난 성장은 한국의 산업구조 변화와 깊은 연관이 있다. 초기에, 한국 경제는 농업 등 1차 산업에 의해 유지되었다. 하지만, 1960년대 한국의 산업화는 속도가 붙기 시작했다. 한국의 강점인 우수한 노동력과 그에 따른 노동집약적 산업은 한국경제성장을 주도했다.

하지만, 급여가 오르기 시작하고 저임금 국가와의 경쟁이 심화됨에 따라, 경제구조 변화에 대한 압력도 증가했다. 결과적으로 1970년대에는 자본집약적이고 부가가치가 높은 제조업이 중요해지기 시작했다. 동시에, 미군의 감소로 인한 심각한 국가안보위협의 영향으로 산업구조는 중화학공업 위주로 변모했다. 한국경제가 새로운 단계로 도약할 때마다 민간부문의 기업가 정신과 공공-민간 대화를 통한 정부의 지원은 중요한 요소였다.

1980년대에 들어오면서, 대한민국의 정부는 변화의 바람을 맞이하게 됐다. 전두환 장군이 박정희 대통령의 암살로 인한 혼란스러운 정치적 상황 이후 대통령이 된 것이다. 육군사관학교의 졸업생으로 장군 출신인 전두환은 정부 내 주요 의사결정권을 엄격히 통제했다. 그러나 한 가지 예외가 있었는데 당시 경제기획원 경제관료였던 김재익이었다. 취임 후 전두환은 김재익을 경제수석비서관으로 임명했고 공개적으로 그를 "한국의 경제대통령"이라 언급하며 경제문제에 관해서는 그의 결정에 무한 신뢰를 보냈다.

대통령의 전폭적인 지지와 함께, 김재익은 한국의 중화학산업이 직면했던 과잉투자와 비효율성의 문제를 해결하기 위해 안정화, 자유화와 시장개방 정책을 추구했다. 이러한 경제정책은 1980년대 중반 이후 3저(저금리, 저환율, 저유가)시기에 한국의 산업발전에 놀라운 성과를 가져왔고, 그 결과 획기적인 경제성장을 달성하였다.

Korea's creativity is fuel for Asian powerhouse

Over the course of 60 years South Korea has developed to become an industrial giant. And it was the inspired visions of its leaders that made it all possible, writes Hyun Oh-seok

Chung Ju-yung, the founder of Hyundai Group, pulled out a 500 won (Dh1.6) note from his pocket and placed it on the table.

On the back of the currency was a picture of a geobukseon, an iron-clad battleship the Koreans built and used in the 1500s.

"Korea built this iron-clad battleship in the 16th Century, which is 300 years prior to [the first such vessel built in] the United Kingdom," he said.

"Although industrialisation in [South] Korea is in the initial stage, this is only due to its seclusion policy of the past. Based on the country's experience of building such advanced battleships, I assure you Korea holds the potential to build vessels."

In 1971 Mr Chung announced plans to establish a shipbuilding industry in Korea. Everybody thought his plan was "crazy", as Korea did not have the financial resources, lacked the technology and did not have a reputation for shipbuilding. Yet Mr Chung repeatedly visited foreign banks to secure the necessary investments. Despite his passion for the project, the only answer awaiting him was "no".

Thinking Barclays Bank in the UK was his last chance, he gave his speech about the geobukseon and succeeded in persuading the chairman of the bank. In doing so, he secured the investment desperately needed to launch the shipbuilding industry. He also persuaded a major shipping agent in Greece to place an initial order for two 2.6 million tonne ships. It is in this way the entrepreneurship of the private sector has made South Korea one of the world's leading industrial countries.

The tremendous growth of the Korean economy over the past 60 years has been accompanied by deep changes in its industrial structure. Initially, the economy was dominated by agriculture and other primary industries. As industrialisation gained full momentum in the 1960s. Labour-intensive manufacturing, which utilised Korea's comparative advantage in its abundant supply of a well-educated and diligent labour force, led economic growth.

However, as salary levels began to rise and competition from low-wage economies intensified, Korea faced increasing pressure to transform its economic structure. As a result, in the 1970s, capital-intensive, high-productivity manufacturing began to gain importance.

At the same time, the industrial structure was transformed towards heavy and chemical industries on the back of the serious threat to national security resulting from the reduced presence of American forces in Korea. Whenever the Korean economy moved to a new stage, the entrepreneurship of the private sector, along with government support through public-private dialogue, was a major factor.

Entering the 1980s, there was a change in leadership. Chun Doo-hwan took advantage of the fragile political situation following the assassination of then president Park Chung-hee and gained the office of the presidency. As a graduate of the Korea Military Academy, Mr Chun held strict control over all aspects of decision making. Yet there was one exception: his relationship with Kim Jae-ik, one of the leading technocrats of the Economic Planning Board. Upon taking power, Mr Chun appointed Mr Kim as his senior economic adviser. Mr Chun expressed his full trust and support in Mr Kim's decisions regarding economic matters, openly referring to him as "Korea's economic president".

With full support from the president, Mr Kim pursued a policy of stabilisation, liberalisation and market opening, which solved problems of excess investment and inefficiency the Korean heavy and chemical industries were facing. In the period of "three lows" (low interest rate, low exchange rate and low petrol prices), his strategy made possible remarkable advances in Korea's industrial development. As a result, Korea achieved phenomenal growth rates during this time.

오래된 신대륙을 찾는 항해

지난 수십 년간 아시아지역은 괄목할 만한 성과를 보이며 성장해왔다. 그 결과 아시아지역의 역내무역이 아시아 전체 무역에서 차지하는 비중은 50퍼센트를 상회하게 되었고, 이는 아시아가 하나의 경제공동체로 진화해가고 있음을 보여준다. 하지만 한반도의 분단은 남과 북, 그리고 주변국에게 불필요한 갈등과 군사비용을 야기하는 것은 물론, 아시아의 경제통합을 지연시키고 있다. 평화와 안보에 대한 위협은 경제통상과 문화교류를 가로막는 가장 큰 장벽이며, 새로운 아시아 시대를 열기 위해서 반드시 해결해야 할 문제다.

유라시아 건설 과제 핵심에도 한반도가 있다. 대륙철도망과 한반도 종단철도를 연결하는, 실크로드 익스프레스(SRX)의 완성은 유럽까지의 화물수송 시간을 절반으로 단축시키는 물류혁명을 가능케 할 것이다. 이로써 유라시아 경제권이 한 차원 도약하는 계기를 만들 수 있다. 그러나 지금처럼 한반도가 닫혀 있는 한, 21세기 실크로드는 미완으로 머물 수밖에 없다. 이제 무한한 성장잠재력을 가진 아시아와 유라시아를 위해 북한이 핵을 내려놓고 국제사회의 책임 있는 일원으로 적극 나설 때다. 북한이 진정성 있는 변화를 보여준다면 소통과 개방으로 평화롭게 교류하며 함께 번영할 수 있다. 북한의 우수한 노동력과 자원을 한국의 기술·자본과 결합시키면 한반도의 새로운 대도약이 가능하다. 평화로운 한반도는 중국·러시아·몽골 등 주변국과의 협력을 활성화하여 아시아 경제통합을 선도하는 것은 물론, 유라시아와 태평양을 연결시켜 아시아와 세계에 새로운 성장동력을 제공할 것이다.

박근혜 대통령은 신년 기자회견에서 "통일은 대박"이라고, 다보스

포럼(Davos Forum)에서는 "통일은 주변국에도 대박"이라고 표현했다. 그렇다. 독일의 통일이 그랬던 것처럼 한반도의 통일은 전 세계인에게 축복이자 축제의 장이다. 정부는 통일시대를 준비하고 기반을 다지는 데 정책의 최우선순위를 두고 있다. 북한의 비핵화, 한반도 신뢰프로세스를 통한 점진적 접근, 국제협력 등의 큰 원칙 아래 창조적 정책을 추진할 것이다. 또한 통일시대를 열기 위해 정부는 3차원적 시각에서 국민과 함께하고, 남북이 신뢰하며 국제사회가 지지하는 3차원적 접근으로 통일 과정을 밟아 나갈 것이다.

이를 위해 정부는 첫째, 대통령 직속의 통일준비위원회를 발족시켜 통일에 대한 우리 사회의 다양한 의견을 수렴하고 사회적 합의를 구체화시켜 나갈 것이다. 그 과정에서 '하나의 한국'에 대한 반듯한 청사진이 그려질 것이다. 남북한 주민이 통일에 대한 희망과 비전을 가지고 특히 북한 주민들이 통일과정에서 소외되지 않으며, 통일 이후에도 차별받지 않도록 사회적 안전망 등을 확충해 나갈 것이다.

둘째, 한반도 신뢰프로세스를 가동해 남북관계를 정상화시킬 것이다. 이는 남북관계의 예측 가능성을 높이고, 안정적인 투자기회를 마련해줄 것이다. 이를 위해 정부는 원칙과 신뢰에 입각해 남북경협의 새로운 장을 열 것이다. 개성공단을 국제화하여 외국기업도 안심하고 투자할 수 있는 아시아 성장의 엔진이 되도록 할 것이다. 개성공단 근로자들에게 우리 지식과 기술을 공유함으로써 북한 주민들의 삶을 실질적으로 향상시킬 것이다. 이는 통일로 가는 과정을 단축시킬 뿐만 아니라, 통일비용을 절감하는 데도 크게 기여할 것이다. 또한 남·북·러 간 3각 협력사업인 나진-하산 프로젝트는 21세기 실크로드 건설을 위한 첫 발걸음이 될 전망이다.

셋째, 국제사회와의 협력을 통해 통일시대의 기반을 구축해 나갈 것이다. 국제기구 및 NGO 등과의 공동협력을 통한 투명한 인도적 지원은 북한 주민의 삶을 향상시키는 데 기여할 것이다. IMF, 세계은행 등 국제금융기구 등과 함께 북한 지역의 개발협력 방안을 모색하고, 한·중·러·몽이 참가하는 두만강 개발 프로젝트(Greater Tumen Initiative, GTI)를 활용해 동북아 내 물류·에너지·농업·환경개발에 대한 기틀을 마련할 것이다.

국제사회의 지지와 관심은 한반도 통일에 반드시 필요하다. APEC 재무장관회의 등을 계기로 한반도 통일이 공식의제로 채택되고 논의된다면, 통일한국 건설에 큰 힘이 될 것이다.

봄은 바람으로 먼저 온다고 한다. 지금 우리는 그 바람을 느끼고 있다. 그러나 꽃이 피고 열매를 맺으려면 땅속 얼음까지 녹아야 한다. 정부는 한반도에 부는 훈풍의 기운을 땅속까지 전하기 위해 온 힘을 쏟을 것이다. 한반도가 안정된 통일국가로 존재할 때 한국을 넘어 아시아의 역사 또한 새롭게 쓰일 수 있다. 과거에 신대륙의 발견이 그랬던 것처럼, 통일된 한반도는 한국과 아시아의 성장판을 열 것이다. 그런 의미에서 통일의 과정은 한반도라는 '오래된 신대륙'을 발견하기 위한 항해라고 생각한다.

3

교토삼굴의
시장전략

월드컵 효과를 수출로

수출의 열기가 좀처럼 달아오르지 않고 있다. 아시아 최초의 4강 진출과 온 국민의 '대한민국' 함성으로 뜨거웠던 한·일 월드컵 당시의 열기와는 사뭇 대조적인 모습이다. 수출은 2001년 12.7퍼센트 감소한 데 이어 2002년 상반기에도 전년 동기 대비 5.1퍼센트 줄어 당초 예상을 크게 밑돌았다. 하반기 수출에 큰 기대를 모으고 있으나 여건이 그리 낙관적이지는 않다. 미국경제의 회복이 지연되고 중남미의 경제불안이 지속되는 등 해외시장도 좀처럼 호전되지 않고 있다.

게다가 우리나라 수출품에 대한 수입규제가 강화되면서 수출에 차질을 빚는 사례가 갈수록 늘고 있다. 특히 최근 2개월 사이에 원화의 대미 달러환율이 10퍼센트 이상 하락하면서 수출업계 전반에 경쟁력 약화, 채산성 악화를 초래했다. 이러한 현실을 직시하고 산업과 수출현장의 분위기를 추슬러야 한다. 월드컵을 계기로 결집된 국민적 자신감과 높아진 국가이미지가 하반기 수출확대로 이어지도록 해야 한다. 월드컵의 성공적인 개최를 하반기 수출에 활용하기 위해서는 우선 적극적인 수출시장 다변화 노력이 필요하다. 한·일 월드컵 본선에 진출했던 유럽 동구, 중남미, 아프리카 지역의 국가들 가운데에는 우리나라의 시장점유율이 2퍼센트를 넘지 못하는 나라가 상당수를 헤아린다. 이들 시장의 특성에 맞는 새로운 상품을 개발해 치밀하게 시장을 개척하면 상당한 성과를 얻을 것으로 기대된다.

일본에 대한 수출은 2001년 19.4퍼센트에서 2002년 상반기 중 22.3퍼센트가 줄어드는 추세에 있으므로 특히 긴장감을 갖고 대응해야 한다. 대일 수출격감은 일본의 경기부진에다 중국의 시장잠식이 겹친 결과로 풀이된다. 우리 기업들은 월드컵의 공동 개최에 따라 양국관계가 보다 가까워진 점을 십분 활용하여 일본기업과의 자본·기술협력을 강화하는 등 진일보한 대일 수출전략으로 이를 극복해야 할 것이다.

향상된 국가이미지를 활용해 수출가격을 높여야 한다. 무역연구소의 교역조건 분석에 따르면 지난 10년간 우리나라의 수출물량은 3.8배 늘어났으나 수출단가가 절반으로 낮아져 수출증대의 걸림돌이 되고 있다. 같은 기간 일본과 대만의 수출단가가 각각 9.3퍼센트와 17.4퍼센트 증가한 것에 비추어볼 때, 수출의 고가화는 향후 우리 수출의 지속적인 신장을 위한 최대 과제다. 수출단가가 하락하는 것은 우리나라 국가이미지와 기업의 브랜드 이미지가 취약해서다. 월드컵을 계기로 국가이미지가 높아진 지금이 '한국산은 중·저가품'이라는 인식을 극복하고 수출가격을 인상할 수 있는 호기다.

치열한 수출경쟁 속에서 시장을 다변화하고 수출가격을 인상하기란 쉬운 일이 아니다. 그러나 이를 이뤄내기 위해 시장의 특성에 맞으면서 수출가격을 올릴 만한 신제품을 개발해야 한다. 보다 혁신적인 제품을 만들어 글로벌 스타상품으로 끌어올리는 것은 국가이미지를 향상시키는 데 결정적인 역할을 하므로 정책지원을 강화해야 한다. 정책당국은 환율 및 금리안정에 주력할 필요가 있다. 최근 환율은 달러당 1,200원 수준으로 대다수 수출기업들이 수출가격 책정에 반영한 환율을 밑돌고 있어 수출채산성 확보가 어려우므로, 외환시장 안정화 대책이 요구된다.

월드컵은 상품수출뿐만 아니라 서비스 수출 면에서도 새로운 돌파구를 마련할 계기를 가져왔다. 각국 대표단, 취재진, 관람객의 상당수가 우리 국민의 친절함과 문화에 강한 인상을 받은 만큼, 관광·컨벤션산업을 비롯한 서비스의 수출 산업화를 위해 적극적인 대책을 세워야 한다. 한·일 월드컵은 기대 이상의 성과를 낳았다. 이제 남은 과제는 월드컵 개최에 따른 효과를 찾아내 우리 경제의 활력소로 활용하는 것이다. 인구 510만 명에 불과한 자원빈국 핀란드가 세계 일류국가로 발돋움한 것은 유·무형의 국가자원을 어떻게 하면 보다 효율적으로 활용할 것인가에 대한 진지한 접근이 있었기 때문이다.

미국의 다섯 번째 수출시장: 한·미 경제관계는 동맹 관계

19 70년 중반 카터 행정부가 주한미군을 철수하기로 결정한 이래로 양국간 긴장관계가 가장 높아진 가운데 이루어진 노무

현 대통령의 미국 국빈 방문은 매우 어려운 일이 될 것이다.

30년이 지났지만, 북한의 위협, 미군의 한국 주둔 여부, 한–미 간 경제관계 등 양국 관계의 도전과제는 여전히 남아있다. 곧 있을 정상회담의 의제가 겉으로는 예전과 동일해 보이지만, 세계가 주목하는 가운데 실직적인 토론의 내용은 다를 수 있다.

이번 회담은 한국인의 미국 이주 100주년을 기념한다는 의미를 지니기에 그 자체로 중요하다. 이러한 맥락에서 이번 정상회담은 미국에 거주하는 한국인들뿐 아니라 한국에 있는 한국인들에게도 중요한 영향을 미칠 것이다.

국제경제와 정치영역의 혼란 속에서 한국이 경제 발전을 지속하기 위해서는 이번 정상회담을 통해 미국과의 협력 관계를 확인하고 강화하기 위한 방안을 모색할 필요가 있다. 곧 있을 정상회담의 결과에 따라, 미국시장과 국제무역에 크게 의존하는 한국경제는 상당한 영향을 받을 것이다.

이러한 과제를 안고 있는 노 대통령은 이번 미국 방문을 통해 대한민국의 미래에 대한 그의 비전을 제시해야 한다. 또한, 그는 한미관계에 대한 한국 정부의 입장에 대해 미국의 정치권과 경제권을 설득해야 할 것이다. 미국관련 사안에 대한 노 대통령의 의견에 회의적인 이들이 존재하는 가운데, 적극적인 자세로 미국과의 동맹관계를 소중히 한다는 것을 보여줘야 한다. 경제적 관점에서, 노무현 대통령의 외교능력은 한반도의 안정과 평화를 위협하고 있는 북핵위기 상황에서 특히 큰 영향력을 행사할 것이다.

이러한 상황에서 노 대통령의 국빈 방문에는 두 가지 목적이 있어야 한다.

한미 경제관계에 대해 연설을 하는 동안, 그는 시장지향적 경제 개혁을 향한 자신의 의지와 노력을 공표해야 한다. 손자병법에 있는 말과 같이 행동을 취하기 전엔 반드시 적을 알아야 한다. 노 대통령이 자신의 경제계획 달성을 위해서는 먼저 미국이 한국과의 경제관계에서 가장 집중하는 부분이 무엇인지 파악해야 한다.

미국은 여전히 한국의 가장 큰 수출시장이고 미국에게도 한국은 5번째로 큰 수출시장이다. 또, 농업부문에서 한국 시장은 일본, 캐나다, 멕시코 다음으로, 네 번째로 큰 시장이다. 이뿐만 아니라 1인당 기준으로 한국은 일본보다 미국에서 더 많은 것을 수입한다. 미국은 한국의 최대 수출시장인 동시에 한국의 최대 투자자이다. 지난해 한국에 대한 미국의 투자는 40억 달러 정도였다.

또한 미국은 한국의 가장 큰 해외투자시장이다. 그러나 한국의 미국에 대한 투자를 절대적 규모로 생각한다면 그것은 다소 잘못된 것이다. 2002년 그 액수는 겨우 3억8천만 달러였고, 이는 전 세계 기준으로는 한국이 그다지 큰 투자자가 아님을 보여준다. 마찬가지로 미국의 한국에 대한 투자 또한 미국의 총 해외투자에서는 작은 비중을 차지한다, 이는 해외직접투자가 여전히 한국경제의 작은 부분을 차지한다는 뜻이다.

한국과 미국의 경제 관계는 양국의 안보동맹만큼 중요하다. 경제통계 등을 보면 한국의 가장 중요한 경제협력국은 미국이라는 것을 알 수 있다. 미국은 한국의 최대 수출시장일 뿐만 아니라, 한국에 대한 가장 높은 외국인 투자자수를 보유한 나라이다. 2002년 한국은 전체 수출의 약 21%인 328억 달러의 상품을 미국에 수출했다. 같은 해에, 미국은 한국으로의 전체 외국인 투자의 절반을 차지하는 45억 달러를 한국에 투자했다. 이러한 미국의 역할이 한국의 놀라운 경제 성장에 기여해왔다.

미국과의 활발한 무역은 한국 제조업자들이 그들의 제품의 질을 세계최고수준으로 향상하는데 큰 동기부여를 한다. 또한, 미국의 투자는 한국이 세계시장에서 최고의 경쟁력을 확보할 수 있도록 돕는 한국경제의 전문지식 및 아이디어의 원천이다. 한국은 미국과 이미 밀접한 경제무역관계를 형성하고 있으며 그 관계를 더 굳건히 하기 위해 노력을 기울이고 있다.

그럼에도 불구하고, 한국이 극복해야 하는 몇 가지 중요한 문제가 있다. 먼저 농업부문이다. 한국은 무역자유화를 확정지은 도하회의에서 미국과 협력할 것을 결정했다. 그러나 동시에, 그 회의는 농산물 수출자들이 마침내 비교역적 기능(NTC)을 인정하는 결과를 가져왔다. 이는 한국과 다른농산물 수입국가들에게는 동등하게 중요한 성과였다.

반덤핑 조치에 대해서는, 한국은 보호주의 목적으로 이 무역 구제조치가 남용되는 것에 대한 우려를 오랫동안 표명해왔다. 그러나 다른 한편으로 한국은 하이닉스의 "재정지원" 사례에서 보듯 문제에 직면해있다. 하지만 도하회의에서 우리는 반덤핑 및 보조금 관련 WTO 조항을 변경, 업데이트 및 미세조정하는 데 동의했다. 이는 자유무역을 추진하면서 WTO를 급변하는 세계경제시대에 걸맞게 변화시키고자 하는 한국을 포함한 많은 회원국들에게는 중요한 성과였다.

개혁관련 노력에 더해, 노 대통령은 한미 자유무역협정에 대한 구상을 제안해야 한다. 노무현 정부가 이를 적극적으로 추진하고 있기 때문에, 김대중 전 대통령이 제안했던 지역 차원의 FTA(미국을 제외한 "ASEAN+3")에 대한 오해도 제거할 수 있다. 또한, 한국이 비즈니스허브구축의 목적으로 미국의 더 많은 투자가 필요한 상황에서, 노 대통령은 한미양국투자조약(BIT)을 실현시키기 위한 미국의 스크린쿼터 해제 요구에 대해서도 개혁의 노력을 정교하게 다듬어 대응하여야 한다.

2월 25일, 노무현 대통령이 이끄는 새 정부가 출범했다. 새 정부는 한국 경제에 대한 비전을 분명하게 제시했다. "글로벌 시장에서 완전하게 적응하고 경쟁할 수 있는 선진 경제시스템 구축"이 그 비전이다. 노대통령은 시장의 투명성, 일관성 및 예측 가능성을 육성하기 위해 전력투구하고 있다. 한국은 시장중심 및 규칙 기반의 경제로 제고하기 위해 글로벌 기준을 한국경제의 모든 측면에 통합해야 한다.

한국의 새 정부는 한국을 동북아시아의 비즈니스 허브로 만들 설계도면을 그리고 있다. 한국은 지리적으로 유리하며 고급 노동력과 세계 최고수준의 IT인프라도 보유하고 있다. "광대역 IT강국"이라는 비전 하에 IT산업을 한국의 핵심 성장동력으로 발전시키고자 하는 정부의 노력이 가장 분명한 예일 것이다.

한국은 글로벌 시대의 새로운 요구에 부합하는 지역적, 양자적 경제 및 무역협력을 강화하고 자유무역에 적극적으로 참여함으로써 이러한 목적을 실현할 것이다. 대한민국이 책임 있는 국가로서 국제경제시스템에 맞는 경제활동을 함으로써 국가경제시스템의 개방성, 투명성, 유연성과 책임은 자연스레 강화될 것이다.

그렇기 때문에 노무현 대통령은 여러 개혁을 추진하고 더 나은 외국인 투자환경을 만들기 위한 정부의 노력을 언급할 필요가 있으며, 한국의 미국상공회의소(AMCHAN)와 함께 추진한 한국정부의 최근 이니셔티브를 강조해야 한다. 또한, 일련의 실무그룹회의를 개최하고자 하는 재정경제부의 이니셔티브를 설명하며, 해외기업과 재정경제부 간 건설적인 대화를 촉진하고자 하는 목적과 의도 역시 확실하게 전달되어야 할 것이다.

대체로, 지난 40년간 한국의 경제성장은 많은 부분 개방경제 덕택이었다. 한국은 세계경제의 통합과정에서 뒤쳐져서는 안 된다. 일반적으로, 한국경제는 국가GDP의 70% 이상이 무역에 의존할 정도로 무역지향적이다. 따라서, 한국경제의 생존과 번영은 세계경제와 미국과의 협력에 달려있다.

세계의 주요무역국가 중 하나인 한국은 그 책임감을 중요하게 여긴다. 한국은 세계경제질서 속에서 가장 신뢰할 수 있는 파트너 국가가 되기 위해 최선을 다하고 있다. 대한민국은 이를 위하여 다음의 세 가지 통합적인 방안에 의존하고 있다. 첫째, 한국은 적극적으로 도하 개발아젠다(DDA)를 촉진하는 한편, 동시에 양자간 자유 무역을 추구한다. 둘째, 한국은 지역적, 세계적으로 경제무역시스템을 통합하는 다각적인 방안을 강조한다. 셋째, 한국은 정치적, 경제적으로 필요한 안보를 제공해 주는 미국과의 관계를 중요하게 생각한다. 한국의 의지는 향후 행동으로 증명될 것이다.

Korea is the fifth largest export market for the US

President Roh Moo-hyun's official state visit to the United States will be a very challenging one to the bilateral relationship as it confronts the most serious strains since the mid-1970 when the Carter administration decided to remove US forces from Korea.

Although three decades had gone by, however, the challenges issues in the bilateral relationship remains very much the same, namely questions on the North Korean threat, the future status of the US forces in the South, and the economic ties. While the agendas on the table for the upcoming summit meeting may seemingly be the same on the surface, its contents of discussion may well be different to the extent that it would draw much more spot light from the world.

In addition, the meeting itself will be a significant one in its meanings as the Korean community in the US is celebrating the centennial anniversary for migrating to the land of dream. It is in this respect that the outcomes of the summit meeting will have a profound effect on not only the fate of those Koreans in the US, but also that of the Koreans in Korea.

Furthermore, in the midst of all the turmoil in both international economic and political realms, for Korea to sustain its economic development, it will have tomanage itself to find ways to strengthen, and confirm, cooperation with the US on this occasion. Whatever outcome is generated from the upcoming summit meeting, it will have a profound impact on a state whose economy heavily depends on international trade and the US market.

In the midst of all the challenging developments in and out of the Korean peninsula, President Roh's trip will have to focus on presenting his vision on Korea's future. He will have so as to convince and persuade the American political and business circles about his government's stance onthe relationship with the United States. Against all the skeptics regarding his view on those issues related to the United States, he must come out straight forward to prove how much he values the alliance relationship with the US.

From the economic pointof view, his diplomatic ability will also have a much important effect on the economic relations between the two states especially when the North Korean nuclear crisis is looming over the peninsula's stability and peace.

Under the circumstance, President Roh's state visit must bear two purposes. While explaining the impressive content of US-Korean economic relations, he must also prove his will and commitment toward market-oriented economic reform. As in Sun Zi's words in "Art of War," one has to first fully comprehend his enemy before any action. For President Roh to achieve what he has in mind in economic terms, he needs to first understand what Americans are most preoccupied in its economic relations with Korea.

The US continues to serve as the largest export market for Korea. To the US, Korea is the fifth largest export market. Also, in terms of agricultural products, Korea is the fourth largest market after Japan, Canada and Mexico. On per capita basis, Korea imports more from the US than Japan. In addition to being the largest export market for Korea, the US is also the largest investor in Korea. Its investment in Korea last year was worth close to $4 billion.

The US is also the largest destination for Korea's investment overseas. It is somewhat misleading, however, if we were to look at the Korea's investment in the US in absolute amount. In 2002, it was no more than $380 million, reflecting that Korea is not a major investor globally. Similarly US investment in Korea accounts for a small percentage of its total investment abroad, proving that direct foreign investment still represents a small part of the Korean economy.

The economic relationship between Korea and the US is as crucial to both countries as the security alliance. Economic statistics clearly indicate the significant role of the US as Korea's most important economic partner. The US is not only the largest export market for Korea, but also its No. 1 foreign investor. In 2002, Korean exports to the US amounted $32.8 billion, or about 21 percent of its total exports. In the same year, the US invested $4.5 billion in Korea, which accounted to about half of the total foreign investment in the country. Such a crucial US role has greatly contributed to Korea's remarkable economic growth. The vigorous trade with the US both in terms of exports and importshas motivated Korean manufacturers to enhance the quality of their products up to world-class standards. US investment is a source of valuable knowledge, expertise, and idea for the Korean economy, helping Korea achieveits world-class competitiveness in the global market. Korea highly cherishes the already close economic and trade relations with the US and is firmly committed to further improving those relations.

Nonetheless, there are some important specific issues that Korea must overcome. First on agriculture, Korea is determined to cooperate with the US at the Doha meeting, which has made it clear to everyone that the way to go in the future is reformand liberalization. But, at the same time, the Meeting has also brought agriculture exporters to finally recognize Non-Trade Concern. This was an equally significant gain for many members including Korea and other agricultural importers.

On anti-dumping actions, Korea has long voiced concerns about the abuse of this trade remedy for protectionism purposes. But on the other hand it also faces its own problem in Hynix "financial aid" case. However, in Doha, we reached an agreement to negotiate ways to change, update, and fine-tune the WTO rules on anti-dumping and subsidies. This was another significant gain for Korea and for many other members who are committed to free trade and want to make the WTO relevant in the age of such a fast changing global economy.

In addition to reform related efforts, President Roh should propose an initiative for free trade agreement for the two nations. Since his government is in great pursuit for such end, he can clear whatever misunderstanding that stemmed by his predecessor former president Kim Dae Jung's proposal of a study of a region-wide FTA, the so-called "ASEAN+3," that obviously excluded the United States.

Furthermore, as the nation is in greater need for the US investment in its pursuit of a business hub, President Roh should articulate his reform efforts against the US' demand for lifting of screen quotas on motion picture market to realize Korea-US bilateral investment treaty(BIT).

On February 25, the new administration led by President Roh Moo-hyun embarked in Korea. The new administration has clearly stated Korea's economic vision: building an advanced economic system fully able to adapt to and compete in the global era. President Roh is committed to fostering transparency, consistency, and predictability in the market. We will incorporate global standards into all aspects of the Korean economy in order to promote a market-centered and rule-based economy.

Our new administration has also drawn a blueprint to transform Korea into abusiness hub of Northeast Asia. We have a geographical advantage, a highly educated workforce and world-class IT infrastructure. One of the most convincing and persuasive example, for instance, underlies in his government revelation of scheme to promote the IT(information technology) industry as a key growth engine for the country' s economy, known as "Broadband IT Powerhouse."

Broadly speaking, Korea will realize this end through active participation in the global efforts to promote openness and free trade, and by strengthening regional and bilateral economic and trade cooperation in ways that meet the new demands of the global age. Active engagement in the international economic system as a responsible state will lead the nation to uphold and further boost openness, transparency, flexibilityand accountability in its economic system.

It is, therefore, worthwhile for President Roh should to make a special note with great emphasis on his government' s efforts for reform and creating a better environment for foreign business in Korea. He should deliver a strong message on his government' s recent initiative, for instance, in conjunction with the American Chamber of Commerce in Kroea(AMCHAN). The Ministry of Finance and Economy(MOFE)' s initiative to hold a series of "Working Groups" must be read. Its intention and purposes, that isto promote constructive dialogue between foreign businesses and the Korean financial ministry, must be delivered with confidence.

All in all, Korea' s economic growth for the past four decades owes much to the open world economy. Korea can not afford to be left out of growing global economic integration. Korea' s economy is heavily trade-oriented, with the size of our international trade measuring up to more than 70 percent of the national GDP. Therefore, Korea' s economic survival and prosperity depend critically on the world economy and on our cooperation with the US.

As one of the major trading nations in the world, Korea takes its global responsibilities seriously. We are doing our best to become one of the most reliable partners in the global economic order. Generally speaking, Korea resorts to three comprehensible measures in achieving these ends. While vigorously promoting Doha Development Agenda(DDA), Korea simultaneously pursues free trade at bilateral level. In addition, Korea also emphasizes on engagingitself multilateral ways, implying globalizing and integrating its economic and trade system at both regional and global level. Furthermore, it placesa special importance to the US as it provides much needed security in both political and economic sense. As the world will see, our commitment will be best demonstrated through our actions.

'제2의 중국' 인도

'**힌**두성장률(Hindu rate of growth)' 이란, 낮은 경제성장률을 지칭하는 경제용어다. 오랜 기간 저성장에서 헤어나지 못했던 과거 인도경제를 빗댄 표현이다. 그러나 지금은 다르다. 인도정부가 1991년 사회주의 노선을 버리고 적극적인 대외개방 및 개혁정책을 선언한 이래 인도는 연평균 5.5퍼센트의 고도성장을 지속해왔으며 마침내 2003년 12월에는 외환보유고 1,000억 달러를 돌파했다.

인류의 종교·철학·정신세계의 고향으로만 각인되어온 인도가 21세기 고성장을 달성할 유력한 후보국으로 부상하고 있다. 다만 중국의 눈부신 빛에 가려 제대로 평가받지 못하고 있을 뿐이다.

사실 외자유치에 의한 중국식 경제개발 방식이 아직 유력해 보이는 것도 부인할 수 없다. 그러나 일각에서는 부실 국영기업을 온존시킨 채 외자에 기댄 중국의 성장전략이 외화내빈(外華內貧)인 반면, 국내기업 육성을 통해 차근차근 성장하는 인도가 훨씬 건전한 발전모델로 평가받고 있다.

실제로 2002년 미국 〈포브스(Forbes)〉가 선정한 세계 200대 우수 소(小)기업에 인도기업은 13개사가 포함된 반면, 중국기업은 4개사에 불과했다. 또 중국이 '세계의 공장' 으로 제조업에 집중할 때, 인도는 소프트웨어·연구개발·디자인·설계·영화 등 지식서비스산업을 중심으로 세계의 아웃소싱 허브로 발돋움하였다.

경제의 서비스화가 진전될수록 지식서비스산업에 강점을 지닌 인도경제의 앞날은 밝을 수밖에 없다. 인도의 IT산업이 단적인 사례다. 여기에는 수학과 논리에 뛰어난 저임의 풍부한 연구개발 인력, 미국과 12

시간의 시차가 갖는 유리한 입지조건, 그리고 영어로 의사소통이 자유롭다는 이점이 자리 잡고 있다.

얼마 전 외신들이 "인도가 내구소비재 시장을 개방한 지난 8년간 많은 외국 상품이 봇물같이 밀려왔지만 결국 인도시장을 장악한 것은 한국제품"이라고 보도했다. 현대자동차는 인도 자동차시장에서 20퍼센트의 점유율로 2위를 달리고 있으며, LG와 삼성전자도 냉장고, 세탁기 등을 앞세워 빠른 속도로 시장점유율을 끌어올리고 있다.

그러나 인도와의 교역액은 2002년 20억 달러로, 우리나라의 제24위에 불과했다. 중국과의 교역액(400억 달러)에 비교하면 20분의 1, 아세안의 10분의 1에도 못 미치는 교역량이다. 이는 역설적으로 엄청난 잠재력을 가진 미개척 시장으로 인도를 주목해야 하는 이유가 된다. 인도의 11억 인구 중 약 6,000만 명이 소형자동차나 스쿠터, 가전제품의 구매력이 있는 소비계층으로 성장했다. 중국과 마찬가지로 인도에서도 엄청난 소비 붐이 일어날 수 있음을 의미한다.

지난 10여 년간 우리는 중국시장을 효과적으로 활용한 덕분에 빠르게 성장할 수 있었다. 한·중 수교 원년인 1992년에 우리의 대중수출은 27억 달러에 불과했지만, 10년 사이 10배 가까운 240억 달러로 폭증하여 제1의 수출시장으로 부상했다. 인도의 높은 성장잠재력은 어떻게 대응하느냐에 따라 21세기 우리 경제의 새로운 돌파구가 되기에 충분하다. 인도에 진출한 국내기업들이 심어놓은 한국산 제품에 대한 긍정적 이미지를 바탕으로 인도시장 선점에 박차를 가해야 할 때다. 한국경제에 인도는 '제2의 중국'이 될 수 있다.

EU 확대 속에 길이 있다

우리는 2004년 5월 1일자로 세계경제 판도에 커다란 지각변동이 예고돼 있다. EU에 폴란드·헝가리·체코·슬로바키아 등 동유럽 10개국이 신규로 편입되면서, EU는 25개 회원국, 인구 4억5,000만 명, GDP 규모 8조2,000억 달러의 거대한 경제공룡으로 재탄생하기 때문이다. 물론 GDP 규모 면에서는 NAFTA가 10조 달러로 세계 최대이지만, 인구와 경제규모를 종합적으로 고려할 때 명실공히 EU를 세계 최대 단일 시장이라 해도 좋을 것이다.

EU는 우리나라의 제4위 교역파트너로서 2003년도 우리나라의 교역액은 443억 달러, 교역비중은 12퍼센트에 달했다. EU의 전체 수입액에서 우리가 차지하는 비중은 2.3퍼센트, EU의 수입순위 중 11위다. 우리가 중국 수입시장 점유율 10.4퍼센트로 3위, 일본시장에서도 4.6퍼센트로 3위를 차지하고 있는 점을 감안하면 저조한 성적이다. 뒤집어 보면 그만큼 우리의 노력 여하에 따라 시장을 개척할 여지가 남아 있다는 의미다.

더욱이 이번 EU 확대는 관세인하, 제도개선 등의 측면에서 우리 기업의 시장확대에 유리하다. 최고 15퍼센트에 달하는 신규회원국의 고관세율이 EU의 공동관세율인 평균 6.3퍼센트 수준으로 인하되면 우리 기업의 수출여건이 개선될 것이다. 또한 제품이 EU의 단일규격으로 통일되고, 아울러 신규회원국이 EU의 선진화된 법규 및 제도에 따라 법적·제도적 투명성을 제고하면 우리 기업의 수출 및 현지 진출에 유리한 여건을 제공할 것이다.

EU 확대와 함께 외국인 투자유입으로 신규회원국의 경제성장이 가속화되어 구매력이 확대된다면, 우리 기업들에게는 새로운 시장이 열리는 셈이다. 실제로 이번에 EU에 편입되는 주요 동유럽국가의 경우 경제발전과 구매력 증가에 힘입어 이동통신 단말기, PC 등의 소비수요가 늘어나고 있으며, 현지 전자·자동차산업의 발전에 힘입어 연관산업인 플라스틱, 자동차 정비용 부품 등의 수요가 급증하고 있다. 전자와 자동차 관련 제품은 EU 신규회원국의 수입관세가 큰 폭으로 인하될 예정이므로 시장공략을 위한 우리 기업들의 적극적인 노력이 요구된다.

그러나 EU 확대로 인해 서유럽과 동유럽 간의 경제관계가 밀접해지면 우리와 같은 역외국의 입지가 어려워질 수도 있다. 게다가 현재 EU가 적용하는 높은 수준의 환경 관련 규제, 기술표준 등이 확대 적용되고, 철강·컬러TV 등 우리나라 제품에 대한 EU의 현행 수입규제조치가 신규회원국에도 확대 적용된다는 점에서 우리에게는 위협요인이 될 수 있다.

또한 우리가 간과하지 말아야 할 점이 있다. 바로 동유럽에 생산기지를 구축하고 있는 서유럽기업들의 경쟁력이다. 일본을 비롯한 역외국의 기업들은 동유럽으로 생산기지를 이전하며 발 빠르게 대응하고 있다. 우리 기업들도 동유럽 현지에 생산기지를 구축하는 적극적인 진출전략이 필요하다. 아니면 유럽과 지리적으로 가까우면서도 동유럽에 비해 생산코스트가 저렴한 인도 등 중간기지에서 제품을 생산하여 공급하는 차선책도 적극 검토해야 할 것이다.

EU 확대는 이처럼 우리에게 기회가 될 수도, 위협이 될 수도 있다. 결과는 우리 기업의 철저한 사전 준비와 대응에 따라 달라질 것이다. 이를 지원하는 정부의 역할도 그 못지않게 중요하다. 정부는 기업들이 필요로 하는 현지 시장정보를 정확하고 신속하게 제공하는 데 최선을 다해야 하며, 통상마찰을 미연에 방지하고 기존의 수입규제조치가 조속히 철폐될 수 있도록 통상교섭 활동을 강화하는 것이 중요하다. 그리고 우리 기업들이 역외국으로서의 불이익을 받지 않도록 궁극적으로 EU와의 FTA 체결을 조속히 검토하고 추진해 나가야 한다.

우리 경제의 또 다른 활로를 찾아라

고유가 지속과 중동지역의 불안으로 인한 원유수출 급증, 푸틴(Vladimir Putin) 대통령의 강력한 개혁정책으로 러시아는 99년 이후 연평균 6퍼센트 이상의 고도성장을 구가하고 있고 외환보유고는 900억 달러를 돌파했다. 본격적인 경제성장에 돌입한 러시아는 "2010년까지 GDP를 2001년의 두 배로 끌어올린다"는 목표로 달려가고 있다. 러시아의 성장에 발맞추어 우리 기업들은 오일달러 유입으로 호황을 맞고 있는 러시아 내수시장 공략에 발 벗고 나서고 있다. 현대차는 2004년 상반기 러시아에서 200퍼센트 이상의 판매증가율을 기록하며 외제차 판매 1위인 도요타를 위협하고 있다. 삼성 휴대폰은 이미 고가품으로 자리 잡았고, 모스크바 번화가에는 'LG 다리'로 불리는 다리가 있을 만큼 한국기업들의 선전이 눈부시다.

우리 기업들의 분발에 힘입어 러시아와의 교역규모는 2003년에 42억 달러로 역대 최대를 기록했으며 2004년 1~7월 중 대러시아 수출은 54퍼센트나 증가했다. 그러나 러시아 수입시장에서 한국이 차지하는 비중은 2003년 말 현재 1.9퍼센트에 그치고 있으며 한국의 대러시아 직접투자도 2억 달러 규모로 전체 해외투자의 1퍼센트 수준에도 미치지 못하고, 제조업 투자 비중은 26퍼센트로 상당히 낮은 편이다. 이러한 사실은 러시아 경제규모와 앞으로의 성장가능성을 감안할 때 아쉬움을 주는 대목이다.

우리 경제성장에 큰 기여를 한 중국이 이제는 우리를 위협하는 경쟁자로 성장한 만큼, 중국에 대한 의존도를 줄이고 안정적 수출구조를 확보할 대체시장이 필요하다. 주력 수출상품에서 경쟁이 심화되고 있는 중국과 달리 러시아는 비교적 상호 보완적인 수출입구조를 가지고 있다. 또한 어느 나라보다 한국 브랜드에 대한 이미지가 호의적이고 중산층 소비가 급증하고 있으며 독일 외에 뚜렷한 시장 선점국이 없다는 점은 지금이 바로 '기회'임을 보여준다.

러시아 개방 이후 진출 러시를 이루었던 우리 기업들은 98년 외환위기를 맞으며 철수하는 아픔을 겪었으나 지금은 상황이 많이 달라졌다. 진출장벽으로 꼽히는 정보 부족, 부실한 금융산업, 까다로운 통관은 신흥시장이라면 어느 곳이든 안고 있는 문제다. 오히려 WTO 가입을 앞두고 제도개혁에 박차를 가하고 있는 지금, 한발 앞서 진출하는 것이 유리한 고지를 점하는 지름길이 될 것이다.

러시아를 말할 때 풍부한 자원을 언급하지 않을 수 없다. 중국과 일본은 이미 자국에 유리하게 러시아 통과 송유관을 건설하고자 치열한 로비를 벌이고 있다. 우리나라도 이르쿠츠크(Irkutsk) 가스전 개발과 LNG플랜트 건설 등 에너지 개발프로젝트 참여를 꾀하고 있다. 에너지 부문은 러시아 정부가 주도적으로 관여하고 있으므로 민간의 노력만으로는 부족하다. 산·관·학 협력을 강화하여 협력체제를 도출해내야 할 것이다.

한편 러시아와 한국의 기술협력은 항공·우주 및 기초과학 분야에서 3~4년 전부터 활발히 추진되고 있다. 반도체·가전제품 등 우리의 핵심 수출산업에서 중국의 추격이 시작된 만큼, 지속적인 기술개발이 필수적이다. 러시아의 첨단 핵심기술 및 원천기술과 국내 상용화기술을 접목하여 국내 주력 산업의 고부가가치화와 신산업 창출을 이룰 수 있다. 국내 대기업이 러시아의 기술을 활용하여 개발한 에어컨이 세계시장을 휩쓸고 있는 것은 좋은 사례다.

이런 가운데 노무현 대통령이 경제단체장, 재계 총수들을 이끌고 오는 9월 20~23일 러시아를 방문한다. 러시아와의 에너지 협력, 교역확대, 우주과학기술 협력 등을 핵심 어젠다로 다룰 예정이다. 국내 정치적 상황으로 한 차례 연기되는 진통 끝에 어렵사리 성사된 공식 방문인 만큼 경제부문에 있어 확실한 협력관계를 구축하는 계기가 되기를 바란다.

'교토삼굴'의 시장전략

지난 1971년 100억 달러에 불과했던 우리 수출은 2004년 현재 2,000억 달러 달성을 눈앞에 두고 있다. 시대별로 수출의 활로는 조금씩 변화해왔으나 적어도 지난 10년간 수출증가를 이끈 주역은 단연 중국이다. 중국에 대한 수출의존도가 20퍼센트에 육박한 상황에서 중국은 모든 산업부문에서 기술과 자금력을 앞세워 우리를 추격하고 있다. 무역연구소는 이미 대중국 무역흑자가 2011년경 적자로 반전될 것이라 전망한 바 있다. 바야흐로 중국 외에 새로운 시장을 찾는 교토삼굴(狡兔三窟 ; 슬기로운 토끼는 세 개의 굴을 준비한다)의 전략이 필요한 때다.

노무현 대통령이 러시아와 카자흐스탄을 방문한 데 이어 10월 4일부터는 인도와 베트남을 대상으로 세일즈 외교에 나선다. 남부아시아 경제성장을 이끄는 인도와 인도차이나반도의 중심 베트남을 방문하는 것은 중국의 추격에 대응하고 포스트 경제협력 대상국을 찾기 위한 출발점이다. 많은 국가 중에서도 인도와 베트남은 경제성장잠재력이 높고 새롭게 부상하는 수출·투자대상국이라는 점에서 우선 협력대상이 될 수 있다.

10억 인구와 중국에 버금가는 구매력을 보유한 인도는 세계의 백오피스(back-office)에서 IT강국으로 부상하고 있는 거대시장이다. 인도는 IT소프트웨어 분야 세계 최고수준인 반면 한국은 전자무역환경과 IT인프라, 컴퓨터 제조 등 하드웨어부문에서 세계적 경쟁력을 갖추고 있다. 이들 기술의 결합은 양국 IT산업의 경쟁력을 제고하고, 세계시장을 선도할 발판을 마련할 것이다.

베트남은 1986년 도이모이(doimoi) 정책으로 개방주의 경제를 표방한 이래 고속성장을 하고 있고, 세계 제2위의 쌀 수출국이자 석유·석탄·가스 등 풍부한 천연자원을 보유하여 성장잠재력이 풍부하다. 에너지의 안정적 확보가 경제성장의 중요한 기반이라는 점에서 베트남 에너지산업에 대한 투자와 개발에 서둘러 참여해야 한다. 러시아에 이은 베트남과의 에너지 협력은 중동 의존적인 원유 수입선을 다변화하여 에너지 부족으로 인한 경제·안보적 리스크에 해법이 될 것이다.

인도와 베트남은 남부아시아와 동남아시아 등 주변국 진출을 위한 전진기지로써의 가치도 크다. 특히 인도는 아세안, 태국과 FTA 기본협정을 체결했고 싱가포르와 FTA 협상을 진행 중이므로 머지않아 동아시아 경제로의 편입을 앞두고 있다. 인도의 평균 30퍼센트에 달하는 고관세율과 높은 수입장벽을 감안할 때 한발 앞서 FTA를 체결하는 국가가 인도시장 선점에 유리하리라는 점에서 한·인도 간 FTA 체결이 시급하다. 한편 베트남은 아세안 회원국으로 AFTA 가맹국이다. 베트남의 역내관세가 2.02퍼센트인 반면 단순평균관세율은 16.4퍼센트 수준이다. 저임금과 숙련된 노동력으로 이미 한국의 섬유·신발 등 노동집약적 산업의 진출이 활발하고 한국이 베트남의 제4위 투자국인 점을 고려할 때 베트남을 아세안시장 공략을 위한 포스트로 이용할 수 있다. 인도와 베트남과의 경제협력관계 구축은 가속화되는 세계경제의 블록화 추세에서 일본–중국–아세안–인도로 이어지는 거대시장 창출을 대비할 발판이 될 것이다.

특히 최근 인도에서 자동차, 휴대전화, 전자제품 등 한국제품의 시장점유율이 급증했고, 베트남은 한류 열풍의 근원지인 만큼 타 국가와의 경쟁에서 우리에게 유리하게 작용할 것이다. 우리나라는 무역의존도가 70퍼센트에 이르고 원유·천연가스 등 기초원자재의 대부분을 수입에 의존하고 있다. 새로운 시장과 자원확보의 중요성은 더 이상 강조할 필요가 없다. 세계 각국이 FTA 체결에 박차를 가하고 있고 지역경제통합의 움직임이 활발한 지금, 주변국으로 전락하지 않기 위해서는 새로운 성장국가와 경제협력관계를 구축하는 데 국가의 역량을 집중해야 한다. 슬기로운 장사꾼은 언제나 미래를 대비하는 법이다.

브릭스 국가 다시 보자

20 04년 우리 수출은 30퍼센트가 넘는 증가율을 달성하면서 2,500억 달러를 넘어섰다. 그러나 2005년에는 내수가 부진한 가운데 수출마저 10퍼센트를 간신히 넘길 것으로 전망된다. 새로운 수출동력이 필요한 이때 브라질·러시아·인도·중국 등으로 구성된 브릭스가 우리에게 활로를 제공하고 있다. 브릭스는 세계 각국의 수출확대와 자원확보를 위한 전략적 요충지로 자리 잡아가고 있다. 에너지와 원자재가격이 급상승하면서 세계 각국이 브릭스 국가에 대한 자원외교를 강화하고 FTA 추진을 서두르고 있다. 브릭스경제는 역동적인 성장을 배경으로 하는 잠재시장, 북미와 유럽에 필적할 만한 새로운 경제권, 자원부국이 특징이다.

브릭스지역은 가장 역동적인 성장지역인 동시에 향후 수십 년간 세계경제의 지속적인 성장을 가능하게 하는 원동력이 될 전망이다. 브릭스 4개국은 세계 GDP의 8퍼센트밖에 안 되지만 인구는 27억 명으로 세계인구의 43퍼센트를 차지한다. 2003년에는 세계 수입증가분의 92퍼센트가 브릭스 4개국에 의해 이뤄졌다. 골드만삭스(Goldman Sachs)는 중국, 인도, 브라질, 러시아 순서로 과거의 경제적 위상을 되찾아 2040년에는 브릭스 4개국이 기존의 G7 국가들을 제치고 세계 6대 경제대국으로 부상할 것이라 전망한 바 있다. 브릭스는 또 세계경제의 블록화 과정에서 새로운 경제권의 전략적 요충지로서 주변시장 진출의 교두보 역할을 맡게 될 것이다.

중국은 중화권과의 긴밀한 경제협력협정(CEPA)을 체결한 데 이어 아세안과는 2010년을 목표로 FTA를 체결하고 한·중·일 3국간 FTA를 주도함으로써 동아시아 경제권을 구축하려는 야심을 가지고 있다. 인도는 벵골만과 남아시아지역 국가를 아우르는 대서남아 경제권을 형성함으로써 동아시아와 연결하려는 FTA 전략을 추진 중이다. 메르코수르를 주도하는 브라질은 남미 10개국과 인접한 전략적 요충지로서 안데스공동체와 FTA를 체결하여 남미지역 경제권의 중심국가로 부상하고 있다. CIS 경제권의 중심국가인 러시아 역시 유럽경제권과의 통합을 추진하고 있다.

브릭스지역은 에너지와 광물자원의 세계적 부존지역으로, 전략자원 확보에 있어서도 요충지다. 2003년을 기준으로 세계 석유의 9.5퍼센트가 브릭스지역에 매장돼 있고 16퍼센트가 브릭스지역에서 생산되고 있다. 특히 러시아는 세계천연가스 매장량의 26.7퍼센트, 천연가스 생산의 22.1퍼센트를 차지하는 에너지 자원의 보고다. 세계 석탄생산의 45.4퍼센트, 세계 철광석 매장량의 39.6퍼센트를 브릭스가 차지하고 있다. 이 밖에도 곡물·쌀·밀·두류 생산은 물론, 커피·오렌지·원당 등 농작물 생산에서도 브릭스 국가들이 수위를 차지하고 있다.

수출과 투자대상 지역으로서 브릭스의 위상은 날로 증대되고 있다. 브릭스는 우리나라 수출의 22.7퍼센트를 차지하고 있으며, 우리나라 무역수지 흑자의 90퍼센트를, 우리나라 해외투자(건수 기준)의 49.2퍼센트를 차지한다. 브릭스를 거론하지 않고는 한국경제를 논할 수 없는 단계에 이른 것이다. 그러나 중국을 제외한 나머지 국가들과의 협력규모는 미약한 수준이며, 일부 국가로부터 강력한 통상압력을 받고 있기도 하다. 세계경제의 흐름에 비추어볼 때 우리는 브릭스를 최우선 경제파트너로 활용해야 한다. 브릭스 국가에 대한 지속적 수출확대를 위해 신소재와 부품, IT와 BT 등 새로운 수출상품을 개발하는 데 전력을 다해야 한다.

또 새로운 경제권 진출을 위한 교두보를 마련하기 위해 브릭스 국가에 대한 투자, 특히 수출을 유인할 수 있는 투자를 지속적으로 확대하고 FTA도 추진해야 한다. 브릭스경제가 급격한 변화과정에 있음을 감안해 해당 지역에 대한 전문인력 양성, 현지 지원기관 확대 등 시장진출을 위한 지원도 강화해야 할 것이다.

이제 대외원조에 눈을 돌릴 때다

선진국들은 2005년부터 2015년까지 대외원조를 확대하는 프로그램을 본격 가동하기 시작했다. 우리는 어떤가? 우리나라는 세계 10위권의 경제대국이지만 대외원조에는 지나치게 인색한 감이 없지 않다. 경제의 외형만 커진다고 해서 대국이 되는 것은 아니다. 외형에 걸맞은 역할을 해야 한다.

공적개발원조는 '지구촌의 빈곤 추방'이라는 인도적 취지의 사업이기도 하지만, 우리나라의 이미지를 개선하여 해외에서 우리 상품에 대한 호감도를 높이는 부수적인 효과를 가져온다. 과거 일본이 '경제동물'이라는 부정적 이미지에서 벗어난 계기도 바로 적극적인 대외원조 정책에 힘입은 바 크다.

그러나 지금까지 우리나라의 대외원조 공여실적은 부끄러운 수준이다. 2004년 우리나라의 공적개발기금은 유상과 무상원조를 합해 4억 300만 달러로 GNI 대비 0.06퍼센트, 1인당 대외원조 지출액은 7.6달러에 불과하다. 우리와 경제규모가 비슷한 네덜란드의 0.74퍼센트, 호주의 0.25퍼센트에 비해 현저히 낮은 수준이며, 심지어 우리보다 경제규모가 작은 태국의 0.13퍼센트(2003년 기준)에 비해서도 낮다.

또 유상원조 비율이 지나치게 높다. OECD 산하 개발원조위원회(DAC) 회원국의 대외원조액 가운데 무상원조 비율이 90퍼센트를 넘는 데 반해, 우리나라는 유상원조 비율이 70퍼센트 내외에 달한다. 경제여건상 무상 비율을 대폭 상향하기는 어렵겠지만, 세계 10위권의 경제력에 걸맞은 무상지원 수준의 상향 조정은 불가피하다. 지역적 편중도 극복해야 한다. 우리나라는 2004년 아시아·태평양 지역에 61.1퍼센트, 중동 26.2퍼센트, 아프리카 5.5퍼센트로 지나치게 아·태지역 중심이다. 아·태지역의 경제적 중요도를 감안하면 일견 이해가 가지만 아프리카 등 최빈국이 몰린 지역에 지원을 늘려 미개척 시장에서의 우리 이미지를 제고할 필요가 있다.

적극적인 민간참여도 유도해야 한다. 대외원조의 확대에는 민간의 지지와 참여가 필수적이다. 이를 위해 개발 NGO에 대한 정부지원 확대, 민간단체·대학·기업 등과 연계한 대외원조 사업확대도 염두에 두어야 한다.

대외원조는 우리의 국가이미지를 높이고 미개척 시장의 문을 열어주는 교두보 역할을 할 수 있다. 특히 자원민족주의 추세를 감안하면 대외원조는 자원외교의 중요한 수단이 될 가능성이 크다. 빈국의 경제발전 지원은 궁극적으로 국제무역의 활성화로 우리 기업들에 더 많은 기회를 제공한다는 점을 인지해야겠다.

4

외자유치가
일자리 창출이다

외자유치 구심점이 없다

기차가 곡선코스를 달릴 때 탈선하지 않는 것은 원심력과 구심력이 균형을 이루기 때문이다. 마찬가지로 한 나라의 경제가 정상궤도를 달리려면 두 힘이 균형을 이뤄야 하는데 지금 한국경제의 구심력은 너무 약하다. 한편에서는 이민 상품에 인파가 몰리고, 기업마저 앞다퉈 해외로 빠져나가 산업공동화가 발등의 불이 되고 있다. 그야말로 한국판 엑소더스가 시작된 느낌이다. 한국은행에 따르면 2002년 직접투자수지는 7억 달러 적자였다. 우리가 유치한 외국자본보다 외국으로 빠져나간 투자액이 더 컸다. 2003년에도 상반기에만 7억6,000만 달러의 적자를 기록했다고 한다.

경제발전 단계에 맞지 않는 노동집약 산업이 해외로 빠져나가는 것은 산업구조의 고도화라는 점에서 불가피한 측면이 있지만, 반도체·자동차·철강·첨단가전 등 핵심 제조업에서 일고 있는 해외투자 바람은 예사롭게 볼 일이 아니다. 한국무역협회 무역연구소가 6월에 조사한 바에 따르면 국내 제조업체 중 26퍼센트는 이미 생산거점을 해외로 옮겼고, 48퍼센트는 이전을 고려 중인 것으로 나타났다.

기업의 해외진출은 시장을 개척한다는 점에서 바람직하다. 그러나 지금의 해외투자는 전투적인 노조·정부규제·고임금·고지가(高地價)·기업을 죄인시하는 사회 분위기 등 우리나라의 반기업 정서 때문이라는 데 문제의 심각성이 있다. 산업공동화가 현실화할 경우 기업이 떠난 이 땅에서 정부는 누구로부터 세금을 거둘 것이며, 근로자는 어디에 취업할 것인가?

이제 한국경제는 요소 투입형 성장에서 생산성 주도의 성장으로 옮겨가는 전환점을 맞고 있다. 중국이 '세계의 제조창'으로 급부상한 지금, 우리는 가격과 물량이 아닌 생산성과 품질을 바탕으로 경쟁해야 한다. 국민소득 2만 달러 달성을 위해서는 끊임없이 새로운 산업을 창출하고 핵심 기능의 국내 산업기반을 유지하는 한편, 산업의 첨단화를 이뤄야 한다.

이러한 관점에서 외국인 투자유치의 가치를 새롭게 인식할 필요가 있다. 외환위기 이후 외자유치를 단순히 구조조정의 수단으로만 인식해온 감이 있으나, 지금처럼 산업구조 개편이 시급할 때는 우리 산업의 질적 도약이라는 화학적 변화를 가속화하는 촉매제로 활용해야 한다. 세계 초일류기업들로부터 기술, 경영기법, 기업윤리, 글로벌 스탠더드 등 선진 소프트웨어를 받아들여야 하는 것이다.

해외로 빠져나가는 우리 기업들의 빈자리를 첨단 외국기업들로 채우기 위해서는 대통령이 직접 나서서 외자유치를 진두지휘해야 한다. 가령 기업에서 전사적 품질관리(TQM)를 'PDCA' 방식으로 하듯이 외자유치를 계획(plan)하고, 행동(do)하고, 점검(check)한 뒤 잘못된 점을 고쳐 다시 행동(action)에 나서야 한다.

지금의 경기침체나 제조업 공동화는 경기순환적인 것이 아니라, 신성장동력 창출이 미진하기 때문에 나타나는 구조적인 문제로 판단된다. 90년대 초부터 산업구조 고도화에 대한 문제제기가 있어왔지만 일시적으로 경기가 좋아지면 망각하고 마는 우를 계속 범해왔다. 기업경영 환경개선과 함께 선진 외국기업을 유치하기 위한 특단의 대책이 시급하다.

기업하기 좋은 나라 만들기

조르지오 아르마니(Giorgio Armani) 정장에 보스(Boss) 구두를 신고, 스타벅스(Starbucks) 커피를 손에 들고서 황급히 걸어가는 젊은 직장인! 뉴욕이나 파리의 거리뿐만 아니라 서울 한복판에서도 쉽게 볼 수 있는 풍경이다. 20세기 후반 가히 혁명이라 할 만큼 급격하게 발전한 통신과 미디어는 지구촌을 하나의 단일문화권으로 통합시켜 나가고 있다. 문화의 통합은 전 세계 소비자의 기호를 통일시켰으며, 동시에 모든 경제거래 분야에서 국경 없는 경쟁을 지향하는 WTO의 출범은 시장의 글로벌화 추세를 한층 가속화시키고 있다.

이처럼 소비자 기호의 통일과 시장의 단일화는 기업들에게 최고 품질의 표준제품을 요구한다. 글로벌 기업이란 바로 품질과 가격 면에서 최고의 경쟁력을 갖춘 표준제품을 세계시장에 공급하는 기업이다. 시장의 국가적인 경계가 사라져버린 WTO 체제하에서는 기업의 활동영역이 국내시장에 머물러 있어서는 안 된다. 글로벌화는 국경 없는 무한경쟁을 의미하기 때문에 국내 1등은 더 이상 의미가 없다. 오로지 세계시장에서 최고의 경쟁력을 가진 기업만이 살아남고, 탈락한 기업은 도태되거나 글로벌 기업의 하청업체로 전락할 따름이다.

〈포춘〉지에서 선정한 2003년 글로벌 500대 기업에 우리 기업 13개사가 포함되었다. 이는 글로벌 500대 기업 중 2.6퍼센트에 불과한 수준으로, 미국의 38퍼센트, 일본의 18퍼센트 등 선진국의 글로벌 기업 비중과는 현격한 차이를 보인다.

지금 정부는 '국민소득 2만 달러 달성'이라는 청사진을 제시하고 있다. 그러나 국민소득 2만 달러는 구호만으로 달성되는 것이 아니다. 국제경쟁의 험난한 파고 속에서 국민소득 2만 달러를 달성하기 위해서는 얼마나 많은 글로벌 기업을 보유하느냐가 관건이다. 그러기 위해서 기업은 기업대로 자원의 효율적인 활용과 기술개발에 힘써 국제경쟁력을 강화하고, 정부 또한 기업하기 좋은 환경을 조성함으로써 더 많은 우리 기업들이 글로벌 기업으로 성장할 수 있도록 지원과 격려를 아끼지 않아야 할 것이다.

기업하기 좋은 환경이 곧 기업에 대한 특혜조치를 의미하는 것은 아니다. 기업지배구조 개선, 경영투명성 제고 등은 지속적으로 추진해 나가되, 불필요한 규제는 과감히 철폐하여 기업의 자유로운 활동이 위축되지 않도록 해야 한다. 또한 노사관계의 안정과 사회간접자본시설의 확충 등 기업활동의 근간이 되는 제반 인프라를 잘 정비해야 한다. 지금보다 더 많은 글로벌 기업을 보유하기 위해서는 국내기업을 글로벌 기업으로 육성하는 것 못지않게 외국의 글로벌 기업을 국내에 유치하는 것도 중요하다. 글로벌 경제하에서는 해당 기업이 어느 국가에 소속한 기업이냐가 중요한 게 아니라, 어느 지역에서 경제활동을 하느냐가 중요하기 때문이다.

기업하기 좋은 환경의 조성은 결국 우리 기업을 글로벌 기업으로 육성시키는 자양분이 될 뿐 아니라, 유수한 글로벌 기업을 국내에 유치하는 일거양득의 결과를 가져올 것이다. 이는 우리 정부에서 추진하는 동북아 중심지 전략과도 맥을 같이한다. 이러한 글로벌 기업의 육성과 유치는 해당 지역의 고용창출과 협력업체의 동반 발전을 통해 국민소득 2만 달러의 선진국으로 가는 디딤돌이 되어줄 것이다.

외국인 직접투자, 질도 중요하다

외환위기를 맞았던 1997년에 70억 달러에 불과했던 외국인 직접투자는 99년 155억 달러로 배 이상 크게 늘었다. 여기에는 정부 차원의 외자유치 확대를 위한 자본시장 및 부동산시장 자유화, 투자가능업종 확대, 세제감면 등을 포함한 외국인 투자 지원제도, 외국인 투자 지원센터 설치 등의 노력이 큰 효과를 발휘했다. 이와 함께 기업들의 구조조정이 활발하게 추진되면서 다수의 해외매각이 성사된 점도 한몫했다. 하지만, 2000년 이후 외국인 직접투자는 지속적인 감소세를 면치 못하고 있다. 단적으로 2003년 외국인 직접투자는 65억 달러에 그쳐 외환위기 이전 수준에도 못 미친다. 다행스러운 사실은 2004년

1/4분기에는 전년 동기 대비 175.2퍼센트 증가한 31억 달러로 회복조짐을 보이고 있다는 점이다.

외국인 직접투자의 양적인 감소도 문제이지만, 더 우려되는 것은 질적인 저하다. 첫째, 외국인 투자에서도 공장설립형 투자비중이 크게 축소되었다. 공장설립형 투자는 실물투자가 수반되므로 생산유발 및 고용창출 효과가 신속하게 나타나는 반면, M&A 투자는 지분확보 투자에 그칠 가능성이 높다는 한계가 있다. 공장설립형 투자비중은 2001년 83.1퍼센트에서 2003년 68.7퍼센트로 14.4퍼센트포인트 하락했다. 투자금액 면에서도 인수합병 투자는 20억 달러 내외의 안정적인 흐름을 보였던 반면, 공장설립형 투자는 2001년 94억 달러에서 2003년 44억 달러로 불과 3년 사이에 50억 달러나 감소했다.

둘째, 산업별로는 제조업에 대한 투자비중이 점차 축소되고 도·소매, 금융보험 등 서비스업에 대한 투자비중이 높아지고 있다. 경제의 서비스화가 진행되면서 서비스산업에 외국인 직접투자가 집중되는 것은 자연스러운 현상이지만, 제조업의 비중이 떨어지고 있는 것은 문제다. 우리 기업들이 대중국 투자로 현지에서 100만 명을 고용하고 있다는 사실만 보더라도 외국인 직접투자의 고용증대효과는 막대하다. 그러나 우리의 제조업 투자비중은 1999년 45.9퍼센트에서 2003년에는 26.2퍼센트로 크게 줄었다.

결국 외국인 직접투자 감소의 상당 부분은 공장설립형 투자와 제조업 투자감소에 기인한다. 바꾸어 말하면, 우리나라는 기업경영 여건 중에서도 제조업의 창업여건이 특히 낙후되어 있어 외국인들이 이 부문에서 집중적으로 투자를 줄이고 있다는 것이다. 여기에는 과도하게 높은 인건비, 노사분규 등의 노동문제가 자리 잡고 있으며, 복잡한 인허가 절차 등 실물투자의 초기단계 규제도 원인으로 작용한다. 외국인 투자가들이 한결같이 한국의 우수한 인력, IT인프라 등을 탐내면서도 정작 제조업 투자에 대해서는 강성 노조와 정부의 규제 때문에 대부분 포기한다는 사실도 이를 뒷받침한다.

경제발전에 따라 경제의 서비스화가 불가피하다 해도 산업공동화를 막고 성장잠재력을 확충하기 위해서는 제조업부문에 대한 투자유치가 절실하다. 더구나 지금처럼 고용 없는 성장에 대한 우려가 높은 시기에는 제조업 중에서도 성장잠재력이 높고 파급효과가 큰 산업을 중심으로 적극적인 외자유치 노력을 전개할 필요가 있다. 이를 위한 방안으로 전략적 외자유치 시스템을 정착시켜 국가적 필요성이 높은 산업에 대해 외자유치 역량을 집중하고, 2004년부터 도입키로 한 현금지원(cash grant) 수단을 적극 활용할 필요가 있다.

UN무역개발회의(UNCTAD)에서 발간한 〈세계투자보고서 2003〉에 따르면, 우리의 외자유치를 위한 잠재력은 세계 18위로 높은 평가를 받고 있지만 실제 순위는 92위로 크게 떨어지고 있다. 한마디로 외자유치에 있어서 우리 경제의 객관적인 매력도는 높지만, 우리 자신이 이를 제대로 선용하지 못하고 있다는 말이다. 우리가 가진 실력만이라도 제대로 발휘할 수 있도록 외자유치 시스템 전반에 대한 재점검이 필요하다.

외자유치는 곧 일자리 창출

세계화가 국경을 허문다. 돈과 사람도 예외가 아니다. 그리고 이 돈과 사람을 어떻게 끌어들이고 활용하느냐에 따라 국가 또는 기업의 경쟁력이 좌우된다. 21세기의 신자본주의하에서는 돈과 사람의 유치경쟁이 지구적 규모로 전개된다. 사업의 범위가 전 세계적으로 확산되고 하루가 다르게 새로운 기술이 쏟아져 나오기 때문이다.

그러나 한국은행에 따르면 국내에 들어오는 외국인 직접투자에서 해외로 나가는 우리 기업의 직접투자를 뺀 직접투자수지가 2007년 1월 이후 마이너스 행진을 이어가고 있으며, 지난 5월까지 70억 달러의 순유출을 기록하고 있다. 외국인 직접투자는 정체 내지 감소하는 추세인 반면, 우리 기업의 해외이전은 가속화하고 있다. 최근 OECD 자료에 따르면, 고유가 충격으로 세계경제가 어려움에 빠진 가운데서도 중국·인도·러시아 등 브릭스 국가와 아시안 등에 대한 외국인 직접투자는 큰 폭으로 늘고 있지만 우리의 외국인 직접투자유치는 2004년 이래 꾸준히 줄어 2007년에는 유치순위가 30개국 중 16위에서 29위로 떨어졌다.

이명박 정부 출범과 더불어 외국기업은 새 정부의 친기업 정책을 예의 주시하고 있지만 최근 사회적 불안과 노사분규 등으로 한국 진출에 회의적인 시각이 확산되고 있다. 시끄럽게 싸움만 하는 집에 손님이 찾아오지 않는 것과 마찬가지로, 대립적이고 투쟁적인 정치·사회 상황에서는 외국기업의 유치는 고사하고 국내에 있는 기업마저도 밖으로 내몰고 있다는 비판이 적지 않다.

중국 속담에 차계생단(借鷄生蛋), 즉 닭을 빌려서 알을 낳게 한다는 말이 있다. 닭을 빌리자면 먼저 닭이 들어와 살 수 있는 여건을 마련해야 한다. 외국인의 직접투자를 적대시하고 외국 인력이 일자리를 빼앗아 간다는 식의 폐쇄적인 정서로는 절대 닭을 빌릴 수 없다. 따라서 외국인 직접투자와 외국인력 유치를 전향적이고 긍정적인 관점으로 봐야 한다. 외국기업이라도 국내에 사업기반을 두고 지속적으로 가치를 창출하며 납세의무를 성실히 수행하여 일자리 창출에 기여한다면 그것은 이미 '우리 기업'이다. 시장개방과 국제화를 통해 이익을 최대화하고 더 많은 일자리를 만들어낼 수 있는 지혜가 필요하다.

우리 경제도 요소 투입형 성장에서 생산성 주도의 성장으로 옮겨가는 전환점을 맞고 있다. 중국이 이미 세계의 제조창으로 부상한 지금, 우리는 가격과 물량이 아니라 생산성과 품질을 바탕으로 경쟁해야 한다. 스태그플레이션이라는 경제위기 속에서 외국인 투자유치의 가치를 새롭게 인식할 필요가 있다.

자유화는 한국경제의 버팀목

1960년대 수출 붐 이후, 한국은 세계적인 무대로 나가길 원했다. 중화학공업의 육성은 이를 위한 일환이었고, 이는 1997년까지 원활히 진행되어 갔다.

"우리나라가 100억달러 규모의 수출을 달성하기 위해서는 어떤 산업을 육성해야 한다고 생각합니까?" 1972년 어느 날, 커피를 마시던 박정희 대통령이 당시 청와대 경제수석인 오원철 수석에게 물었다.

박정희 대통령은 이와 같은 질문을 하기 한달 전, 1980년까지 수출 55억달러 달성을 목표로 내건 상태였다. 왜 그는 갑자기 수출 100억불이라는 이야기를 꺼낸 걸까? 당시 오원철 수석은 매우 놀랐음에도 다음과 같이 대답했다. "각하, 저는 중화학공업을 육성함으로써 수출 100억달러 달성이 가능할 것으로 생각합니다." 1960년대 초반 남한의 수출은 급속도로 증가하기 시작했다. 1970년대에는 노동집약적 경공업을 기반으로 새로운 수출 신기록을 달성할 수 있었다.

그럼에도 불구하고 박정희 대통령은 대한민국이 지속가능한 성장세를 유지하기 위해서는 경공업을 뛰어넘어야 한다고 생각했다. 게다가, 당시 북한의 위협과 경공업 분야에서의 주변 개발도상국들과의 경쟁 심화로 한국의 경제 발전에 대한 해답은 하나인 것처럼 보였다. 바로 중화학공업의 육성이다.

그러나 중화학공업의 육성을 추구하는 과정에서 매우 큰 걸림돌이 있었다. 남한의 내수시장이 중화학공업을 수용하기에는 너무 협소하였던 것이다. 부족한 자본과 천연자원 그리고 낙후된 기술 역시도 해결해야 할 과제였다.

이러한 상황에서 정부의 전략적 선택은 세계시장에 한국을 통합시켜 자본과 기술을 유치하고, 이를 통해 중화학공업육성이 가능한 시장을 확장하는 것이었다. 그때까지 한국의 무역은 절반의 완성이라 할 수 있었다. 정부는 계속해서 보호무역정책을 시행했고, 무거운 관세와 수입량 규제를 통해 엄격하게 수입을 관리했었다. 환율에 대한 개입도 있었다. 보호무역 정책은 중화학공업육성을 지원하는데 도움이 되었지만, 지나친 보호무역은 곧 자원배분의 비효율성과 과잉 생산설비 등의 문제들을 야기했다.

1979년, 중화학 공업을 위한 안정적 기반이 비로소 마련되었고 정부는 국가의 경쟁력 향상을 위해 시장주도의 개방경제를 추진하기 시작했다. 점진적인 관세인하 정책을 채택하고 외국인 직접투자를 유치함으로써 경제자유화를 위한 노력을 기울였다.

그러나 당시 경제자유화를 위한 제도적 기반은 너무나 취약했다. 정부가 금융감독기능을 거의 갖추지 못하고 있었다는 점이 대표적인 예이다. 또한 민간기업들은 정부의 지원과 보호를 받아오면서 경쟁에 나설 준비가 전혀 되어있지 않아 경제자유화의 결과는 부채의 누적과 비효율에 대한 인식부족으로 나타났다.

뿐만 아니라 정부는 여전히 수출에 유리하도록 외국인 직접투자를 엄격하게 관리했다. 그럼에도 불구하고 개방경제를 추구하기 위한 노력은 멈추지 않았다.

미흡한 제도에 대한 해결책이 제공되었고 한국은 1980년대 중반에 운이 좋게도 '3 저' 시대를 맞았다. 낮은 원화가치와 국제 이자율 및 원유가격하락이 그것이다. 이러한 우호적인 환경에 급격한 산업 구조변화에도 불구하고 중화학공업은 발전할 수 있었다.

중화학 공업을 발전시키려는 노력은 경제의 국제화와 자유화 및 수출품의 질적 성장, WTO와 같은 새로운 국제무역질서에의 적극적 참여, 외국인 직접투자를 통한 기술이전 등 새로운 목표를 반영한 1993년 경제개발 5개년계획에서도 계속되었다. 이러한 급격한 변화 속에서 1997년 아시아 금융위기가 발발했다.

신중하지 못했던 금융부문의 관리, 정부와 민간기업의 유착에서 비롯된 부패문제 그리고 "대마불사"에 대한 믿음으로 인해 공정하고 투명한 경제 시스템의 구축은 실패하고 말았다.

결과적으로 당시 금융위기는 한국경제의 자유화가 가속화되는데 일조했다. 많은 사람들이 당시의 금융위기가 공공부문과 민간부문 및 노동과 금융부문에서 필수적인 개혁을 수행할 수 있게 해주었다는 점에서 한국경제에 있어서는 뜻밖의 좋은 결과를 가져왔다고 이야기한다.

한국 국민들의 시민의식도 큰 역할을 했다.

Liberalisation a strong foundation to South Korean economy

After the 1960s export boom, Seoul wanted to be a world player. Developing its heavy and chemical industry was seen as the route - and all went well until 1997.

"Mr O, what industry should we develop to reach the US$10 billion export mark?" During a cup of coffee one day in 1972, Park Chung-hee, South Korea's president, directed this question at O Won-chol, his senior adviser.

Yet only a month earlier Mr Park had set the export goal at $5.5bn by 1980. Why was he suddenly asking about $10bn? Caught by surprise, Mr O nevertheless responded: "I think the time has come to develop the heavy and chemical industry, Mr President". The early 1960s marked the beginning of rapid expansion of South Korean exports.By the 1970s, the labour-intensive, light manufacturing industry had matured and exports of such products were achieving new highs.

In spite of this, Mr Park was aware that the country had to advance beyond light industries to sustain the development momentum. Furthermore, conditions such as the increasing threat of North Korea and the competition in light industries from other developing countries all seemed to point to one direction - the development of the heavy and chemical industry (HCI).

However, there was a major setback in pursuing HCI. South Korea had a small domestic market unable to accommodate this industry. Lack of capital, natural resources and technology were also barriers that had to be overcome.

The government's strategic choice, then, was to integrate the country into the world market, thereby attracting capital and technology, and exploring markets for the HCI. Until then, Korea's trade orientation was only halfway complete. The government continued protectionist policies, strictly controlling imports through the placement of heavy tariffs and quantitative restrictions. There were also interventions in the exchange rate. While protectionist measures were helpful in supporting the development of the HCI, excessive protectionism soon led to problems such as misallocation of resources and excess production capacity.

By 1979, a stable base for the HCI was created and the government shifted focus to boosting the nation's competitiveness through the creation of a market-driven and open economy.

By adopting gradual tariff reductions and introducing foreign direct investment (FDI), Seoul made efforts for liberalisation.

Yet the institutional basis for liberalisation was weak. For example, the government had little financial supervisory function. Private companies were not prepared for competition as they had been receiving state support and protection, resulting in debt accumulation and less focus on effectiveness.

Furthermore, the government still held tight control over FDI to maintain favourable export conditions. Nevertheless, Seoul continued to pursue an open economy.

Remedies were provided to problems arising from the institutional unpreparedness. Also, South Korea was fortunate that in the mid-1980s it experienced a period of "three lows" - a low value of its currency, low international interest rates and low oil prices. Such a favourable environment helped in the HCI drive despite difficulties resulting from rapid structural changes in industrial structure.

The HCI promotion efforts continued when the government announced a new five-year economic plan in 1993, reflecting new goals such as the internationalisation and liberalisation of the economy, active participation in the new international trade order such as the World Trade Organization, qualitative improvements in export products and the facilitation of technology transfer through FDI.

Amid the rapid changes, pressure built up and the country was in a fragile state when the Asian financial crisis struck in 1997.

The reckless management of the financial sector, problems of corruption arising from close ties between the government and businesses, and the belief that business groups, or chaebols, were "too big to fail", resulted in the failure to establish a fair and transparent economic system.

In the end, the crisis proved useful in accelerating the liberalisation of the economy. Many people now refer to the crisis as a blessing in disguise, through which major reforms necessary for growth were carried out in the public, corporate, labour and financial sectors.

The civic consciousness of South Koreans also played a great role.

4장

수출 한국호,
삼각파도를 헤쳐 나가자

'위대한 꿈이 위대한 사람을 만든다' 고 했습니다. 이제 수출입국 50년의 저력을 바탕으로 희망의 새 시대를 여는 '제2의 무역입국' 의 위대한 도전에 무역인 여러분이 함께 나서주시기 바랍니다.

－박근혜 대통령, 2013년 12월 5일, 제50회 무역의 날 기념 축사

1. 수출은 우리 경제발전의 승착이었다
2. 수출 한국호를 위협하는 삼각파도
3. 세계경제의 한파에 대처하는 방법
4. 원고 시대의 새로운 패러다임

우리 경제사는 보태고 뺄 것도 없이, 말 그대로 수출입국(輸出立國)입니다. 1964년 연간 수출 1억 달러 달성을 기념해 무역의 날이 생겼습니다. 50년이 지난 지금은 5600억 달러 수준입니다. 5600배, 즉 50년 내내 연평균 19%씩 성장한 셈입니다. 수출액은 세계 7위이고, 수출입을 합친 무역규모는 1조 달러를 넘어섰습니다. 이런 성장 기록은 전무(全無)하고, 앞으로도 후무(後無)할 가능성이 높습니다. 그러나 "개선(凱旋)에서 몰락까지의 거리는 한 걸음" 이란 나폴레옹 경구처럼, 지금이야말로 우리 수출 기반을 냉철하게 되돌아볼 때입니다. 먼저 수출시장에서의 플레이어의 변화 즉, 대기업 위주에서 중소 · 중견기업의 역할을 늘려야 합니다. 수출 대상도 의료 · 금융 · 교육 등 서비스분야와 농수산물 등으로 확대해, 이들 상품 · 서비스가 K리그를 넘어 글로벌리그(G리그)로 나가야 합니다. KSP사업처럼 수출과 연계할 수 있는 새로운 패러다임도 지속적으로 발굴해야 합니다. 새로운 수출시장 창출도 시급하고, 자꾸 떨어지는 수출의 고용창출 능력도 도전과제입니다. 지금이야말로 급변하는 통상환경 속에서 무역 전반에 걸쳐 상상력과 창의성을 불어넣고, 다시 전열을 정비할 때입니다.

1

수출은 우리 경제발전의
승착이었다

수출호조가 내수로 연결되려면

수 출호조세가 지속되고 있다. 2003년 19.3퍼센트 증가한 데 이어
2004년 들어서도 4월까지 38.0퍼센트 늘었다. 반면에 내수는
좀처럼 바닥을 헤어나지 못함에 따라 수출에 의한 외끌이 성장이 계속
되고 있다. 수출호조가 내수로 연결되지 못하는 데는 여러 요인이 있겠
지만 가장 중요한 것은 두 가지라 생각한다. 첫째는 주력 업종의 수출
호조가 국산 부품·설비로 연결되지 않기 때문이며, 둘째는 수출기업의
설비투자가 크게 확대되지 못하기 때문이다.

   최근 수출증가는 반도체·휴대전화·컴퓨터 등 첨단 품목에 의해 주
도되고 있다. 수출상품구조 변화로 과거와 달리 첨단분야의 부품소재

수요가 요구되는데, 국내 중소기업들은 기술력이 낮아 이를 충족시키지 못하고 있다. 휴대전화의 부품 해외의존도는 44퍼센트, 컴퓨터는 69퍼센트 등으로 주력 수출 품목의 부품 해외의존도가 평균 40퍼센트를 상회하고 있다. 수출산업의 해외의존도가 심화되면서 수출호조가 국내수요로 연결되지 못하고 해외수입만 증가시키고 있다. 2003년 대일 무역적자가 190억 달러로 사상 최대치를 보인 데 이어 2004년 들어서도 3월까지 60억 달러를 기록하고 있는 것이 이를 여실히 증명해준다.

수출호조에 따른 생산확대에도 불구하고 기업들의 국내투자는 사실상 올스톱 상태다. 설비투자는 2003년 −4.6퍼센트를 기록한 데 이어 2004년 3월에는 −6.8퍼센트를 나타냈다. 특히 대기업들이 외국인 투자자들의 적대적 M&A에 무방비 상태로 노출되면서, 설비투자보다는 경영권 방어를 위해 현금보유를 확대하고 있다. 산업은행에 따르면 2003년 말 제조업체의 현금보유액은 65조 원으로 사상 최대치를 기록했다.

설비투자가 부진한 근본적 이유는 국내 경영환경 악화로 국내투자보다는 해외투자를 선호하기 때문이다. 해외투자는 2003년 15퍼센트 증가한 데 이어 2004년에도 가속화될 것으로 예상된다. 2004년 4월 삼성전자는 전자레인지 사업본부를 말레이시아로 이전했고, 2005년까지 PC공장도 모두 해외로 이전하기로 했다. 현대기아차는 국내 신규공장 설립을 사실상 중단하고 미국·유럽·중국 등에 투자할 예정이며, LG전자는 중국에 PC 생산시설을 건설 중이다. 이처럼 첨단분야의 부품소재의 국산화가 저조하고 해외공장 이전과 투자지연 등으로 설비투자가 부진하다 보니 수출호조가 투자확대와 내수회복을 가져오는 선순환이 이루어지지 않고 있다.

수출확대가 내수회복으로 이어지기 위해서는 주력 수출상품의 호조가 국내수요로 연결되도록 중소 제조기업의 고부가가치화와 부품소재산업의 육성을 지속적으로 추진해 나가야 한다. 정부는 대기업과 중소기업 간의 협력·지원에 대해 인센티브를 부여할 필요가 있다. 예를 들어 중소기업 지원을 위한 대기업의 지분참여 등에 대해 공정거래법 적용 시 예외를 인정한다든가 공동연구개발이나 설비구매 지원에 대해 세제혜택을 부여하는 방안을 강구해야 한다. 또한 투자확대를 유도하기 위해서는 기본적으로 국내 기업환경을 획기적으로 개선하고 경제정책의 예측 가능성을 높여야 한다. 이러한 의미에서 정부의 사전적 기업규제는 사후규제로 전환돼야 한다. 즉 수도권 공장총량제, 출자총액제한 등 기업 투자를 가로막는 각종 규제를 철폐해 나가야 한다. 경제정책은 일관성을 유지하여 기업에게 신뢰를 줘야 하며 불법 노사분규에 대해서는 법과 원칙에 따라 일관성 있게 대처해 나가야 한다.

더욱이 중국 긴축정책과 미국 금리인상 가능성, 국제유가 급등으로 인해 수출의 대외여건은 악화될 조짐을 보이고 있다. 수출이라는 마지막 엔진마저 꺼지기 전에 수출이 내수확대로 연결되도록 모두가 나서야 한다.

무역 1조 달러를 바라보며

우리나라가 무역규모 5,000억 달러 시대를 열었다. 수출은 지난 1964년 1억 달러를 돌파한 이후 40년간 연평균 19.1퍼센트라는 경이적인 속도로 성장해 2,000억 달러를 훌쩍 뛰어넘었으며, 지난 2

일에는 사상 최초로 대외무역 5,000억 달러를 돌파했다.

세계적으로 무역 5,000억 달러를 달성한 나라는 많지 않다. 1인당 국민소득(GNI) 3만 달러 이상으로 G7을 구성하는 주요 선진국들과 네덜란드·벨기에·홍콩 등 중계무역 강국들뿐이다. 다시 말하자면 우리나라는 지금 지난 반세기의 노력으로 개발도상국에서 선진국으로 도약할 수 있는 도약대에 서게 된 것이다. 그러나 앞으로 지속적으로 성장하여 무역 1조 달러를 달성하고 경제선진국 대열에 합류하기 위해서는 해결해야 할 숙제들이 결코 간단치 않다.

현재 우리의 수출은 반도체·자동차·무선통신기기·선박·석유제품 등 다섯 개 품목이 전체 수출의 42퍼센트를 차지한다. 이제는 5년 후 또는 10년 후에 우리의 산업과 무역을 이끌어갈 주력 품목을 육성해야 한다. 이를 위해서는 기업들의 적극적인 연구개발 투자와 기업환경 개선이 필수적이다. 또 부족한 자금과 기술을 보완하기 위해서도 외국인 투자를 적극 유치해야 한다.

둘째, 수출시장 확대를 위한 환경을 조성하기 위해 정부와 기업, 국민이 힘을 합쳐야 한다. 최근 APEC 정상회의에서 내년까지 DDA 협상 타결을 위해 각국 정상들이 정치력을 발휘하기로 합의했지만, 개도국과 선진국 간 이해관계가 얽혀 조기타결은 쉽지 않을 전망이다. 따라서 국익을 위해서라면 먼저 미국과 같이 규모가 큰 국가 또는 지역경제협력체와의 FTA 체결에 적극적으로 나서야 한다.

셋째, 환율변동에 관심을 기울여야 한다. 기업들은 급격한 환율변동에도 견뎌낼 수 있는 내성을 길러야 한다. 우리 기업들이 그동안 원/달러 환율에만 집중해왔다면, 이제는 약화되고 있는 일본 엔화, 추가절상이 예상되는 중국 위안화의 움직임도 놓치면 안 된다. 정부 차원에서는 환리스크 관리능력이 취약한 중소 수출업체들이 환율 급등락으로 인해 피해를 보지 않도록 안정적인 환율운용에 주력해야 한다.

마지막으로 무역에 대한 우리의 인식과 무역전략의 패러다임이 바뀌어야 한다. 다행스럽게도 최근 한국의 대중예술과 디지털콘텐츠, 캐릭터 상품들이 '한류'라는 이름으로 일본과 중국, 베트남 등 아시아지역에서 큰 인기를 끌고 있다. 나아가 의료·교육·물류서비스도 시장을 개방해서 자체 경쟁력을 강화하고 다시 수출 산업화하는 전략이 필요하다. 우리나라는 지금 '무역＝상품거래'라는 과거의 패러다임에서 벗어나 '무역＝콘텐츠비즈니스'라는 인식의 전환점에 서 있다. 상품거래만으로는 제조업 강국인 일본이나 제조업 대국인 중국과의 경쟁에서 이길 수도, 무역 1조 달러를 달성할 수도 없다.

무역의 날은 우리 무역인들의 축제이자 생일잔치라고 할 수 있다. 기뻐하고 축하할 일이다. 우리 무역인들의 피와 땀으로 대한민국의 발전을 이끌어가고 있다는 자부심을 가져도 좋겠다. 동시에 끊임없는 혁신과 개발을 통한 수출경쟁력 제고를 위해 새로운 각오를 다지는 계기가 되기를 바란다.

한국 무역 60년을 돌아보며

한국무역협회가 2006년으로 환갑을 맞았다. 광복 직후인 1946년 7월 31일, 혼란한 국가경제와 한국 무역을 바로잡고자 선각자적 무역인들을 중심으로 무역협회를 발족했다. 당시 한국경제는 행정 부재로 인한 혼란과 산업기반의 북한 편중 등으로 자립경제의 여건이 마련되지 않아 수입원조에 의존하는 열악한 실정이었다. 1946년 350만 달러에 불과했던 수출액은 이러한 상황을 잘 대변해준다. 수출상대국도 중국과 일본 단 2개국뿐이었고, 수출품은 소금·한천·해삼 등 1차 산품이 대부분이었다. 한국 무역을 일컬어 무에서 유를 창조했다고 표현하는 이유는 이 때문이다. 너무나 초라한 시작이었기에 60년이 지난 오늘의 성적표가 더욱 자랑스럽다.

1940년대 100위권 밖에 머물던 우리나라의 세계무역순위는 2005년 12위로, G7과 중국, 중계무역국인 네덜란드, 벨기에, 홍콩 다음에 위치한다. 수출상대국도 2개국에서 227개국으로 증가했다. 우리나라의 무역규모(5,457억 달러)는 아프리카 52개국 전체 무역규모(5,427억 달러)보다 크고, 멕시코를 제외한 중남미 35개국의 무역규모(6,430억 달러)와 비슷한 수준이니 우리 경제의 세계적 위상을 알 만하다.

하지만 지난 60년 동안 한국무역이 성장의 탄탄대로만을 걸어온 것은 아니다. 50년대에 전쟁의 상처와 사회적 혼란을 극복하는 데 전념했다면, 60년대는 수출입국의 기치를 높이 들고 수출 관련 제도와 인프라를 정비하여 한국경제의 전환점을 마련한 시기였다. 70년대의 총력수출체제, 80년대 국제금리·달러가치·국제유가 동반하락의 이른바 3저 현상도 우리 무역 60년 역사의 중요한 계기가 되었다. 또한 1990년대 후반 초유의 외환위기와 수출신장을 통한 조기극복도 기억할 만한 순간이었다. 2004년 수출 2,000억 달러, 2005년에는 무역 5,000억 달러를 돌파했다. 또 2006년에는 수출 3,000억 달러와 무역 6,000억 달러 돌파가 확실시되고 있어, 이제 무역 1조 달러 달성이라는 새로운 목표를 향해 나아가야 할 단계에 이르렀다.

그러나 앞으로는 과거와 달리 환율의 유리함이라든지 후발국과의 경쟁우위를 기대하기 어려운 데다, 세계경제의 급격한 변화가 진행되고 있어 우리 경제를 둘러싼 대외환경은 만만치 않다.

우선 세계경제의 블록화와 글로벌화가 가속되고 있다. 2006년 6월 말 현재 WTO에 통보된 지역무역협정이 197건에 달한다. 반면 우리나라에서 발효된 FTA는 두 개뿐이다. 또한 세계경제의 불균형에서 비롯된 국제금융시장의 불안과 달러약세는 원화가치의 절상을 가속화할 가능성이 크고, 우리나라와 주력 상품이 유사한 중국과의 경쟁은 앞으로 더욱 치열해질 전망이다. 지금 우리는 외부환경 변화에 흔들리지 않는 선진형 통상국가로 도약하기 위한 발판을 마련해야 하며 이를 위해서는 한·미 FTA를 통한 안정적 시장확보가 최우선 과제라고 할 수 있다. 한·미 FTA는 세계 최대의 시장인 미국에서 한국 상품의 입지를 더욱 강화시키는 길이자, 한국경제 전반의 경쟁력을 한 단계 업그레이드할 좋은 기회이기 때문이다. 이와 함께 수출산업의 고도화가 필요하다. 외환위기 이후 한국 무역의 성장을 이끌어온 것은 IT산업과 제조업이었다. 그러나 핵심부품의 대일의존과 서비스산업에서의 극심한 무역적자는 문제점으로 지적되어왔다. 이제 차세대 성장동력산업 및 부품소재산업을 육성하고 서비스 수출확대를 통한 복합무역을 구현하여 한국무역의 기반을 미래지향적으로 탈바꿈할 필요가 있다.

끝으로 전자무역의 활성화와 무역인력 양성, 전시컨벤션산업 육성 등 선진 무역인프라를 구축해야 한다. 특히 지난 2005년 전자신용장 개통으로 가시적 효과를 내고 있는 전자무역의 구축은 무역절차 전반의 전자화를 통해 수출부대비용을 절감할 수 있을 것으로 예상된다.

무역 없이 한국경제의 성장은 불가능하다. 무역 1조 달러 달성은 국민소득 3만 달러, 세계 교역규모 8강 진입을 위한 기본전제다.

한국의 기적은 경제발전의 빛나는 모범사례

박정희 대통령이 리셉션에서 연설을 하는 동안 엄숙한 분위기가 흘렀다. 1964년 겨울, 박대통령은 하인리히 뤼브케 대통령의 초청으로 서독을 방문했다. 가난한 국가의 대통령으로서, 그는 1차 경제개발 5개년 계획을 추진하기 위한 차관을 빌리고자 하던 중이었다. 외화를 벌기 위해 서독에서 일하던 한국의 광부들과 간호사들이 당시 서독을 방문한 대통령과 만찬을 함께 했다.

그들의 눈을 바라보며 감격에 젖은 박대통령은, 대한민국을 "환한 미소가 가득한 행복한 가정"이 있는 번영한 국가로 만들 것을 약속하며, 조금만 더 인내를 가지고 기다려줄 것을 당부했다.

이에 한인 노동자들은 자신들의 임금을 차관의 담보로 제공했다. 당시 박정희 대통령과 파독 노동자들 간 형성된 강한 유대는, 대한민국의 경제발전을 향한 의지를 함께 다지는 계기가 되었으며, 한국이 번영하는 국가로 나아가는 발걸음을 가능하게 했다. 이러한 차관과 해외원조, 그리고 국민들의 협력에 힘입어 한국은 경제발전에 박차를 가할 수 있었다.

"경제의 기적", "빈곤에서 부유로", "원조 수혜국에서 공여국으로 전환한 국가" 등은 현재 한국을 나타내는 수식어들로, 불과 50년 전 "해외원조의 실패사례", "밑 빠진 독", "희망이 없는 나라" 등으로 묘사되던 것과 완전히 대조를 이룬다.

현재 한국의 명목GDP 규모는 세계 15위 수준으로, 이러한 한국의 급속한 경제성장은 전 세계 개발전문가들과 정책시행자들의 관심을 일으키고 있다. 또한 한국의 경제발전은 정치·사회적 성숙과 함께 이루어낸 교과서적인 사례로 평가 받기도 한다.

지난 50년간 한국의 1인당 소득은 1960년 82달러에서 작년에는 약 22,000달러로 증가했으며, 같은 기간 기대수명은 52.4세에서 79.6세로 연장됐다. 정치적 측면에서도 과거의 권위적인 정부에서 벗어나 민주적 절차를 확립했다. 이러한 한국의 사회·경제적 발전은 "기적"으로 묘사되곤 한다.

정부의 역할은 기본적으로 시장 메커니즘이 번창 할 수 있도록 돕는 것이라는 시장친화적 관점과, 과거에 경험한 시장실패를 예방하기 위한 정부의 개입이 필요하다고 주장하는 발전국가적(development-state)관점 모두 한국의 발전 경험을 설명할 수 있다. 즉 정부의 개입이 필요에 따라 강도높았으며, 1960년대의 수출진흥정책과 1970년대의 중화학공업 육성정책은 강력한 금융규제 하에서 시행되었다.

1980년대까지는 높은 수입장벽과 자본흐름 규제, 가격통제와 노동 규제 등이 있었다. 한편, 상대적으로 안정된 거시경제 환경과 사유재산 권 보장, 그리고 교육과 인프라투자에 대한 공적 자금지출 등 시장친화 적 정책들도 있었으나, 발전국가론자들에게는 호응을 얻지 못했다.

미국의 개발경제학자인 아델만은 한국의 사례로부터 6가지 중요한 교훈을 이끌어냈다. 그녀는 사회의 다양한 측면에서 조정된 변화들, 리더십, 사회적 자본, 사회적 탄력성과 같은 각종 유·무형의 요소들, 정부의 역할, 빠른 변화에 발맞추는 경제·사회·제도·정책의 역량, 국제기구의 역할 등, "동태적 비교우위"의 중요성을 강조했다.

그녀는 무엇보다도 한국이 "발전은 가능하다"는 것을 증명했다는 것이 가장 중요하다고 주장한다. 현재의 서울은 대형 빌딩들과 넘쳐흐르는 차량 등 활발하고 현대적인 도시로 변모했다. 그러나 1950년대의 서울은 폐허에 불과했고, 60년대에 한국 광부와 간호사들은 외화를 벌기 위해 서독으로 떠났었다.

지금 한국은 이민 와서 살고 싶은 나라가 되었다. 한국의 풍부하고 다양한 상품들은 한국 경제의 풍요로움을 입증해주고 있다. 한국의 경험은 "발전이 가능하다"는 것을 보여준다.

빠르고 균형 잡힌 성장으로 세계를 놀라게 한 것 외에도, 한국은 발전경험을 공유하기 위해 개도국과 선진국을 이어주는 가교 역할을 자임하며 국제개발협력 부문에서의 역할을 확대해가고 있다. 이와 같은 노력의 일환으로 한국은 개발협력 관련 다수의 중요한 국제 컨퍼런스도 자주 개최하고 있다. 한국은 2010년 G20 정상회의를 개최하였고, 지난 11월 한국의 2번째 대도시인 부산에서 개발원조 제4차 고위급회담이 개최되어 반기문 UN 사무총장, 힐러리 클린턴 미국 국무장관, 요르단의 라니아 왕비 등이 참석했다. 아델만이 지적했듯이, 한국이 국제사회와 공유해야 하는 최고의 자산은 경제성장을 향한 희망과 가능성이다.

South Korea miracle sets shining example

A sense of solemn determination filled the air while the South Korean president Park Chung-hee gave his speech at the reception.

It was the winter of 1964 and Mr Park was visiting West Germany at the invitation of the president Heinrich L?bke. As the leader of one of the poorest countries, Mr Park was looking to obtain loans to carry forward its first five-year economic development plan. Korean miners and nurses working in West Germany to earn foreign capital were gathered for a dinner ceremony.

Looking into the eyes of his people, Mr Park was overcome with emotion. Asking for their patience and perseverance, he promised to create a prosperous nation with "happy homes filled with bright smiles".

The Korean workers responded by offering their future wages as collateral for loans from West Germany. At that moment, a strong bond formed between the Korean president and the workers, igniting a desire to achieve economic development. Certainly, that was one of the most memorable moments in Korea's path to prosperity. Utilising such loans, foreign aid and cohesion among its people, Korea was able to fuel its determination for development.

"An economic miracle", "from rags to riches" and "the first-aid recipient turned donor" are some of the popular phrases that now describe South Korea. Such descriptions are quite a contrast from the phrases that depicted it only half a century ago, such as "the hellhole of foreign assistance", "a bottomless pit", and "a hopeless case".

Now ranked as the world's 15th-largest economy in terms of nominal GDP, Korea's rapid development has gathered attention from development specialists and policy practitioners the world over. It is often regarded as a textbook case for development as not many countries have achieved such dramatic growth coupled with political and social advancements.

During the past five decades, Korea's per capita income grew from US$82 (Dh301) in 1960 to $22,000 last year. In the same period, life expectancy rose from 52.4 years to 79.6 years. Democracy is now firmly rooted and functioning in place of its authoritarian past. Thus, the socio-economic achievements have often been described as a "miracle".

Both the market-friendly view, emphasising the primary role of the government in helping the market mechanism to flourish, and the development-state view, which claims prevalent market failures in the early years necessitated government intervention, offer plausible explanations on Korea's experience. Government intervention was extensive. Export promotion in the 1960s and the heavy-industry and chemicals-industry drive in the 1970s were based on severe financial repression.

The period up to the 1980s was characterised by high import barriers, restrictions on capital flows, widespread price controls and repressive labour practices. On the other hand, a relatively stable macroeconomic environment, well-established private property rights, and high public spending on education and infrastructure investment were market-friendly aspects of government policy often ignored by proponents of the development-state view.

Irma Adelman, an American development economist, has extracted six important lessons from Korea's case. She points to the importance of creating a "dynamic comparative advantage", including coordinated changes in various aspects of the society; tangible and intangible factors such as leadership, social capital and social resilience; the government role; the capability of the economy, society, institutions and policies to adapt to rapid change; and the input of global institutions.

Among them, the first and most important lesson Ms Adelman stresses is that Korea's experience is proof that "development is possible". Glistening buildings, vibrant traffic and a modern atmosphere now occupies Seoul, which was no more than a pile of ruins in the 1950s. In the 1960s, the Korean miners and nurses went to Germany to earn foreign currency.

Now Korea is a popular destination, receiving economic migrants from neighbouring states. An abundance of goods in local markets signifies the prosperous state of the economy. Korea's experience stands as proof that development is possible.

Aside from astonishing the world with its rapid and well balanced growth, Korea is assuming a growing role in international development. In attempts to share its experience with other countries, it is positioning itself as a bridge between developing and developed countries. Such efforts have made Korea a popular host for major international conferences.

It hosted the 2010 Group of 20 leading and emerging economies summit. Last November the fourth high-level forum on aid effectiveness took place in Busan, the second-largest city in Korea, and was attended by prominent figures such as the UN secretary general Ban Ki-moon, the US secretary of state Hillary Clinton, and Queen Rania of Jordan. As Ms Adelman states, the greatest asset Korea has to share is the hope for achieving prosperity.

수출은 우리 경제발전의 승착이었다

60년대만 해도 머리카락 수집상들이 동네 골목을 누비며 "머리카락 삽니다"라고 외쳤다. 우리 어머니 세대는 자녀들의 학비나 생활비를 대느라 머리카락을 잘랐고, 그렇게 모인 머리카락은 가발로 만들어져 수출되었다. 머리카락에 서캐(이의 알)가 있으면 클레임에 걸리기도 했다. 또 공중화장실에는 소변수집통이 있었는데, 화장실 벽마다 "여러분의 소변이 귀한 외화를 벌어드립니다"라고 쓰여 있었다. 소변에서 의약품 원료를 추출해 수출했기 때문이다. 철광석과 수산물도 주요한 수출 품목이었다. 수출할 만한 공산품이 변변하지 않다 보니 벌어진 일이었다.

지금 떠올려도 참으로 고단하고 서글픈 풍경들이다. 그렇게 해서 우리는 1964년 연간수출액 1억 달러를 달성했다. 이를 기념해 '수출의 날'(현 '무역의 날')이 생겼고, 오늘이 50돌이다.

50년이 지난 지금 우리 경제는 어떨까? 2013년 수출액은 사상 최대인 5,600억 달러에 이를 전망이다. 50년 만에 5,600배나 늘어난 셈이다. 연평균 19퍼센트씩 50년간 성장해야 가능한 수치다. 1964년 90위였던 수출액은 지금 세계 7위이고, 수출과 수입을 합친 무역규모는 3년째 1조 달러를 넘어섰다.

수출품 역시 다양해졌다. 세계인들의 손에 있는 휴대전화, 출퇴근할 때 타는 자동차, 퇴근 후에 TV에서 나오는 드라마도 한국산이 많다. '인텔 인사이드(Intel Inside)'처럼 여러 나라의 가전제품에 국산 반도체나 LCD가 들어 있다. 극지용 드릴십(drillship)이나 인공위성도 수출하고 있다. 세계인의 일상생활이 부지불식간에 한국의 수출품에 의존하게 된 셈이다. 한때 중국산 상품을 쓰지 않고 버텨보는 '차이나 프리(China Free)' 체험이 유행한 적이 있는데, 만약 '코리아 프리' 체험을 한다면 이 체험도 그리 쉽지만은 않을 것이다.

이 모든 성취는 전 세계에서 가장 가난했고, 식민지와 전쟁을 겪었고, 아직도 분단상태인 나라가 일궈낸 것이기에 더욱 값지다. 바둑에서 승리를 가져온 결정적인 수를 '승착(勝着)'이라고 하는데, 경제개발 5개년 계획에서 시작한 수출주도형 성장전략이야말로 우리 경제발전의 승착이었다고 나는 확신한다. 보태고 뺄 것도 없이, 말 그대로 수출입국(輸出立國)이었던 셈이다. 수출은 또 외환위기나 글로벌 금융위기 때도 구원투수 역할을 했고, 위기극복 이후에도 우리 경제를 떠받치는 중추적 역할을 하고 있다.

그러나 숙제도 만만치 않다. 대기업 위주의 수출시장에서 중소·중견기업의 비중을 확대해야 한다. 의료·금융·교육 등의 서비스 분야와 농수산물도 수출산업으로 육성해 글로벌 리그로 진출시켜야 한다. 우리의 경제발전 경험을 공유하며, 해당국에서 부가가치를 창출하는 KSP 사업처럼 수출의 새로운 패러다임도 지속적으로 발굴할 필요가 있다.

자꾸 떨어지는 수출의 고용창출능력도 도전과제이며, 나아가 경제구조를 수출과 내수의 균형성장으로 가져가는 것도 미룰 수 없다. FTA 등 급변하는 통상환경을 우리 편으로 만드는 문제도 시급하다. 새로운 통상 흐름에 떠내려가지 않으려 기둥을 잡고 버티는 것과, 파도에 올라타는 서퍼(surfer)가 되는 것 중에 무엇이 유리한지는 명확하다. 무역전반에 걸쳐 상상력과 창의성을 불어넣고, 다시 전열을 정비할 때다. 무역의 날 50돌을 무거운 책임감으로 맞는 이유다.

아울러 무역 50년을 통해 '한강의 기적'을 만들어주신 국민과 기업에 진심으로 감사드린다. 개발연대를 헤쳐온 한 분 한 분이 다 챔피언이다.

2

보호무역주의 창궐과
우리의 대응

수출회복 이면에 숨겨진 그림자

부 진하던 수출이 증가세로 급격히 유턴하고 있다. 2002년 4월 수
출은 작년 동기 대비 13.7퍼센트의 높은 증가세를 기록하면서
지난 13개월 동안 지속됐던 수출부진의 늪을 마침내 벗어나는 양상이
다. 경제에 있어 수출이 차지하는 비중이 69퍼센트(2001년 기준)에 달하
는 우리나라 여건에 비춰볼 때 여간 반가운 일이 아닐 수 없다.

하지만 이런 수출지표가 현장상황을 제대로 반영하는 것은 아니다.
최근 만난 밸브류 수출업체 사장은 "수출이 호전된다고 하지만 주문은
여전히 뜸한 상황"이라고 했다. 또 어떤 여성의류업체 사장은 "수출가
격이 떨어졌는데도 수출물량은 별로 늘어나지 않는다"고 걱정을 털어

났다. 수출회복 조짐에도 불구하고 기업인들의 말처럼 아직 방심하긴 이르다.

최근 수출회복은 우리 산업의 고도화 또는 경쟁력 향상에서 비롯된 것이 아니다. 오히려 2001년 수출부진에 따른 기술적 반등이라는 점과 함께 미국을 중심으로 한 해외 경기회복에 힘입은 결과라는 한계를 지니고 있다. 또 반도체·휴대전화·컴퓨터를 비롯한 IT제품 위주로 수출 회복이 이뤄지는 반면 기계류·철강금속·화공품·섬유류 등의 수출은 여전히 부진을 면치 못하고 있다. 따라서 수출의 저변을 형성하고 있는 중소기업의 상당수가 수출회복을 체감하지 못하는 것이다. 반도체·석유화학·철강 등을 제외하고 수출가격이 지속적으로 하락하면서 수출기업의 채산성과 투자 마인드에 악영향을 끼치고 있는 실정이다.

특히 중국은 경공업제품에 이어 중화학, 첨단제품의 수출을 강화해 우리나라와의 경합관계가 심화되고 있다. WTO 가입을 계기로 세계시장 공략에도 보다 적극적으로 나서고 있다. 미국 철강수입에 대한 세이프가드(긴급수입제한조치) 발동과 EU·중국의 잇따른 반덤핑 제소 등의 사례에서 보듯이 교역대상국들은 자국시장을 방어하기 위해 수입장벽을 높이고 있다. 수출회복을 과신해 긴장을 늦추다가는 모처럼의 기회를 놓칠 수 있다는 얘기다.

이런데도 시중에선 경쟁력 향상보다 경기조절에 초점이 맞춰지는 것 같아 걱정이다. 금리인상, 주5일 근무제 시행 등이 향후 수출에 어떠한 영향을 미칠지를 좀 더 냉정히 생각해봐야 한다. 또 원달러 환율급등이 수출에 주는 충격도 대비해야 한다. 수출은 나라경제의 실상을 보여주는 바로미터다. 또 여기에서 핵심적인 역할을 하는 플레이어(player)는 기업이다. 따라서 현시점에서 보다 중요한 것은 해외 경기회복을 효과적으로 활용해 수출회복을 산업전반으로 확산시키는 한편, 우리 산업의 체질을 강화해 지속적인 성장기반을 갖추는 일이다. 기업들은 적극적으로 신제품을 개발하고 마케팅을 펼치는 동시에 1970년대 섬유, 80년대 중화학, 90년대 반도체 산업을 일궈냈듯이 적극적인 모험정신으로 신(新)산업을 선점해 나가야 한다.

정부도 할 일이 많다. 기업들이 경쟁력 제고와 투자촉진에 전념하도록 뒷받침하고, 보다 체계적인 수출증진 전략을 강구해야 한다. 세계화와 지역주의화가 동시에 진행되는 가운데 기업 내 무역, 전자무역, 서비스 및 지식무역의 중요성이 커지고 있다. 우리의 무역정책은 이러한 추세에 걸맞게 상품수출뿐만 아니라 서비스, 인프라를 망라하는 복합무역을 추구해야 할 것이다.

범세계적인 FTA의 확산으로 인해 수출여건이 갈수록 불리해지고 있다. 이런 상황을 감안하면 FTA 추진은 더 이상 '선택'이 아니다. 생존을 위한 필수요건이다. 글로벌 시대의 치열한 경쟁 속에서 세계 각국은 수출경쟁력 제고를 국가전략의 핵심으로 내걸고 있다. 우리도 세계 10대 무역대국으로 가는 구체적인 전략을 짜야 할 때다.

'수출 한국'의 위상을 지키는 방법

사람들은 오늘날 우리나라가 이만큼 경제성장을 이룰 수 있었던 것은 수출 덕분이라고들 한다. 그렇다면 수출은 우리 경제발전에 어떻게 기여했으며, 국민들의 소득에 얼마나 영향을 끼쳤을까?

한 나라의 경제에 있어 수출이 얼마나 중요한 역할을 하는가는 그 나라의 경제규모를 나타내는 GDP에서 수출이 차지하는 비중(=총수출액/GDP), 즉 수출의존도를 보면 알 수 있다. 2004년 우리의 수출은 2,538억 달러로 GDP 6,801억 달러의 37퍼센트를 차지했다. 즉, 우리 경제의 1/3은 수출에 의존하는 셈이다. 이는 미국이나 일본에 비해 3~5배나 높은 비율이다.

우리에게 무역은 선택이 아닌 필수다. 우리는 여러 가지 상품을 외국에서 수입한다. 특히 석유를 전량 수입하고 있으므로 승용차를 탈 때도, 샤워를 할 때도 수입품을 소비하고 있는 것이다. 식량도 마찬가지다. 우리나라의 식량자급률은 25퍼센트에 불과하다. 일주일에 이틀만 우리나라에서 생산되는 것을 먹고 나머지 5일은 외국에서 수입한 식량을 소비하는 셈이다. 우리가 즐겨 먹는 피자·초콜릿·아이스크림·햄버거 등의 원료인 밀가루·코코아·원당 등은 거의 전량을 수입한다.

또한 수출은 협소한 내수시장의 한계를 극복하고 기업이 시장을 확대할 수 있는 가장 유효한 방법이다. 지금 세계시장을 휘젓고, 우리의 주력 산업으로 경제성장의 중추를 담당하는 반도체·휴대폰·자동차·선박 등 우리의 주력 상품들은 일찍이 세계시장을 목표로 생산활동을 전개하지 않았다면 현재의 입지를 확보할 수 없었을 것이다. 아울러 이 분야의 우리 기업들이 세계적인 기업으로 도약할 수 있었던 것 또한 세계시장에서 일류기업들과 경쟁함으로써 가능했던 것이다.

지난 40년간의 우리 수출의 역사를 보면 주어진 여건과 능력을 활용해 오늘에 이르렀다. 과거 60년대에는 전국 각지에서 머리카락을 모아 여성들이 직접 손으로 만든 가발을 수출하였고, 70년대에는 비교적 단순한 가공기술을 기초로 한 섬유 등 경공업제품이 수출의 주축을 담당했으며, 80년대에는 철강·화학·선박 등 중화학제품, 90년대에는 반도체를 비롯한 IT제품 등 기술제품으로 주력 수출이 변모해왔다.

그러나 최근 주력 수출 분야에서 중국 등 후발국의 추격이 만만치 않다. '수출 한국'의 위상을 유지하기 위해서는 새로운 수출동력 산업의 발굴이 시급한 시점이다. 생명공학을 비롯한 미래 고부가가치 산업에서의 가능성을, 그리고 아시아지역에서 일어나고 있는 한류 열풍에서 문화콘텐츠, 관광 등 서비스 분야의 수출산업화 가능성을 확인하고 있다. 상품에 머물렀던 우리 수출의 지평을 서비스와 문화, 나아가 해외 취업 등 인력 수출에까지 확대하는 종합적인 전략이 필요한 시점이다.

수출 불안요인, 대비가 시급하다

20 06년 수출은 환율하락 및 고유가라는 어려움에도 불구하고 최근 수년간 두 자릿수 증가세가 지속되고 있다. 1~7월 중 수출은 1,816억 달러로 2005년에 비해 13.7퍼센트 증가해서 연말까지는 사상 첫 수출 3,000억 달러와 무역 6,000억 달러 달성이 가능할 것으로 예상된다. 외견상 낙관적이지만 대내외적 상황을 자세히 들여다보면 우려되는 점이 한두 가지가 아니다.

첫째, 2006년의 수출증가는 해외 수요의 호조에 힘입은 바 크며, 하반기 이후부터는 세계경제가 둔화될 가능성이 높아 보인다. 그동안 세계경제성장의 주 엔진이었던 미국의 소비가 둔화되면서 세계경제의 활력이 눈에 띄게 약화될 것이라는 예측이 강하게 제기되고 있어, 수요 측면의 호조요인은 더 이상 기대하기 어렵다.

둘째, 최근의 수출증가에는 국제유가상승에 힘입은 석유제품의 수출중가가 상당 부분 작용했다는 점이다. 2006년 상반기 중 수출가격 상승으로 인한 석유제품 수출증가분은 총 21억 달러로 전체 수출증가에 대한 기여율이 11퍼센트에 달한다. 국제유가를 예측하기는 매우 어렵지만, 주요 기관이 내다보는 것과 같이 당분간 현 수준에서 안정될 경우 유가상승에 따른 수출증가세는 크게 둔화될 수밖에 없을 것이다.

셋째, 환율하락 및 고유가의 영향으로 2004년 이후 수출채산성이 계속 약화되고 있고 이에 따라 수출기업의 수출의욕이 약화되고 있는 점도 향후 지속적 수출증가의 걸림돌이다. 특히 무역연구소의 조사에 따르면 현재와 같은 960원대 환율수준에서도 수출채산성이 한계상황에 달했거나 적자로 돌아선 기업의 비중이 88퍼센트에 달해, 출혈 수출이 심각한 상황이다. 수출기업의 체감 수출경기를 나타내는 수출산업경기 전망지수(EBSI)의 경우 2분기 120.8이었던 것이 3분기에는 104.3으로 하락하여 수출경기 회복에 대한 기대감 역시 매우 낮게 나타나고 있다.

넷째, 중소기업의 수출부진이 지속되고 있다. 2006년 상반기 현재 1,000만 달러 이하 수출기업 수가 2005년 동기간에 비해 1,616개사 감소한 것으로 나타났으며, 이들 수출기업의 수출비중 역시 꾸준히 하락하고 있다. 향후 중소 수출기업의 실적부진이 계속될 경우 적자수출은 물론 수출물량 축소가 빠른 속도로 진전될 것으로 예상된다.

다섯째, 무역수지 흑자 폭이 빠르게 축소되고 있다. 2006년 들어 1~7월 중 무역수지 흑자는 77억 달러로, 2005년 같은 기간에 비해 62억 달러 축소됐다. 물론 최근 무역수지 흑자축소는 국제유가상승 등으로 수입이 19퍼센트 이상 급증한 데 그 원인이 크다고 볼 수 있다. 그러나 최근 해외여행, 유학 등으로 서비스 수지의 적자가 날이 갈수록 확대되는 상황에서 무역수지 흑자축소는 자칫 경상수지 흑자 기조를 송

두리째 위협할 수 있다.

이렇듯 우리나라 수출은 외형상 비교적 순조로운 성장세를 보이고 있지만 많은 불안요인을 내포하고 있다. 따라서 수출호조세를 유지하기 위해서는 무엇보다도 이와 같은 수출 불안요인에 대해 미리 대비하는 자세가 필요하다.

세계경기 둔화, 유가상승과 같이 외적 불안요인 속에서 수출증가세를 유지하기 위해서는 향후 우리의 수출전략은 채산성 회복을 통한 경쟁력 개선, FTA를 통한 수출시장의 안정적 확보 등에 초점을 맞추어야 한다. 정부는 안정적인 환율정책을 운용함으로써 우리 기업이 환율 측면에서 일본 등 경쟁국에 비해 불리하지 않도록 노력해야 한다. 또한 미국을 비롯해 주요국과 FTA를 체결하여 안정적인 세계시장을 확보해야 한다. 오는 9월 제3차 협상이 예정되어 있는 한·미 FTA의 성공적 타결은 수출기업에게 새로운 기회가 될 것이다. 아울러 수출기업 역시 적극적인 리스크 관리와 생산성 향상, 틈새시장 개척 등 기업체질개선을 위한 노력을 게을리하지 말아야 할 것이다.

수출경쟁력 높이려면

세계은행은 2009년도 세계무역량이 전년 대비 3퍼센트 감소될 것으로 전망하고 있다. 세계무역량의 감소는 1982년 이래 27년 만에 일어난 현상으로 전 세계적인 불황을 단적으로 보여준다. 지난 5년간 설비투자와 소비의 부진 속에서 그나마 수출이 우리 경제의 버팀목 역할을 하였으나 2009년에는 세계경기불황의 동조화 현상으로 우리의 수출신장세도 크게 둔화될 가능성이 있다. 그러면 이러한 어려운 여건 속에서 어떻게 수출을 증가할 수 있을까? 한마디로 우리 수출의 경쟁력을 제고시키고 해외시장을 최대한 확보하는 것이다.

그동안 세계경제여건의 어려움 속에서도 수출은 지난 6년간 해마다 두 자릿수의 증가율을 기록하는 호조세를 보여왔다. 그러나 외형상의 호조에도 불구하고 수출의 내용을 들여다보면 불안한 구석이 많다.

첫째, 수출 품목이 지나치게 편중되어 있다. 2008년의 경우 선박, 휴대전화, 반도체, 석유화학, 자동차 등 5대 수출 품목은 전체 수출에서 41퍼센트를 차지했다. 이것은 외환위기 직전인 1996년(34퍼센트)보다 7퍼센트 포인트 올라간 수치다. 더불어 경기순환 진폭이 큰 IT 중심으로 수출상품이 구성되어 수출의 변동성이 큰 점도 문제다. 2008년의 경우 IT 품목의 수출비중은 31퍼센트에 달한다.

둘째, 대중국 수출에 대한 의존도가 여전히 높은 가운데 주요 선진국 시장에서 우리의 주력 상품의 수출이 부진하다. 2008년 대중 수출비중은 22퍼센트로 중국은 여전히 우리의 제1수출시장으로 자리매김하고 있다. 미국이 전 세계 수입시장의 14퍼센트 가량을 차지하는 반면, 중국은 고작 7퍼센트에 불과하다는 점을 감안하면 우리가 지나치게 중국시장에 의존하고 있는 셈이다. 더불어 전 세계 상품의 각축장이자 전시장인 미국과 일본시장에서 우리 상품의 시장점유율이 지속적으로 하락하고 있는 현실도 우려하지 않을 수 없다.

셋째, 미래 성장잠재력을 결정하는 설비투자가 부진한 것도 우려할 대목이다. 오늘날과 같이 기술진보가 빠르고 제품의 라이프사이클이 짧은 시대에 한순간이라도 경쟁자에게 추격을 허용하면 애써 키운 시장을 내주기 십상이다. 투자가 없는 곳에 미래가 있을 수 없음은 개인이나 기업이나, 국가나 매한가지다.

수출기반 강화를 위해서 우리는 무엇을 해야 할 것인가. 원론적이지만 중단 없는 산업 구조조정이 필요하다. 경쟁력을 잃은 산업을 도태시키고 새로운 성장동력을 발굴해야만 수출확대와 성장이 가능하다. 우리는 지난 90년대 초반에도 구조조정을 논의하다가 반도체 특수에 눈이 가려져 몇 년을 허송세월하다가 결국 외환위기를 맞은 쓰라린 경험이 있다. 지금도 중국 특수와 IT 특수라는 순풍에 현혹되어 차세대 성장산업 육성을 소홀히 하다가는 언제 또 역풍이 닥쳐 곤경에 빠질지 모를 일이다.

아울러 글로벌화와 지역주의에 대한 대응전략으로써 FTA 체결을 적극적으로 추진할 필요가 있다. 이것은 수출시장을 확대할 뿐만 아니라 우리 기업의 활동무대를 지구촌으로 넓혀 개방의 이익을 극대화하는 길이기도 하다. 따라서 한·미 FTA의 조속한 비준과 함께 한·EU FTA를 원만하게 타결함으로써 세계적 불황과 함께 창궐할 가능성이 있는 각국의 보호주의적 경향에 대처해야 한다.

마지막으로 무엇보다 중요한 것은 기술개발을 통한 제품의 고부가가치화다. 저가품, 범용상품을 후발국에 빼앗기더라도 첨단·핵심·고부가가치 산업에서 경쟁우위 격차를 유지할 수만 있다면 우리에게도 기회는 있다. 쉽게 말해서 똑같은 흙을 가지고 후발국들이 옹기를 만들 때 우리는 고부가 명품 자기(瓷器)를 만들어야 한다.

기업의 설비확장, 정부의 사회간접시설 확충 등과 같은 하드웨어 투자도 시급하지만, 핵심기술인력과 과학자의 양성과 같은 교육에 대한 투자를 놓쳐서는 안 된다. 이공계 우대정책을 과감하게 도입하고, 획일적 평등을 강요하는 잘못된 평준화 정책을 바로잡아 기술 엘리트를 키워야 우리에게 미래가 있음을 직시해야 한다.

어려울 때일수록 피해가는 전략보다 원칙에 충실한 정책을 일관성 있게 추진해야 한다. 번영과 쇠락은 백지 한 장 차이라는 위기인식으로 우리 수출기반을 냉철하게 되돌아봐야 한다. 지금이야말로 위기를 기회로 반전시키기 위해 모든 지혜를 모으고 적극적인 수출경쟁력 강화 시책을 수행해야 할 시기다.

보호무역주의의 창궐과 우리의 대응

IMF는 2009년도 세계경제성장률이 제2차 세계대전 이후 가장 낮은 수준인 0.5퍼센트로 떨어지고 세계무역량이 전년 대비 2.8퍼센트 감소될 것으로 전망하고 있다. 세계무역량의 감소는 1982년 이래 27년 만에 일어난 현상이다. 시장경제 자체의 존립을 위협하는 이러한 미증유의 위기를 타개하기 위해 주요 선진국은 최대 규모의 구제금융 방안을 마련하고 공동보조를 취하기로 합의했다. 그러나 이러한 대책은 급한 불을 꺼야 한다는 각국의 전술적 고려에 따른 것이지, 세계경제의 회복을 위한 체계적이고 협조적인 대책은 아직 마련되지 못하고 있다.

각국은 오히려 자국기업 보호조치를 경쟁적으로 마련하는 등 보호주의의 유혹을 뿌리치지 못하고 근린궁핍화 정책을 채택하고 있으며 이로 인해 무역장벽은 더욱 높아지고 있는 실정이다. 2008년 11월 워싱턴에서 열린 G20 정상회의와 최근 스위스 다보스 세계경제포럼(WEF)에 참석한 각국 지도자들도 한 목소리로 "보호주의 정책은 모두가

망하는 길"이라고 목소리를 높였지만 미국은 자동차산업 지원과 미국산 철강제품 사용을 강제하는 '바이 아메리칸(buy American)' 정책을 제안하고, 유럽 각국도 자동차·항공산업에 대한 금융지원책을 내놓고 있다. 러시아·인도·베트남·우크라이나 등은 주요 수입품 관세를 올렸고 인도네시아·브라질·아르헨티나 등은 수입허가제를 비롯한 비(非)관세 장벽을 높였다. 이러한 보호주의 정책은 무역과 소비를 더욱 위축시켜 세계경제침체를 가속화할 것이다.

이러한 현상은 근본적으로 세계경제질서에 대한 신뢰감이 상실된 탓이다. 글로벌 금융위기 이전에는 글로벌리즘 아래 미국을 정점으로 비교적 조화로운 세계경제질서가 유지되어왔다. 그러나 이번 금융위기 과정에서 노출된 미국경제의 건전성에 강한 불신으로 신뢰관계에 바탕을 둔 국제관계의 보편타당성이 크게 위축됐으며, IMF나 WTO 등 국제기구의 기능도 상당 부분 상실됐다. 이러한 국제경제질서의 변화로 인해 앞으로 세계경제를 이전보다 경쟁적으로 만들 가능성이 짙다. 더욱이 국가 간 상거래와 투자는 그 성격상 글로벌화됐지만 내용 면에서는 신뢰감이 상실되면서 거래비용만 가중되고 보호주의적 성향이 더욱 짙어질 것으로 예상된다. 따라서 이러한 변화를 잘 파악하고 정책대응을 할 필요가 있다. 그리고 이는 결국 글로벌 시대의 국가 간 신뢰 상실이라는 상황에 어떻게 대응할 것인지의 문제로 귀착된다. 이러한 때일수록 우리 스스로 경쟁력을 갖춰야 하며, 경제체질을 강화시키는 것이 최선이다. 또한 대외적으로 자유무역과 개방을 통한 압축성장의 선구자로서 국제사회에서 적극적 역할을 맡아야 할 것이다.

이러한 배경에서 대외 경제정책과 관련된 몇 가지 제안을 하고자 한다. 첫째, 세계경제 위기극복 과정에서 자유무역과 시장개방의 중요성을 강조하고 국제공조에 있어 주도적 역할을 수행해야 한다. 우리는 2010년 G20 정상회의 의장국으로서 과거 외환위기 극복의 경험을 토대로 "무역은 인플레이션을 유발하지 않는 이상적인 경기부양책"임을 강조하고, WTO 중심의 다자간 무역자유화협정을 강화하자고 제안해야 한다. 다자간 무역협상에 있어 미국-유럽 및 선진국-신흥국들 간의 이해관계가 첨예할 것이므로 조정과 통합기능이 중요해질 수밖에 없으며 여기에 한국의 가교 역할이 요구된다.

이런 의미에서 어제 한·미 두 정상의 전화통화에서 자유무역의 중요성에 대한 인식을 같이한 것은 매우 고무적인 현상이다. 다자간 무역협정에의 적극적인 참여와 함께 경제 블록화 및 보호무역주의의 확산 가능성에 대비, FTA와 같은 양자 간 시장개방 노력도 동시에 강화할 필요가 있다. 보호무역주의가 무역보복으로 악화될 경우 우리 수출에 커다란 장애가 될 수 있기 때문이다. 우리와 이웃한 일본, 중국은 물론 러시아, 멕시코, 페루 등 우리와 FTA를 체결하는 데 관심을 보이는 국가 또는 체결효과가 클 것으로 기대되는 나라들과 동시다발적으로 협상을 추진하는 전략이 필요하다.

둘째, 어려운 국제무역환경에 직면할수록 수출기반 강화에 힘써야 할 것이다. 2009년에는 세계경기불황의 동조화 현상으로 우리의 수출 신장세도 크게 둔화될 가능성이 있다. 1월 수출은 2008년 같은 기간 대비 3분의 1이나 감소하며 '쇼크' 수준 실적을 나타냈다. 이러한 불리한 여건하에서 수출기반을 강화하기 위해서는, 원론적이지만 중단 없는 산업 구조조정이 필요하다. 산업의 신성장동력을 발굴하는 것은 수출확대의 전제조건이기 때문이다. 아울러 기술개발을 통해 제품을 고부가가치화 해야 한다. 저가품, 범용상품을 후발국에 빼앗기더라도 첨단·핵심

·고부가가치 산업에서 경쟁우위 격차는 반드시 유지해야 한다. 이를 위해서는 기업과 정부가 보다 적극적으로 투자에 나설 필요가 있다.

지금이야말로 세계경제회복에 주도적으로 기여하고 국내 경제위기를 기회로 반전시키기 위해 정부와 기업 및 근로자가 합심하여 적극적으로 우리 수출의 경쟁력을 제고해야 할 것이다.

'수출 한국호' 삼각파도를 헤쳐 나가자

'한국기업들이 오고 있다'. 지난 1970년대 한국경제가 강력한 수출드라이브 정책에 힘입어 폭발적인 성장을 기록하자 당시 세계 언론들이 우리 기업을 두고 한 말이다.

2008년 우리는 사상 처음으로 수출 4,000억 달러, 무역 8,000억 달러 시대를 열어 다시 한 번 한국 수출역사에 새로운 이정표를 세웠다. 우리나라 연간 총수출이 1억 달러였던 1964년과 비교해보면 44년 만에 그 규모가 4,000배 이상 성장했고, 이제는 하루에 1억 달러를 수출하는 세계 11위 수출강국으로 떠올랐다. 수출구조의 측면에서 보더라도 수출상품 수는 712개에서 8,000여 개로 대폭 증가했고, 시장 다변화가 이루어져 수출 대상국은 41개국에서 230여 개국으로 크게 늘었다. 이제 지구촌 어디를 가더라도 '메이드인 코리아(Made in Korea)'를 어렵지 않게 발견할 수 있다. 1960~70년대 어패류·섬유류·가발·신발 등 1차 산품과 경공업제품이 주도했던 수출 품목은 이제 반도체·무선통신기기·컴퓨터·자동차 등 첨단기술 제품들로 대체되었다. 한마디로 한국 수출은 세계시장에서 당당히 주역으로 자리매김하고 있다.

좁은 국토와 빈약한 자원에도 불구하고 이러한 수출성과를 거둘 수 있었던 원동력은 세계경제환경이 유리하게 작용한 탓도 있었지만 정부·기업가·근로자 모두가 합심해 노력한 결과다. 우선 정부는 1960년대 초 경제개발 5개년 계획을 수립하고 강력한 리더십으로 일관성 있는 경제정책을 추진함으로써 오늘날 수출 4,000억 달러 시대를 여는 중요한 계기를 마련했다.

두 번째는 기업가 정신이다. 실패의 위험에도 불구하고 도전정신을 바탕으로 새로운 사업을 일으킨 기업가들이 있었기에 오늘날 반도체·조선·철강이 세계 최고수준으로 부상할 수 있었다. 미래학자 존 네이스비츠 교수는 한국의 이러한 기업가 정신이야말로 경제성장의 가장 큰 원동력이라고 평가했다.

셋째, 성장에 대한 우리 국민들의 의지와 양질의 노동력이다. 잘살아 보겠다는 국민들의 의지는 중동지역 건설현장과 독일 광산현장 및 의료 분야 진출 등으로 나타났다. 한국인들은 높은 교육열과 교육투자로 양질의 노동력을 보유함으로써 경쟁국보다 비교우위에 설 수 있었다.

그러나 지금까지 비교적 순탄한 성장을 지속해온 우리 수출의 전망은 그리 밝지 않다. 지금 5대양 6대주를 순항해야 할 '수출 한국호'는 세계적 대불황, 보호주의 창궐, 글로벌 사고방식의 미정착이라는 삼각 파도에 비틀거리고 있다. 수출 한국호를 위협하는 첫 번째 파고는 세계경제의 침체에 따른 교역량의 감소다. IMF는 2009년도 세계경제성장률이 제2차 세계대전 이후 가장 낮은 수준인 0.5퍼센트로 떨어지고, 세계무역량이 전년 대비 2.8퍼센트 감소할 것으로 전망하고 있다. 두 번째 파고는 우리 수출에 어려움을 가중시킬 보호무역주의의 창궐이다. 미국은 '바이 아메리칸' 정책을 제안하고 유럽 각국도 자동차·항공산업에 대한 금융지원책을 내놓고 있다. 선진국의 움직임에 편승하여 개발도상국인 러시아·인도·베트남 등도 주요 수입품에 대한 관세를 올렸고, 인도네시아·브라질 등은 수입허가제를 비롯한 비관세장벽을 높이고 있다. 세 번째 파고는 우리의 후진적인 글로벌 인식이다. 작은 이해관계에 얽매이기보다 큰 틀에서 세계무역환경을 이해하는 전향적인 사고가 부족하다. 미국시장의 선점이라는 절박한 상황에도 불구하고 한·미 FTA의 국회비준이 지연되고 있는 실정이다.

거센 삼각파도를 헤치고 수출 한국호가 순항하려면, 무엇보다 키를 잡고 있는 정부의 대응능력이 중요하다. 우리를 둘러싼 국제무역환경이 어려울수록 수출기반을 강화해야 한다. 가장 시급한 것은 환율을 비롯한 거시경제의 안정적 운용과 수출금융의 원활화를 통해 수출업체의 경쟁력이 더 악화되는 것을 막는 일이다. 이와 함께 수출산업의 지속적인 구조조정이 필요하다. 신성장동력을 갖춘 새로운 수출산업을 발굴하는 것은 수출확대의 전제조건이다.

아울러 기술개발을 통한 제품의 고부가가치화가 요구된다. 이를 위해서는 기업의 설비확장, 정부의 사회간접시설 확충 등과 같은 하드웨어 투자도 시급하지만, 핵심기술인력과 과학자의 양성과 같은 교육에 대한 투자도 중요하다. 이와 함께 우리의 수출환경을 근본적으로 개선하려면 적극적인 통상외교를 펼쳐야 한다. 세계경제위기 극복을 위한 국제협력에 있어 자유무역과 시장개방의 중요성을 강조하면서 주도적인 역할을 수행해야 한다. 2010년 G20 정상회의 의장국으로서 우리의 외환위기 극복의 경험을 토대로 '무역은 인플레이션을 유발하지 않는 이상적인 경기부양책'임을 인식시키고, WTO 중심의 다자간 무역자유화협정 강화를 제안할 필요가 있다. 다자간 무역협정에의 적극적인 참여와 함께 보호무역주의의 확산 가능성에 대비, FTA와 같은 양자 간 시장개방 노력도 동시에 강화할 필요가 있다. 이러한 의미에서 한·미 FTA가 조속히 발효되고, 현재 진행 중인 EU·캐나다 등 주요 교역대상국과의 FTA 협정을 마무리 지어야 한다. 또한 일본, 중국은 물론 러시아·멕시코·페루 등 수출효과가 클 것으로 기대되는 나라들과도 동시다발적으로 협상을 추진해야 한다. 개방을 반대하며 목소리를 높이는 각종 이익집단의 목소리에 현혹되기보다 말 없는 다수 국민의 이익을 위해 정부가 과감하게 개방의 깃발을 높이 쳐들어야 한다.

우리 수출 60년사를 살펴보면 언제나 위기를 기회 삼아 딛고 일어나 5대양 6대주를 누비고, 어려움에 처한 우리 국가경제를 회생시키는 '희망의 만선' 역할을 담당해왔다. 한국전쟁의 잿더미에서 기아와 빈곤에 허덕이던 우리 경제를 세계 13위의 경제대국으로 올려세운 것도 수출이고, 70년대 두 번에 거친 오일쇼크도 중동 특수라는 기회를 활용해 경제성장의 밑거름으로 삼은 것도 수출이며, 90년대 말 외환위기 때도 IT수출이라는 특수로 조기에 IMF를 졸업하는 데 일등공신을 한 것도 바로 수출이었다.

지금 전 세계가 미증유의 경기침체에 허덕이는 상황에도 우리 수출은 새로운 기회요인을 또 한번 찾아내어 우리 경제를 조속히 회복시킬 저력을 갖고 있다. 케인스의 말처럼 세상에 피할 수 없는 현상은 절대 일어나지 않는다. 다만 우리가 예상하지 못했던 사태가 발생할 뿐이다. 지금이야말로 국제적으로 세계경제회복에 주도적으로 기여하고, 국내적으로는 정부와 기업 및 근로자가 합심하여 우리 수출의 경쟁력을 제고한다면 어느 나라보다도 빠르게 경제를 회복시킬 수 있을 것이다.

3

세계경제의 한파에
대처하는 방법

연구개발 투자로 수출 활로를

최근 세계경제 기류가 이상 징후를 보이고 있다. 2002년 초까지만해도 미국, 유럽지역과 아시아 일부 국가에서 경제활동이 활기를 띠기 시작함에 따라 세계경기가 저점을 통과하고 있음이 확실해 보였다. 그러나 하반기 들어 세계경제성장의 견인차 역할을 하던 미국경제의 회복세 지연, 이라크전쟁 가능성으로 인한 국제유가의 급상승, 세계증시의 동반침체, IT시장의 회복지연으로 인한 반도체가격 하락 등세계경제에 대한 불확실성이 커지고 있다.

이에 따라 세계경제의 3대 축인 미국, 일본, 유럽 경제의 전망도 비관적인 견해 일색이다. 미국경제는 완만한 회복세를 지속하고 있으나,

회복속도에 대해서는 불확실성이 상존하고 있다. 미 달러화는 경상수지 및 재정수지 적자 등 구조적 문제점으로 인한 약세요인이 상존하고 있다. 정보통신부문의 과잉투자와 기업회계부정 등에 따른 경영자들의 부도덕성이 드러나면서 주식시장 또한 약세를 면치 못하고 있다.

이에 따라 대다수 기관들은 2003년도 미국의 경제성장률을 하향 조정하고 있다. 2002년과 비슷한 2퍼센트대의 비교적 낮은 성장세를 예상하고 있다.

지난 90년대 초 버블 붕괴 이후 장기불황을 겪고 있는 일본도 소비·투자 등 내수가 여전히 부진하고 수출도 하락세로 돌아서는 등 성장모멘텀이 점차 줄고 있다. 게다가 닛케이지수가 9,000선이 무너지는 등 주식시장이 약세를 면치 못하면서 소비·투자심리는 더욱 위축될 것으로 보인다. 이런 점을 들어 주요 전망기관들은 내년에도 일본경제가 침체에서 벗어나기 어려울 것으로 보고 있다.

비교적 견실한 성장세를 보였던 유럽지역도 최근에는 산업생산과 수출은 물론, 구매자관리지수 등 기업체감경기마저 하락하고 있어 경기회복에 대한 우려가 크다. 유럽지역의 내년도 경제전망 역시 하향 조정되어 연간 1퍼센트 미만의 저성장에 그칠 것으로 보인다. 이런 점으로 미루어 볼 때 세계경제는 상당 기간 저성장과 금융시장의 불안정성을 병행하는 이중고를 겪을 것으로 전망된다.

세계경제의 한파가 몰려오는 이때 한국경제가 지속적인 성장을 달성하기 위해서는 국민적 총역량을 수출에 집약시켜야 한다. 이와 관련해 최근 무역협회 무역연구소는 일본·중국·대만·싱가포르 4개 경쟁국과 우리나라를 비교 분석한 〈주요 경쟁국과의 가격결정 요소 비교〉라는 보고서를 낸 바 있다. 결과는 매우 충격적이었다. 노동생산성을 제외하고는 가격경쟁력을 결정하는 여러 요소에서 우리가 열세인 것으로 분석됐다.

가격경쟁력 향상의 가장 중요한 요인은 꾸준한 설비투자 및 연구개발 투자에 있다. 따라서 기업은 5년, 10년 앞을 내다보며 수출을 위한 중장기 투자에 힘써야 한다.

세계경제 침체기에는 국가 간 수출경쟁이 더욱 치열하다. 때문에 수출기업의 투자는 양보다는 질을 추구해야 한다. 이런 관점에서 세계적 수준의 신상품 개발과 미래지향적인 신산업에 대한 투자에 초점을 맞추는 것이 바람직하다. 이를 위해 정부도 신시장 개척에 적극 나서야 하고, 일류상품 육성을 위한 노력을 아끼지 말아야 한다. 최근 타결된 한·칠레 간 FTA를 통해 남미시장 전체에 대한 진출을 확대시키고 다른 나라와의 FTA를 적극 추진함은 물론, DDA 체결 등을 통해 무역장벽도 제거해야 한다. 아울러 수출 마케팅의 눈을 경제여건이 나은 중국 등 신흥시장으로 돌릴 필요가 있다. 이 같은 대체시장의 개척은 비교적 단기간에 성과를 거둘 수 있을 뿐 아니라 향후 세계경기 회복기에 국내 수출기업의 신흥시장 기반강화에도 큰 역할을 할 수 있기 때문이다.

수출신장을 위한 복합무역

최근 나라 안팎으로 경제환경이 크게 어려워지면서 국내외 연구기관들이 경제전망을 하향 조정하는 등 우리 경제에 대한 우려감이 커지고 있다. 게다가 미국과 이라크 간의 전쟁위기가 고조되자 국제유가가 35달러까지 치솟았다. 원화환율도 달러당 1,170원대로 하락하는 등 불안정한 모습을 보이고 있다. 특히 미국의 세계적인 신용평가회사인 무디스(Moody's)사가 11일 한국의 신용등급전망을 '안정적'에서 '부정적'으로 낮추고 피치(fitch)사도 북핵 위기가 고조될 경우 신용등급을 하향 조정한다고 밝혀 경제에 큰 파장을 미치고 있다.

또한 2003년 1월 중 무역수지 흑자가 4,800만 달러에 불과해 2002년 하반기의 월 평균이 10억 달러였던 것에 비해 큰 폭으로 줄어든 것도 경제불안 심리를 부추기고 있다. 물론 우리나라 무역수지 흑자는 하반기에 집중되는 것이 일반적이다. 그러나 앞으로 무역수지 흑자확대 요인보다는 미-이라크 전쟁발발, 세계경제 회복지연 등에 따른 축소요인이 더 많다는 우려에서 수출증대를 위한 몇 가지 제언을 하고자 한다.

우선, 2003년은 과거 어느 때보다 수출주도의 성장이 불가피한 만큼 수출에 대한 관심과 지원이 가장 우선적으로 고려되어야 한다. 우리 경제는 2002년 하반기 이후 민간소비 등 내수가 급격히 위축되고 기업의 체감경기 악화로 투자회복도 기대에 미치지 못할 전망이다. 이런 때 수출이 7퍼센트 이상 증가하지 않는다면 정부의 경제운용계획에서 목표로 하는 5퍼센트대 성장이 쉽지 않을 것이다. 그러나 세계경제의 불확실성과 중국 등과의 경쟁 심화, 주요 교역국의 수입규제도 만만치 않아 실제로 수출회복세를 지속시키기는 그리 녹록지 않은 상황이다. 따라서 수출의 중요성에 대한 국민적 인식의 제고와 함께 수출기업이 겪고 있는 환율불안, 노사안정 등의 어려움을 해소하기 위해 정부가 발 벗고 나서야 한다.

둘째, 수출경쟁력 향상을 위한 종합전략을 새롭게 도출해야 한다.

2002년에도 수출단가가 5퍼센트 내외 하락하는 등 지금까지 우리 수출은 고부가가치의 상품수출을 통한 제값 받기보다는 시장개척을 목표로 한 양적 확대전략에 치중해왔다. 한국상품의 미국시장 점유율이 7위를 차지한 반면, 고급화 지수가 19위에 그친 것은 이를 단적으로 증명해준다.

이러한 수출물량 확대전략은 이제 중국 등 저임을 바탕으로 한 후발 개도국의 추격으로 인해 더 이상 설 자리가 없어지고 있다. 또한 2002년 우리 수출구조는 반도체·자동차·휴대전화·컴퓨터·선박 등 상위 5개 수출상품이 전체 수출의 42퍼센트를 차지할 만큼 소수 품목에 대한 의존이 높은 편이다. 따라서 우리 수출의 고부가가치화와 품목의 다양화를 이루기 위해 첨단기술 개발, 디자인 및 브랜드 개발, 해외마케팅 활동에 더욱 많은 노력과 투자를 집중해야 할 것이다.

셋째, 상품무역과 함께 물류·관광·교육·의료 등 서비스 무역의 활성화에도 역량을 집중해야 한다. 서비스 수지는 2002년 1~11월 중 66억 달러의 적자를 기록하였다. 상품무역을 통해 벌어들인 외화가 서비스 무역을 통해 빠져나간 셈이다. 이를 탈피하기 위해서는 상품무역과 서비스 무역을 동시에 아우르는 '복합무역' 전략으로 서비스산업을 육성하고 연결시켜야 한다.

2003년 중 국내외 경제환경이 예상과 달리 호전되지 않는다면 성장둔화, 경상수지 흑자 축소, 물가상승 등이 불가피하겠지만, 경상수지는 우리 경제에 미치는 영향이 적지 않은 만큼 적극적인 대응이 요구된다. 적정한 수준의 경상수지 흑자는 5년 전 외환위기를 경험한 우리에게는 경제적 자신감과 대외신인도를 위해 양보할 수 없는 큰 과제다. 수출의 안정적 성장을 다시 한번 강조하는 이유가 바로 여기에 있다.

중계무역으로 눈을 돌리자

최근 WTO 발표에 따르면 2003년 우리나라 수출은 세계 12위를 차지했다. 수출상위 국가 중에서 단연 네덜란드와 벨기에가 눈에 띈다. 유럽의 강소국인 이 두 나라의 수출은 세계 7위와 10위로 우리나라의 1.3~1.5배에 달한다. 이들의 경제규모가 우리보다 크지 않음에도 불구하고 수출이 훨씬 많은 것은 바로 중계무역 때문이다. 중계무역이란 수입한 물품을 동일한 상태로 다시 수출하는 것을 말한다. 여기에는 물품의 흐름이 중계국을 경유하여 해외로 인도되는 경우와 해외에서 해외로 직접 인도되는 경우로 나누어진다. 전자를 재수출이라 하고 후자를 3국간무역이라 한다.

3국간무역은 단순히 상품을 두 나라 간에 중계함으로써 마진을 얻는 것이므로 부가가치에 그다지 기여하지 못하지만, 재수출은 이러한 차원을 넘어 운송·보관·라벨링·가공·유통 등 물류서비스산업을 기반으로 이루어지므로 큰 부가가치를 얻을 수 있다. 따라서 중계무역 활성화는 물류인프라 구축을 통해 운수 수지를 개선하고 상품수출의 증대를 가져올 뿐만 아니라 관련 서비스산업의 발달 등 산업연관 효과를 기대할 수 있다. 우리가 중계무역을 활성화해야 하는 이유가 바로 여기에 있다.

무역연구소의 분석에 따르면 2003년 우리나라 중계무역은 약 48억 달러로 총수출의 2.5퍼센트로 추정되는데 재수출은 전무하고 모두 3국간무역이다. 반면 네덜란드와 벨기에는 중계무역이 전체 수출의 30~40퍼센트에 이르며 이들 모두 재수출이다. 재수출이 발달한 나라들의 공통적인 특징은 세 가지 정도를 들 수 있다. 첫째, 해당 지역의 관문이라는 지리적 이점을 지니고 있고 둘째, 세계 최대이자 최고수준의 물류

인프라를 보유하고 있으며 셋째, 해당국 내에 세계 굴지의 외국계 기업들이 활발하게 활동하고 있다.

네덜란드의 경우를 보자. 이 나라는 일찍이 지리적 이점을 활용해 로테르담항을 유럽 최대 항구로 육성하고 그 배후에 대규모 물류단지를 조성했다. 또한 로테르담항과 유럽의 주변국 간에는 수로·철로·육로 등 풍부한 교통시설과 물류소프트웨어를 구축하여 물류 흐름이 빠르고 정확한 것으로 정평이 나 있다. 오늘날 네덜란드에는 많은 외국계 기업들이 활동하고 있으며 이들은 네덜란드 내수시장은 물론, 독일·프랑스에 이르는 상권을 커버한다. 벨기에 또한 앤트워프를 유럽의 제2의 항구로 육성하고 적극적인 외국인 투자유치를 통해 중계무역을 늘려 나가고 있다. 유럽뿐만 아니라 아시아지역에서 홍콩·싱가포르는 중국경제권과 동남아경제권의 관문으로 중계무역이 활발히 이루어지고 있다. 이들 4개국은 지리적 이점과 물류인프라 구축 그리고 외국인 투자유치라는 3박자를 고루 갖춤으로써 중계무역을 각국의 고용창출은 물론 국부축적의 원천으로 삼고 있다.

우리나라도 이들 못지않게 중계무역을 늘려 나갈 충분한 잠재력을 지니고 있다. 무엇보다 한반도는 미·중·일의 세계 3대 경제권 사이에 위치하고 있어 지정학적 면에서 어느 나라에 비해도 손색이 없다.

중계무역 활성화를 위해서는 첫째, 항만과 공항의 기능이 현재와 같이 단순한 하역 이송에 그치지 않고 유통·가공·장기보관 등의 기능까지 포함하는 종합물류센터로 탈바꿈시켜 부가가치를 높여야 한다. 이를 위해 배후 물류단지를 설치하고 화물유통에 장애가 되는 각종 규제와 관행을 획기적으로 개선해야 한다. 둘째, 하드웨어 투자는 물론, 정보화 및 물류 전문인력 양성 등 소프트웨어 투자를 확대할 필요가 있다. 양적 확대와 더불어 질적 개선이 병행되어야만 우리나라가 진정한 동북아 물류 허브가 될 수 있을 것이다. 셋째, 물류본부 기능을 수행하는 외국인 투자를 적극 유치해야 한다. 물류 허브는 우리 스스로 하기에는 한계가 있다. 세제혜택과 투명하고 신속한 행정절차 그리고 선진적인 노사관계를 정립하여 투자환경을 좀 더 매력적으로 가꾸어야 한다.

앞으로의 무역은 상품무역과 서비스 무역이 병행되는 복합무역으로 확대될 전망이다. 이런 의미에서 중계무역은 무역의 새로운 전환점과 동북아경제 중심을 앞당기는 계기가 될 것이다.

국가핵심전략으로써의 전자무역

무역은 국가 간 거래인 만큼 국내 거래보다 절차가 훨씬 복잡하므로 무역업체들에게 무역업무 절차는 제품생산 못지않게 중요하다. 우선 신규상품을 수출하기 위해서는 해외시장조사가 이루어져야 한다. 그 후에는 해외 바이어를 물색하고 해당 업체에 대한 신용조사를 통해 신뢰를 확보한 후 서로의 조건을 충족시킬 경우 계약을 체결한다. 이어 계약조건에 따라 신용장 개설·수출 신고 및 승인·원산지증명서 발급·운송서류 작성·수출대금 회수·관세 환급 등 여러 복잡한 절차가 이어진다. 이러한 과정에서 온갖 서류를 작성해야 하고, 은행 및 관련 행정 부처 등을 방문하는 데도 많은 시간이 들어간다. 그런데 이러한 일련의 작업들이 온라인을 통해 연속적으로 처리되게끔 하는 새로운 시도가 일어나고 있다. 예를 들면 온라인을 통해 전자무역 서비스시스템에 접속해 수출신용장을 개설하고 은행에 내국신용장 개설을 요청하는가 하면, 해외 거래선 발굴서비스를 통해서 수출대상국 및 수출가격을 신속히 검색할 수 있게 된다. 이렇듯 획기적으로 무역업무의 효율성을 개선할 수 있는 무역프로세스를 '전자무역'이라 한다.

전자무역은 한마디로 온라인을 통해 무역을 하는 것을 의미한다. 지금까지 오프라인에서 종이로 이루어지던 무역프로세스를 마케팅에서부터 계약·인허가·물류통관에 이르기까지 전 과정을 전자적으로 처리하는 효율적인 시도라고 할 수 있다. 전자무역은 우리 경제의 중심적 역할을 하는 무역의 구조적 혁신을 통해 국가경쟁력을 획기적으로 높이는 국가핵심전략이다. 무역업체들은 전자무역을 통해 무역거래에서 발생하는 물류비 등 부대비용을 절감함으로써 경쟁력을 강화시킬 수 있다. 지금까지 많은 업체들이 무역업무를 처리하는 과정에서 관련 서류를 배송하고 직접 가서 업무를 처리하는 데 많은 시간과 비용을 들였지만, 향후 무역프로세스가 전자화되면 교통비·인건비·업무 처리시간 등을 획기적으로 줄일 수 있다. 아울러 거래를 전자화함으로써 거래의 투명성을 제고하는 등 무역프로세스 전반에 혁신을 기할 수 있다. 이미 2005년 전자신용장서비스가 개통되었으며 신용장 업무처리 시간이 종전 네 시간에서 30분 이내로 단축되었다.

향후 전자무역 미래모형인 이트레이드(e-Trade) 플랫폼 구축이 완료되면 서류 중복제출 해소, 무역절차 간소화, 사내 전자망 구축을 위한 기업의 개별 IT투자비 절감, 수출가격 경쟁력 향상으로 총 1조8,000억 원의 경제적 효과가 예상된다. 또한 아직 태동기에 있는 전자무역 분야에서 우리나라가 국제표준 및 주도권 확보에 유리한 고지를 선점할 수 있으며, 이에 따라 기업하기 좋은 나라, 무역하기 좋은 나라라는 국가이미지를 확립하는 계기가 될 것이다.

현재 우리나라는 인터넷 보급, 높은 수준의 IT기술, 정책적인 뒷받침 등이 토대가 되어 전자무역 분야에서 다른 선진국들보다 앞서가고 있다. 2005년 APEC 전자무역 환경평가에서 한국은 홍콩, 싱가포르 등과 나란히 역내 국가 중 최상위 국가(Advanced Level)로 인정받았다. 조사 결과를 세부항목별로 살펴보면 IT기술환경과 적용, 실질적인 수행 수준에서는 최고수준이었으며, 무역 관련 규제나 관세 부분에서는 선진국에 비해 약간 높은 것으로 평가받았다.

아직 전자무역 추진 과정에서 인터넷 보안문제를 비롯해 전자문서 유통의 활성화 등 해결해야 할 과제가 많다. 그러나 현재 전자무역을 실현하고자 무역협회를 비롯해 정부 및 관련업계, 금융권이 함께 고민하고 노력하고 있으니 미래의 전망이 밝다. 향후 세계시장에서 우리나라 수출기업의 경쟁력 창출의 기반이자 불리한 대내외적 경제환경의 돌파구가 될 전자무역의 실현을 위해 우리 모두 지속적인 관심과 노력을 기울여야 할 것이다.

한국 무역의 자존심, 세계 1등 상품

몇 해 전, "아무도 2등은 기억하지 않습니다"라는 광고가 많은 시청자들의 주목을 받았다. 당시 광고는 인류 최초로 달에 착륙한 닐 암스트롱(Neil Armstrong), 최초의 전화기 발명자 그레이엄 벨(Alexander Graham Bell)만이 전 세계인에게 기억되고 있다는 사실을 보여주며 기업과 상품이 '세계 일류'가 되도록 노력해야 한다고 강조했다. 이는 최근 지역주의와 더불어 FTA의 급속한 확산으로 글로벌 무한경쟁이 심화되는 상황에서 우리 무역의 앞날에 시사점을 주는 내용이다.

세계 수출시장 점유율 1등 상품은 왜 중요한가? 품질과 가격 모두에서 전 세계 소비자로부터 인정받는 최고 상품이기 때문이다. 우리나라 상품 중에 세계 1등 상품이 많아진다는 것은 그만큼 가격경쟁력은 물론 품질·브랜드·A/S에 이르기까지 종합경쟁력이 최상위인 상품이 늘어난다는 것을 의미한다. 따라서 세계 1등 상품은 우리나라의 자존심이자 우리 경제를 이끄는 견인차라고 할 수 있다.

현재 세계 수출시장 점유율 기준으로 우리나라의 세계 1등 상품은 59개(2004년)를 기록하고 있다. 우리나라 대표 수출상품인 반도체의 경우 2005년 300억 달러 수출을 기록했으며, 그중 DRAM의 경우 92년 생산 세계 1위를 달성한 이래 삼성전자와 하이닉스가 시장점유율 1, 2위를 고수하고 있다. 2004년 현재 한국의 DRAM 세계시장점유율은 47퍼센트에 달한다. 또한 플라즈마 패널(PDP)과 액정패널(TFT-LCD)은 삼성SDI와 LG전자, 삼성전자와 LG필립스LCD가 각각 세계시장점유율 1, 2위를 차지하고 있다.

아울러 우리의 대표 상품으로 널리 알려진 DRAM 반도체·선박·휴대전화 등의 주력 품목 외에도 오토바이용 헬멧·자전거용 신발·휴대용 노래반주기·헤어드라이어 등 다양한 상품들이 세계시장에서 두각을 나타내고 있다. 헤어드라이어는 세계시장점유율 24퍼센트, 내비게이션은 25퍼센트에 이른다. 오토바이용 헬멧 생산업체인 홍진크라운은 단일업체로서는 세계 1위의 시장점유율과 생산량을 자랑한다. 이렇듯 작지만 강한 우리의 일류상품들이 세계시장 개척의 선두에 서 있다.

우리의 세계 1등 상품들이 세계시장에서 '메이드인 코리아' 의 명성을 떨치고 있지만, 세계 무역강대국인 독일은 851개, 미국 704개, 중국 833개, 일본 291개에 비해서는 크게 미흡한 수준이다. 게다가 우리의 세계 1등 상품 수가 2002년 66개, 2003년 62개로 해마다 감소추세를 보이고 있는 점은 우리의 수출경쟁력에 대한 강화가 절실한 상황이라는 것을 보여준다.

세계시장에서 인정받는 1등 상품의 수를 늘려 수출을 지속적으로 증대시키기 위해서는 선도적 기술개발과 해외시장 마케팅능력을 강화해야 한다. 특히 경공업 품목을 중심으로 중국 등 개발도상국들과의 경쟁이 심화되고 있으므로 고기술 품목에 대한 경쟁력을 높이는 것이 향후 경쟁의 요체가 될 것이다. 무엇보다 원천기술개발에 과감히 투자하고, 디자인 및 품질향상을 통해 고부가가치를 창출해야 한다. 여기에 글로벌 경영마인드를 갖고 시시각각 변화하는 외부환경에 신속히 대응하는 능력을 갖춰야 할 것이다.

'한국 붐', 어떻게 활용할 것인가

최근 몇 년 동안 한국 연예인들은 아시아 전역에서 유명인사로서의 명성을 얻고 민간 외교관 역할을 하며 일본과 중국에서 "한국 붐"을 일으켰다. 한국 붐은 1997년 드라마 "별은 내 가슴에"가 홍콩의 스타 TV에서 방영되고 중국 시청자들 사이에서 엄청난 인기를 끌며 시작되었다. 그 후, 한국 붐은 음악과 영화 등 다른 장르에서도 확산되었다. 최근 한국의 대중문화는 중국, 동남아시아와 일본 등을 넘어서 북미와 남미까지 퍼졌다. 이러한 현상은 한국인들이 자국 문화에 자긍

심을 갖게 할 뿐만 아니라, 한국의 국제적 이미지가 제고되는 데도 한 몫 하였다. 이러한 국제적 위상의 향상은 우리나라의 수출증대와 한국 방문 외국인 관광객 증가라는 긍정적 효과를 거두었다.

그러나 한국 붐이 시작된 지 7년이 지난 지금, 이 현상을 객관적으로 평가하는 것이 필요하다. 한국 붐은 방송프로그램과 영화 등 문화 컨텐츠의 수출증가를 주도하였으나 수출증가율은 불법 복사본이 범람하는 등의 이유로 예상만큼 높지 않았다. 수출증가율은 휴대폰, 가전제품, 화장품 등 몇 공산품 영역에서 두드러졌으나 이는 대부분 수출 자체에 대한 직접효과보다는 소비자들과 더 친근한 분위기를 형성했다는 간접효과가 대부분이다. 한국 붐과 관련지어 개발한 "테마 관광 패키지" 덕분에 관광은 7월 말 170만 관광객을 기록하며, 작년대비 47% 상승을 기록했다. 그러나, 이러한 관광패키지는 몇몇 특정 드라마와 유명 연예인에 크게 의존한 것이며 이는 지속 가능한 것이라고 할 수 없다.

즉, 한국 붐은 지금까지 여행사와 엔터테인먼트사에 의한 유명연예인 중심의 사업전략으로 유지되어 왔으며 문화현상을 분석하여 체계적인 전략을 갖고 사업을 벌이는 것이 아니었다. 우리는 과거에 홍콩영화, 일본만화 등의 붐이 들끓다가 순식간에 사라지는 것을 경험했다. 문화는 감성적인 현상이기 때문에, 그 누구도 어떤 새로운 문화가 어떻게 붐을 일으킬지 예상할 수 없다. 최근의 한국 붐도 마찬가지일 것이다. 따라서, 우리는 이 붐을 유지하고 효과적으로 활용하는 방법을 찾아야 한다. 지금까지 한국 붐은 상업 미디어, 엔터테인먼트 및 관광에만 치우쳐 있었다. 이제 정부는 국가이미지 제고, 지식 기반 콘텐츠 및 제품의 수출증가를 위해 이 붐을 활용해야 한다.

한국은 다른 아시아 국가들과의 문화교류에 지속적으로 나서고 공동 문화행사를 개최하는 등 한국 붐의 기초를 공고히 해야 한다. 또한 문화 컨텐츠 제작 인프라를 구축하는 등 문화생산의 질을 향상시키기 위해 전문가를 양성할 필요도 있다. 뿐만 아니라, 한국은 각 지역의 지역적, 문화적 특성을 고려해 지역별 수출마케팅 전략을 세워야 한다. 제품 수출을 한국 붐과 연결하기 위해서 기업은 수출되는 드라마와 연관된 상품을 기획할 필요가 있다. 예를 들어, 영화 시사회와 프로모션을 연결하고 마케팅에 한국 문화공연 등을 활용하는 것이다.

한국은 인기 역사 드라마 "대장금"에 나타난 한국의 전통 요리와 한방 치료를 사용한 관광상품을 개발할 수도 있다. 역사적으로 우리 문화에 대한 국제적 관심이 이토록 뜨거운 적이 없었다. 한국 문화에 이렇게 뜨거운 관심이 쏟아지는 현상은 전무후무하다. 지금 이 한국 붐을 놓치지 않고 잘 활용해서 우리에게 경제적으로도 도움이 될 수 있도록 전략방안을 모색하는데 한시도 주저해서는 안 된다.

Exploiting the 'Korea boom'

In recent years, Korean entertainers have created a "Korea boom" in Japan and China, gaining celebrity status in all Asia and acting as civilian diplomats. The Korean boom started in 1997 when the television soap opera "A Star in My Heart" was aired on Hong Kong's Star TV and was hugely popular among Chinese viewers. Afterwards, the Korea boom followed in other genres such as music and movies. Recently, Korean popular culture has moved from the China region,

Southeast Asia and Japan to take on North and South America as well. Not only did this phenomenon instill pride in Koreans about our culture, but also helped boost our international image. Such a boost is welcome in that it increases exports and encourages more foreign tourists to visit Korea.

But seven years after the Korea boom first occurred, there is a need to objectively evaluate the phenomenon. The Korea boom has led to an increase in the export of cultural content such as broadcast shows and movies, but the export growth rate is not going up as high as expected because of illegal pirated copies. The effect it has on increasing export of other products appears mainly in a few manufactured goods such as mobile phones, electric appliances and cosmetics, but it is mostly an indirect effect of forming a friendlier atmosphere with the buyers rather than a direct effect on exports themselves. Tourism, thanks to the development of "theme tourist packages" related to the Korea boom, has risen 47 percent this year, recording 1.7 million tourists at the end of July. However, much of this increased tourism depends heavily on a few particular soap operas and celebrities and will not be a sustainable tourist attraction.

In other words, the Korea boom so far has been a celebrity-centered business strategy by entertainment and tourist companies and does not hold a systematic strategy concerning a cultural phenomenon. We have seen Hong Kong movies and Japanese cartoons take on Asia like a fever in the past only to fall out of favor with no one caring. Because culture is an emotional phenomenon, one cannot predict how and what kind of a new culture will lead to a boom. The same goes for the recent Korea boom. Therefore, we need to find a way to sustain this boom and to use it effectively. So far, this Korea boom was only in commercial media, entertainment and tourism. Now the government needs to take advantage of the boom to boost our country's image and to increase the export of knowledge-based content and products.

We must promote cultural exchanges and host joint cultural events with the Asian countries where the Korea boom has taken place to solidify the foundation of this boom. We would also need to train professionals in order to build up an infrastructure of cultural content production and to enhance the quality of this cultural production. Also, we need to pursue a region-by-region export marketing strategy putting into consideration the cultural characteristics of the different regions. In order to link the Korean boom with product exports, businesses should be encouraged to produce commercials related to the soap operas being exported, to link movie premieres with their corporate promotions and to use Korean cultural performances for their marketing.

We could develop tourist products using traditional Korean dishes and oriental medicine treatments that appeared in "Daejanggeum," the wildly popular historical soap opera about a Joseon palace cook and physician. Never before has such international attention been paid to our culture, and we shouldn't hesitate to take advantage of this opportunity to pursue our economic interests.

4

원고 시대의
새로운 패러다임

원·엔 동조화 시대 끝났다

지난 9월 중순 두바이에서 날아온 선진 7개국 재무장관 회담소식
이 서울 외환시장을 강타했다. 이날 원화환율은 달러당 1,150원
으로 폭락해 34개월 만에 최저치를 기록했다. 내수가 부진한 가운데 수
출이 그나마 한국경제를 지탱해주는 현시점에 환율급락은 자칫 수출에
치명타가 될 수도 있다. 이번 회담에서 미국과 유럽 선진국들의 주된
표적이 중국과 일본임에도 불구하고 그 영향을 우리도 고스란히 떠안
은 셈이다. 이러한 원인은 두말할 것도 없이 한국 외환시장 내에 맹목
적으로 형성된 원·엔 환율 동조화 인식이 크게 작용했기 때문이다. 소
위 부화뇌동하는 밴드왜건 효과(Bandwagon Effect)가 나타난 것이다.

자유변동환율제도를 채택하고 있는 우리나라 원·달러 환율은 기본적으로 외환수급에 따라 결정된다. 그러나 원화는 달러화의 강약 움직임보다는 엔화 향배에 더 민감하게 반응해왔으며 특히 외환위기 이후 이 같은 현상이 심화되었다. 즉, 엔화가 약세를 보일 때는 우리에게 득이 되지만 요즈음처럼 엔화강세가 나타날 경우 한국경제에 미치는 악영향은 클 수밖에 없다. 실제 외환위기 이후 양국의 환율 움직임을 보면 원화환율은 엔화환율이 상승할 때보다는 하락할 때 더 크게 변동했다. 동시에 원·엔 동조화는 한국 외환시장이 일본의 여건에 좌우되는 숙명적인 구조를 벗어나지 못하고 있음을 말해준다.

　　그렇다면 원·엔의 동조화 현상이 나타나는 이유는 무엇일까? 그 원인을 크게 두 가지로 지적하고 싶다. 하나는 외환당국의 책임이다. 한국정부는 지난 수년 간 10대 1 수준에서 유지되는 원·엔 환율을 용인하는 듯한 인상을 시장에 줌으로써 원·엔 동조화가 고착화되는 데 일부 책임이 있다. 다른 하나는 외환시장 민간 참가자들의 잘못된 인식이다. 한·일 간 수출경합도가 높다는 이유 하나만으로 엔화강세는 곧 원화강세라는 인식이 지배해왔고 이제는 맹목적인 인식으로 변해버렸다.

　　최근 들어 원화와 엔화 동조화가 지속될 근거는 점차 약화되고 있다. 무엇보다 환율결정에 가장 큰 영향을 미치는 경기·물가·경상수지에서 한·일 간 차별화가 진행되고 있다. 물가를 보면 한국은 지난 3년간 3퍼센트대 상승률을 기록했지만 일본은 오히려 1퍼센트 하락했다. 경기 측면에서도 전기비로 볼 때 한국은 두 분기 연속 마이너스 성장을 기록한 반면 일본은 두 분기 연속 성장세를 보였다. 경상수지 측면에서도 일본은 2003년 7월까지 736억 달러 흑자를 기록한 데 반해 한국은 같은 기간 12억 달러에 그쳤다.

원·엔 동조화가 단절돼야 할 또 다른 이유는 중국경제의 부상과 이에 따른 한·중 간 높아진 수출경합이다. 중국경제의 급부상으로 한·중 간 해외시장에서 높아진 경합관계를 감안하면, 엔화 향배에 따라 원화 가치를 결정하기만 하면 우리 수출경쟁력에 문제가 없으리라는 믿음은 시대착오적이다. 더구나 중국상품과의 경쟁은 대기업보다 중소기업에서 더욱 치열하기 때문에 원·엔 동조화의 타격은 가뜩이나 어려운 국내 중소기업에 직격탄이 될 수 있다. 최근 무역연구소의 조사에 따르면 중소기업 절반 이상이 출혈 수출을 하고 있는 것으로 나타났다.

미국이 내년 대선을 앞두고 있어 자국의 경상적자 축소를 위한 달러 약세는 상당 기간 지속될 수 있으며 원·엔 동조화를 벗어나지 못하면 그 피해는 고스란히 우리 경제가 떠안을 가능성이 높다. 외환시장 안정을 위해서는 외평채 추가 발행도 필요하지만 보다 근본적으로는 한국경제의 전반적인 여건을 감안해 환율정책을 운용해야 한다. 특히 원·엔 환율이 10대 1로 유지돼야 한다는 듯한 잘못된 시그널을 시장에 주어서는 안 된다. 은행, 기업 등 외환시장 민간 참가자들도 지금까지의 잘못된 인식에서 벗어나 냉정하게 경제여건과 외환수급의 관점에서 접근해야 한다. 시장 참가자들이 합리적으로 행동할 때 환율은 실물경제를 제대로 반영하고 외환시장의 선진화도 기대할 수 있을 것이다.

환율급변 시 정부의 역할

환율이 달러당 1,060원대까지 떨어져 7년여 만에 최저치를 기록했다. 경쟁국 통화와 비교하더라도 원화가 빠르게 절상되고 있다. 2003년 말에 비해 원화환율은 10.0퍼센트 하락해 일본 1.4퍼센트, 싱가포르 2.9퍼센트, 대만 3.5퍼센트 등 경쟁국 통화에 비해 상대적으로 크게 떨어졌다.

환율급락의 원인은 첫째, 미국의 쌍둥이적자 확대 우려에 따른 미 달러화의 약세이고 둘째, 경상수지 흑자 누적으로 국내 외환시장에서 달러화가 공급우위를 보이고 있기 때문이다. 이렇듯 원화절상은 일반적인 추세일 수 있으나 단기간의 환율급락으로 인해 수출기업의 채산성은 심각하게 악화되었다. 무역협회가 최근 조사한 바에 따르면 적정이윤을 확보할 수 있는 환율수준은 1,170원대이며 투입비용을 회수할 수 있는 환율수준은 1,120원대로 조사됐다. 지금 상황에서는 대부분의 중소 수출기업이 적자수출을 하고 있거나 이에 직면해 있으며 채산성이 맞지 않아 신규 오더를 주저하고 있다.

더 걱정인 것은 '수출 2,000억 달러 달성' 등 최근의 수출호조에 편승해 원화절상을 당연하게 받아들이는 분위기다. 하지만 중국의 긴축정책, IT 경기둔화 등으로 반도체·휴대전화 등 주력 수출 품목의 내년 수출환경이 크게 악화되고 조만간 내수회복을 기대할 수 없는 상황에서 원화절상은 우리 경제에 치명적이다.

첫째, 기업의 채산성을 악화시켜 수출둔화를 초래할 것이다. 일본 등 선진국은 원천기술을 보유하고 있어 환율의 부담을 수출가격에 전가할 수 있지만, 원천기술이 없는 우리 기업은 수출가격 전가가 어렵기 때문에 채산성에 직접적인 타격이 될 수 있다. 우리 기업의 환율하락분의 수출가격 전가율은 10퍼센트에 불과하다. 둘째, 일단 수출시장을 잃어버리면 이를 회복하는 데 장시간이 소요된다. 일시적인 외부 충격으로 경제가 균형을 일단 벗어나면 그 외부요인이 사라지더라도 쉽사리 원상회복이 되지 않는다는 이력효과가 수출에도 나타날 수 있기 때문이다. 셋째, 지금 우리 경제는 내수침체로 여유자원이 충분하기 때문에 수출과 내수 간에 상충관계가 있다고 보기 어려우므로 수출둔화는 내수회복에 있어서 걸림돌로 작용할 것이다. 넷째, 원화절상으로 물가가 하락하면 내수회복을 기대할 수도 있겠으나, 최근의 내수침체는 고용불안과 미래에 대한 불확실성 등에 따른 심리적 요인이 크기 때문에 원화절상으로 수출이 안 되면 오히려 소비와 투자심리를 위축시킬 것이다.

최근 외환당국의 입지가 크게 위축될 것이라는 인식이 확산되면서 시장불안심리가 가중되고 있다. 급격한 환율변동을 방치할 경우 우리 경제는 돌이킬 수 없는 상황으로 치달을 수 있다. 변동환율제도하에서 환율은 기본적으로 시장에 맡겨져야 하지만, 불안심리 등으로 환율이 급변할 때는 시장에 맡기는 것만이 능사가 아니다. 환율은 금리와 마찬가지로 경제의 제반 여건을 감안해 운용해야 하는 중요한 경제정책 중 하나이며, 따라서 정부는 시장의 충격을 줄이는 적절한 환율정책을 운용할 책임이 있다.

원고 시대의 새로운 패러다임

환율이 급락하면서 수출기업의 채산성 악화가 심각하다. 원화환율은 2004년 11월 중순 7년 만에 처음으로 1,100원대가 무너졌고 불과 열흘 만에 다시 1,050원대까지 떨어졌다. 2003년 말에 비해 달러당 150원 정도 떨어졌고 불과 한 달 전에 비해서도 100원이 하락한 셈이다. 환율이 더 하락한다면 중소기업은 물론 대기업까지 흔들리면서 수출기반 자체가 무너질 것이라는 위기감이 확산되고 있다. 무역협회가 최근 수출기업을 대상으로 조사한 바에 따르면 적자수출을 하고 있는 기업이 90퍼센트에 달하고, 채산성이 맞지 않아 수출계약을 취소한 기업도 8퍼센트나 된다고 한다. 환율급락의 원인은 대외적으로 미국의 쌍둥이적자 확대 우려로 달러화가 약세를 보이고 있는 데다 대내적으로 경상수지 흑자 누적으로 외환시장에서 달러화가 공급우위를 보이고 있기 때문이다.

원화강세 추세는 장기화될 전망이다. 무엇보다 원화강세의 직접적인 원인이 된 미국의 경상수지 적자가 2003년 GDP 대비 5퍼센트에서 2004년에 5.7퍼센트로 더욱 늘어날 것으로 보인다. 또한 미국정부는 경상수지 적자축소를 위한 여러 방안 중 달러가치의 하락을 가장 현실적인 대안으로 판단하고 있어 앞으로 달러화 약세가 불가피해 보인다. 더욱이 우리의 경우 국내경제회복이 지연되면서 수입수요의 증가를 기대하기 어려워 경상수지 흑자 기조가 당분간 지속될 것으로 전망된다. 1990년대 이후 미국 달러화는 5~7년을 주기로 강세와 약세를 반복해 왔다. 달러화 약세가 2002년부터 시작되었다는 점을 감안하면 약세현상은 앞으로 수년간 지속될 수 있다. 또한 국민소득 2만 달러 시대로 나아가는 우리 경제의 선진화 과정에서도 원고(高)는 불가피한 현상이다.

원고 시대에 우리 경제는 새로운 패러다임이 요구된다. 첫째, 기본적으로 산업의 경쟁력을 제고해야 한다. 이를 위해 기업은 부단한 구조조정 노력과 함께 기술개발을 통해 품질향상과 고부가가치화를 추구해야 한다. 정부의 산업정책도 가격경쟁력보다 수출산업의 경쟁력 제고에 초점을 맞춰야 한다. 둘째, 수출시장 확대에 주력해야 한다. 일본·아세안·미국·멕시코 등과 같이 거점 및 시장확대 효과가 큰 지역을 중심으로 FTA 체결대상국을 확대하고, 성장잠재력이 높은 브릭스에도 적극 진출해야 한다. 또한 DDA 협상에 능동적으로 참여해 글로벌 경제하에서 무역과 투자의 자유화를 통한 수출증대를 모색해 나가야 한다. 셋째, 외환시장의 안정이다. 자유변동환율제도하에서 환율은 기본적으로 시장에서 결정되어야 하지만 외환시장이 불안정할 경우 이를 방치한다면 투기성 자금과 맞물려 환율이 균형에서 장기간 일탈할 가능성이 높다. 이러한 상황에서 시장의 충격을 최소화하는 일관성 있고 안정된 환율정책의 운용은 필수적이다. 넷째, 환위험 관리에 보다 철저한 대비가 있어야 한다. 자본이 완전자유화된 오늘날 환율변동은 커질 수밖에 없고 그 방향도 예측하기 어렵다. 환위험 관리는 이제 기업들이 피할 수 없는 일상의 과제이며 기업의 생존마저 위협하는 중요한 이슈다. 선물환이나 환변동보험과 같은 환위험 헤지상품을 적극 이용함으로써 환율변동에 따른 환위험을 최소화하고, 외화자금의 유입과 유출을 통화별 만기별로 일치시키는 노력을 통해 환위험을 줄여 나가야 한다. 또 현재와 같은 달러화 일변도에서 벗어나 유로화·엔화·파운드화 등 결제통화를 다양화해 외환에 대하여 균형된 포지션을 가져 나가야 한다.

원고 시대에 즈음하여 우리는 지난 1985년 플라자 합의 이후 일본의 대응에 주목해야 한다. 플라자 합의를 전후로 엔화가 달러당 260엔에서 84엔까지 떨어지자 일본기업은 원가절감, 경영합리화 등을 통해 자원의 낭비요인을 철저히 제거하고 해외 생산비중을 크게 늘리는 동시에 고기술, 고부가가치 등 품질경쟁력을 제고함으로써 엔고를 정면으로 돌파했다. 일본의 교훈을 타산지석 삼아 정부와 기업 모두 새로운 패러다임으로 위기를 기회로 바꾸는 또 한번의 도약을 모색해 나가야 한다.

저환율 시대의 수출경쟁력

통일과 함께 '늙은 호랑이'로 전락했던 독일이 무섭게 변모하고 있다. 1990년 통일 이후 임금상승과 사회복지 지출증대 등으로 경쟁력을 상실했던 독일이 미국을 제치고 2003년에 이어 2004년 연속 세계 1위 수출국으로 부상했다. 유로화가 출범한 1999년 이후 2004년까지 독일의 수출물량은 40퍼센트 증가하여 같은 유로회원국인 스페인 25퍼센트, 프랑스 20퍼센트, 이탈리아 10퍼센트 증가를 압도하는 성적을 보였다.

그동안 유로화의 가파른 강세에도 불구하고 독일이 이처럼 놀랄 만한 수출성과를 거둔 비결은 무엇일까? 바로 독일 기업들의 경쟁력 회복을 위한 임금안정과 생산성 향상 노력을 들 수 있다. 여기에다 독일정부가 노동시장의 경직성을 해소하기 위해 고용조정을 강화하고 구직활동을 지원하는 등 일련의 노동시장 개혁정책을 시행한 것도 큰 몫을 했다. 이러한 노력에 힘입어 지난 5년간 독일은 유로지역 평균보다 높은 노동생산성 증가율과 가장 낮은 임금상승률을 보이면서 단위당 노동비용이 10퍼센트 이상 감소했다. 미 달러화가 약세를 보인 2002년 초부터 2004년 말까지 유로화는 무려 54퍼센트 가까이 절상됐다. 그러나 노동비용을 감안한 독일의 실질실효환율은 4퍼센트 상승에 그쳐 유로국가들 중가장 낮은 상승률을 기록했다. 이처럼 유로화의 명목가치 급등에도 불구하고 실질실효환율의 완만한 상승은 독일기업들의 활발한 수출활동을 잘 설명해준다. 독일기업들의 이러한 경쟁력 제고를 두고 얼마 전 해외언론들은 '독일기업들의 슈퍼 경쟁력(super-competitive)'이라고 표현했다.

2004년 우리나라 수출은 30퍼센트 이상 증가하는 근래 보기 드문 호황을 누렸다. 그 원인은 IT제품을 중심으로 세계 수요가 꾸준히 증가하고 환율이 안정적으로 운용된 덕분이다. 그러나 2004년 말부터 세계 IT경기가 수그러지고 환율마저 가파르게 하락하면서 2005년도 우리 경제전반에 불안감을 드리우고 있다. 최근 수출의 실질신장률을 살펴보면 환율하락으로 앞으로 수출이 녹록지 않음을 알 수 있다. 2004년 1/4분기에서 3/4분기 동안 환율이 안정을 보이면서 수출물량은 지난해 동기에 비해 20퍼센트 이상 증가했으나 4/4분기에는 환율이 급락하면서 9.8퍼센트 증가에 그쳤다.

달러화가 약세를 보인 2002년 1월 이후 2005년 3월까지 원화환율은 23퍼센트 하락했다. 32퍼센트 하락한 유로화에 비해서는 낙폭이 작았지만 일본 20퍼센트, 싱가포르 11퍼센트, 대만 10퍼센트, 태국 12퍼센트 각각 하락하여 명목환율에서 우리나라 환율이 상당히 불리하다. 보다 걱정인 것은 원화가 물가상승률을 감안한 실질환율에서 주요 경쟁국들과 비교할 수 없을 만큼 많이 올랐다는 것이다. 2002년 초 이후 최근 3년간 실질실효환율 기준으로 원화는 23퍼센트 절상돼 같은 기간 16퍼센트 절상된 유로화를 앞질렀다.

또 엔화는 오히려 1퍼센트 절하됐고 중국 위안화, 싱가포르 달러 등 아시아 주요 통화들도 10퍼센트 이상 절하됐다. 무역연구소의 분석에 따르면 원화는 2004년 하반기에 고평가로 돌아섰고, 2005년 2월 현재 5.8퍼센트 고평가된 것으로 나타났다. 분석방법에 따라 다소 상이한 결과를 얻을 수 있겠으나 여러 연구기관들의 발표자료를 종합해보면 최근 원화가 고평가로 접어든 것이 분명해 보인다. 지난 수년간 원화의 실질환율이 무역수지에 결정적인 영향을 미쳤다는 점에서 적극적인 조기 대응이 필요하다.

우선 정부는 제반 거시경제 변수들을 고려해 수출경쟁력이 약화되지 않도록 유연한 환율정책을 운용해 나가야 한다. 또한 최근 환율하락 추세에는 투기수요가 가담한 가수요의 영향이 적지 않은 만큼 환율안정에 대한 강력한 메시지를 시장에 전달할 필요가 있다. 기업들도 달러약세를 대세로 받아들이고 원화절상을 극복하기 위한 다양한 생존전략을 강구해야 한다. 환위험 관리와 틈새시장 개척 노력을 게을리해서는 안 되며 일류기술도 지속적으로 개발해야 한다. 특히 점점 열악해지는 기업환경에 대응하기 위해 우리 기업들은 임금을 안정시키고 노동생산성을 향상시켜 슈퍼 경쟁력을 갖춘 한국기업으로 거듭나야 한다.

환율이 움직일 때 우리 경제는?

지난 2005년 7월 21일 중국정부는 고정환율제에서 외환바스켓을 기반으로 하는 변동환율제로 변경한다고 발표했다. 동시에 위안화를 2.1퍼센트 평가절상하는 조치를 단행했다. 절상률은 예상보다 적었으나 한국을 비롯한 아시아 각국의 외환시장에 충격을 주었다.

또한 평가절상으로 인해 구매력이 향상된 중국의 원유 사재기에 대한 우려로 국제유가가 술렁이기도 했다. 이는 환율이 세계경제에 얼마나 민감한 이슈인지를 잘 보여준다. 특히 교역액이 세계 12위, 무역의존도가 약 70퍼센트에 이르는 우리나라에 환율은 매우 중요한 경제변수다. 우선 환율변동은 수출입변동을 초래하여 무역수지(수출−수입)에 민감한 영향을 미친다.

우선 원화환율이 상승(원화가치가 하락)하면 수출에 어떠한 영향을 미치는지 살펴보자. 예를 들어 10달러에 판매하는 수출품의 원화가격은 원화환율이 1,000원/달러일 경우 1만 원이 될 것이다. 이제 원화환율이 1,100원/달러로 상승할 경우 원화가격은 1만1,000원이 되므로 기업의 수익이 1,000원 늘어나게 된다. 이 기업은 두 가지 선택이 가능하다. 하나는 수출품의 달러 표시 가격을 1,000원에 해당하는 만큼 낮추는 방법이다. 즉, 수출품의 달러표시 가격을 9.1달러(10달러×10,000원/11,000원) 수준으로까지 낮추어 채산성은 종전과 같이 유지하되, 해외시장에서 우리나라 수출품의 가격경쟁력을 향상시키는 것이다. 그러면 더 많은 해외 수요를 확보하여 매출을 확대할 수 있다.

두 번째 선택은 종전과 동일한 달러표시 가격을 유지하는 방법이다. 이 경우 이 기업의 수출가격은 10달러로 예전과 동일하지만 원화표시 단위당 매출액은 1,000원 확대되므로 더 높은 이윤이 발생하게 된다. 이렇게 되면 이 기업은 해외에서 동일한 수준의 수요를 유지하면서도 채산성이 높아져 수익이 증가하게 된다. 또한 이전에는 수익성이 없어 수출이 불가능했던 기업도 수출이 가능해지므로 경제 전체로는 수출이 증가하는 효과를 얻게 된다.

한편 원화환율 상승이 수입에 어떤 영향을 미치는지 살펴보자. 이 경우 달러표시 수입단가는 변하지 않고 원화표시 수입단가가 상승하여 수입품의 국내수요가 위축되고, 이로 인해 수입물량은 감소한다. 즉, 달러표시 수입단가는 변화가 없는 반면 수입물량이 줄어들어 전체 수입액이 감소하게 된다. 이상 살펴본 바와 같이 환율이 절하되면 수출이 증가하고, 수입이 감소함으로써 무역수지가 개선된다. 반대로 환율이 절상되면 무역수지가 악화된다.

아울러 환율변동은 국내물가에도 영향을 미친다. 예를 들어 원유의 수입가격이 배럴당 40달러이고 원화환율이 1,000원/달러라면 원유수입업자는 배럴당 4만 원을 지불해야 한다. 이때 원화환율이 1,100원/달러로 상승하면 원유의 배럴당 수입가격은 4만4,000원으로 상승한다. 이는 곧바로 원유와 관련된 모든 산업에 가격인상요인으로 작용하고, 이를 통해 경제전반의 물가가 상승하게 된다.

환율은 단기적으로 무역수지 변화에 직접적인 영향을 미치기 때문에 환율의 적정수준 유지는 매우 중요하다. 특히 우리나라는 1997년 환율의 적정수준 유지에 실패한 경험이 있다. 당시 환율은 800원대로 수년간 고평가되었고, 이에 따라 무역수지 적자가 누적되면서 1997년 우리 경제는 외환위기를 맞았다. 1997년 말부터 시작된 원화의 대폭적인 절하는 1998년부터 무역수지를 흑자로 반전시켜 외환위기를 극복하는 열쇠가 되었다.

세계 각국은 무역수지 불균형을 해소하기 위해 자국 통화의 저평가를 유지함으로써 자국의 수출경쟁력을 조금이라도 강화하고자 한다. 이는 환율이 적정수준을 이탈할 경우 그 나라의 경제에 미치는 영향이 심대하기 때문이다. 중국 역시 이러한 과정에서 위안화의 절상을 요구하는 미국과 갈등을 겪었고, 이번 평가절상도 미국의 압력이라는 것을 부인할 수 없다.

일본의 경우도 1990년대 중반 당시 재무성 국제금융 담당 차관이었던 사카키바라(榊原英資) 게이오대학 교수가 극심한 엔고를 방지하려는 노력으로 '미스터 엔'이란 별명을 얻은 바 있다. 수출경기가 둔화 조짐을 보이고 위안화절상을 기폭제로 국제환율의 급변 가능성이 커지고 있는 상황에서 우리 원화의 수문장이 되어줄 '미스터 원'의 등장이 기다려진다.

세 자릿수 환율 시대

연초부터 환율이 불안하다. 2005년 12월 중순경 달러당 1,030원대로 비교적 안정세를 유지하던 환율이 2006년 들어 가파르게 하락하면서 급기야 1,000원대가 무너졌다. 환율하락을 어느 정도 예상했으나 수준은 물론 속도가 너무 빠르다는 점에서 당혹감을 감출 수가 없다. 원화강세에도 불구하고 경쟁국 통화가 그다지 강세를 보이지 않는다는 점에서 더욱 우려가 크다. 원화환율은 2005년 평균 10.6퍼센트 떨어진 데 반해 같은 기간 엔달러 환율은 오히려 2.0퍼센트 상승했고 2006년에도 여전히 높은 수준을 보이고 있다. 상황이 이렇다 보니 2005년 원-엔 환율은 100엔당 평균 930원으로 12.1퍼센트 하락한 데 이어 2006년 1월에도 860원 내외로 강세를 이어가고 있다.

최근 수년간 우리나라 수출상품구조가 고도화되어 반도체·자동차·휴대전화 등 소위 5대 주력 수출 품목이 전체 수출에서 차지하는 비중이 2005년 현재 42퍼센트나 된다. 이들 품목은 가격경쟁력보다는 주로 품질이나 브랜드 경쟁력에 주력하고 있어 환율변동에 따른 민감도가 예전처럼 크지 않다는 인식이 지배적이다. 그러나 최근 무역연구소의 조사에 따르면 대기업의 평균 손익분기점 환율은 1,025원으로 나타나 현 환율수준에서는 대기업마저 수출이 녹록지 않다. 세계전자시장을 주도하는 글로벌 기업도 환율이 100원 하락하면 연간 순이익이 2조 원

감소한다는 것을 감안하면, 환율하락이 수출에 얼마나 큰 영향을 주는 가를 실감할 수 있다. 더군다나 우리나라 상위 50대 수출 품목 중 일본과의 중복 품목 비중이 46퍼센트나 돼 반도체·자동차 등 주력 수출 품목의 어려움은 가중될 수밖에 없다.

더욱이 이러한 저환율 기조 속에 중소기업의 수출은 한계상황에 직면해 있다. 현재의 환율수준에서 중소기업 대부분이 적자수출을 하고 있고, 추가 하락 시에는 수출물량 축소가 가시화될 것으로 예상된다. 2005년 수출이 두 자릿수 증가율을 기록했지만 중소 수출기업은 5.8퍼센트 증가에 그친 것만 보아도 알 수 있다.

2006년도 우리 경제는 소비와 투자를 중심으로 내수가 회복될 것으로 보이지만 그 속도가 완만한 데다 큰 폭으로 개선 되기는 어려울 전망이다. 따라서 우리 경제의 성장 모멘텀은 여전히 수출에서 찾을 수밖에 없으며 국민소득 2만 달러 조기 달성도 수출 중심 전략을 통해서 가능할 것이다. 그러기 위해서는 대내외 여건을 면밀히 점검하면서 안정적인 거시경제 환경조성과 함께 환율불안에 대한 선제적 대응이 필요하다.

정부는 우선 수출경쟁력이 약화되지 않도록 안정적인 환율정책을 운용해 나가야 한다. 최근 환율불안은 역외 시장을 중심으로 투기적 세력에 의한 영향이 있는 만큼 환율동향 점검을 한층 강화하고 환투기나 과도한 불안심리가 재발되지 않도록 필요한 조치들을 강구해야 한다. 동시에 2단계 외환 자유화의 원년을 맞아 해외투자에 대한 각종 규제들을 지속적으로 완화함으로써 외환수급의 균형 기조 정착을 도모해 나가야 할 것이다.

기업들도 정부의 적극적인 시장개입에 한계가 있는 만큼 원화강세를 대세로 받아들이고 이를 극복하기 위한 다각적인 생존전략을 강구해야 한다. 이제 환율과 관련한 기업경영에 있어 천수답이라는 낡은 사고에서 벗어나 적극적인 환위험 관리와 결제통화 다변화 등을 추진하고 동시에 생산성 향상과 틈새시장 개척 노력을 게을리하지 말아야 한다.

앞으로 미국의 경상수지 적자와 재정수지 적자가 조기에 시정되기 어려운 점을 감안하면 원화절상은 피할 수 없는 추세다. 고유가 시대에 정부나 기업이 새롭게 전략을 짜듯이 모든 경제주체들은 저환율 시대의 경제 패러다임을 바꿔 나가야 한다.

5장

우리의 경제영토를
확장하는 길

경제개방과 무역·투자 자유화를 통한 상호이익을 확대하는 21세기 신다자주의가
최근 경제위기를 완화하고 향후 세계경제의 지속 가능한 성장을 가져올 수 있는 해
결책이라 생각합니다.

－크리스틴 라가르드(Christine Lagarde) IMF 총재,
2014년 2월 3일, 딤블비 강연(the Richard Dimbleby Lecture) 중에서

1. 중국, 또 다른 위기와 기회
2. FTA는 왜 생존전략인가
3. 선진 통상국의 출발점에 서다
4. 개방과 FTA 영토의 확장

2만 달러의 함정에서 벗어나 3만 달러 시대에 제대로 안착하고, 다시 4만 달러 기반을 조성
하려면 '국가경쟁력 제고'라는 깔딱고개를 넘어야 합니다. 그 출발점은 글로벌 시대에 부합
하는 선진 통상국가가 되는 것입니다. 대외경제정책은 외국의 압력이나 국내 여론에 수세적
으로 끌려 다니기보다 적극적인 자세로 세계무역질서를 선도할 수 있어야 합니다. FTA만해
도 제로섬 게임(zero sum game)이 아닌 포지티브섬 게임(positive sum game)입니다. 누
가 얼마만큼 얻고 잃느냐는 협상이 아니라, 무역장벽의 해소와 포괄적 협력을 통해 역외국
가와는 차별화된 커다란 이익을 상호 향유하는 win-win 협상입니다. 우리는 이런 '파이 키
우기'에 적극적으로 참여할 필요가 있습니다. 다행히 최근 중국과 FTA를 성사시켜 이제 우
리는 세계 3대 경제권과 FTA를 체결한 나라가 되었습니다. 경제영토로 따지면 세계 3위입
니다. 이와 함께 FTA 발효에 따른 피해산업과 관련 종사자의 충격 완화에도 만전을 기해야
합니다. 이를 위해 '사심 없는 조정자(honest broker)'로서의 정부 역할이 어느 때보다 필
요합니다.

1
중국,
또 다른 위기와 기회

한·중 경협 새 지평의 전제

20 03년 한·중 양국은 세대교체를 통해 새 시대를 열어가고 있다. 한국은 주변국과의 협력확대를 통해 동북아의 평화와 번영을 달성함으로써 동북아경제 중심으로 자리 잡는다는 비전을 세우고 있다. 중국 역시 2020년까지 1인당 GDP 3,000달러의 샤오캉사회를 건설한다는 비전을 제시했다. 양국의 새 지도부가 이러한 비전을 달성하기 위해서는 주변국의 긴밀한 협력이 이루어져야 한다. 이러한 의미에서 이번 양국 정상회담은 큰 의미를 갖는다. 특히 정상회담에서 공동성명을 통해 양국관계가 전면적 협력 동반자관계로 격상되고, 동북아 평화의 달성은 물론 공동발전의 초석을 놓는 중요한 계기가 마련되었다.

이러한 변화에 맞추어 양국 간 경제협력에 있어서도 새로운 패러다임이 정립되어야 한다.

지난 92년 수교 때만 해도 중국과 우리나라의 교역량은 64억 달러에 그쳤으나 10년이 지난 2002년에는 412억 달러로 무려 6.5배 증가했다. 중국은 이미 미국을 제치고 우리의 최대 투자대상국이 되었으며 수출에 있어서도 조만간 우리의 첫 번째 시장으로 부상할 것이다. 그러나 양국 간 무역과 투자가 확대되는 과정에서 통상마찰도 증폭되고 있다. 우리는 수교 이후 지난 5월 말까지 중국에 대해 400억 달러 이상의 누적 무역수지 흑자를 유지했다. 이에 따라 중국은 우리나라에 대해 21건의 수입규제 조치를 시행해 우리가 일본, 미국을 제치고 제1의 수입규제 대상국에 올라 있다.

따라서 양국 간 경제협력은 우선 '확대와 균형'이라는 대원칙 아래 통상마찰을 줄이고, 무역을 확대해야 한다. 중국의 대한 무역수지 개선 요구에 대해 점진적으로 확대균형을 달성하도록 노력해야 하며, 중국 역시 반덤핑과 세이프가드 발동을 자제해야 한다. 동시에 해외진출을 확대하는 중국기업들이 한국에 대한 투자를 확대함으로써 양국 간 투자협력이 쌍방향 협력으로 발전될 수 있도록 해야 한다.

둘째, 경제협력은 양국 모두가 수혜자가 되는 분야에서 우선적으로 이루어져야 하며 양국 간 협력의 심화를 통해 세계시장에서 시너지 효과를 극대화하는 데 역점을 두어야 한다. CDMA, 미래첨단기술, 고속철도 등 양국이 합의한 10대 경제협력사업을 내실 있게 추진함과 동시에 양국 모두에게 절실한 '미래지향적인' 산업 분야의 협력을 더욱 확대해야 한다. 셋째, 경제협력이 보다 내실 있게 추진되기 위해서는 정부 중심의 협력과 더불어 민간기업의 적극적인 참여를 유도해야 한다.

지금까지 양국은 한중산업협력위원회, 과학기술공동위원회, 투자협력위원회 등 정부 간 협의채널을 구축하고, 산업협력협정을 체결하는 등 정부 차원의 협력에서 상당한 성과를 거두고 있다. 그러나 향후 양국 간 경제협력은 기업과 업종별 단체를 중심으로 한 민간 중심으로 이루어져야 할 것이다. 정부는 민간의 협력이 원활히 이루어질 수 있는 최적의 환경을 조성하는 데 역점을 두어야 할 것이다. 마지막으로 동북아 시대의 도래에 맞는 협력의 틀이 조속히 마련되어야 한다. 동북아가 세계의 새로운 경제중심축으로 자리 잡기 위해서는 한·중·일 3국간의 긴밀한 경제적 유대관계가 필요하며 그중 가장 유효한 방안이 역내 FTA 체결이다.

현재 한·중·일 FTA의 공동연구가 진행되고 있으나, 중국이 한·일 FTA의 빠른 진전에 민감한 반응을 보이고 있고 중국경제가 우리 경제에 미치는 영향을 감안할 때, 한·중 FTA에 대해서도 민간 차원의 공동연구를 추진할 필요가 있다. 중국과의 우호적인 협력관계를 심화시켜 나가는 것은 한반도는 물론 동북아의 평화와 번영을 달성하고 한국경제의 성장잠재력을 확충시키는 데 있어 매우 중요한 요소다. 이제 중국을 경쟁자보다는 동반자로 인식하고 황해를 내해(內海)로 생각하는 열린 마음이 요구된다.

중국의 구조조정 이후 대비책

중국발 경제폭풍이 몰아치고 있다. 4월 말 중국의 원자바오(溫家寶) 총리가 한 통신사와의 인터뷰에서 금융기관의 대출을 규제할 것이라고 언급하자 국내 주식시장과 경제계가 엄청난 충격에 빠졌다. 중국은 지난 25년간 연평균 9.9퍼센트에 달하는 고도성장을 구가하면 서 세계경제의 성장을 주도해왔으며, 다른 한편으로 매년 500억 달러 를 넘어서는 외국인 투자를 흡수하면서 세계의 제조창 역할을 담당해 왔다. 중국은 세계 무역에 있어서도 2003년 일본을 제치고 세계 3위의 수입국으로 부상함에 따라 이제 동북아, 나아가 세계경제의 향방을 좌 우하는 중요한 국가가 된 것이다.

그러나 고도성장을 달성하는 과정에서 경기버블이 심각해지면서 2003년 하반기 이후 중국정부는 긴축조치를 강화하고 있다. 중국경제 는 국내의 전반적인 공급과잉에도 불구하고 부동산과 철강·시멘트·석 유화학 등 일부 제조업 분야에서 여전히 경쟁적인 투자가 이뤄지고 있 다. 이렇게 투입되는 자금이 대부분 금융기관의 대출로 조달되고 있으 므로 중국경제가 급락할 경우 기업의 부실은 곧바로 금융부실로 이어 질 수밖에 없다. 따라서 중국정부의 긴축조치는 성장과정에서 발생할 수 있는 리스크를 미연에 방지함으로써 중장기적인 성장잠재력을 확충 하는 데 목적을 두고 있음을 간과하지 말아야 할 것이다.

긴축에 따른 투자와 소비 등 총수요 둔화는 단기적으로는 우리의 수 출에 부정적인 요인으로 작용할 것이다. 중국이 우리의 수출시장에서 차지하는 비중은 지난 10년 사이 6.5퍼센트에서 18.1퍼센트로 높아졌 으며, 2003년에는 미국을 제치고 우리의 최대 수출대상국이 되었다. 우 리가 중국에 수출하는 품목의 70퍼센트를 원자재와 부품이 차지하고 있어 양국 간 수출의 동조화 현상이 심화되고 있다. 2003년 우리나라 해외투자의 37퍼센트, 제조업 해외투자의 64퍼센트가 중국을 대상으 로 한 것이었다. 따라서 중국의 작은 변화에도 우리 경제는 충격을 받을 수밖에 없다. 중국이 기침을 하면 한국은 감기를 앓고, 베이징에서 나비가 날갯짓을 하면 서울에서는 태풍이 불어닥치게 된 것이다.

중장기적으로 중국의 구조조정은 우리에게 기회인 동시에 위협이 될 것이다. 중국의 경제안정화 조치는 중국경제의 연착륙을 통해 동북아와 세계경제의 지속적인 성장을 가능하게 함으로써 우리에게 더 많은 기회를 제공하게 될 것이다. 다른 한편으로는 산업구조 고도화를 통해 중국산 제품의 경쟁력이 제고되어 우리의 주요 수출시장에서 중국과의 경쟁은 더욱 치열해질 것이다.

따라서 중국발 충격에 따른 부작용을 최소화하고 기회를 최대한 활용하기 위해서는 다각적인 노력이 필요하다. 먼저, 중국산 제품과의 경쟁과 중국의 경제상황 변화로부터 자유로워지기 위해서는 기술에 기반을 둔 차별화된 제품개발이 시급하다. 지금까지 우리의 중국에 대한 수출확대는 중국 내 수요증가에 의존해왔으나 이제는 기술적으로 중국산 제품과 차별화되지 않으면 한계에 부딪히게 될 것이다.

둘째, 수출대상과 투자대상을 다변화하는 노력이 필요하다. 향후 새롭게 부상하는 신흥시장에 대한 투자진출을 확대하고, 이들 지역에 대한 수출 마케팅을 강화함으로써 중국의 상황에서 자유로워져야 한다.

셋째, 이제 중국은 우리와 순망치한(脣亡齒寒)의 동반자라는 인식에서 출발하여 동북아는 물론 세계시장에서도 중국과 유기적인 협력관계를 유지해야 할 것이다.

마지막으로 중국 내 미세한 변화까지 파악할 수 있는 중국전문 정보집적 시스템을 구축해 중국경제의 불확실성을 사전에 파악하고 대처하는 능력을 갖춰야 할 것이다.

테크노 중국의 기술추격이 시작됐다

최근 중국에서는 외국인 투자열기에 이어 연구개발 열풍이 불고 있다. 세계 500대 다국적기업들이 매년 100여 개의 연구개발센터를 중국에 설립하면서 지난 6월 말 현재 600여 개 연구개발센터가 들어섰다. 중국이 '세계의 제조창'에서 '다국적기업의 연구개발센터'로 탈바꿈하고 있는 것이다. 우리나라의 삼성전자와 LG전자도 반도체·휴대전화 등 IT관련 연구개발센터를 세워 경쟁대열에 동참했다. 지난 10여 년간 중국 민간기업에 의한 연구개발 투자 역시 연평균 40퍼센트, 연구인력은 43퍼센트씩 증가하는 등 중국기업의 기술개발 열풍도 뜨겁다. 이러한 변화는 중저기술 제품으로는 더 이상 중국시장에서 생존하기 어렵다는 인식에서 출발하고 있으나, 더 중요한 것은 중국이 양호한 기술개발 여건을 갖고 있다는 점이다. 기초과학, 국내외의 유수한 기술인력, 기술을 중시하는 실용주의적인 문화가 바로 중국 기술발전의 원동력으로 작용하고 있다.

중국은 핵기술·우주항공기술·생명공학·물리학 분야에서 이미 세계적인 수준을 자랑하고 있다. 중국 과학기술부는 10년 후 중국이 차세대 이동통신과 인터넷·나노기술·생명공학 등 차세대 기술 분야에서 세계적인 경쟁력을 확보하고 바이오의약품 분야에서는 세계 최고수준에 이를 것이라는 자신감을 보이고 있다. 또 중국은 전 세계에 기술인력을 보유하고 있다. 미국 이공계 대학원에만 5만여 명의 중국 학생이 재학 중이고, 실리콘밸리에도 1만여 중국계 기술인력이 활동하고 있다. 전 세계에 퍼져 있는 기술인력 네트워크가 기술발전의 저변을 이루고 있는 것이다. 특히 기술을 중시하는 중국의 정치·사회적 문화가 기술발전의 원동력이 되고 있다. 후진타오(胡錦濤)를 비롯해 중국공산당 정치국 상무위원회의 아홉 명 전원이 이공계 출신이다. 이같이 지도부가 기술을 중시하는 정책의 요체가 되고 있다. 이들은 '시장과 선진기술의 교환' 정책을 통해 유수한 해외 기술과 기술인력을 중국으로 끌어들이고 있다.

중국 젊은이들 사이에서 기술을 중시하는 문화도 중국의 소중한 자산이다. 서울대학교가 소재한 신림동이 고시촌으로 전락한 반면, 중국의 대학가에는 중국 창업의 메카라 할 수 있는 중관촌이 자리 잡고 있다. 최근에는 이런 기술개발 바람이 중국기업의 기술 사냥과 벤처창업으로 이어지고 있다. 최근 중국기업들은 막대한 자금력을 동원하여 기술을 보유한 일본, 한국, 미국 기업 사냥에 나섰으며, 대학가의 기술개발 열풍이 칭화둥팡(清華東方), 베이다팡정(北大方正), 롄샹(聯想) 등 세계적인 경쟁력을 갖춘 IT기업을 만들어냈다.

기술대국으로 부상하는 중국은 우리에게 큰 위협이다. 경공업 등 중저위 기술산업에서 이미 우리를 추월한 중국이 이제는 반도체·컴퓨터부품·휴대전화 등 하이테크산업에서 추격을 시작했다. 한국과 중국의 100대 수출상품 중 양국의 중복 품목 수가 1996년 15개 품목이었던 것이 2004년 1~7월 중에는 27개로 늘어난 데서 중국의 위협을 실감할 수 있다. 여기에 중국산 제품의 기술경쟁력이 높아지면서 중국에 진출한 우리 기업들이 현지 부품과 소재 사용을 늘리고 중국산 제품의 역수입이 확대됨에 따라 그동안 우리가 유지해온 대중 무역수지 흑자 기조도 위협을 받을 것으로 보인다.

더 중요한 문제는 중국의 기술추격에 대비할 시간이 충분치 않다는 점이다. 최근 KOTRA가 중국에 진출한 우리 기업 390여 곳을 대상으로 한 조사에서는 53퍼센트가 현재 중국기업과의 기술격차가 거의 없다고 응답하였으며, 87퍼센트가 향후 4년 내에 중국기업과의 기술격차가 사라질 것으로 전망했다. 기술 분야에서 중국의 추격에 대응하려면 차별화와 동시에 중국과의 전략적 제휴가 시급하다. 먼저 부품산업과 하이테크 산업에서 표준화된 기술을 대체할 핵심기술과 공정기술을 개발, 중국 기술과 차별화해야 한다. 특히 디지털·소재·생명공학 등 미래 주력 산업을 육성하면서 중국의 기초과학과 한국의 공정기술을 결합해 선진국의 기술보호장벽을 극복하기 위한 협력체계를 갖춰야 할 것이다.

'중국효과' 살리는 법

지난 10여 년간 중국은 한국경제의 성장, 특히 한국의 수출증대에 있어 지렛대 역할을 해왔다. 그러나 앞으로도 이러한 중국효과가 지속될 수 있을까? 대답은 그리 낙관적이지 않다. 2004년 한·중 간 교역액은 793억 달러로, 수교가 이루어진 1992년의 12배 증가하면서 중국이 미국을 제치고 우리의 최대 교역상대국 자리를 차지했다. 우리가 중국에 수출한 금액은 428억 달러로 수교 당시의 16배 증가하였고, 과거 10여 년간 우리 수출증가분의 26.5퍼센트가 대중국 수출증가로 이루어졌다. 그 결과 우리나라 전체 수출에서 중국이 차지하는 비중은 1990년대 초반 3.5퍼센트에서 2004년에는 19.6퍼센트로 높아졌다.

우리가 중국에 수출하는 상품구조를 면밀히 관찰해보면 부품과 반제품에 편중된 취약한 구조를 가지고 있다. 우리의 중국에 대한 수출에서 반제품과 부품 등 중간재가 차지하는 비중은 80퍼센트에 달한다. 그러나 조립·가공 산업에서 중국의 경쟁력이 제고되면서 중국에 진출한 우리 기업들이 범용 부품과 중간재를 중국 현지에서 조달하고, 일부 핵심부품만을 한국에서 수입하는 구조로 전환하고 있어 중간재의 대중국 수출은 점차 둔화될 것이다.

특히 세계경제가 멈칫거리며 중국의 수출이 힘을 잃기 시작하면 우리의 대중국 수출은 치명적인 영향을 받게 된다. 중국정부의 통계에 따르면 2004년 중국이 한국에서 수입한 제품의 51.5퍼센트가 가공무역 수출을 위해 수입한 것이었다. 이는 한국의 대중국 수출이 중국의 가공무역을 위한 원자재와 부품에 의존하고 있음을 뜻한다. 이러한 구조로 인해 우리의 대중국 수출에서 자본재와 소비재 등 최종재가 차지하는 비중은 20퍼센트에 불과하다. 중국시장에서 성장의 결실을 거둘 수 있는 최종재 분야에서 우리나라의 경쟁력이 그만큼 취약하다는 뜻이다. 따라서 현재와 같은 경쟁력으로는 중국의 소득증대에도 불구하고 최종재 분야에서도 대중국 수출을 늘리기 어려울 것이다.

한편 중국이 한국에 수출하는 상품구조를 살펴보면 빠른 속도로 고도화되고 있다. 1990년대 초반 40퍼센트에 육박했던 1차 상품 비중은 9퍼센트로 떨어지고 소비재가 차지하는 비중 역시 2002년을 정점으로 줄어드는 추세다. 반면 1990년대 초반 3퍼센트와 1.7퍼센트에 불과했던 자본재와 부품의 비중은 각각 19퍼센트로 높아졌다. 우리의 대중국 수출은 여전히 중간재 의존적인 구조를 탈피하지 못하는 반면, 중국의 수출산업구조가 농산물과 중간재 중심구조에서 부품과 자본재 중심구조로 빠르게 전환되고 있는 것이다.

현 단계의 한·중 간 무역구조를 긍정적으로 보면 매우 보완적 관계라고 말할 수 있다. 그러나 한편으로 한국의 수출은 중국의 수출, 중국의 원자재와 부품산업의 추격에 휘둘릴 수밖에 없는 불안한 구조를 가지고 있다.

특히 중국의 기술추격이 빨라지면서 대중국 수출은 위축될 수밖에 없으며, 중국에 대해 유지해온 무역수지 흑자 역시 적자로 반전될 수밖에 없다. 그동안 한·중 간의 무역에 있어 유지해온 보완적 무역관계를 통해 중국효과를 지속시키기 위해서는 여러 방안을 강구해야 한다. 수출제품의 고부가가치화, 부품산업에서의 철저한 신기술 개발, 자본재산업에서의 수출경쟁력 강화가 필수적이다. 무엇보다 시급한 것은 부품산업과 하이테크 산업에서 표준화된 기술을 대체할 핵심기술과 공정 기술개발을 통해 중국 제품보다 한발 앞서가는 것이다. 동시에 자본재와 내구소비재 등 최종재산업에서 기술경쟁력을 높여 일본, 미국 등 주요 경쟁국 제품과의 경쟁에서 이겨야 한다.

한 가지 명심해야 할 사실은 중국의 기술추격에 대비할 수 있는 시간이 그리 많지 않다는 점이다. 바로 지금부터 기술개발에 다시 총력을 기울여야 한다.

중국의 경제통합

중화경제권(Chinese economic region)의 통합이 실현되고 있다. 중국과 대만, 홍콩, 마카오에 거주하는 중국인들을 포함하여 전 세계에 퍼져 있는 중국인들을 공식적으로 통합하는 것은 아직 어렵다는 것이 지금까지의 일반적인 의견이었다. 그러나 세계각지의 중국인들이 "통합을 통한 성장"을 가속화하면서 중화경제권은 통합을 향한 새로운 단계로 접어들고 있다.

만약 중화경제권이 하나로 통합될 경우 그 규모는 상상을 초월하게 될 것이다. 2004년 기준으로 전 세계에 퍼져 있는 중국 인구는 총 14억 명이며 이는 세계 전체 인구의 22%에 달한다. 또한 구매력 기준 중국, 대만, 홍콩의 국내총생산은 7.6조 달러로, 미국의 11.6조 달러와 EU의 8.6조 달러에 이어 세계 3위 수준이다.

여기에 중국 이민자가 경제의 주도권을 쥐고 있는 아세안 5개국이 더해질 경우. 중화경제권의 국내총생산은 9.7조 달러로 증가하여 세계 2위 수준이 되며, 전 세계의 17% 비중을 차지하게 된다.

중국의 개방은 통합을 향한 출발점이었다. 다시 말해, 중국이 성공적으로 개방할 수 있었던 것은 이민자들의 영향이 컸으며, 개방 덕에 이들은 급속한 성장을 달성할 수 있는 출구를 찾을 수 있었던 것이다. 중국 이민자들의 근거지인 홍콩, 대만, 싱가폴 및 동남아 국가들이 1983년부터 올해 초까지 중국에 투자한 액수는 중국 내 총 투자액의 80%를 상회하였다. 또한, 홍콩과 마카오의 중국 반환은 정치적인 전환점이 되었다.

최근 중화경제권의 통합을 보여주는 2가지 주목할 만한 사건이 있었다. 하나는 2004년 1월 발효된 중국-홍콩 경제협력강화협정(CEPA)이다. 동 협정은 중국으로 수입되는 홍콩산 제품에 대해 무관세를 적용한다. 특히 2006년 1월부터는 그 적용 범위가 모든 무역화물, 교통, 건설, 관광 부문으로 확대된다. 이에 따라 중국 기업가들의 기반인 홍콩은 명실공히 본토와의 통합을 달성하게 되었다.

또 다른 사건은 올해 7월에 발효된 중국-아세안 자유무역협정이다. 동 협정에 따라 중국은 2010년까지 6개국과 자유무역지역을 설립하고, 캄보디아, 라오스, 미얀마, 베트남과도 2015년까지 추가 설립할 예정이다.

동남아가 중국의 상업지구(commercial community)에 포함되어 있다는 것을 감안할 때, 동 자유무역협정은 동남아에 거주하는 중국 이민자들과 중국 간에 자유무역지역이 성립된 것을 의미한다. 이러한 상황에서 한국과 중화경제권간의 협력은 피할 수 없는 과제가 되었다.

그렇다면 중화경제권의 통합이라는 거대한 물줄기를 어떻게 한국의 기회로 활용할 수 있을까? 중화경제권을 과거와 같이 중국 본토와 대만, 홍콩, 동남아로 구분할 것이 아니라, 하나의 통합된 개체로 바라보는 것에서 해답을 찾아야 한다.

또한, 한국은 중화경제권과의 협력을 위한 다양한 방법을 모색해야 할 것이다: 첫째, 한국기업들은 한국에 거주하는 화교들을 활용하여 중국시장으로 진입하기 위한 방법을 모색해야 한다. 화교들의 문화적 배경과 언어 능력을 활용해 중국과 교류하면 중국 국내 시장으로의 접근이 보다 원활할 것이다.

둘째, 중국지역에 대한 투자 범위를 본토 집중방식만이 아닌 홍콩 및 동남아 국가들에 대한 투자로 넓혀야 한다. 이에 따라 과도한 중국 의존에 따른 위험을 줄이고, 중국시장 진출을 위한 우회로로 활용할 수 있을 것이다. 중국-홍콩 경제협력강화협정(CEPA)과 중국-아세안 자유무역협정이 발효되면서 한국기업들이 홍콩과 동남아에서 생산하는 상품들은 중국시장에서 국내생산품처럼 취급될 것이다.

마지막으로, 중국 이민자들이 설립한 기업들을 한국 시장으로 끌어들이기 위한 노력을 기울여야 한다. 현재 동남아에서 핵심역량을 가지고 있는 중국기업들과의 협력이 그 어느 때보다 중요하다. 각종 영화, 공연 등을 통해 최근 중화경제권에서 확산되기 시작한 한류와 최근 서울에서 개최된 제8회 세계화상대회는 중국지역과의 교류를 강화하기 위한 귀중한 기회가 될 것이다.

Chinese economic integration

The economic integration of the entire Chinese economic region is being realized. A general opinion to date has been that this region, including China, Taiwan, Hong Kong and Macao residents and the Chinese emigrants across the world, could not make progress toward a phase of official and practical integration yet. But as Chinese people around the world accelerate "growth through integration," the Chinese economic region is moving toward a new phase of integration.

If the Chinese economic region is integrated as one entity, its size will transcend our imagination. As of 2004, Chinese people, including those spread across the world, total 1.4 billion, accounting for about 22 percent of the world's population. Economically, the gross domestic product of China, Taiwan and Hong Kong based on purchasing power ranks third in the world with $7.6 trillion after the United States with $11.6 trillion and European Union with $8.6 trillion.

If the gross domestic product of the five Asean (Association of South East Asian Nations) countries where Chinese emigrants control the economy is added to this figure, the Chinese economic region ranks second in the world with $9.7 trillion, accounting for 17 percent of the world' s gross domestic product.

China' s opening up its door was a starting point for integration. In other words, the primary contributors to China' s successful opening up were Chinese emigrants and, on the other hand, Chinese emigrants could find a way out to achieve rapid growth thanks to this opening up. The amount of investment Hong Kong, Taiwan, Singapore and Southeast Asian countries, the base of Chinese emigrants, have made in China from 1983 until early this year exceeded 80 percent of the total investment in China. In addition, the return of Hong Kong and Macao to China was a political turning point for integration.

Recently, there were two remarkable events that showed the unity of the Chinese economic region. One was the signing of the Closer Economic Partnership Arrangement between China and Hong Kong that took effect in January 2004. This arrangement stipulates that China can import products whose place of origin is Hong Kong free of tariffs. In particular, the scope of products will expand to all cargo trade, transportation, construction and tourism from January 2006. Hong Kong, the base of Chinese entrepreneurs, has now achieved integration with the mainland economy in name and reality.

The other event is that the China-Asean free trade agreement became effective in July this year. According to this agreement, China will establish free trade zones with six countries by 2010 and then with four countries — Cambodia, Laos, Myanmar and Vietnam — by 2015.

Given the fact that Southeast Asia belongs to the Chinese commercial community, this free trade agreement means that a free trade zone is actually established between Chinese emigrants there and China. In this situation, cooperation between our country and the Chinese economic region has become an unavoidable task.

If this is the case, how can we turn the huge wave called the integration of the Chinese economic region into opportunities? We should find the solution in viewing the Chinese economic region as an integrated entity, instead of the past approach that saw mainland China, Taiwan, Hong Kong and Southeast Asian countries as separate entities.

Based on this perception, we should seek various ways to cooperate with the Chinese economic region. First, our companies should seek a way to enter the Chinese market along with Chinese emigrants in Korea. It is expected that this method will enable us to use their culture and linguistic ability to communicate with China, so that we can advance into the Chinese domestic market effectively.

Second, we should diversify the conventional investment method in the Chinese region, from investment concentrated on mainland China, to diverse investments in Hong Kong and Southeast Asian countries. Through this diversification, we can reduce the risk arising from excessive dependence on China and enjoy the advantage of making an inroad into the Chinese market by detour.

As the China-Hong Kong CEPA and China-Asean free trade agreement came into effect, the products our businesses produce in Hong Kong and Southeast Asia will be treated as domestic products in the Chinese market.

Last, we should actively attract Chinese emigrant entrepreneurs to the domestic market. More than at any other time, our country now needs the cooperation of Chinese emigrant entrepreneurs, who have essential capabilities in Southeast Asia.

The Korean culture wave that has recently started to spread in the Chinese economic region with the surging popularity of Korean films and performing arts, and the 8th World Chinese Entrepreneurs Convention recently held in Seoul will provide precious opportunities to strengthen our exchange within the Chinese region.

중국, 또 다른 위기와 기회

중국이 세계 최대 수출국으로 부상하고 있다. 중국은 1990년대 말까지만 해도 우리와 같은 1,000억 달러대의 수출국이었으나, 2005년에 7,000억 달러를 돌파하더니, 2006년 마침내 1조 달러에 육박하고 있다. 경제성장률은 중국정부에서 여러 가지 긴축정책을 내놓고 있지만, 2006년에도 3/4분기까지 10.7퍼센트를 기록했다.

글로벌 기업들은 여전히 중국을 가장 잠재력이 큰 시장이자 매력적인 투자처로 여기고 있다. 에어버스(Airbus)사는 중국 텐진에 최초의 해외 조립공장을 건설할 계획이다. 미국의 포드(Ford)사도 2012년까지 북미지역의 16개 공장을 폐쇄하고, 중국에 추가 투자한다는 계획을 발표했다. 중국이 세계의 거대 공장으로 탈바꿈하고 있는 것이다. 후진타오를 비롯한 중국의 지도자들도 세계의 거대 공장 중국에 원자재를 공급하기 위해 중동으로, 아프리카로, 남미로 바쁘게 움직이고 있다.

그러나 중국 내에서는 과다한 외국인 투자가 공급과잉을 심화시키고, 막대한 무역흑자에는 저부가가치 가공무역에 의한 '거품'이 존재한다는 인식이 급속히 확산되고 있다. 문제는 성장의 '양'이 아니라 '질'이라는 중국정부의 '조화로운 사회(和諧社會)'론과도 맥을 같이한다.

이에 따라 중국기업과 외자기업 간, 동부연안지역과 중서부지역 간, 첨단산업과 전통산업의 조화라는 성장전략의 대전환에 맞추어 정책적 변화들이 빠르게 진행되고 있다. 게다가 중국의 위안화는 꾸준히 절상되고, 중국과 선진국 간의 통상마찰도 격화되고 있다. WTO 가입 이후 4년 만에 중국은 대내외적으로 거대한 산업 구조조정에 직면한 것이다. 특히 전체적으로 저부가가치 산업은 중서부지역으로 이전시키고, 여건이 좋은 동부연안지역에는 첨단산업을 유치하면서, 외자기업에게는 기술이전 및 연구개발 투자를 강제하겠다는 것이 중국의 전략이다.

이러한 통상환경 변화와 산업 구조조정의 칼날이 가장 먼저 닿는 곳은 저렴한 인건비를 이용한 가공무역에 많은 투자를 하고 있는 한국의 기업들이다. 무역연구소에서 조사한 바에 따르면, 중국 비즈니스 환경 변화에서 가장 큰 리스크 요인은 중국 내 고용여건의 악화라는 답변이 가장 많았다. 노동자의 권리를 강화하는 방향으로 노동법이 개정되고, 임금인상과 사회보장비용 징수 관리강화로 우리 기업의 노동비용이 급상승하고 있다. 우리 기업들이 집중된 지역에서는 구인난까지 심화되고 있다. 외자기업에 대한 세제우대 축소 움직임이나, 환경규제 강화도 많이 거론되었다.

외국인 투자에 대한 중국의 정책변화로 인해 우리 중소기업들은 해외투자 대상지역으로서 중국의 메리트를 빠르게 상실할 것이다. 하지만 위기와 기회는 동전의 양면이다. 법률과 제도의 재정비로 인해 중국에서 보다 투명한 비즈니스가 가능하게 될 것이다. 또한 가공무역 정책 변화, 세제개편 등에서 대만, 홍콩 기업이 가장 큰 영향을 받을 것으로 예상되는 바, 이를 활용할 수도 있다.

향후 중국 진출은 기술경쟁력을 기반으로 이루어져야 한다. 진출에 앞서 세무와 노무관리 전담인력도 반드시 필요하다. 또한 베트남, 인도 등 중국을 대신할 해외투자 시장을 더욱 적극적으로 발굴해야 할 것이다. 한편 정부는 중국의 투자여건 악화로 더 이상 설 땅을 잃은 우리 중소기업들이 국내로 '유턴' 할 수 있도록 투자여건을 정비해야 한다. 규제완화, 노사관계의 안정, 중소기업의 투자에 대한 세제 및 금융지원 등 국내투자 환경이 대폭 개선된다면, 중국 투자를 망설이는 외자기업 유치도 가능할 것이다.

한·중 수교 15주년의 명암

2007년 8월 24일이면 한국과 중국이 수교한 지 15주년이다. 이를 기념하는 학술회의·문화공연·관광홍보 등 다양한 행사가 양국에서 열리고 있다. 한중 수교기념일에 이렇게 의미를 두는 것은 양국 간 경제교류가 활발해지며 상호 의존도가 높아진 데 원인이 있다. 수교 이후 15년 동안 한국과 중국이 경제교류를 통해 이룬 성과는 지난 수세기에 걸쳐 이어온 한중관계의 복원을 뛰어넘어 새로운 협력의 장을 열었다는 평가를 받는다.

1992년 수교 당시와 2006년을 비교하면 우리나라 전체 무역이 대략 4배 정도 성장했음에 비해 한중 간 무역규모는 18.5배 증가했다. 1992년 27억 달러에 불과하던 대중 수출은 2006년 695억 달러로 25.7배 증가했다. 수입 역시 같은 기간 13배 증가해 37억 달러에서 486억 달러로 확대됐다. 그 결과 무역수지가 1992년 11억 달러 적자였던 것이 2006년에는 209억 달러 흑자로 전환됐다. 중국은 무역 외에도 2002년 이후 우리의 최대 투자대상국이 됐다. 2007년 상반기에도 해외투자의 25.3퍼센트가 중국으로 향했다. 특히 중국경제가 두 자릿수 증가율을 보이기 시작한 2003년 대중 무역수지는 2002년의 63억 5,000달러에서 132억 달러로, 2005년에는 233억 달러로 크게 확대됐다.

그러나 최근 들어 한·중 간 무역구조에 큰 변화가 일어나고 있다. 2003년 우리의 최대 수출대상국으로 부상한 중국에 대한 수출증가율이 1998년 이후 처음으로 전체 수출 증가율을 밑도는 구조로 전환된 것이다. 이에 따라 2006년 대중국 무역흑자는 전년 대비 23억7,000달러나 감소해 2001년 이래 처음 감소세로 돌아섰다. 그간 대중 수출을 주도하던 부품·부분품을 중심으로 한 중간재의 수출이 감소한 것이 주요 인이었다. 특히 정밀·광학기기 부품, 전자통신 부품, 반도체 등의 무역흑자가 대폭 줄어 대중 무역흑자 감소를 주도했다. 게다가 우리나라의 주요 수출산업인 전자통신과 같은 고위기술 업종의 대중 수출도 전년 대비 28.8퍼센트포인트나 둔화되며 1992년 이래 처음으로 무역흑자가 줄어들었다.

반면 중국의 우리나라 수입시장 점유율은 지속적으로 확대돼 1992년 4.6퍼센트에서 2006년 15.7퍼센트로 증가했다. 의류·철강제품을 비롯해 평판디스플레이 및 센서·컴퓨터·무선통신기기 등 IT제품의 점유율이 증가하고 있다. 수교 이래 지속적으로 증가하던 대중 무역흑자가 이제는 감소세로 접어든 것이다. 이러한 변화에는 두 가지 이유가 있다.

첫째는 중국의 정책변화를 들 수 있다. 중국정부가 2006년 11차 5개년 계획에서 2010년 1인당 GDP 2,400달러 달성을 목표로 산업구조의 고도화, '양'이 아닌 '질'의 성장 등을 위해 무역정책 및 외국인 투자 우대정책을 과감히 수정하고 있다. 더욱이 최근 지속되는 과도한 무역흑자와 외환보유고, 경기과열, 국내 자본유동성 조절 등을 해결하기 위해 무역 및 투자정책을 비롯해 거시경제 정책을 더욱 강화하고 있다. 둘째로는 중국 자체의 생산력 향상에 기인한다. 중국기업과 중국에 있는 외국계 기업의 제품이 우리의 수출에 영향을 미치고 있는 것이다. 특히 주요 수출품인 반도체·철강·자동차 등의 중국 내 생산이 지속적으로 증가하면서 해당 품목의 대중 무역수지 감소가 더욱 심화될 전망이다.

최근 중국은 다국적기업을 받아들여 첨단·최신기술을 흡수하고 있다. 2006년 현재 세계 500대 기업 중 450개 기업이 중국에 생산기지를 운영하고 있고, 중국에 설립한 연구개발센터가 980곳에 달한다. 2006년 중국의 연구개발 투자가 GDP에서 차지하는 비중은 1.41퍼센트로 미국에 이어 2위를 기록했다.

이제는 우리도 중국에 대한 시각을 바꾸어야 할 때가 됐다. 단순한 제조기지가 아닌 13억 인구의 거대한 중국시장을 목표로 삼아야 한다. 저렴한 노동력과 생산비용을 앞세운 저부가가치 산업 위주의 투자에서 서비스·유통 등 고부가가치 산업으로 전환해야 하며, 세계 다국적기업의 각축장이 된 중국시장의 점유율을 확보하기 위해 끊임없이 기술을 개발하고 제품의 현지화를 추구해야 한다.

2

FTA는 왜
생존전략인가

↓

통상 외톨이 한국

1년 8개월 동안 교착상태에 빠졌던 한국·칠레 FTA 체결협상이
2002년 8월 말 재개됐으나 타결에 실패했다. 비교적 쉬운
상대라고 여겼던 칠레와의 FTA 체결이 이렇게 힘들다면 앞으로 다른
나라와의 협상은 과연 가능할지 의문이 든다. 우리가 이처럼 머뭇거리
는 사이에 우리를 둘러싼 통상환경은 숨 돌릴 틈 없이 전개되고 있다.
미국 의회는 최근 신속무역협상 권한(Trade Promotion Authority, TPA)을
부여하는 통상 법안을 통과시켰다. 일본은 멕시코와의 FTA를 내년 중
에 매듭짓기로 한 데 이어 내년부터는 아세안과의 FTA를 본격 논의하
기로 했다. 대만은 2005년 말까지 미국·일본·싱가포르·파나마·뉴질랜

드와 FTA를 체결할 계획을 세우고 이중 파나마를 제외한 4개국과의 협상이 2002년 중에 개시될 것이라고 한다.

미국의 TPA는 의회가 대통령으로 하여금 대외협상을 보다 능동적이고 신속하게 추진할 수 있도록 하는 제도로 우리나라도 그 영향을 받을 가능성이 높다. 일본·멕시코 FTA는 2004년쯤 체결될 것으로 예상됐으나 일정이 앞당겨져 우리의 대멕시코 수출에 적지 않은 타격을 줄 전망이다. 대미 수출 상위 100개 품목 중 51개가 겹칠 정도로 미국시장에서 우리와 경쟁하는 대만이 미국과 FTA를 체결한다면 우리의 대미 수출에 역시 큰 타격이 예상된다.

FTA 체결에 따라 우리의 수출이 불리해지는 것은 멕시코·미국·일본 시장만의 문제가 아니다. 이미 세계적으로 162개의 FTA가 체결된 상황에서 우리는 세계 어느 나라와도 협정을 맺지 못한 채 외톨이가 된 처지다. 2004년 말 타결을 목표로 출범한 뉴라운드협상(DDA)이 본격화돼 공산품·서비스뿐 아니라 쌀을 비롯한 농산물 전반에 걸쳐 개방논의가 이뤄지는 것 또한 우리의 관심사다.

하지만 우리의 대외통상정책은 '동북아 경제공동체', '동북아경제중심지' 등 화려한 수사만 있었지, 필요한 국내산업 구조조정에 대한 계획과 전략은 제대로 마련되지 못했다. 이제부터라도 확고한 전략하에 국내 산업정책과 긴밀히 연계된 통상정책을 수행해야 한다.

이를 위해서는 첫째, 급변하는 세계환경 속에서 통상 및 산업정책 전반에 대한 큰 그림이 필요하다. 국가경영전략 차원의 통상정책을 수립해야 할 뿐 아니라 10~20년 후를 내다보는 치밀한 전략이 필요하다. 둘째, FTA를 통상정책의 우선순위에 두고 중장기적인 FTA 추진전략을 수립하되 추진속도를 가속화할 필요가 있다. 한·칠레 협상을 조속히 마무리 짓고 한·일 FTA 공동연구를 깊이 있게 진행하는 한편, 멕시코·미국·중국 등과의 FTA 체결 가능성을 타진하고 우선순위를 정해야 한다. 셋째, 정부의 통상정책 수립 및 추진과정에서 산업계나 일반 국민들의 이해와 참여를 확대시켜야 한다. 넷째, 농업문제에 대한 논의를 본격화해야 한다. 세계화 시대, 열린 시장에서 우리 농업이 어떻게 자리 잡아야 할지에 대한 냉철한 인식 위에서 구조조정 논의를 구체화해야 한다.

정치 일정에 비추어 현시점에서 인기 없는 정책을 추진하기가 힘든 상황이기는 하지만 국익을 위한 국가의 경제정책은 정권 차원을 넘어서야 한다는 인식하에, 당장은 힘들지만 꼭 필요한 결정들을 해 나가야 할 것이다.

시장개방과 농업문제

정부와 농업계가 벼랑 끝에 몰렸다. 정부는 한·칠레 양국 대표가 서명한 FTA의 발효가 지연되면서 대외신인도 하락의 위기를 맞고 있다. 또 농업계는 DDA 농업협상과 당장의 한·칠레 FTA 체결로 인한 불안감에 가득 차 있다. 하지만 한편으로는 이런 위기 속에서도 그동안 숱한 논의에만 그쳐온 개방화와 농업문제 해결을 위한 근본적인 틀이 마련될 수 있다는 기대감도 생긴다.

우리가 전화위복의 계기를 마련하기 위해서는 먼저 냉철한 현실인식이 선행되어야 한다. 현재 우리는 WTO(다자주의)와 FTA(양자주의)가 보완적으로 경쟁하는 세계적인 개방화 시대에 살고 있다. 전 세계적인 개방화·자유화의 조류 속에서 예외는 점점 사라지고 있다. 공산품뿐 아니라 농산품, 서비스 등 모든 산업이 세계적인 경쟁에 직면하고 있다. 그나마 다행이자 기회인 것은 개방화·자유화가 궁극적으로 추구하는 것이 국가 간의 무역증대라는 사실이다. 무역은 오늘의 우리 경제를 일궈온 일등공신이자 소득 2만 달러 시대를 실현해줄 최대의 무형자산이다.

한편 우리 농업계는 높은 토지 용역비와 인건비라는 구조적인 한계와 함께 농촌에서의 '삶의 질 피폐'라는 어려움에 직면했다. 이런 한계로 인해 어느 정도의 구조조정이 이뤄진다 하더라도 과연 선진 농업국과 경쟁이 되겠느냐는 회의론마저 제기되고 있다. 물론 우리 농업계의 경쟁력 하락은 결코 농업계만의 잘못이 아니다. 따라서 구조조정 문제를 전적으로 농업계에 떠맡겨서도 안 된다. 요는 개방화·자유화라는 세계적인 시대조류 아래서 우리 농업이 처한 현실적인 여건을 감안해 선택과 집중을 통한 농업 구조조정이 이뤄져야 한다는 것이다.

농업 구조조정, 농민복지 증가를 위한 대책을 마련하려면 농업계의 자구노력과 함께 정부와 기업의 측면 지원이 병행되어야 한다. 이런 의미에서 최근 정부가 발표한 119조 원의 지원책 및 기업계와 농업계 간의 간담회는 시의적절하다고 평가할 수 있다. 특히 이번에 마련된 정부 지원책은 과거 우루과이라운드(UR) 당시의 42조 원에 비해 규모나 내용면에서 크게 진일보한 것으로, 농업문제를 해결하기 위한 정부의 강력한 의지를 보여준다. 또한 그동안 대립관계로만 보였던 기업과 농업이 기업가적 마인드를 갖춘 농업인 CEO 양성, 농산품 기술개발을 통한 공동의 수출활로 모색 등 협력을 논의하는 단계에서부터 상호 협력할 수 있는 가능성을 보여주었다.

아울러 우리 경제의 활로인 수출을 확대하기 위해서는 한·칠레 FTA

를 하루속히 발효시켜야 한다. FTA 비준이 지연됨에 따라 당장 전 세계 30여 개국과 FTA를 체결한 칠레시장으로의 수출이 막히고 있다는 피해사례가 속출하고 있다. 비준이 지연될수록 세계통상무대에서 고립에 따른 피해는 더욱 확대될 전망이다. 따라서 일본·싱가포르와 FTA 체결을 위한 공식협상을 진행하고, 멕시코·아세안 등과도 FTA를 추진하기 위해서는 우선 한·칠레 FTA 문제를 매듭짓는 것이 급선무다.

개방화, 자유화는 이미 거부할 수 없는 대세로 다가오고 있다. 이는 농업만의 문제가 아니라 제조업과 서비스업 등 우리 산업전반의 구조조정과 경쟁력 제고를 촉구하고 있다. 한·칠레 FTA 비준은 우리 경제가 도전에 응전으로 맞서느냐 아니면 현실을 외면하고 울타리에 갇혀 몰락하느냐를 결정짓는 중요한 분수령이 될 것이다.

FTA는 생존전략이다

한·칠레 FTA의 비준동의안이 네 차례나 국회 본회의에 상정되고 서야 2004년 2월 16일 비로소 통과됐다. 만시지탄(晚時之歎)의 감이 없지 않으나 이제라도 통과된 것은 크게 다행스러운 일이다. 이제 정부는 가급적 이른 시일에 협정이 발효될 수 있도록 남은 절차를 조속히 마무리해야 할 것이다.

그동안 한·칠레 FTA를 추진하면서 최초의 FTA에 따른 학습비용이라고 하기에는 엄청난 비용을 지불하지 않았나 생각한다. 우선 협상기간만 만 3년이 걸렸고, 타결 후 비준까지 1년 4개월이 소요됐다. 양국간에 비준절차 문서를 교환한 뒤 30일 후 효력이 발생되는 점을 고려하면 무려 4년 반을 끌었다. 최근 급속도로 변하고 있는 국제무역환경을 감안할 때 협정 발효의 시의성이나 행정비용 면에서 너무나 긴 기간이라고 하지 않을 수 없다.

둘째, 반대하는 농민단체를 설득하는 데 너무나 막대한 비용이 지불됐다. 협정에 따른 피해가 최대 5,800억 원에 달할 것으로 추산되는데 직접적인 피해보상기금만 하더라도 1조2,000억 원이 책정됐다. 이와 함께 농특세 징수기한 연장, 농·어가 부채경감, 농어촌 복지증대를 위한 조치, 농어업부문 포괄적인 지원을 위한 119조 원 지원계획 등 우리 농업부문 전체를 위한 각종 대책을 쏟아부어야 했다. 이러한 전례는 앞으로 진행될 FTA에 있어서 예상되는 국내 피해에 대한 정부 대응의 나쁜 선례가 될 가능성이 높다.

셋째, FTA를 추진하는 목적은 단순히 해외시장 확보에만 있는 것이 아니라 국내산업 구조조정을 위해서도 필수적이다. 소득 2만 달러 달성을 위해서는 경제구조의 질적인 전환, 곧 생산성의 획기적인 제고가 선행되어야 한다. 같은 자원을 투입하더라도 보다 효율적으로 사용해서 지금보다 고부가가치 제품과 서비스를 생산할 수 있어야 한다. 이러한 질적 전환은 결국 대내적 구조조정이라는 과정을 거쳐야만 가능하며, 구조조정을 가장 효율적으로 달성하는 수단은 바로 자유화·개방화를 통한 경쟁이다.

특히 국내 농업부문은 다른 어떤 부문보다도 보호장벽이 높고 그로 인해 국제경쟁력이 취약한데, 이러한 농업부문의 원활한 구조조정 없이는 국민경제 전체의 효율성 제고도 어렵다. FTA에 따른 피해산업의 지원은 보상의 개념이 아니라, 구조조정 지원이라는 측면에서 접근해야 할 것이다.

FTA는 우리가 상대국을 선택할 수 있다는 점에서 WTO를 통한 전면적인 시장개방보다 오히려 유리한 측면이 있다. 즉, 국내산업에 미칠 영향을 감안해 상대를 선택하고 개방의 속도와 폭을 조절할 수 있다. 한·칠레 FTA는 이러한 측면에서 고통스럽지만 반드시 필요한 구조조정의 첫걸음이라고 말할 수 있다.

당장의 어려움을 모면하기 위해 이 과정을 거부한다면, 결국 우리는 세계경쟁에서 낙오될 뿐만 아니라 머지않아 외부 압력에 의해 어쩔 수 없이 더 큰 희생을 치르면서 개방과 구조조정에 직면하게 될 것이다. 외환위기 직전에 국내 금융시장 개혁안이 결국 좌절됐지만, 그 후 IMF의 관리 아래서 이뤄진 금융개혁은 우리가 당초 준비했던 안보다 훨씬 급격했음을 기억해야 한다.

우리가 지지부진하는 사이 세계 각국은 FTA 체결에 박차를 가했다. 미주, EU 등 FTA 선진국뿐만 아니라 그동안 상대적으로 뒤처졌던 중국, 인도, 싱가포르, 태국 등 아시아 국가들의 움직임도 활발했다. 현재 전 세계적으로 발효 중인 FTA가 195개에 이르고, 이에 따라 칠레, 멕시코, 아세안, 유럽 등 주요 시장에서 FTA 미체결에 따른 피해가 급증하고 있다.

다행히 한·칠레 FTA 논의를 거치면서 FTA가 중요하고 꼭 필요하다는 인식이 국내에 확산되고 있지만 앞으로 일본·싱가포르·아세안·미국·중국 등과 FTA를 추진하기 위해서는 보다 체계적이고 효율적인 추진 전략과 국민적 공감대가 확산되어야 한다.

FTA는 단순한 통상전략적 차원이 아니라, 국가경영전략 차원에서 범국가적으로 추진돼야 하며, 자발적인 시장개방이라는 면에서 정치적 결단과 강력한 리더십에 의해서만 추진될 수 있다.

쌀 관세화 유예가 능사인가

20 04년은 순조로운 날씨 덕에 쌀농사는 풍작이었지만 쌀 관세화 관련 협상으로 농민들의 시름이 오히려 깊어진 한 해다. 현재 우리 정부는 미국·태국과의 협상에 이어 중국과 막바지 협상을 진행 중이다. 관세화 유예를 연장하려는 우리나라에 대해 상대국들은 의무수입 물량 확대와 수입쌀의 일반판매 허용 등 여러 조건들을 요구하고 있어 협상이 진통을 겪고 있다. 현재 진행되는 쌀 관세화 유예 관련 협상은 UR협상에 따라 쌀의 관세화를 10년간 유예받는 대신 매년 국내 소비량의 일정 부분을 의무수입하기로 한 결과에 따른 것이다. 2004년으로 유예기간이 종료되므로, 관세화 유예를 연장하려면 우리나라 쌀 시장에 관심을 갖는 모든 국가들이 수락할 만한 추가적 양보를 해야만 한다.

현재까지 한국에 쌀을 수출하기 위해 우리와의 협상을 희망한 국가는 미국·중국·태국·호주·캐나다 등 9개국이다. 결국 이들의 요구를 수용할 수 있어야 쌀 관세화를 더 유예할 수 있다. 그러나 지금까지 드러난 요구사항들을 종합해보면 쌀 관세화를 막기 위한 대가가 상당할 것 같다.

우선 의무수입 물량을 늘려야 한다. 현재 우리는 연간 국내수요의 4퍼센트인 20만 톤의 쌀을 의무적으로 수입하고 있다. 관세화 유예를 연장하려면 의무수입 물량을 1년에 최소한 0.5퍼센트씩은 늘려야 하는데, 이렇게 되면 10년간 유예를 받을 경우 10년 후 의무수입 물량은 국내수요의 9퍼센트인 45만 톤으로 늘어난다. 그런데 문제는 의무수입 물량은 나중에 우리가 관세화를 시행하더라도 없어지지 않는다는 것이다. 다시 말하면, 관세화를 늦게 할수록 다량의 의무수입 물량 부담을 계속 안고 가야 한다.

또 관세화 시 쌀에 부과할 수 있는 관세수준은 지난 1986~88년을 기준으로 한 국내외 쌀가격 차이에서 일정률을 감축한 수준이다. 즉, 비록 실제 관세를 적용하지는 않았지만 적용할 수 있는 관세수준은 지금도 계속 하락하고 있다. 국내산 쌀가격이 매년 지속적으로 하락한다면 모르지만, 그러지 않은 상태에서는 개방에 따른 충격이 점점 커질 뿐 아니라 구조조정 또한 더욱 어려워진다. 그뿐 아니라 협상대상국들은 현재 일반 소비자에게 판매되지 않고 가공식품용이나 대외지원용으로만 사용되는 수입쌀의 시판을 허용해 달라고 요구하고 있다. 관세화가 유예되더라도 내년부터는 일반 소비자들의 식탁에 수입쌀이 오를 수밖에 없다.

최근 국내 분위기는 관세화 유예를 연장해야만 협상이 성공이라는 인식이 확산되어 있는데, 중요한 것은 어떻게 해야 장기적으로 국내 쌀 산업의 경쟁력을 높이고, 쌀 재고 유지비용 등 국내경제에 미치는 부정적 영향을 최소화할 수 있는가 하는 것이다. 관세화 유예에 수반된 상대국의 요구조건이 과도할 경우에는 오히려 관세화를 받아들이는 것이 유리할 수도 있다. 쌀 관세화를 받아들이면 향후 관세수준은 DDA 농업협상의 결과에 따라 결정될 텐데 최근 DDA 협상의 진전이 더디게 이루어지고 있어, 최소한 2006년이나 2007년까지는 쌀에 대한 관세를 추가적으로 인하하지 않아도 될 것으로 보인다. 또 특별 세이프가드 제도가 유지되는 한, 수입은 크게 늘어날 수 없다. 일본은 이미 관세화를 했음에도 불구하고 국내산 쌀의 고품질화로 수입쌀의 점유율이 크게 늘지 않고 있다.

지금은 국내 쌀 농업을 구조조정할 마지막 기회다. 단순히 외국 쌀의 수입을 막는 데만 힘을 쏟는다면 국내 농업의 근본적인 체질개선은 불가능할 것이다. 근본적인 대책에는 항상 고통이 수반되지만, 이를 피하면 결국 호미로 막을 일을 가래로도 못 막는 결과를 초래하게 될 것이다.

FTA 추진의 다섯 가지 원칙

새해 벽두부터 FTA를 추진하는 우리 정부의 발걸음이 빨라지고 있다. 2005년 1월에는 인도, 캐나다와의 공동연구, EFTA와의 협상이 시작된 데 이어 2월에는 미국과의 사전협의, 아세안과의 협상이 시작된다. 현재 정부가 추진하거나 추진할 계획을 갖고 있는 상대는 일본, 싱가포르, 멕시코, 메르코수르, 러시아 등을 포함해 10개국에 달하고 있다.

이처럼 FTA 추진이 크게 늘어난 것은 세계적인 FTA 확산추세에 한발 늦은 우리로서는 다행스런 일이지만 우리의 전략을 재검토할 필요성도 대두되고 있다. FTA는 무역자유화다. 그러나 FTA가 글로벌 차원의 무역자유화와 다른 점은 그것이 자발적·선택적·포괄적이라는 점이다. 즉, 누가 강제해서가 아니라 필요에 의해서 추진한다는 점, 상대국을 선택할 수 있다는 점, 그리고 자유화의 폭과 깊이가 훨씬 넓고 깊다는 점이다. FTA를 추진하는 목적은 해외시장에 대한 접근성을 높여 수출을 확대하고, 다른 한편으로 수입증대를 통해 후생증진과 국내산업의 구조조정을 도모하는 것이다.

FTA에 대한 비판이 없는 것은 아니다. 무엇보다 FTA는 선택적 자유화이기 때문에 무역전환 효과가 발생하고 이는 범세계적 차원에서 자원배분을 왜곡시킨다. 또 다수의 FTA가 체결되면 국가별로 관세율이 달라지고 원산지 증명을 해야 하는 등 수출입 비용이 늘어난다. 그뿐 아니라 협상과정에서 정치적 이유로 특정 품목의 개방 폭과 속도가 결정되면 국내산업 구조조정이라는 목적을 달성할 수 없게 된다.

그렇다면 FTA의 기본 목적에 충실하면서 효율적으로 추진하기 위해 우리가 택해야 할 전략은 무엇인가? 첫째, 거대경제권과의 FTA에 힘써야 한다. 그런 점에서 미국과의 FTA를 본격 추진할 때가 되었다. 둘째, 거점 국가와의 FTA는 여전히 중요하다. 인도, 브라질 등은 현재의 시장 규모보다는 향후의 잠재력을 고려한 FTA로 시장을 선점해야 한다. 러시아도 당장은 아니지만 WTO 가입 후 우리가 가장 먼저 FTA를 추진할 필요가 있다. 셋째, 다수의 국가와 동시다발적으로 진행하는 동시에 전략적으로 접근해야 한다. 예를 들면 미국과의 FTA 추진으로 일본에 대한 협상력을 강화한다든지, 캐나다·멕시코 등과 FTA를 추진하여 미국의 적극적인 태도를 유도한다든지 하는 것이다. 넷째, FTA는 중장기적인 산업정책의 기본 틀 안에서 추진되어야 한다. 산업정책의 비전이 있어야 FTA 상대국을 선택하고 품목별 개방의 폭과 속도를 결정할 수 있다. 이러한 원칙이 없다면 결국 이해집단의 반발 강도에 따라 협상이 영향을 받을 수밖에 없을 것이다. 다섯째, 산업 구조조정을 위한 마스터플랜이 필요하다. 제조업 내에도 취약한 부문이 있지만 특히 농업과 서비스 부문은 그동안 해외시장에 별로 노출되지 않아 국제경쟁력이 취약하다. 과거의 경험을 보면 구조조정에 가장 효과적인 수단은 개방과 경쟁을 통한 혁신이다. 다만 이 과정에서 필수전략산업이 도태되지 않도록 하고, 사회통합이라는 관점에서 직업전환 등의 지원책이 필요하다.

한때 그 명칭조차 생소하던 FTA가 이제는 우리 통상정책의 핵심이 되었다. 특히 2005년 한 해는 여러 FTA가 동시다발적으로 진행될 것으로 보인다. FTA 추진과정에서 기본원칙과 전략을 재점검하는 것이 선진형 통상국가로 가는 첫걸음이다.

FTA와 비관세장벽

지금 세계 각국은 자유로운 무역을 가로막는 장애물을 제거해 경제후생을 증대시키고자 노력하고 있다. 이러한 노력은 한편으로는 다자간 협상을 통해, 또 한편으로는 지역 간 혹은 양자 간 협상으로 진행되고 있다. 자유로운 무역환경을 조성하기 위해서는 관세뿐 아니라 비관세장벽을 제거하는 것도 중요한 과제다. 양차 세계대전 이후 가트(GATT, General Agreement on Tariffs and Trade; 관세무역 일반협정) 체제하에서 지속적인 다자간 협상을 시도한 결과, 세계 각국의 평균관세율이 크게 떨어져 주요 선진국의 공산품 관세율은 0퍼센트 수준에 접근했다. 그러나 직접적인 수입규제부터 기술장벽과 같은 간접적 규제에 이르기까지, 다양한 형태의 각종 비관세장벽이 국제무역의 자유로운 흐름을 방해하고 있다.

WTO에 가입한 국가들 사이에 이와 같은 무역자유화에 역행하는 비관세장벽들이 존재하는 까닭은, 가트 및 WTO 협정문이 합리적인 규제를 허용하기 때문이다. 즉, 해당 국가 국민의 건강과 안전, 환경보호, 기만행위 방지, 급격한 산업붕괴 방지 등 고유한 정책목적을 달성하기 위한 조치를 합리적 규제로 보는 것이다. 다만 이러한 조치들이 운영될 경우 국제표준을 준용한다든지, 산업보호 목적으로 고의적으로 운영하지 않도록 하는 규정을 두어 '덜 무역제한적으로(less trade-restric tive)' 운영할 것을 명시하고 있다. 하지만 실제 '덜 무역제한적 운영'과 관련해서는 논쟁의 여지가 많고, WTO에 제소하더라도 입증하기 어려운 경우가 많은 탓에 아직까지 WTO 회원국 내에 불합리한 비관세장벽이 많이 존재하고 있는 게 현실이다.

OECD의 연구에 따르면 현재 세계적으로 각종 비관세장벽에 의한 제거래비용이 총교역액의 2~15퍼센트를 차지하는 것으로 추정된다. 2001년 기준 선진국의 가중평균관세율은 3.1퍼센트, 개도국의 가중평균관세율은 11.0퍼센트임을 감안하면, 관세장벽 못지않게 비관세장벽의 영향이 크다는 것을 알 수 있다. 이에 따라 현재 진행 중인 DDA 협상에서는 비관세장벽 문제가 처음으로 공식의제로 채택되어 이를 완화하기 위한 방안이 논의되고 있다.

우리나라는 특히 일본과의 FTA 협상에서 비관세장벽 문제가 대두되었다. 일본의 경우 주요 공산품의 관세가 이미 0퍼센트에 접근한 반면 일본시장의 특수한 구조 등에 따른 다양한 비관세장벽이 우리 상품의 시장진입을 방해하고 있기 때문에 협상 개시 전부터 우리 산업계에서는 일본의 비관세장벽 해소 필요성을 지속적으로 제기해왔다. 그 결과 지난 2003년 말 일본과 FTA 협상을 시작하면서 비관세장벽 문제를 다루는 별도의 협상그룹을 구성한 바 있다. 한·일 FTA 협상의 성공 여부는 비관세장벽을 어떻게 효과적으로 완화하느냐에 달려 있다고 해도 과언이 아니다. 비관세장벽 문제는 비단 일본에만 있는 것이 아니다. 현재 FTA 협상이 활발히 진행되는 아세안에서도 다양한 비관세장벽이 존재한다. 무역협회의 조사에 따르면 한국기업들은 아세안시장에서 수입금지, 수입면허, 수입허가와 같은 수입제한조치와 기술장벽과 관련된 비관세장벽이 심각한 것으로 파악되었으며, 그 외에도 각종 부가세 및 수수료, 쿼터, 수입가격 통제 등이 지적되었다.

특히 이러한 비관세장벽은 우리나라 주요 수출 품목인 자동차·전자·기계·철강·화학제품 등에 집중 분포되어 이들 장벽의 완화 혹은 제거 없이 단순한 관세인하만으로는 아세안시장에 대한 수출확대를 기대하기 어렵다. 따라서 일본뿐만 아니라 아세안과의 FTA 협상에서도 비관세장벽의 해소에 힘을 기울여야 한다. 이와 함께 국내적으로 외국의 오해를 사거나 불필요한 비관세장벽이 없는지 살펴보고, 이러한 제도나 규제들을 개선해 나가는 노력을 기울여야 한다. 우리 시장이 개방되고 투명해야 외국에도 똑같은 것을 요구할 수 있기 때문이다.

FTA와 시장전환효과

최근 세계무역의 최대 화두 중 하나는 바로 FTA이다. FTA는 국가 간의 자유로운(free) 무역(trade)을 촉진하기 위해 각종 관세 및 비관세장벽을 제거하고자 국가 혹은 경제권이 맺는 협정(agreement)을 의미한다. FTA 협정은 세계화와 지역주의가 급속하게 확산된 1990년대 후반 들어 급증하고 있다. 도대체 어떠한 이익이 있기에 이렇듯 세계의 많은 국가들이 앞다투어 FTA를 체결하려는 것일까?

세계 각국은 국가 간 협정을 통해 자유무역의 확대를 촉진하고자 노력한다. 우리가 흔히 듣는 가트, 우루과이라운드, DDA 협상은 다자간 무역협정의 대표적인 예다. 다자간 무역협정은 자유무역 확대를 위해 여러 나라가 협상을 통해 마련한 공동의 규범이다. 그런데 다자간 협정은 수많은 국가들의 이해관계를 조정하는 데 시간이 걸리기 때문에 많은 나라들이 협상이 보다 용이한 양자 간 협정인 FTA를 추진하는 것이다.

FTA를 체결하면 체결국 간에는 특별법에 의해 낮은 관세가 부과되고 각종 비관세장벽이 제거되어, 체결국 간에 교역이 증대되고 시장규모가 확대된다. 우리의 경우만 보더라도 유일한 FTA 체결국가인 칠레에 대한 수출이 2003년 14퍼센트, 2004년 37퍼센트, 2005년 1~5월 중 62퍼센트로 급성장하는 추세다. FTA 체결 당사국은 위와 같은 경제적 효과를 얻는 반면, FTA를 체결하지 않은 국가는 소위 시장전환효과로 인한 손실을 보게 된다. 가령 중국과 일본이 FTA를 체결하면 일부 예외 품목을 제외하고 양국 간 교역에서 관세가 없어진다. 그러면 관세가 부과되는 우리 제품은 일본과 중국시장에서 경쟁력을 잃을 수밖에 없고, 그만큼 수출시장을 상실하게 된다.

우리나라는 원유 및 천연가스, 금속광물 등 대부분의 기초원자재를 외국으로부터 수입하는 자원빈국이다. 게다가 우리 경제에서 무역의 비중은 매우 높아서, 2004년 기준 우리나라의 GDP에서 무역이 차지하는 비중이 70퍼센트가 넘을 정도다. 다시 말해, 우리 경제는 구조적으로 수출을 해야 공장과 기업이 돌아갈 수 있는 원자재를 구할 수 있으며, 수출을 통해 창출된 이윤으로 기업과 국가경제가 성장하고 국민들의 일자리도 마련할 수 있다. 우리나라와 같이 무역의 비중이 높은 나라가 FTA 체결이라는 세계적인 조류에서 소외된다면, 수출시장을 주요 경쟁국에게 내주게 되어 큰 어려움을 겪게 된다. 그러나 현재까지 한국의 FTA는 한·칠레 FTA가 유일하며, 이런 측면에서 FTA 후진국이라는 평가를 면할 수 없다. FTA 체결로 무역증대의 효과를 거두기 위해서는 우리와 경제·무역관계가 긴밀한 미국, 중국, 일본, EU 등 거대경제권과의 FTA가 체결되어야 한다. 그러나 한·일 FTA는 교착 상태에 빠져 있고, 주요 시장인 미국, 중국, EU와는 협상 논의조차 하지 못하고 있다.

FTA를 비롯한 시장개방에 반대하는 국민들이 적지 않다. 특히 특정 국가와의 FTA 체결을 위한 사전협상이 시작될 때마다 피해가 예상되는 산업 분야에서의 반대가 거세다. 하지만 어떠한 경제정책이나 대외협상도 모든 국민을 만족시킬 수는 없다. 그래서 국가적 차원에서 국민의 복지와 국가발전을 극대화할 수 있도록 정책을 결정하고, 시행에 따른 부작용과 피해계층의 피해를 최소화하는 보완 대책을 마련해야 한다.

정부는 특정산업과 계층에 대한 피해를 최소화하는 방향으로 FTA 협상을 이끌어 나가야 한다. 그럼에도 불구하고 FTA 발효로 피해를 입는 산업이 있다면, 피해산업의 원활한 구조조정을 지원하고 피해계층에 대한 적절한 지원책을 강구함으로써 국민경제 전체의 복지향상을 꾀하는 것이 순서다.

위기 속에 기회 있다

한·미 FTA의 성공을 위해 우리 기업의 미국시장 진출을 최대화하는 것 못지않게 중요한 것은, 피해가 예상되는 산업의 손실을 최소화하고 구조조정을 모색하는 것이다. 대표적으로 농업과 축산업, 제조업 가운데 기계, 정밀화학 및 의약품 제조업 그리고 방송 등 일부 서비스산업이 단기적으로 생산액이 감소할 것으로 예상되고 있다.

가장 큰 타격이 예상되는 산업은 역시 농·축산업이다. 협상에서 쇠고기 수입재개를 구두로 약속했을 뿐 아니라 쇠고기·돼지고기·오렌지·낙

농 가공품·천연꿀·대두 등 초민감 품목의 관세를 장기간에 걸쳐 점진적으로 철폐하기로 양국이 합의했다. 농업생산액이 최대 2조 원 이상 줄어들 것이라는 전망도 있고, 실업농민이 7만 명에서 14만 명에 이를 것이라는 예측도 있다. 그뿐 아니라 의약품 제조업의 경우도 신약특허권에 대한 보호가 강해져 복제약값이 상승될 것이다. 방송에서는 국산 프로그램의 의무편성비율이 하향되고 저작권보호 기간이 70년으로 늘어나 미국 문화상품 사용에 대한 로열티 지급도 증가할 것으로 보인다.

따라서 이들 산업에 대한 단기적인 손실보전과 함께 중·장기적으로 얼마나 효율적인 구조조정이 이루어지는지가 한·미 FTA의 장기적인 성과를 좌우할 것이다. FTA 협상과정에서 취약산업군의 반대가 거세기는 선진국 역시 마찬가지다. 그러나 일단 협상이 타결되면 정부는 피해산업의 구조조정과 실업자의 재취업을 위한 지원책을 마련해 개방으로 인한 피해를 최소화해왔다. 대표적인 법안이 1962년 제정된 미국의 무역조정지원법(TAA)으로, 미국정부는 이에 근거해 개방으로 인한 실업자들을 지원하고 산업 구조조정을 촉진시켰다. 우리나라에서도 무역조정지원법이 시행돼 향후 10년간 FTA로 손해를 본 기업에 2조 6,000억 원, 근로자에게 2,000억 원 이상이 지원된다. 또한 중소기업 사업전환촉진법에 따라 중소기업이 경쟁력 있는 업종으로 전환할 경우 다양한 지원을 받게 된다.

농업부문에서는 현재 정부 차원에서 소득보전 및 폐업지원금 제공방안이 논의되고 있다. 또한 농업생산시설 현대화와 명품브랜드 농산물 육성정책도 뒷받침될 예정이다. 그러나 농업 분야는 앞으로도 WTO협상 등으로 점진적 개방이 불가피한 만큼, 전면적인 경영개혁의 기회로 삼을 필요가 있다. 자유무역이 국가 전체에 가져올 이익을 생각한다면 피해산업구조조정을 위한 재원 마련에 정부나 국회가 인색해선 안 된다. 미국의 경우 자유무역으로부터 얻는 국가적 이득은 연 1조 달러 이상인 데 반해 무역조정지원을 위한 정부지출은 연 10억 달러에 불과하다는 분석도 있다. 중요한 것은 지원금의 규모가 아니라 자금이 적재적소에 제대로 집행돼야 한다는 점이다. 앞으로 국민 세금이 얼마나 효율적으로 피해산업 구조조정에 사용되는지에 논의의 초점이 맞춰져야 한다.

또 한 가지 명심해야 할 사실은 피해산업군 역시 경쟁력만 갖추면 미국시장에 자유롭게 진출할 수 있다는 점이다. 보통 한국시장을 잃는 것만 걱정할 뿐 더 큰 시장인 미국으로 진출할 기회를 얻은 데에는 별로 주목하지 않는다. 그러나 이들 산업 역시 앞으로 시장경쟁력을 갖추고 미국 내 틈새시장을 찾는다면 얼마든지 성공적으로 진출할 수 있다.

한·미 FTA가 우리 경제에 활력을 불어넣고 국민소득 3만 달러 시대를 앞당기는 초석이 되기 위해서는 국회의 동의가 빠른 시일 안에 이루어져야 한다. 이제 한·미 FTA를 둘러싼 소모적 논쟁은 국익은 물론 피해산업에까지 해가 될 뿐이다. 시장개방에 취약한 산업 분야가 글로벌 스탠더드 수준의 경쟁력을 갖출 수 있도록 중지를 모으자.

자유무역협정, 미래 도약을 위한 발판

20 07년 4월 2일 한·미 자유무역협정(FTA) 협상이 마침내 타결되었다. 원래 협상 마감일인 지난 금요일 자정보다 3일 지난 시점에서 이루어진 이번 타결은 2006년 6월 첫 번째 협상을 시작한 이래로 거의 10개월 만에 이룬 성과이다. 도시 곳곳에서 산발적으로 일어

나는 반FTA 시위에도 불구하고 양국 모두에게 효력을 미치는 협정이 마침내 체결된 것이다.

한국은 세계 11위의 경제대국이다. 또한 2006년에는 세계에서 열한 번째로 수출 3천억불을 달성한 국가이기도 하다. 지난 반세기 동안 한국은 시장자유화와 해외무역에 기반을 두고 엄청난 경제적 발전을 이루어냈다. 한국의 경제발전이 자유무역과 시장 자유화의 국제적 흐름을 자발적으로 수용한 수출주도의 정책에 의해 이루어졌다는 것은 널리 알려진 사실이다.

글로벌 시장시스템은 계속해서 그 발전 속도가 가속화되고 있다. 전 세계의 주요 경제대국들은 각국 간의 FTA 체결을 통해 지역경제통합을 활발하게 추구하는 동시에 돌파구를 위한 WTO 기반의 다자간 무역협상을 기다리고 있다. 이처럼 세계화의 조류는 계속해서 활발해지고 있지만, 한국국민 중 일부는 신중한 고민 없이 이를 거부하려는 움직임 마저 보이고 있다. 이번 한·미 자유무역협정 타결은 세계시장에서 한국이 중요한 경쟁적 우위를 차지할 수 있게 해주었다는 점에서 많은 사람들의 환영을 받고 있다.

한국은 2004년 발효된 한–칠레 FTA를 시작으로 다양한 주요교역대상국들과 자유무역협정을 체결하기 위한 노력을 계속해오고 있다. 2005년 한해 약 1조7천3백억달러를 기록한 미국 수입시장 규모는 중국, 일본 그리고 아시아 시장을 합한 약 1조7천7백억달러와 거의 비슷한 규모였다. 이러한 미국과의 FTA 체결은 대한민국이 세계 최대 시장에 접근하는 확실한 발판이 됨과 동시에, 한국의 교역과 소득 그리고 일자리 증가를 통한 경제성장에도 긍정적 효과를 미칠 것이다.

한·미 자유무역협정이 한국경제에 미칠 가장 큰 효과는 미국 시장에서의 사업기회 확대 및 금융 과 보험이 포함된 서비스 분야의 발전이다. 자유무역협정은 더 많은 외국인 투자와 양국 기업의 협력으로 모두가 이득을 볼 수 있는 제도의 개선도 촉진시켜 더 나은 경영환경을 만드는 자극제가 될 것이다.

물론 수출이 증가함에 따라 수입도 함께 증가할 것이다. 수입의 증가로 인해 원자재나 부자재 및 부속품의 수입가격이 하락하게 되고 이는 한국기업의 생산비용 감소에 기여하는 반면 미국산 수입제품 가격의 하락은 전체 국민들의 후생 증가에 기여하게 된다. 따라서 자유무역협정의 이득은 경제의 주요 참여자인 기업과 개인의 일상에서도 느낄 수 있게 될 것이다.

모든 협약이 그렇듯, 이번 한·미 자유무역협정 역시 양국 모두에게 이득이 있다. 한국은 FTA를 통해 많은 것을 얻을 수 있다. 물론 FTA 로 인해 악영향을 받는 국민들도 존재한다. 예를 들어, 국내시장에서의 경쟁 심화로 인해 어떤 생산자들은 손실을 입을 것이다. 따라서 FTA 체결 이후 한국에 남겨진 가장 시급한 숙제는 FTA로 인해 어려움을 겪게될 부문에 대한 지원과 변화된 시장에 원활히 적응할 수 있도록 하는 대책을 만들고 시행하는 것이다. 예를 들어, FTA로 인해 갑작스레 증가한 수입품목으로 소득손실을 입은 농업분야를 위해 정부가 직접 나서 농부들에게 보상하는 것이다. 또한, 정부는 FTA 체결로 인한 경쟁심화로 직장을 잃게 된 근로자들에 대한 재정적 지원방안을 고려중이라고 발표했다. FTA로 인한 피해를 줄이기 위한 정부의 지원책은 공식적으로 체결되는 6월 29일 이전에 마무리되어야 할 것이다.

한·미 자유무역협정은 한국의 미래다. FTA는 한국의 장기적인 국익증진 관점에서 본다면, 경제성장을 배가하여 두번째 한강의 기적을 이루어낼 수 있는 매우 중요한 협정이다. FTA는 미국과의 통상마찰을 줄여줄 수 있을 뿐만 아니라 북핵리스크를 포함한 국가적 차원에서의 위기를 경감시켜 한국의 국제적인 신용도 역시 가파르게 상승하게 할 것이다. 또한 미국과의 FTA는 외국의 자본투자를 통한 산업구조 발전을 토대로, 앞선 기술과 경영기법을 소개하기에 용이하게 할 것이다

한·미 자유무역협정은 예정대로 체결되겠지만 이를 제대로 시행하기 위한 한국의 노력은 지금부터이다. 기업들은 그들의 경쟁우위 강화를 위한 노력을 계속해야만 한다. 지금 한국에 필요한 것은 국가의 발전이라는 기치아래 FTA가 한국의 미래와 국가를 위해 활용될 수 있도록 힘을 하나로 모으는 일이다. 앞으로 남은 단계는 국회에서의 FTA 비준이다. 한국이 얼마나 빨리 미국과의 자유무역으로 인한 경제적 진보를 확인할 수 있는지는 얼마나 빨리 그리고 효과적으로 FTA가 비준되느냐에 달려 있다. 선택은 한국의 몫이다. 과연 한국은 한·미 자유무역협정을 통해 세계의 일류로 도약할 역량을 갖출 것인가?

FTA: Ticket for Future

The KORUS FTA negotiations were finally concluded on Monday. Nearly 10 months after the first round of talks began on June 5, 2006, they were concluded after a three-day delay from the original Friday midnight deadline. The grueling talks, despite being marred by news of sporadic surges of anti-FTA rallies around the city, in the end produced a conclusion that both sides could work on.

Korea is the 11th largest economy in the world. It was also the 11th country in the world to reach the $300 billion-mark in exports last year. For the last half-century, we have achieved amazing economic progress based on market liberalization and foreign trade. It is a widely-held fact that Korea's economic development had been possible only because it chose an export-oriented policy that voluntarily took on the international flow of free trade and market liberalization.

The global market system is an ongoing process that shows no signs of slowing down. Major economies of the world are waiting for the WTO-based multilateral trade negotiations to show a breakthrough while actively pursuing regional economic integration through the signing of free trade agreements. The tide of globalization is rising high and we would be reckless to try to defy it. The conclusion of the KORUS FTA is most welcome in that it provides us with a valuable edge in global market competition.

Korea, too, has been pursuing free trade agreements with various major trading partners starting with the Korea-Chile FTA which became effective in 2004. The annual size of the U.S. import market of $1.73 trillion in 2005, is almost the same size as China, Japan and ASEAN put together, estimated to be at $1.77 trillion. Forming an FTA with the United States grants us secure access to the world's biggest market, thus paving the way for greater economic growth based on increased trade, income and employment opportunities.

The biggest positive effect that KORUS FTA will have on our

economy is no doubt the expansion of opportunities for our businesses in the U.S. market and the advancement of our services sector including the fields of finance and insurance. The FTA will provide an impetus for better management environment conditions by bringing progress to our institutions, which would in turn lead to more foreign investment and mutually beneficial cooperation between the companies of the two countries.

Of course, the deal means increased imports along with increased exports. The fall in import prices of raw and subsidiary materials and components will reduce the production costs for our businesses while lower prices for imported U.S. commodities will benefit the welfare of the overall population. Thus, the benefits of a free trade agreement will be felt in the everyday life of all major participants in our economy, businesses and individuals alike.

Like all agreements of this nature there are benefits for both sides. Korea has much to gain from the FTA. There are, however, those who could be adversely affected by the changes brought by the FTA. With the increased competition in the domestic market, certain producers could experience losses. Our most urgent task in the aftermath of the FTA conclusion is to establish and implement a counter-plan to provide support and facilitate adjustment in those sectors that will be hit hardest by the FTA. As such, the government will directly compensate farmers for any decrease of income by category occurring from the sudden surge of imports. The government has also announced that it will seek measures to provide financial assistance to workers who might be put out of jobs because of management difficulties rising from the aggravated competition brought on by the FTA. The government's plan to provide relief for damages is to be finalized before June 29 when the agreement will be officially signed. The KORUS FTA is about the future. From the perspective of promoting our long-term national interest, the FTA is essential for Korea to redouble its economic progress and achieve a second ``miracle on the Han River.'' The FTA will not only reduce trade frictions with the United States, it will greatly raise our international credit rating by alleviating our country risks including the North Korean nuclear issue. Forming a free trade partnership with the United States will facilitate the introduction of advanced technology and management, laying out the foundation for upgrading our industrial structure through foreign capital investment.

The agreement may be signed but our work on the KORUS FTA has only just begun. Businesses must continue their efforts to enhance their competitive edge. All of us need to join forces under the banner of national progress and make the FTA work for our future and for our nation. Our next stage is the ratification of the FTA in the National Assembly. How soon we can witness economic progress based on free trade with the United States depends on how soon and efficiently we can ratify the FTA. The choice is ours. Does Korea have what it takes to carry through the KORUS FTA and make the leap to the world's top-tier?

3

선진 통상국의
출발점에 서다

다자간 통상 vs. 양자 간 FTA

현재 통상 분야에 있어서 한·미 간에는 투자협정(BIT), FTA 등이 주요 과제로 남아 있다. 2003년 5월 15일 개최되는 노무현 대통령과 조지 W. 부시 미국 대통령 간의 정상회담에서는 북핵문제, 한·미 동맹관계 발전, 경제·통상 분야 협력방안 등이 중점적으로 논의될 예정이다. 비록 북핵문제가 발등의 불처럼 긴급한 현안이기는 하지만, 이번 한·미 정상회담에서는 실질적인 양국 간 경제협력 확대를 위해 투자협정과 FTA에 진전이 있기를 기대한다.

우선 투자협정은 지난 1998년 6월 김대중 대통령과 미국 클린턴 대통령 간의 정상회담에서 '한·미 투자협정'을 체결하기로 하면서부터 시작되었다. 1999년까지 세 차례의 공식·비공식 실무협상이 열렸으나, 국내 영화산업에 대한 스크린쿼터 문제로 난항을 겪으면서 협정체결이 지연되고 있다.

스크린쿼터와 투자협정 간에는 어떤 관계가 있는가? 스크린쿼터란, 국내 영화산업을 보호하기 위해 극장에서 국산영화를 일정비율 이상 의무적으로 방영토록 하는 제도다. 미국 측은 스크린쿼터를 일종의 국산품의무사용 조항으로 간주해 이를 점진적으로 축소할 것을 요구하고 있다. 투자협정은 협정상대국의 투자가에 대한 내국민 대우, 국산품 사용이나 내국인 고용 등에 관한 강제이행의무 부과 금지, 투자원금 및 과실송금 보장 등을 핵심으로 하는 만큼, 스크린쿼터에 대한 양국 간 조속한 협의가 선행되어야 할 것이다.

한·미 간의 또 다른 통상의제로는 FTA가 있다. 한·미 FTA는 1980년대 중반부터 미국에서 제기되기 시작했고, 1989년 미 국제무역위원회(USITC)가 관련 보고서를 발표하면서 본격화되었다. 지난 2001년에는 보커스(M. Baucus) 미 상원의원이 한국과의 FTA 체결에 관한 법안을 재상정하기도 했다.

하지만 한·미 투자협정이 지연되자 미국은 이보다 파급효과가 큰 FTA를 한국과 체결할 수 있을 것인가에 대해 의구심을 갖고 있다. 한마디로 한국의 개방의지가 아직 미성숙한 상태에서 섣불리 추진하다가는 자칫 반미감정만 악화시킬 수 있다고 판단하는 것 같다. 이에 따라 미국은 현재 FTA 체결대상국 리스트에서 한국을 제외하고 있다.

지금 세계 각국은 WTO와 같은 다자간 통상보다는 뜻이 맞는 국가들 간의 양자 간 FTA에 적극적으로 나서고 있다. FTA 건수를 보면 1971년부터 1995년까지 81건이 체결된 데 반해, 1996년부터 2003년 1월까지는 불과 10년도 되지 않는 사이에 무려 98건이나 성사되었다. 투자협정은 또 어떤가. 1990년대 들어 1,000여 개가 넘는 양자 간 투자협정이 체결되었고, OECD, WTO 등에서는 다자간 투자협정을 제정하기 위한 논의가 진행되었거나 진행 중에 있다.

그러나 우리는 이러한 세계적 추세와는 너무도 동떨어져 있다. 무역과 외자유치를 기반으로 성장해야 하는 통상국가로서 체면이 안 서지만, 2002년 일본과 투자협정을, 칠레와 FTA를 각각 체결했을 뿐이다.

우리가 통상외교에 과감하게 뛰어들지 못하는 이유는 개방에 대한 두려움과 내부적 저항 때문이다. 19세기 말에도 우리는 지금과 마찬가지 상황에 직면했다. 조선말에 개항을 통해 적극적으로 신문물을 받아들이고 서구 제국들과 통상관계를 확대하는 것이 국익에 도움이 된다는 인식을 가진 선각자도 있었지만, 수구파의 저항 때문에 실기하고 결국 일본의 식민지로 전락했다.

지금도 개방에 저항하는 집단을 설득하고, 개방의 혜택을 공유할 수 있도록 대안을 제시하려는 목소리는 약하기만 하다. 정부도, 국회도, 언론도, 학자들도 눈치만 살피고 오불관언(吾不關焉)하고 있다. 안타깝기 짝이 없는 노릇이다. 필자는 지금 우리가 실기하면 앞으로 5년 후, 10년 후 우리의 통상환경이 어떻게 악화될지는 자명하다고 단언한다.

멕시코가 NAFTA에 편입됨으로써 입은 혜택을 보면 해답이 나온다. 미국시장에 진출하려는 각국의 기업들이 멕시코에 공장을 짓고 투자를 늘려 톡톡히 덕을 보고 있다. 우리나라의 많은 기업들도 멕시코에 진출해 의류·가전 등을 현지생산하고 미국에 우회수출하기 위한 기지로 활용하고 있다.

우리 기업들을 대상으로 설문조사를 해보면 FTA 대상국으로서 첫 번째로 미국을 지목한다. 우리나라 제1위의 무역파트너인 미국과의 통상 개방이 그만큼 실익이 있다는 증거다. 한·미 양국의 전문연구기관에서도 마찬가지 결론을 내리고 있다. 다른 나라는 미국과의 FTA를 통해 유리한 관세율의 적용을 받는데 우리만 소외당해서는 경쟁하기 어렵다. 개방의 필요성을 우리 국민이 빨리 깨닫도록 여론을 조성하고, 농업의 구조조정을 포함한 대비책을 마련해 적극적으로 개방을 준비해야 한다.

한·미 투자협정과 FTA를 진전시키는 것은 우리의 개방정책을 세계에 알리고, 신뢰할 수 있는 통상파트너로서 우리를 재인식시킬 절호의 기회다. 이러한 점에서 이번 노 대통령의 방미를 계기로 한·미 간 투자보장협정과 FTA를 위한 중대한 진전이 있기를 기대해본다.

한·미 FTA를 국가 어젠다로

20 05년 9월까지 우리나라의 대미 수출이 전년 동기 대비 3.4퍼센트나 감소했다. 과거에도 대미 수출이 감소한 적은 몇 차례 있었지만 2005년의 경우 주종 수출 품목인 자동차·휴대전화·반도체·컴퓨터·의류 등이 일제히 큰 폭으로 감소했다는 점에서 예년과는 다른 양상을 보이고 있다. 미국의 총수입이 13퍼센트 이상 증가하고, 주요 경쟁국의 대미 수출도 호조를 보이고 있는 상황에서 유독 우리만 수출이 감소하고 있다. 이는 단순히 우리의 수출시장이 다변화되었다고 볼 수만은 없는 문제다. 대체 그 이유는 무엇일까?

우선 중국·멕시코·말레이시아 등 경쟁국의 시장잠식이 본격화되는 한편, 캐나다·멕시코 등 NAFTA 국가들은 무관세 수출의 혜택을 톡톡히 누리고 있다. 게다가 섬유쿼터 철폐에 따른 영향, 우리 기업의 설비 해외이전에 따른 영향도 가시화되고 있다. 따라서 최근의 수출부진은 구조적 요인에 의한 것으로, 향후에도 회복되기가 쉽지 않을 것으로 보인다. 우리의 총수출 중 대미 수출의 비중은 1990년에는 30퍼센트 내외에 달했다. 그것이 2005년에는 15퍼센트 미만으로 떨어질 전망이다. 미국시장은 세계 GDP의 30퍼센트를 차지하는 규모인데, 양국 간 거리를 감안하더라도 수출비중이 지나치게 낮다. 아시아지역의 일본(23퍼센트), 중국(21퍼센트), 말레이시아(19퍼센트) 등에 비해서도 낮은 수준이다. 한마디로 우리는 가장 중요한 시장을 잃고 있는 경제적 위기상황에 직면한 셈이다. 그동안 산업계에서는 미국시장의 중요성을 감안할 때 양국 간 FTA 체결이 매우 중요한 과제라는 점을 누차 강조해왔다. 최근 들어 미국 산업계에서도 한국을 유력한 FTA 후보국으로 선정하는 등 양국 산업계의 공감대가 어느 정도 형성되고 있다.

그러나 미국과의 FTA를 위해서는 농산물시장 개방, 서비스 개방 등 우리 측에서 감당해야 할 부담이 있는 것도 사실이다. 미국 측은 한국과 FTA 협상을 개시하기 위해 한국의 스크린쿼터 축소, 미국산 쇠고기 수입재개, 자동차 매연기준 완화 등 몇 가지 조치들을 요구하고 있다. 어떻게 보면 한·미 FTA에 대한 우리의 적극적 태도를 이용해 미국의 실리를 찾으려는 것으로 보일 수도 있다.

그러나 한·칠레 FTA 협상, 그리고 최근의 쌀 협상 국회비준 지연 등을 지켜보는 미국으로서는, 한·미 FTA 협상과정에서 야기될 국내 농업계 및 서비스 부문의 반발에 대해 우리 정부가 얼마나 리더십을 발휘해서 문제를 해결할 수 있을지 확인하고 싶을 것이다. 협상을 시작했다가 자칫 반미감정만 심화되는 결과를 미국 측은 원치 않기 때문이다.

한·미 FTA 추진에 대한 산업계와 전문가의 거듭된 요구에도 불구하고 아직까지 구체적인 움직임은 나타나지 않는 것 같다. 몇 년째 끌고 있는 스크린쿼터 축소문제가 한 예인데, 이제는 결단을 내릴 시점이 되었다. 법률·의료·교육 등 여타 서비스 부문도 개방을 준비할 때가 되었다. 농업 문제도 무조건 개방을 반대만 할 것이 아니라 개방된 시장에서 어떻게 살아남을지를 고민해야 하지 않겠는가. 우리가 우물쭈물하는 사이에 이미 태국이 미국과 FTA 협상을 시작했다. 동아시아지역에서 누가 먼저 미국과 FTA를 체결하느냐는 상당히 중요한 의미를 지닌다. 특히 우리나라는 지정학적으로 일본과 중국의 틈바구니에서 살아남아야 하는 운명이다. 그러한 상황에서 미국과의 연결고리는 우리의 입지에 매우 중요하다.

오는 11월, 부산에서 개최되는 APEC 정상회담은 한·미 FTA 협상개시를 선언할 마지막 기회가 아닌가 생각된다. 이제는 범정부적으로 한·미 FTA의 중요성을 인식하고, 포괄적이고 깊이 있는 대책을 준비해야할 때다. 한·미 FTA를 국가적 어젠다로 설정하라. 그리고 청와대를 비롯해 경제부문 전체가 범정부적으로 이에 집중할 필요가 있다.

선진 통상국가의 출발점

얼마 전 노무현 대통령이 2006년 신년연설을 통해 개방은 '거역할 수 없는 대세'라고 밝히면서, 한·미 FTA를 언급했다. 현재 한·미 FTA에 대해 많은 이견이 있는 것이 사실이다. 그러나 2005년 경제상황은 한·미 FTA 체결이 시급하고도 절실한 과제임을 보여주었다.

2005년 우리나라는 사상 최초로 무역규모 5,000억 달러를 넘어섰으며, 수출 역시 두 자릿수 증가율을 유지하면서 호조세를 지속했으나 대미 수출은 397억 달러로 전년 대비 7퍼센트 감소했다. 과거에도 대미 수출이 감소한 적은 몇 차례 있었지만, 2005년의 경우 자동차·휴대전화·반도체 등 주력 수출 품목들이 일제히 큰 폭으로 감소하고 있다는 점에서 예년과는 다른 양상이다. 과거 90년대 총수출 중 대미 수출의 비중이 30퍼센트 내외에 달했지만, 현재 15퍼센트 미만으로 떨어져 있다. 양국 간의 지리적 거리를 감안하더라도 미국이 세계 GDP의 30퍼센트를 차지하는 시장임을 감안하면 지나치게 비중이 낮다. 또한 아시아지역의 일본과 중국이 대미 수출 비중을 20퍼센트로 유지하고 있는 것을 보면, 우리의 가장 중요한 시장을 잃어가고 있음을 알 수 있다.

특히 미국의 총수입이 증가하고, 주요 경쟁국의 대미 수출도 호조를 보이고 있는 상황에 우리만 수출이 감소하고 있다는 점에서 우려가 크다. 중국·말레이시아 등 경쟁국의 미국 시장잠식이 본격화되고, 캐나다·멕시코 등 NAFTA 국가들은 무관세 수출의 혜택을 누리며 미국시장에서 경쟁력을 높이고 있다. 여기에 섬유쿼터 철폐, 우리 기업의 설비 해외이전 등이 복합적으로 작용해 향후에도 수출회복은 쉽지 않을 전망이다.

우리는 FTA를 체결함으로써 많은 경제적 효과를 얻을 수 있다. 무엇보다도 양국 간 FTA가 체결되면 체결국 간에 무관세 혹은 낮은 관세가 부과되고 각종 비관세장벽이 제거되어 교역이 증대되고 시장이 확대된다. 우리의 유일한 FTA 체결국인 칠레의 경우 대칠레 수출이 2003년 14퍼센트, 2004년 37퍼센트, 2005년 65퍼센트로 가파른 증가율을 보이고 있다. 반면 FTA를 체결하지 않을 경우 체결국들보다 높은 관세가 부과되어 그만큼 수출시장을 상실하는 소위 '시장전환효과'로 손실을 보게 된다.

그동안 산업계에서는 미국시장의 중요성을 감안할 때 한·미 FTA 체결이 매우 중요한 과제임을 강조해왔다. 미국 산업계에서도 한국을 유력한 FTA 후보국으로 선정하는 등 양국 산업계의 공감대가 형성되어 가고 있다. 그러나 미국과의 FTA를 위해서는 농산물시장 개방, 서비스 개방 등 우리 측이 부담해야 할 몫이 있는 것도 사실이다.

최근 한·미 FTA 협상을 가로막았던 많은 난제들이 해결의 기미를 보이고 있다. 이제 우리가 미국과 FTA를 체결해야 하는 이유는 명확하다. 우선 전통적으로 우리나라 수출증대에 견인차 역할을 하였던 미국시장에서 관세가 철폐될 경우 저비용 국가들과의 가격경쟁에 도움이 될 수 있다. 또한 경제대국인 미국과의 FTA 체결은 상징적 의미가 크므로 세계시장에서 우리나라 제품에 대한 인식을 높일 수 있다. 아울러 우리나라에 대한 최대 투자국인 미국의 투자가 확대되는 계기가 될 뿐 아니라 경제적 및 정치적 대외신인도 제고로 인해 전반적인 외국인 투자가 증가될 수 있다.

더불어 미국과의 교역은 그 규모가 클 뿐만 아니라 농산물에서부터 대부분의 공산품까지 그 범위가 가장 넓기 때문에 미국에 대한 시장개방은 향후 다자적 차원의 무역자유화에 대비해 우리 경제의 체질을 개선하고 경쟁력을 강화시킬 것이다. 특히 우리의 취약 산업 분야인 법률·의료·교육 등의 서비스산업은 개방을 통해 경쟁력을 제고시키는 계기가 될 수 있다. 또한 최근 점점 더 높아지고 있는 중국에 대한 무역비중을 어느 정도 상쇄시켜 중국에 대한 지나친 의존에서 벗어나는 데 도움이 될 수 있다.

한·미 FTA는 더 이상 선택의 문제가 아닌 시기의 문제다. 대통령의 신년연설을 계기로 그 어느 때보다도 한·미 FTA 협상 가능성이 높아졌다고 할 수 있다. 이미 무역 5,000억 달러를 달성한 우리는 새로운 목표인 무역 1조 달러를 달성하기 위해 무역확대를 위한 노력을 더욱 경주해야 할 것이다. 그 출발점이 바로 한·미 FTA 체결이다.

한·미 FTA 협상의 중대 고비

2006년 2월 3일 워싱턴에서 한국과 미국의 무역대표부는 공식적으로 한·미 양국 간의 자유무역협정 체결을 위한 협상의 개시를 발표했다.

협상이 진행 된 지 일 년 정도가 지난 지금, 한·미 FTA는 다른 어느 FTA 협상보다 논의결과에 대한 찬반 논쟁이 뜨겁다. 반면, 협상의 포괄적인 범위와 제한된 협상기한으로 한국정부와 FTA 민간대책위원회와 같은 민간사업 부문 간의 의견 교환은 다른 어떤 정책입안과정에서보다 활발했고, 이는 민간과 정부 간 협력의 좋은 본보기가 되었다.

작년 6월 워싱턴에서 시작된 한·미 자유무역협정을 위한 협상은 지난주 서울에서 여섯 번의 협상 과정을 마쳤다. 마지막일 것으로 판단되는 일곱 번째 협상은 2월 워싱턴에서 개최될 예정이다. 따라서 현 시점에서 이제까지의 협상을 되돌아보고 마지막 협상에서 우리의 이익을 극대화할 수 있는 방안을 마련해야 한다.

사실상, 지난 여섯 번의 협상 과정을 통해 양국의 이익과 논쟁적인 이슈들, 민감한 분야들이 명확해졌다. 한국은 미국에 수출되는 한국상품에 부과되는 관세를 즉시 철폐할 것을 원한다. 특히 한국은 자동차와 섬유 그리고 무역규제 철폐에 막대한 관심을 갖고 있다. 반면, 미국은 한국의 자동차, 농업 그리고 의약품 시장의 폭넓은 개방을 요구하고 있다.

지금까지 상품관세 양허 협상 부문에서는 상당한 수준의 진전을 이루어냈다. 무엇보다 2006년 8월 미국이 제시한 첫 번째 양허안에서는 전체 관세 대상 리스트의 50.5%의 관세 양허비율과 수입규모의 58.5%에 해당하는 관세 철폐안이 포함되었다. 그러나 여섯 번째 협상과정에서 이 비율은 각각 83.9%와 65.2%로 각각 상승하였다. 이처럼 전반적인 협상 진전에도 불구하고, 대미수출의 20% 이상을 차지하는 자동차 관련 제품이 여전히 '기타(관세 철폐시기를 제시하지 않은 상태)' 항목으로 분류된 점은 아쉬운 부분이나, 이는 다른 관련 사안과 함께 조만간 해결될 것으로 예상된다.

서비스 무역과 투자분야의 협상은 양국의 관련 법과 제도의 전면 수정 및 양국의 관심분야 확인에 초점이 맞추어져 왔다. 한국은 건축사와 간호사를 포함한 전문자격증 분야를 상호인정 직종으로 인정해줄 것을 강하게 요구하고 있다. 또한 미국 연방 및 주 정부의 상품과 서비스를 포함한 미국의 조달 시장에 보다 폭넓게 접근할 수 있도록 규제를 완화해 줄 것을 요구하고 있다. 우리나라 협상단은 정부조달 시장의 문턱을 낮춰 한국의 중소기업들이 미 조달 시장에 상품과 서비스를 제공할 수 있도록 협상에 임해왔다.

미국 FTA의 특성이 잘 드러나는 환경과 노동 관련 협상의 경우, 한국도 미국만큼 높은 수준의 기준을 갖고 있는 만큼 양국 협상단 모두가 합리적인 방법으로 신설된 규정을 도입하기 위한 협력을 강화하는 데 초점을 맞추고 있다.

이제 제7차 협상까지 단 3주밖에 남지 않았다. 6차 협상회담이 끝난

후 가진 기자회견 자리에서 미국 무역대표부 웬디 커틀러는 "이러한 무역 협상에서 막바지에 이르러 민감한 이슈들이 많아지는 것은 매우 전형적인 일이다" 라고 말했다.

그녀가 이야기했듯이, 양국은 마침내 무역규제철폐, 의약품 시장 및 자동차 시장 개방과 같은 민감한 이슈에 대한 해결책을 제시해야 하는 순간에 다다랐다. 양국 모두 이번 일곱 번 째 협상에서 민감한 사안들을 해결해 부시 행정부의 무역촉진권한(TPA, Trade Promotion Authority) 종료 기한 내에 FTA 협상이 완결되기를 원하지만, 이번 협상의 안건을 해결하는 일은 양국 모두에게 가장 큰 도전이 될 것이다. 동시에, 시간이 부족하다고 해서 세부사항을 간과해서는 안 될 것이다. 양국 모두에 성공적인 FTA가 체결되는 것이 가장 먼저 고려해야 될 사항임을 기억해야 할 것이다.

분명 무역촉진권한은 그들이 제출한 무역 관련 법안에 대해 절차상의 보호를 해줄 것이다. 부시행정부에 주어진 이 권한으로 인해 일단 법안이 제출되면 협상결과를 반영한 전체 법안에 대해 의회는 찬반 결정만 할 수 있을 뿐 그 내용을 수정할 수 없기 때문이다. TPA 하에서는 미국 행정부는 협정문에 사인하기 90일 전에 협상의 결과물을 반드시 의회에 제출해야 한다. 한 · 미 자유무역협정의 경우 TPA가 올해 7월 1일에 만료되기 때문에, 우리는 반드시 6월 30일 전에 협정문에 사인을 해야 한다. 이러한 경우 미국행정부, 즉 미국 무역대표부(USTR)는 3월 말까지 국회에 관련 법안들을 제출하고 이에 대한 인준절차 등을 마무리하게 된다. 게다가 USTR은 국제무역위원회(ITC, International Trade Commission)에 FTA에 대한 검토도 요청해야 한다.

따라서 사실상의 협상기한은 3월 말이다. 만약 TPA가 예정대로

2007년 6월에 만료된다면, 그리고 협상이 그 전에 완료되지 못해 6월 이후로도 계속된다면, 이제까지 진행된 FTA 협상이 그 결실을 맺지 못하게 될 가능성도 있다. TPA가 없다면 미 의원들이 한국의 입장에서는 받아들일 수 없는 내용으로 협정문을 수정하려 들 수 있기 때문이다. 따라서 TPA 만료 기한을 넘어서까지 협상을 진행하는 것은 최후의 수단으로 고려되어야 한다. 그렇지 않으면 한국은 한·미 자유무역협정으로부터 기대되는 혜택을 누리지 못하게 될 것이다.

이처럼 중요한 시점에서 한국은 FTA가 국익에 최대한 도움이 될 수 있도록 힘을 하나로 모아야 한다. 한국의 협상단은 미국 협상단이 테이블에 올려놓을 수 있는 협상 카드들을 미리 예상해보고 이에 대응할 수 있는 전략을 준비해야 한다. 유감스럽게도, 여섯 번의 협상이 진행되는 동안 한국의 협상전략이 담긴 국회의 기밀문서가 공개되기도 했다. 그러므로 한국은 앞으로의 협상에 대비한 새로운 전략을 하루빨리 고안해야 한다.

이번 FTA의 이해관계자들은 감정적인 대응을 삼가고 집단 이기주의적인 모습을 보이지 않아야 한다. 그들은 FTA가 한국경제에 이득이 있도록 한국의 국익에 도움이 되는 한국의 우선순위를 분석하여 한국 협상단에게 전달해야 한다. 그 과정에서 한국 국민들은 국익을 우선시하는 협상단의 마음과 능력을 믿고, 그들을 지지해야 한다. 마지막으로, 정부의 최종 의사결정자는 협상단과 이해관계자 그리고 일반국민들이 서로 시너지 효과를 낼 수 있도록 효과적인 리더십을 발휘해야 해야 한다.

현재까지 진행된 한·미 자유무역협정은 한국 무역사에서 중대한 사건으로 기록될 것이다. 한국은 지금 대한민국의 무역규모 1조 달러 달성 및 세계 8위의 무역대국이라는 목표를 위한 기반을 마련하고 있다는 것을 기억해야 한다.

KORUS FTA talks reach a critical moment

On Feb. 3 last year, Korean and U.S. trade ministers formally announced the start of the KORUS FTA negotiations between the two countries in the presence of a group of congressmen and business leaders in Washington D.C.

Over the past year of the negotiation process, there has been more heated pro and con debate on these trade discussions than on any other FTA talks because these FTA talks involve two large economies. Meanwhile, thanks to the comprehensive coverage and limited timeframe of the negotiations, there has been a more active exchange of opinion between the Korean government and the business sector, such as the KORUS FTA Industry Alliance, compared to debate on any other policy making process, thus setting good example of collaboration between the government and the private sector.

The KORUS FTA negotiations, which began in Washington D.C. in June last year, completed their sixth round of talks in Seoul last week. The seventh round of the negotiations, most likely the last round of the talks, will be held in Washington D.C. in February. It is time for us to evaluate the progress made in talks so far and prepare for the last round of the talks to maximize the benefits to our national interests.

The past six rounds of the talks have made clear the interests, contentious issues, and sensitive areas for the two nations. As for

Korea, it wants the United States to immediately eliminate tariffs imposed on Korean commodities destined for the U.S. market. In particular, Korea has taken a keen interest in automobiles and textiles, and an easing of trade remedy regulations. The United States, on the other hand, has asked Korea to provide wider access to its automobile, agricultural, and pharmaceutical markets.

Considerable progress has been made in the commodity tariff concession negotiations so far. In the first U.S. offer list exchanged in August 2006, the ratio of the immediate tariff elimination reached only 50.5 percent based on the number of tariff lines and 58.4 percent based on import value. In the sixth round of the talks, however, the figures increased to 83.9 percent and 65.2 percent, respectively. With all the encouraging progress, it is regrettable that most automobile-related products, which account for more than one fifth of Korea's total exports to the United States, are still classified under the category of "Undefined(U)," yet this is expected to be addressed soon, along with other related issues.

The negotiations on service trade and investment have been centered on thoroughly revising laws and regulations of both countries and identifying areas of interests for both parties. Korea is expressing a keen interest in the mutual recognition of professional certifications including licenses for architects and nurses. It is also asking the United States to provide wider access to the government procurement market, which involves trade in both goods and services, by including not only the federal government but also the state governments. Korean negotiators have also been focusing on lowering the threshold of government procurement, so that small and medium-sized Korean companies will be able to provide goods and services to that market. In the environment and labor negotiations, which are characteristics of the U.S.' FTAs, negotiators from both countries are focusing on strengthening bilateral cooperation to implement these established regulations in a proper manner, because Korea has as high-level standards as the United States.

There are only three weeks left before the seventh round of the talks begin. At the wrap-up press conference of the sixth round, the U.S. chief negotiator Wendy Cutler said, "It is very typical in such trade negotiations for (sensitive) issues to come together at the very end of the negotiations." As she put it, both countries have finally reached the moment when they should address key sensitive issues such as trade remedies, pharmaceuticals, and automobiles. Both nations hope to conclude the FTA negotiations within the timeframe of the Bush administration's Trade Promotion Authority (TPA), so negotiators should resolve these contentious issues in the seventh round of talks, though resolving these issues will be the biggest challenge for both countries. At the same time, however, they should not overlook any details due to time pressures. They must remember that their priority is to conclude a successful FTA for both countries.

TPA gives certain procedural protection to trade bills. Once they are introduced, they cannot be changed by Congress. Congress must either accept or reject the entire package without changing it. Under this TPA, the U.S. administration must notify Congress of their intent to enter into the agreement 90 days before the agreement is signed. Since the TPA expires on July 1 this year, we can assume that the KORUS FTA must be signed on June 30. In this case, the U.S. administration, that is, the USTR, must notify Congress of its intent to conclude the KORUS FTA by the end of March. In addition, the USTR must request that the International Trade Commission prepare a study of the FTA.

Therefore, the negotiation deadline is in March. If the TPA expires in June 2007 as scheduled, and negotiations are not complete by then and continued after June, there is even a chance that the proposed FTA will never reach fruition. Because, without TPA, individual members of Congress can try to change the agreement in ways which Korea might find unacceptable. Therefore, passing the deadline of the expiration of the TPA should only be considered a last resort. Otherwise, we cannot realize expected benefits of the KORUS FTA.

At this critical moment, Koreans should be united to support an FTA that can serve our national interests to the fullest. Korean negotiators need to anticipate the possible cards that their U.S. counterparts are likely to put on the tables and prepare strategies to respond. Much to our regret, during the sixth round of talks, a confidential parliamentary report which contained our negotiation strategies was revealed to the public. Therefore, it is urgently needed to devise new strategies for the upcoming talks.

As for stakeholders, they should refrain from emotional responses and collective selfishness. Instead, they should convey the priorities of Korea's national interests to the Korean negotiators in a proper manner to produce an FTA which can benefit the Korean economy as a whole. Meanwhile, the general public should believe in the good will and capacity of the Korean negotiators and give them full support. Last but not least, the final decision maker in the government should exercise effective political leadership in order to produce the synergy to unite negotiators, stakeholders, and the general public.

The proposed KORUS FTA will mark a milestone in the history of Korean trade. We should remember that at this moment we are laying the foundation for reaching the goal of $1 trillion in trade and becoming the world's top eight trading nations for the foreseeable future.

경제의 마이너리그에서 메이저리그로

어제 끝난 한·미 FTA 제8차 협상 결과, 양측이 많은 분야에서 의견 접근을 이룸으로써 시한(4월 초) 내 타결전망이 한층 밝아졌다. 무역구제·자동차·의약품·농업 등 쟁점이 남은 분야가 있기는 하지만 노동·환경·전자상거래 등 다수 분과에서의 양국 간 합의는 협상타결이 그리 멀지 않았음을 시사하고 있다. 정부는 2006년 6월 미국과의 협상을 개시하면서 한·미 FTA의 목표로 양국 간 이익의 균형 달성, 세계 최대 미국시장에 대한 접근 확보, 민감 분야의 피해 최소화, 서비스 부문의 경쟁력 강화, 소비자혜택 증진 등을 제시했다. 돌이켜보면 많은 논란이 있었지만, 이제는 협상타결의 필요성에 대해 국민적인 공감대가 형성되어 있는 것으로 보인다.

이러한 관점에서 한·미 FTA가 체결된다면 어떤 기준으로 이를 평가하고, 또 한·미 FTA를 보다 잘 활용하기 위해서는 어떤 준비가 필요할까? 필자는 한·미 FTA가 성공적으로 체결되었는지에 대한 평가기준으로 다음의 다섯 가지를 따져야 한다고 생각한다.

첫째, 국익 차원의 관점이 필요하다. 개별 이슈별로 무엇을 얼마나 주고받았는가 하는 미시적 시각보다는 시장확보, 경쟁력 강화, 투명성 제고, 신인도 증가 등 국가경제 전체적 관점에서 보아야 한다.

둘째, 시장접근의 경우 품목별로 개방속도가 국내수용능력과 경쟁력 제고의 측면에서 적절하게 반영되었는지를 살펴볼 필요가 있다. 관세감축 스케줄이 경쟁력 확보에 충분한지와 함께 개방 시기 단축을 통해 구조조정을 촉진할 것인지 등을 고려해야 할 것이다.

셋째, 단기적인 효과뿐만 아니라 중장기적인 효과에 대해서도 적절한 평가가 이루어져야 한다. 상품자유화의 경우 상당한 이행기간이 부여된 품목이라 할지라도 결국 관세가 철폐된다면 이 역시 시장확대에 기여할 것이며, 서비스와 투자개방의 경우에도 단기적인 효과보다는 장기간에 걸쳐 효과가 누적되기 때문이다.

넷째, 국내산업의 보호라는 측면뿐 아니라 소비자혜택이 얼만큼 증진되었는지를 보아야 한다. FTA의 최우선 목표는 경쟁촉진과 무역장벽의 철폐를 통한 소비자 후생의 증진이기 때문이다. 마지막으로 한·미 FTA가 우리의 통상전력 전체의 구도하에서 어떻게 기여할 것인가를 평가해야 한다. 한·미 FTA는 EU, 일본, 중국 등 앞으로 우리가 FTA를 추진할 국가들과의 협상에 지렛대로 활용될 수 있음을 고려해야 한다.

한·미 FTA의 효과를 극대화하기 위해서는 협정체결만으로는 안 되고 국회의 비준 동의 절차를 통해 협정이 조기 발효되도록 하는 것이 중요하다. 또한 한·미 FTA는 우리 경제의 선진화를 위한 필요조건이지만 충분조건은 아니라는 점을 간과해서는 안 된다. 다시 말해 기업들이 한·미 FTA를 잘 활용해 교역과 투자, 전략적 제휴 등을 확대해 생산성을 향상시키고 경쟁력을 제고하는 것이 필요하다.

정부도 각종 제도의 투명성을 제고하고 불합리한 규제를 완화하는 등 기업환경을 획기적으로 개선해야 한다. 아울러 기업이 현장에서 한·미 FTA의 실질적 혜택을 볼 수 있도록 특혜관세 스케줄과 원산지 기준에 대한 정보를 신속히 제공하고, 통관 및 관세행정 시스템을 혁신해야 한다. 한·미 FTA 체결로 우리 경제는 마이너리그에서 메이저리그로 격상될 수 있는 발판을 마련하는 셈이다. 물론 이에 따른 과제와 책임도 수반된다. 변화된 환경에 적응하고 이를 최대한 활용하기 위해서는 새로운 패러다임에 맞는 정책과 전략이 필요하다. 아울러 국민들 사이에서 인식의 전환이 이루어져야 한다.

시장경제와 자유무역의 중요성을 인식하고 이를 활용해 도약의 계기로 삼는 적극적 자세가 사회전반에 걸쳐 확산되기를 기대한다.

타결보다 활용이 더 중요하다

퍼트남의 양면게임이론(two-level game theory)에 따르면 국제협상은 1단계 게임(대외협상)과 2단계 게임(내부협상)의 두 단계로 이루어진다. 즉 1단계 게임은 협상을 타결시키기 위한 양측 협상단의 협상이며, 2단계 게임은 타결된 협상안에 대한 국내 비준과 동의를 구하기 위한 내부 협상을 말한다. 한·미 FTA라는 산을 정복하기 위해 우리는 이제 2단계 게임에 올인해야 하지만, 상황은 그리 여의치 않아 보인다.

얼마 전 국회 '한·미 FTA 체결대책특별위원회' 소속 국회의원을 대상으로 국회비준 시기를 설문조사한 결과, 2007년 대선 전에 비준되어야 한다고 대답한 사람은 응답자 20명 중 4명으로 20퍼센트에 불과했다. 이 설문은 FTA 특위 소속 국회의원에게 한정된 것으로 그나마 긍정적인 결과를 보여준다. 실제로 최근 한·미 FTA 비준에 결사반대하는 국회의원들이 속출하고 있으며 심지어 단식농성도 불사하고 있다. 특히 연말의 대선과 내년 4월의 총선이 예정되어 있어, 한·미 FTA를 정치적으로 활용하려는 일부 정치인들이 있는 한, 비준안이 순조롭게 통과될 리 만무하다.

2003년 7월, 한·칠레 FTA 비준안이 국회에 제출되었을 당시 제시된

FTA 이행기금은 8,000억 원 규모였다. 하지만 이것만으로는 부족하다는 농민들의 농성과 질타가 이어지고 본회의 통과가 세 차례 무산되면서 기금도 1조2,000억 원으로 늘어났다. 하지만 농업피해는 그리 크지 않았으며, 특히 소득보전에 대한 보상액은 현재까지 단 1원도 집행되지 않았다. 한·미 FTA에 대한 공식서명이 끝나고 비준이 가능해지는 2007년 7월에는 부디 4년 전의 실수가 반복되지 않기만을 바란다. 비준이 늦어질수록 협정 발효가 늦어질수록 한·미 FTA로 얻을 수 있는 이익 실현도 그만큼 늦어지게 된다. 이왕 한·미 FTA가 타결된 이상 잘 활용하여 우리 경제에 득이 되도록 노력해야 하며 조속한 비준이 반드시 이루어져야 한다.

이와 더불어 우리 기업들은 한·미 FTA를 포함, FTA를 활용한 '글로벌 FTA 활용전략'을 수립하여 FTA의 효과를 극대화할 수 있는 체제를 갖추기 위해 노력해야 할 것이다. 또한 앞으로 예정되어 있는 EU·중국 등 거대경제권과의 FTA 협상에서는 협상 추진과정에서부터 보다 적극적으로 기업의 의견을 반영해야 한다.

베트남에서 부품을 조달하고(한·아세안 FTA를 통해 무관세), 스위스에서 들여온 가공기계를 활용해(한·EFTA FTA를 통해 무관세), 개성공단에서 생산한 다음(한·미 FTA를 통해 생산원가절감), 미국으로 수출하도록(한·미 FTA를 통해 무관세) 기업활동을 구성한 우리나라 기업이 있다고 하자. 이 기업은 조달에서 판매에 이르기까지의 모든 경영활동에 글로벌 FTA 활용전략을 수립함으로써 상당한 원가절감을 이룰 수 있다. 따라서 기업은 FTA가 기업이익에 직접적으로 연결된다는 인식으로 향후 추진되는 FTA에 더욱 관심을 가지고, 관세양허와 원산지 기준 등의 협상에 있어서 자신들의 이해관계를 반영시키고자 적극적으로 노력해야 할 것이다.

지금 우리나라가 선진국으로 발돋움하기 위한 첫 번째 시도가 이루어지고 있다. 앞으로 국회비준이라는 문턱을 얼마나 조속하고 효율적으로 넘느냐, 또 기업이 얼마나 적극적으로 기회를 활용하느냐에 따라 우리 경제의 운명이 결정될 것이다.

우리 경제는 이제 세계경제의 마이너리그에서 메이저리그로 진출하게 되었다. 메이저리그에서 어떤 성적을 내느냐는 우리의 노력에 달려 있다. FTA는 타결 자체보다도 향후 어떻게 활용하느냐가 더 중요하다. 이를 위해 경제계는 기업경쟁력을 강화하도록 노력하고, 일반 국민은 미래 국가발전 비전에 대한 공감대 속에서 FTA를 우리 경제의 제2의 도약을 위한 발판으로 활용하는 지혜를 모아야 한다. 지금이 우리에게는 선진국 진입을 위한 마지막 기회인지 모른다.

한·미 FTA 체결 이후의 과제와 전략

지난 2007년 6월 30일 워싱턴에서는 한·미 양국 통상장관이 참석한 가운데 한·미 FTA 서명식이 개최됐다. 유례없는 이념적 찬반논란의 소용돌이와 미국의 무역협상권한(TPA) 시한이라는 어려움 속에서 세계 최대시장인 미국과 FTA를 체결함으로써 우리나라 대외통상 역사의 새로운 장을 열게 됐다. 그러나 한·미 FTA의 진정한 과제는 지금부터라고 할 수 있다.

우선 협정이 발효되어야 한다. 비록 서명은 이루어졌지만 아직 한·미 FTA는 법적으로 유효한 상태가 아니다. '부뚜막의 소금도 넣어야 짜다'는 속담이 있듯이 양국 의회의 승인을 받아 협정이 비준 발효되어야만 한·미 FTA는 비로소 살아 있는 협정이 될 수 있다.

둘째, 대내적인 제도정비가 선행되어야 한다. 한·미 FTA 관련 법규가 개정돼야 함은 물론이고, 우리 경제의 선진화와 대미 시장진출 확대에 기여할 전반적인 제도개혁과 기업규제의 대폭적인 완화가 요구된다. 특히 FTA의 효과로 국내에 진출한 외국기업의 활동은 한결 자유로워진 반면 우리 기업에 대한 규제는 그대로 남아, 이에 따른 역차별이 야기되지 않도록 불필요한 규제를 대폭 완화해야 한다. 그뿐 아니라 모든 경제주체들이 글로벌 시대에 맞는 개방적이고 선진화된 사고방식을 지닐 필요가 있다.

셋째, 기업들은 FTA를 활용한 새로운 비즈니스 모델을 개발해야 한다. 앞으로는 수출입 시 적용되는 관세율이 품목별·국가별·시기별로 달라지고 원산지 규정도 상이하게 적용되므로 이를 고려하여 전략을 세워야 한다. 이미 체결된 다양한 FTA를 활용해 원재료 조달비용을 절감하기 위한 수입선 변경이나 가공지역 전환 등의 노력도 필요할 것이다. 해외 생산기지 구축을 위한 투자가 유리한지, 국내 재투자가 유리한지를 엄밀하게 따져야 한다. 한·EFTA FTA를 활용해 스위스에서 기계를, 한·아세안 FTA를 활용해 베트남에서 원자재를 각각 무관세로 수입한 다음 한·미 FTA를 활용해 이를 개성공단에서 가공하고 미국으로 수출하는 등 이미 체결한 FTA를 다양하게 활용할 수 있을 것이다.

넷째, 정부는 산업정책적 차원의 거시적 안목을 가져야 한다. FTA가 양자협상이다 보니 품목별 관세의 왜곡현상이 나타나고 있다. 포도주의 경우 관세가 한·칠레 FTA에서는 '5년 철폐', 한·싱가포르 FTA에서는 '10년 철폐', 한·미 FTA에서는 '즉시 철폐'로 되었는데 이는 산업정책적 고려보다는 협상과정에서 주고받기의 결과로 보인다. 이처럼 품목별 관세의 왜곡현상이 초래되거나 지나치게 복잡한 원산지 규정으로 인해 FTA의 효과가 반감되는 이른바 스파게티 볼 효과(Spaghetti bowl effect)가 발생하지 않도록 주의해야 할 것이다.

다섯째, FTA 추진전략에 대한 재정비가 필요하다. 현재 협상 중인 한·EU FTA를 비롯해 한·일 FTA, 한·중 FTA 등 거대경제권과의 FTA를 지속적으로 추진하는 한편, 안정적 에너지 확보를 위해 중동·서남아시아 등의 자원부국과의 FTA도 조속히 추진할 필요가 있다. 또한 양국 간 FTA를 넘어서 지역협정 간의 결합도 선제적으로 고려해 기존의 FTA인 NAFTA, 메르코수르 등 경제권역과의 FTA도 적극 추진하고 아시아경제의 핵심주체인 한·중·일 3국 간 지역협력체제 구축을 주도함으로써 아시아경제 통합 논의에도 주도적으로 참여해야 한다.

여섯째, 앞으로 체결되는 FTA에서는 한·미 FTA에서의 개방 수준 이상을 목표로 할 필요가 있다. 한·미 FTA의 자유화 수준이 높은 것은 사실이지만 우리가 추구하는 궁극적인 목표는 아니다. 특히 서비스 부문은 예상보다 훨씬 낮은 개방 수준에 그쳤다.

우리나라는 지난 1967년 가트 체약국이 되면서 세계 자유무역질서를 적극 활용해 수출주도의 경제성장전략을 성공적으로 펼쳐왔다. 2007년 한·미 FTA 체결을 계기로 우리 경제는 세계 FTA 질서에 본격적으로 편입되었다. 글로벌 FTA 질서를 활용해 우리 경제의 새로운 성장 모멘텀을 찾을 시점이다.

이제는 우리의 미래를 결정할 때

미국 의회가 2011년 8월 중 한·미 FTA 비준안을 처리할 것으로 전망되는 가운데, 우리 국회에서도 다음 달까지 비준 여부를 두고 심한 진통을 겪을 것으로 예상된다. 대부분의 실증적 연구가 개방정책이 중장기적으로 경제에 도움이 된다는 것을 뒷받침하고 있지만, 아이러니컬하게도 대중적 인기를 등에 업고 추진되는 개방정책은 거의 없다. 개방으로 인한 피해는 그 피해집단이 분명하며 피해가 직접적인 반면, 편익은 수혜계층이 광범위하고 효과가 분산되어 나타나기 때문이다. 한·미 FTA는 특히 그 경제적 실익이 큰 만큼, 그와 비례하여 매우 조직적이고 격렬한 반대 속에 추진되었다. 이미 필요 이상의 거래비용을 지불한 셈이다.

그런데 우리는 이제 과거회귀와 미래지향이라는 갈등구조에서 또다시 막대한 비용을 치러야 할지 모르는 시점에 서 있다. 정부의 궁극적인 경제정책 목표는 안정적이고 지속적이며 포괄적인 경제성장을 통해 국민들의 후생수준을 극대화하는 것이다. 이를 위해서는 급속히 변화하는 국내외 경제환경에 신속히 적응하고, 성장동력을 확보해야 한다. FTA, 특히 한·미 FTA는 이러한 필수요건을 가장 직접적으로 확보할 수 있는 교두보로써 기능할 것이다. 그러나 적기에 구축되지 못한 교두보는 그 의미를 상당 부분 상실할 가능성이 높다.

한·미 FTA로 기대되는 효과 중 가장 자주 거론되는 것은 시장확대다. 세계 각국은 환경 및 기술규제와 연계해 비관세장벽을 구축하기도 하고, IT·나노·바이오 등 신성장동력 창출을 위해 경제에 직·간접적으로 개입하여 보호와 지원정책을 펴고 있다. 또한 자국민의 고용보호와 금융시장의 안정성 강화논리가 대두하며 암묵적인 보호주의가 확산될 가능성이 상존하고 있다. 이러한 세계경제여건은 역설적으로 우리가 더욱 개방에 힘써야 함을 시사한다.

시장확대 못지않게 중요한 것이 수입을 통해 건강한 경제생태계를 구축하는 것이다. 보다 폭넓고 깊이 있는 생산 및 소비체인의 구축은 생산성 향상과 소비자 후생증대를 가능하게 한다. 다국적 기업의 제품이 가격경쟁력을 지닐 수 있는 가장 큰 요인이 글로벌 생산체인과 네트워크를 통해 생산요소를 적절한 수준까지 분절화하여 가장 저렴하게 조달할 수 있는 능력임을 상기해보자. 보다 많은 국가와 자유무역을 시행한다면 우리 기업들은 효율적으로 재화를 생산할 수 있고, 이는 결국 수출확대와 소비자의 후생증대로 이어지는 선순환구조를 낳는다.

국내 제도 개선과 산업의 경쟁력 강화 역시 FTA를 통해 얻을 수 있는 편익이다. 개방은 우리 경제의 제도를 개선하고 창의와 혁신능력을 향상시키는 기제가 된다. 특히 미국과 같이 전 세계적인 기술표준과 경제규범을 주도해 나가는 경제와의 밀접한 관계는 국내시장 규모가 크지 않고 자원이 부족한 우리에게 필수적이다. 또한 한·미 FTA를 통해 서비스산업의 성장이 촉진될 경우, 근로자의 소득증가와 고용증가를 동시에 충족시켜 악화된 소득분배구조를 신속히 개선할 수 있다. 얼마전 대한변호사협회는 개방에 적극적으로 대응하여 국내 법률산업의 경쟁력을 제고하고 해외진출의 계기로 삼겠다고 발표했다. 조금 늦었지만 매우 반가운 소식이다. 경쟁이 부족하고 생산성이 낮았던 법률 등 사업서비스 분야에서 개방을 통해 경쟁력이 제고된다면, 사업서비스를 중간재로 사용하는 제조업이나 다른 서비스산업에서도 생산성이 높아질 것이다.

한·미 FTA는 미래지향적인 의미를 지닌다. 그러나 우리가 어떻게 갈등비용을 최소화하고 국민들의 공감대를 형성하며 국내 제도를 개혁해 나가는지에 따라 그 효과가 크게 달라질 수 있다. 지금까지 우리의 개방은 수출 일변도로만 표출된 기형적인 개방으로, IMD는 우리나라의 외국문화 수용성이나 경제관행 개방성이 세계 최하위임을 지적하고 있다. 한·미 FTA는 양방향적인 개방을 통해 안정적이고 지속적인 성장을 가능하게 하는 계기가 될 것이다. 한·미 FTA는 더 이상의 거래비용 없이 비준되어야 한다. 이와 더불어 국민의식과 제도를 글로벌 스탠더드에 맞추는 적극적인 교육과 설득, 홍보가 필요한 시점이다.

4

개방과
FTA 영토의 확장

한·칠레 FTA 타결의 의미

공식논의 개시 후 4년, 협상개시 3년 만에 한·칠레 FTA 협상이 마침내 타결되었다. 그동안 우리나라는 세계 13위 무역국이면서도 WTO 가입국 중 중국과 함께 하나의 FTA도 없는 나라라는 불명예가 늘 따라다녔으나, 이번 칠레와의 협정체결로 드디어 FTA 국가의 반열에 들어서게 되었다.

당초 비교적 쉽게 타결될 것으로 예상했던 협상이 오래 걸린 것은 무엇보다도 농산물 시장개방 문제 때문이었다. 포도를 필두로 사과·배·낙농제품 등에서의 피해를 우려한 한국 농민들의 반발로 협상이 1년 이상 교착상태에 빠지기도 했는데 결국 농업 분야에서 칠레가 상당 부분 양보함으로써 협정이 타결될 수 있었다. 우리의 주요 수출 품목인 자동차·휴대전화·컴퓨터·기계류 등의 관세가 협정발효 즉시 철폐되도록 한 것과 정부조달협정이 포함됨에 따라 우리 기업이 연간 25~30억 달러에 이르는 칠레의 정부조달시장에 참여할 수 있게 된 것은 큰 성과라 하겠다.

이번 칠레와의 FTA는 우리나라 최초의 FTA일 뿐 아니라 아시아 국가와 남미 국가 간 최초의 FTA다. 그동안 남미시장은 무한한 잠재력에도 불구하고 거리적 제한, 문화와 언어상의 차이 등으로 교류가 충분치 못했다. 칠레와의 FTA를 통해 아시아의 다른 나라보다 앞서서 칠레, 나아가 남미시장 전체에 진출하고, 다른 나라와의 FTA도 적극 추진해 나가야 할 것이다. 우선 현재 진행 중인 한·일 FTA 산·관·학 공동연구는 충분한 시간을 가지고 깊이 있게 연구해야 한다. 특히 일본의 비관세장벽 문제에 대한 근본적인 해결방안을 모색할 수 있어야 하겠다.

다음 FTA 상대국으로 멕시코를 적극 검토할 필요가 있다. 멕시코는 NAFTA를 비롯한 각종 FTA 체결로 중남미의 생산기지이자 FTA 허브로 떠오르고 있다. 인구 1억 명의 평균연령이 18세에 불과한 젊고 광대한 시장, 그러면서도 상위 34퍼센트의 연 가구소득이 7,000달러를 넘는 높은 구매력, 우리와의 정서적 친근감 등 멕시코의 매력은 한둘이 아니다. 또 칠레와는 달리 농업부문의 경쟁력이 그리 강하지 않아 농산물 수입부담도 적을 것으로 기대된다. 현재 멕시코는 이미 많은 나라와 FTA를 체결했기 때문에 우리 수출이 점점 더 어려워지고 있으므로 더 지체할 수 없는 상황이다.

장기적으로는 미국·중국 등 거대경제권과의 FTA 체결을 미리부터 준비해두어야 한다. 특히 미국과의 FTA는 경제 면에서뿐 아니라 정치·외교 면에서 동북아시아의 판도를 결정하는 중요한 과제이므로 장기적인 전략 아래 꾸준히 추진해 나가야 한다. 그 어느 때보다 우리나라 통상정책의 큰 그림이 필요한 때다. 다자주의와 지역주의의 동시추진, 국내산업 구조조정, 자유화·개방화의 폭과 속도, 동아시아지역의 국제분업구조 변화, 정치·외교적 측면 등을 동시에 고려해 통상정책의 방향을 수립해야 한다.

이번 협상추진 과정에서 드러난 문제점들도 적지 않다. 협상담당자들의 잦은 교체, 정부 부처 간 의견조율 불충분, 업계 의견수렴 및 대국민 홍보부족 등에 대해서는 앞으로 보완책이 있어야 할 것이다. 무엇보다도 국내 농업문제에 대한 근본적인 해결책이 필요하다. 앞으로 어느 나라와 FTA를 추진하든 농업문제가 걸림돌이 될 수밖에 없으므로 단기적으로는 피해농가에 대한 보상, 중장기적으로는 농업의 구조조정을 위한 마스터플랜이 조속히 마련되어야 하겠다.

한·일 FTA 협상의 또 다른 전략

지난 2004년 8월 23일~25일 경주에서는 제5차 한·일 FTA 협상이 개최되었다. 2003년 12월 제1차 협상이 시작된 이후 지금까지의 협상이 서로의 입장을 탐색하고 확인하는 예선경기였다면, 2004년 하반기 상품양허안 교환과 함께 진정한 의미의 본선이 시작된다고 할 수 있다. 현재 일본의 평균 실행관세율이 2~3퍼센트, 우리의 평균 관세율이 8퍼센트 내외인 상태에서 동시에 관세가 철폐되면 대일 수입이 크게 증가하리라는 사실은 누구라도 쉽게 예상할 수 있다. 특히 2003년 한 해 동안의 대일 무역적자가 190억 달러, 2005년 1~7월 중 적자가 145억 달러로 작년 동기보다 38퍼센트나 확대된 상황에서 한·일 FTA로 초래될 대일 적자확대는 우리에게 큰 부담이다. 양자 간 무역협상은 양국 모두에 실익을 가져오는 윈윈 게임이 되어야 함에도 불구하고 가장 핵심적인 상품양허 분야에서 우리 산업에 미치는 영향이 적지 않다.

이러한 이유로 우리나라는 한·일 FTA 산·관·학 공동연구 시에도 관세철폐 외에 우리에게 실질적으로 득이 될 분야를 모색해왔다. 대표적인 사례가 바로 일본의 비관세장벽 해소에 관한 것이다. 현재 양국은 비관세장벽 해소를 위해 협상그룹 내에 비관세조치 분과를 설치하고 의제를 발굴, 논의 중이다. 일본의 비관세장벽은 대일 교역기업들의 지속적인 애로사항이었음에도 불구하고 지금까지 만족할 만한 해결이 이루어지지 않았다. 이번 한·일 FTA 협상으로 비관세장벽 문제를 해결할 수 있는 장이 마련되었으므로 의제 발굴 및 협상준비에 만전을 기해야 할 것이다.

비관세장벽 해소와 함께 우리가 실익을 챙길 수 있는 또 하나의 분야는 바로 일본의 서비스시장 진출이다. 과거의 FTA가 상품에 대한 관세철폐에 중점을 두었다면, 최근의 FTA는 서비스 시장개방도 역점을 두고 있다. 가까운 예로 현재 진행 중인 일본·필리핀·일본·태국 간 FTA 협상에서 필리핀과 태국은 일본에 대해 서비스시장, 특히 인력시장 개방을 강력히 요구하고 있다. 필리핀은 간호인력 및 보모, 태국은 간호인력 및 안마사 등의 일본 진출확대를 통해 관세철폐에 따른 불리함을 만회하고자 하는 것이다.

이에 대해 일본은 협상 초기에는 다소 난색을 표명했으나 현재 제한적이나마 인력수용 확대방안을 검토 중인 것으로 알려지고 있다. 이러한 일본의 전향적인 자세는 한·일 협상에서 우리에게 상당히 유리하게 작용할 것으로 기대된다.

우리가 일본에 진출 가능한 서비스 분야는 대표적으로 건설시장, 연안운송, 인력이동, 정부조달 등을 꼽을 수 있다. 현재 진행 중인 우리나라 IT인력의 일본시장 진출이 좋은 예가 될 수 있으며, 한·일 FTA를 통해 우리의 우수 인력들이 일본으로 진출할 수 있는 물꼬를 마련해야 할 것이다. 다만 지금까지 상품 분야에 비해 서비스 분야에 대한 연구가 소홀했기 때문에 정확한 통계 및 양국 시장상황에 대한 파악이 부족한데, 지금부터라도 각 분야 객관적인 정보를 토대로 구체적인 검토가 이루어져야 할 것이다.

이외에도 일본의 대일 투자확대를 통한 국내 부품산업의 경쟁력 향상, 양국 중소기업 협력사업 확대, 공동연구 개발을 통한 기술이전 등 다양한 산업협력 프로그램을 개발하고 요구해야 한다.

우리는 한·일 FTA 협상의 예선전을 거치면서 우리 업계에 대한 피해를 최소화하려는 방어적인 전략모색에 집중해왔다. 그러나 본선을 앞둔 상황에서 방어만으로 실익을 얻기는 힘들다. 보다 적극적으로 의제를 발굴해 요구하는 공격적인 전략이 필요하다고 하겠다.

개방과 FTA 영토의 확장

2006년 우리 수출이 3,000억 달러를 돌파한 것은 한국경제의 역량을 보여주는 놀라운 성적이었다. 특히 원화강세와 고유가 등 여러 어려움을 딛고 이룬 업적이라는 점에서 더욱 뜻있는 성과였다. 수출 3,000억 달러를 넘어 5,000억 달러를 달성하고, 무역액 1조 달러의 고지에 이르기 위해 우리 경제는 다시 한번 세계시장을 향해 도약해야 한다.

2005년을 기준으로 수출이 5,000억 달러를 넘는 국가는 독일·미국·중국·일본 4개국에 불과하다. 이들은 명실공히 선진 통상국가이자 경제대국들이다. 미국은 1990년대 초반 IT 붐으로 가장 먼저 5,000억 달러 고지에 올랐다. 독일은 끊임없는 혁신과 기술개발로 1990년대 중반 이후 세계 최대수출국 자리를 굳건히 지키고 있다. 중국은 값싼 노동력으로 세계의 공장 역할을 하며 몇 년째 압도적인 수출신장률을 기록하고 있다. 일본은 10년 만에 경기침체에서 벗어나 2004년 5,000억 달러 벽을 넘었다.

반면에 현재 우리를 둘러싼 국내외 경제환경은 5,000억 달러 고지 달성에 유리하지 않은 상황이다. 안으로는 시장개방과 산업 구조조정을 둘러싼 갈등이 불거지고, 밖으로는 달러가치의 하락과 고유가, 후발 개도국의 추격으로 수출에 대한 어려움이 가중되고 있다. 이러한 안팎의 어려움을 타개하고 수출 5,000억 달러의 고지를 밟기 위해서는 정부와 민간이 합심하여 시급한 과제를 해결하는 데 '올인'해야 한다.

우선 현재 진행하는 한·미 FTA를 비롯한 거대경제권과의 FTA를 적극적으로 확대해야 한다. 향후 추진될 한·EU FTA, 추진을 고려 중인 한·중 FTA에서도 치밀하게 협상을 이끌어야 한다. 어려운 경제여건에서도 한국경제의 든든한 버팀목이 되고 있는 수출이 지속적으로 성장하기 위해서는 경쟁국보다 앞서 거대시장에 대한 접근을 확대해야 한다. 이에 FTA는 가장 효율적인 시장확대 방안이다.

또한 반도체·휴대전화·자동차 등 효자 수출 품목의 뒤를 이을 수출주도 산업을 발굴하고 육성해야 한다. 지난 10여 년간 반도체와 자동차 등 수출주도 산업은 우리 경제가 외환위기를 극복하고 재도약할 수 있도록 뒷받침해온 든든한 버팀목이었다. 승자독식(勝者獨食)의 법칙이 일반화돼가는 세계경제환경에서 앞으로 2020년, 나아가 2030년까지 한국의 수출을 짊어지고 갈 새로운 수출주도 산업을 발굴하고 육성하는 것은 매우 시급하고도 중대한 과제가 아닐 수 없다.

수출상품의 질적인 혁신도 함께 이루어져야 한다. 우리의 수출은 그동안 1차 산업 제품에서 경공업과 중화학공업을 거쳐 IT제품으로 질적인 변화를 거듭해왔다. 이제는 제조업의 경쟁력 확보와 더불어 부가가치가 높은 무형의 수출인 서비스 부문에서 한발 더 나아가야 한다. 한류 붐을 지속적으로 확대하기 위해 드라마와 대중음악은 물론 비보이, 뮤지컬 등 새로운 장르에서 한류를 세계적으로 확장해야 한다. 문화예술뿐 아니라 관광·기술 등 부가가치가 높은 다양한 서비스 분야에서 한국경제의 역량을 다시 한번 발휘할 때 진정한 무역강국으로 도약할 수 있을 것이다.

해외투자의 활성화 역시 빠질 수 없는 과제다. 외국인 투자유치와 더불어 우리 기업의 해외투자 역시 확대돼야 한다. 2050년 세계 10대 경제권에 들어갈 것으로 예측되는 브릭스 국가들은 인구나 잠재경제력 측면에서 무한한 가능성을 가지고 있다. 브릭스뿐 아니라 급성장하고 있는 구공산권 국가 및 재도약을 꿈꾸는 남미경제권에 대한 차별화된 투자전략도 필요하다. 해외투자의 활성화는 국내 과잉유동성의 완화 및 국내산업의 구조조정 차원을 위한 효율적인 방안이다. 물론 우리 기업의 해외투자가 국가이미지 제고 및 수출증대와 연계될 수 있는 방향으로 전략적으로 이루어져야 한다.

지금 한국경제는 중대한 전환의 시점에 서 있다. 현재 수출 5,000억 달러를 넘어선 4개국은 2년이라는 단기간에 성장을 이룬 중국부터, 미국이 6년, 독일이 7년, 일본이 13년이라는 다양한 시차를 두고 수출 3,000억 달러에서 5,000억 달러로의 신장을 이루었다. 이제 한국의 역량을 다시 한번 세계에 보여주어야 할 때다. 불가능을 가능으로 역전시킨 한국경제 신화를 다시 한번 수출을 통해 실현, 무역액 1조 달러 달성과 국민소득 3만 달러 시대의 도래를 기대해본다.

브뤼셀에서 온 편지

EU 본부가 있는 브뤼셀에 가면 '두스망(doucement)'이라는 말을 자주 듣게 된다. 프랑스어로 '천천히'를 뜻하는 두스망은 '꼼꼼히'라는 함축적인 의미도 담고 있다. 우리나라와 EU 간 FTA 체결을 위한 첫 번째 공식협상이 개시된 시점에 이 단어가 상기되는 것은 바로 유럽인 특유의 일처리 방식에 대비해 우리도 만전을 기해야 하기 때문이다. 북미자유무역지대, 동북아와 함께 세계경제 3대 축을 이루는 EU는 27개국으로 구성된 거대경제공동체로, 2006년 교역규

모가 3조2,000억 달러를 기록한 세계 최대시장이다. EU는 우리에 제2
의 교역상대국으로, 2006년 492억 달러를 수출하고 302억 달러를 수입
해 184억 달러의 무역흑자를 기록했다. 또한 2006년 대EU 수출 증가
율은 12.8퍼센트로, 미국의 4.7퍼센트와 일본의 7.2퍼센트를 앞선다.
1965년 이후 2006년 말까지 한국에 직접투자를 가장 많이 한 지역도
바로 EU다.

한·EU FTA가 체결되면, 한·미 FTA보다 경제적 효과가 클 것으로 기
대된다. EU의 평균관세율은 미국보다 높은 4.2퍼센트 수준이며, 주된
수출 품목인 승용차의 경우 10퍼센트의 고관세를 부과하고 있어 관세
철폐 시 수출증대효과가 클 것으로 전망된다. 최근의 KOTRA의 조사
결과에 따르면 EU 바이어의 64퍼센트가 한·EU FTA가 타결되면 거래
처를 한국으로 변경하겠다고 밝힌 바 있다. 또한 수출에서는 중국을,
수입에서는 일본을 부분적으로 대체함으로써 우리 교역상대국의 다변
화에 기여할 것으로 기대된다.

FTA를 추진하는 또 하나의 중요한 목적은 제도의 선진화와 경쟁력
제고다. 핀란드·룩셈부르크·네덜란드·스웨덴·스위스 등은 국가경쟁
력 순위에서 해마다 상위 10위권 안에 드는 유럽 강소국들이다. 이들
은 개방과 경쟁풍토 및 선택과 집중에 의한 산업특화, 그리고 유연한
노동시장을 가진 소규모 개방경제라는 공통점이 있다. 이는 우리 경
제가 나아가야 할 방향과도 일치하므로 좋은 벤치마킹 대상이 될 것
이다. 그뿐 아니라 EU는 지역주의의 시발점이자 가장 고도화된 형태
의 경제통합체이기 때문에 EU의 내부통합과 외부확장 과정에서의 협
력 및 조율은 우리의 대외 경제전략 수립에 많은 교훈을 줄 것이다. 6
월 초에 아세안과의 상품자유화 협상이 발효되고 미국에 이어 EU와

도 FTA를 체결하면 우리 경제는 새로운 교역질서하에 경제운용을 해나가야 한다.

그러나 FTA는 필요조건이지 충분조건은 아니다. FTA의 효과를 극대화하기 위해서는 우리 스스로 적극 나서서 추진해야 할 과제가 적지 않다. 우선 정부는 늘어나는 FTA를 기업이 잘 활용할 수 있도록 정보를 제공하고, 관련 제도 개선에 만전을 기해야 할 것이다. 특히 국내산업의 구조조정은 매우 긴요한 과제다. 시장개방으로 야기되는 생산성 제고 효과는 산업의 구조조정이라는 힘든 과정을 통해서만 확보되기 때문이다. 아울러 각종 불필요한 규제철폐를 통해 국내외를 막론하고 기업이 자유롭게 비즈니스를 할 수 있는 환경을 조성해야 한다. 동시에 기업은 고품질 상품생산과 기술개발을 통해 세계시장에서 끊임없이 경쟁력을 높여 나가야 하며, 일반 국민들도 생산의 주체로서, 또 한편으로는 소비의 주체로서 글로벌 경쟁력을 확보하고 합리적인 소비안목을 기를 필요가 있다.

우리 경제는 그동안 한·칠레 FTA에서 한·미 FTA까지 이르는 과정을 통해 정부, 기업 그리고 국민 모두가 시장개방과 경쟁의 불가피성을 절감했다. 지난 주말 끝난 EU와의 1차 FTA 협상은 서로의 의중을 떠본 '편지' 주고받기였다. 앞으로도 밀고 당기며 교환하는 메시지 속에 어떤 내용을 담느냐에 따라 우리 경제의 미래에 큰 영향을 미칠 것이다. 그런 의미에서 한·EU FTA 협상을 계기로 글로벌 시대에 '꼼꼼히' 대비해 나간다면 우리의 선진국 진입을 보다 앞당길 수 있을 것이다.

한·EU FTA 관전법

오늘부터 제4차 한·EU FTA 협상이 시작된다. 협상이 중반을 넘어서면서 상품양허 등의 분야에서 양측의 줄다리기가 팽팽해지고 있다. 물론 협상과정에서 우리가 무엇을 주고받아 이익 균형을 맞출 것인가도 중요하지만, 이제는 우리 국민들이 이번 FTA의 정책적 의미를 정확히 인식할 필요가 있다.

EU는 5억 명의 인구와 13조5,000억 달러의 GDP, 4조 달러를 넘는 수입시장을 보유한 세계 최대시장이다. 우리의 대외교역에서 차지하는 비중도 12.4퍼센트로 중국에 이어 두 번째이고, 특히 우리나라에 대한 최대의 투자국이다.

최근 독일경제가 본격적인 회복세를 보이고 있는 데다 2004년 EU에 가입한 동유럽 국가들도 성장잠재력이 크고 보호장벽이 높아 시장의 문을 여는 FTA의 효과가 어느 지역보다 클 것으로 기대된다.

EU는 27개 회원국이 하나의 연합체를 이루는 독특한 구조를 갖고 있고, 선진국으로서는 비교적 높은 무역장벽과 산업보호정책을 취하고 있다. EU는 또 시장경제주의를 채택하면서도 공동체를 중시하고 경제주체들 간의 다양한 협력과 조화를 추구한다. 이런 점은 성장과 분배를 동시에 추구해야 하는 우리에게 좋은 모범이 된다. 그뿐 아니라 다양한 역사적 배경과 문화, 언어를 갖고 있으면서도 '하나의 유럽'이라는 공통의 비전을 향해 나아가는 모습은 장기적으로 동아시아 경제공동체를 지향하는 우리에게 많은 시사점을 준다.

프랑스와 에스토니아를 제외한 모든 EU 회원국이 남북한 동시 수교국이라는 점은 개성공단 등 남북 경제협력과 관련된 통상문제를 다루는 데 도움이 될 것으로 기대된다.

　이러한 배경하에서 한·EU FTA 협상전략은 어떻게 진행해야 할 것인가? 우선 한·미 FTA를 기준으로 삼으려는 움직임이 있지만 한·미 FTA와 한·EU FTA는 다르다는 점을 인정해야 한다. 미국과 EU는 산업구조의 측면에서 큰 차이가 있기 때문이다. 품목에 따라 한·미 FTA보다 자유화 정도가 높거나 혹은 낮아야 할 경우가 있을 것이다. 또 서비스 부문의 경우 한·미 FTA에서는 제한적인 개방에 머물렀으나 이번 EU와의 FTA에서는 개방 폭을 확대함으로써 국내 서비스산업의 경쟁력을 높일 필요가 있다. 특히 EU와 같은 선진국과의 FTA를 통해 글로벌 스탠더드에 미진한 국내 제도를 개혁해 나가는 고착효과(固着效果)를 유도할 필요가 있다.

　한·EU FTA는 다른 나라와의 FTA 협상에서 지렛대로 활용할 여지도 크다. 우리가 한·미 FTA에 이어 한·EU FTA 협상을 진행하자 중국이 한국과의 FTA 체결을 위한 공동연구에 적극 나섰으며, 협상이 교착상태에 빠진 일본마저 조바심을 드러내고 있다. 또한 EU와의 FTA 협상이 예정대로 연내(2007년)에 종결되고 내년 초 비준이 순조롭게 이루어지면, 한·미 FTA 의회심의를 앞두고 있는 미국을 압박하는 요인으로 작용할 수 있을 것이다.

　현재 우리 정부가 추진하고 있는 주요국과의 FTA 협상이 마무리되는 2010년쯤이면 세계 65개국과 FTA를 맺게 되고, 우리 교역에서 FTA 체결국과의 교역이 차지하는 비중이 85퍼센트에 달할 것으로 예상된다. 이러한 환경변화는 우리 기업에 새로운 기회가 될 것이다. 그러나 그 기회는 기업들이 이를 적극적으로 활용할 때만 현실화될 수 있다. 기업은 각각의 FTA 특성에 맞춘 FTA 비즈니스모델을 개발, 활용해야 한다. 또한 FTA의 효과에 대한 국민인식도 보다 높아져야 한다.

FTA 효과를 극대화하려면

19 90년대는 세계화의 시대로 특징지을 수 있으며 그 핵심에는 WTO 다자 규범체제가 자리 잡고 있다. 2000년대 들어 전 세계적으로 FTA를 중심으로 하는 지역주의가 급속히 확산되고 있다. 이에 따라 현재 전 세계 교역의 절반 이상이 FTA 체결국 간에 이뤄지고 있으며, 특히 최근에는 글로벌 금융위기에 따른 전 세계적인 경기침체에 대응하기 위해 선진국과 개도국을 막론하고 교역기회의 확대가 필요하다는 인식이 확산되면서 FTA 체결에 속도를 더하고 있다.

2008년은 우리나라가 통상마찰 해소에 급급했던 수세적인 통상정책을 공세적인 자세로 전환하고, 역사상 첫 FTA 상대로 칠레를 선정한 지 10년째 되는 해다. 그동안 단 한 건의 FTA도 체결하지 못해 세계에서 유례를 찾아보기 힘든 FTA 불모지였던 우리나라는 불과 10년 만에 미국 등 15개국과 네 건의 FTA를 체결했다. 세계 최대시장인 EU를 포함해 인도·멕시코·캐나다 등과도 동시다발적으로 협상을 진행함으로써 가장 활발한 FTA 추진국 가운데 하나로 급부상한 것이다.

그러나 한편 다수의 FTA가 동시다발적으로 진행되는 상황에서 FTA의 효과를 극대화하기 위한 전략을 재점검하는 것이 필요하다. 첫째, 거대경제권과의 FTA에 힘을 기울여야 한다. 이를 위해 무엇보다도 먼저 한·미 FTA의 조속한 비준이 이뤄져야 한다. EU와의 FTA도 한·미 FTA 못지않게 중요하므로 조기에 성공적으로 타결될 수 있도록 범정부적인 노력을 집중해야 한다. 둘째, 거점 국가와의 FTA는 여전히 중요하다. 차세대 세계경제를 주도할 것으로 예상되는 브릭스 국가들과 멕시코 및 메르코수르와도 조속히 추진해야 할 것이다. 또한 석유수출국인 GCC 및 호주, 페루 등 자원부국들을 적절히 조합하고 순차적으로 추진함으로써 우리 경제의 FTA 효과를 극대화해 나가야 한다. 그 결과 대륙별·경제권별로 FTA 체결 거점을 마련하고 통상인프라를 전 세계로 확대해야 할 것이다. 셋째, 다수의 국가와 동시다발적으로 진행하는 동시에 전략적인 접근이 필요하다. 예를 들면, EU와 FTA를 추진함으로써 미국의 적극적인 태도를 유도한다든지 하는 것이다. 넷째, 중장기적인 산업정책의 기본 틀 안에서 FTA를 추진해야 한다. 산업정책의 비전이 있어야 FTA 상대국을 선택하고, 품목별 개방의 폭과 속도를 결정할 수 있다. 다섯째, 국민적 지지기반 확산에 힘을 기울여야 한다. FTA의 원활한 추진을 위해서는 일반 국민의 인식제고가 필수적이므로 시장개방의 효과와 보상체계의 정비에 대해 적극 홍보할 필요가 있다. 특히 FTA 관련 논의에 있어서 최종 수혜자라고 할 소비자의 관점에서 보는 것이 매우 중요하다.

FTA 추진은 우리나라 대외통상정책의 전환점이자 '선진형 통상국가'라는 국가적 목표를 달성하기 위한 수단이다. 적극적이고 공세적인 자유화·개방화 추진을 국가적 어젠다로 제시하고, 이에 대한 국제사회의 공감대를 형성해야 한다. 이러한 의미에서 22~23일 페루에서 열리는 APEC 정상회의는 우리나라 FTA 추진에 강력한 동력을 제공하는 호기가 될 것이다.

FTA를 적극 추진한다는 것은 자유무역의 구현에 대한 의지의 천명이다. 이런 관점에서 전 세계적인 정책공조를 목표로 개최되는 이번

APEC 정상회담에서 자유무역의 혜택을 가장 많이 본 한국이 주도적인 역할을 함으로써 경제적 실리와 명분을 함께 추구하는 기회로 삼아야 할 것이다.

6장

경제,
그리고 살아가는 이야기

일하려는 의지는 있으나 일자리를 구할 수 없는 사람이 존재한다는 사실은 이 세상에서 일어나는 운명의 불평등한 현상 중 가장 슬픈 상황입니다.

―토마스 칼라일(Thomas Carlyle)

1. 우리 경제가 '엄마' 라고 외칩니다
2. 제2의 경제부흥을 다짐하며

"어머니는 명사(noun)가 아니라 동사(verb), 즉 무엇이든 할 수 있다는 동사적 의미가 담겨 있다"는 말이 있습니다. 실제 우리 가정에서 엄마는 아이를 돌보고, 요리를 맡고, 청소를 합니다. 이 때문에 미국 경제학자 낸시 폴브레는 "경제발전은 이기심을 뜻하는 '보이지 않는 손(invisible hand)' 뿐 아니라 여성의 이타적 돌봄을 뜻하는 '보이지 않는 가슴(invisible heart)' 에도 의존하고 있다"고 분석하기도 했습니다. 가정에서만 여성이 해결사인 것이 아닙니다. 여성인력 활용이야말로 '경제의 조로화' 에 제동을 거는 가장 현실적 방안이고, 우리경제의 성장 동력입니다. UN과 IMD 조사에서도 남녀평등지수가 높은 기업이 경쟁력이 높고, 여성경제활동 참가율이 높은 나라가 국가경쟁력이 높은 것으로 나타납니다. 그러나 우리나라 여성은 아직도 일과 가정의 양립이 힘들어 임신·출산이 사표로 이어지고, 한번 경력이 단절되면 취업이 쉽지 않습니다. 다행히 정부는 2014년 초 처음으로, 현재 상황에 대한 종합처방전인 '생애주기별 여성경력유지방안' 을 마련한 바 있습니다. 이 대책이 착실하게 추진되어 여성 개인에게는 남성과의 '희망격차' 를 줄이고, 우리경제 전반에도 새로운 활력을 불어넣길 기대합니다.

1

우리 경제가
'엄마'라고 외칩니다

공정한 사회로 가는 길

헌법 제34조는 '모든 국민은 인간다운 생활을 할 권리를 가진다'
고 선언한다. 인간다운 생활을 할 수 있는 여건을 만들고 모든
국민에게 기회를 제공하는 사회가 공정한 사회, 정의로운 사회라 할 것
이다. 지난 반세기 동안 우리는 농경사회에서 산업사회로 그리고 이제
지식사회로의 이행을 경험하고 있다. 이행 기간의 초기에는 빈곤 탈피
가 국가적 과제였다. 온 국민이 땀 흘린 성과는 고도성장으로 나타났고
성장의 과실은 새로운 일자리와 삶의 보금자리 그리고 아이들에게 더
좋은 교육여건으로 돌아왔다. 그런데 고도성장기가 종료되면서 외환위
기가 닥쳐왔고, 열심히 일하던 가장들이 어느 날 갑자기 준비 없는 은

퇴를 맞이하게 되었다. 외환위기 이후 사회복지는 확대되었으나 빈곤층은 더욱 늘어났고, 소득불평등도도 심화되었으며 국민의 복지만족도는 제자리걸음이다. 소득수준이 높아지고 복지제도를 확충해도 일자리가 늘어나지 않으니 불안감이 커지면서 불만도 높아진 것이다. 우리가 지향하는 선진국가의 기본은 능력에 맞는 일자리와 인간다운 삶을 유지할 최소한의 삶의 조건을 충족시켜주는 것이다. 그런데 고도성장기에는 소득과 새로운 일자리가 함께 증가한 반면, 이제는 성장하는 만큼 일자리가 늘어나지 않고 있다. 경제성장에 따라 취업자가 얼마나 늘어나는가를 알려주는 취업계수는 1970년대에는 실질 GDP 10억 원당 116명이었던 것이 1980년대에 67명, 외환위기 이전 1990년대에는 42명, 그리고 2000년대에는 27명으로 계속해서 낮아지고 있다.

공정한 사회로 가는 첫걸음은 고용기회의 확대에 있다. 그런데 일자리 창출은 궁극적으로 시장과 기업부문에 달려 있다. 정부는 보완적인 역할을 할 뿐이다. 시장기능이 제대로 작동하지 않고 기업이 투자하지 않으면 일자리는 생겨나지 않는다. 지속적이고 안정적인 고용창출을 위해서는 노동부문의 유연안전성 제고가 대단히 중요한 과제. 노동시장 이중구조화로 인한 분배구조 악화 및 이동성 저하를 방지하기 위해서 정규직의 과도한 고용보호 해소를 통한 격차해소 및 고용창출 기반을 조성하는 것이다. 정부는 직업능력 향상이나 재교육을 위한 재정지원을 아끼지 말고, 시장에서의 불공정한 여건을 적극적으로 시정해야 한다. 우리나라 중소기업은 대기업의 하청생산을 담당하는 협력업체로 발전해왔다. 유일한 판매출구가 대기업인 경우가 많아 대기업에 대한 교섭력이 낮다. 따라서 대기업의 불공정거래행위에 대한 행태규제를 강화하는 것이 필요하다. 또한 시장진입 기회의 보장 측면에서 공정성 증대를 위해 불합리한 진입규제를 지속적으로 완화 또는 제거하는 한편, 기존 사업자의 시장봉쇄적 영업행위에 대해서는 규제를 강화해야 한다.

"모든 국민은 인간다운 생활을 할 권리를 가진다"는 헌법정신을 실현하기 위해서는 특히 사회적 약자에 대한 사회보장과 사회복지에 노력을 기울여야 한다. 그런데 외환위기 이후 사회안전망 확충을 위한 각종 제도가 도입되고 재정지출이 확대되었지만, 각종 사회보험 및 복지제도의 사각지대로 인해 일시적으로 빈곤층으로 하락한 계층의 사회적 복원력은 미약한 상태다. 근본적으로 탈빈곤 복지정책은 사후적인 재분배의 관점이 아니라 고용창출형 사회안전망의 구축이라는 명제에 따라 설계되어야 한다.

공정한 사회 실현은 그냥 주어지는 것이 아니다. 국민의 권리를 향유하기 위해서는 국민으로서 책임과 의무를 담지해야 한다. 정부에 대한 의존성을 높이는 시혜성 복지와 무상복지는 자립능력을 위축시키는 부작용을 초래하므로 최소화해야 한다. 인간다운 생활의 기본은 일자리다. 시장기능이 제대로 작동하여 시장중심으로 일자리가 창출되도록 해야 한다. 복지정책은 탈빈곤에 초점을 맞추고 국민의 역량을 강화해 지식사회에 대비하는 방향으로 나아가야 한다.

나는 자녀를 진정한 사랑으로 키웠을까

아내와 나는 자녀양육에 대한 접근이 달랐다. 아이들이 어렸을 때는 아이들의 교육과 관련해서 서로 의견이 다르기 일쑤였는데 지나고 보니 양쪽의 기본입장은 같았다. 나는 아이들을 자립에 중점을 두고 키워야 한다고 생각했다. 조금 힘들고 걱정스럽더라도 스스로 생각하고 행동하며 공부하도록 내버려두어야 한다는 나의 방식이 아내에게는 안이하게 비쳐진 모양이다. 아이들이 바르게 성장하도록 지원해야 한다는 점에서는 뜻이 같았으나 아내는 아이들을 부모의 품 안에 두고 무조건적으로 지원하며, 아이들의 행동에 일일이 관심을 보이고 지시하며 가르쳐야 한다고 생각했다. 이러한 아내의 교육방식은 나에게는 지나친 간섭으로 비쳐졌다.

아이들은 부모님이나 선생님 등 어른들에게 칭찬을 받거나 꾸지람을 들으며 자라난다. 동서고금을 막론하고 모든 가정과 학교에서 아이들은 이러한 방식으로 교육받아왔다. 이제는 우리 아이들이 성년이 되어 그런대로 자기 앞가림을 하고 있지만 지난 세월을 돌이켜볼 때 나의 이러한 자녀 지도방법이 과연 옳았던가 다시 생각하게 된다. 아이가 부모 말에 잘 따르면 칭찬해주고, 지시한 대로 하지 않으면 잔소리하는 일이 늘 되풀이되었지만, 별로 의식하지 못한 채 오랜 세월이 지났다.

아이들은 어쩌면 '엄마와 아빠는 당신들이 시키는 대로 행동하는 아이'를 원하니 '만일 내가 그렇게 하지 못하면 나 같은 것은 필요 없을 거야'라고 생각했을지 모른다. 부모가 자녀에게 정말 소중하고 필요한 존재임을 인식시켜주지 못하면 아이들은 자신의 존재가 가치 없다고 생각할지 모른다. 아이들의 행동을 평가하여 칭찬과 꾸지람의 이분적 태도를 보여주면 아이들은 칭찬받을 수 있는 쪽으로 일방적으로 변화한다. 극단적으로 말하면 어떤 의미에서 부모가 조정하는 인형이 되는 것인지도 모른다. 칭찬을 받으면 자신의 가치가 높아지는 기분이 들지만, 자칫 칭찬 그 자체가 행동의 목표가 되어버릴 수도 있다. 더 크고 길게 보았을 때 우리 아이들이 남에 대한 배려보다는 경쟁을 더 의식하고 살게끔 길들여진 것이 아니었는지 돌이켜보게 되는 것은 나만의 사치스러운 생각일까? 나 자신 스스로 후회할 때가 있다. 일관성 있게, 좀 더 가치 있는 기준을 가지고 아이들을 지도했더라면 어땠을까? 그렇게 했다면 아이들 스스로 보람을 느끼는 일을 더 잘 찾지 않았을까?

나 자신이 평소에는 아이에게 "네가 있는 것 그 자체만으로도 소중하다"고 이야기하다가도 야단을 칠 때는 다른 태도를 보여준 것이 사실이다. 물론 아이의 행동에 대해서 이성적으로 판단하여 대응하려고 하지만 순간순간 감정을 앞세워 지나치게 단순화된 대응을 한 탓에 아이는 부모가 자신을 있는 그대로 받아들이지 않는다고 생각하고 근본적인 회의감을 느꼈을 수도 있다. 또한 아이가 나를 대신해 내가 원했던 일을 하도록 교육시키면서 무의식중에 만족을 얻으려 했는지도 모른다. 아이는 부모에게 대리만족의 투사가 되고 부모들은 이 대리 전투요원들을 칭찬하고 야단치면서, 승리하면 환호하고 패배하면 실망했을지도 모른다.

돌이켜보면 가장 중요한 것은 부모와 아이의 신뢰관계를 구축하는 것이다. 신뢰관계는 청년기뿐만 아니라 유아기부터 전 생애에 걸쳐 중요하다. 신뢰가 있으면 부모가 야단을 쳐도 무턱대고 자신을 부정하는 것이라고 생각하지 않는다. 사회학자의 연구를 인용할 필요도 없이 부모와 아이의 관계는 가장 기초적인 것이며, 아이의 인생과 사회구성원으로서의 위치를 결정하는 가장 근원적인 만남이다. 위압적으로 강요하거나 저자세로 치켜세우는 것이 아니라 함께 존재하는 자세로 이해하고 설득하는 것이 중요하다.

우리 모두 아이를 사랑으로 키우고 있다. 사랑이란 준비 없이 문득 떠오르는 것이 아니라 일관된 의지가 깃든 행동이다. 아이들을 키우면서 바로 이러한 의미에서 사랑으로 보살피고 이끌어주어야 한다.

우리 경제가 '엄마'라고 외칩니다

최근 '엄마'를 소재로 만든 광고 두어 편을 재미있게 봤다. 아이들은 넘어져 다쳐도, 음식을 옷에 엎질러도, 배가 고파도 무조건 "엄마"라고 외친다는 내용이다. 엄마를 부르기만 하면 모든 게 해결되기 때문이다. 그러다 보니 '어머니는 명사(noun)가 아니라 동사(verb), 즉 무엇이든 할 수 있다는 동사적 의미가 담겨 있다'는 말도 있다. 실제 우리 가정에서 엄마의 역할도 광고 내용과 별반 다르지 않다. 가족이 아프면 간병인이 되고, 가족이 배가 고프면 요리사가 되고, 아이가 학원에 갈 때는 운전기사가 된다. 가정에서 엄마의 역할을 직업으로 치면 아마 10여 가지를 웃돌 것이다.

여성이 가정에서만 해결사인 것은 아니다. 인구구조가 경제발전에 미치는 영향을 분석한 학자들에 따르면 생산가능인구가 많고 비경제활동인구(유년+노년)가 적을수록 경제성장속도가 빨라지는데, 이를 '인구보너스' 혹은 '인구배당'이라고 표현한다.

그러나 저출산·고령화로 생산가능인구가 줄어들면서 선진국은 물론이고 우리나라도 더 이상 인구배당을 받지 못하게 되었다. 베이비부머의 은퇴가 본격화했기 때문이다. 이런 상황에서 각국이 최선으로 꼽는 정책대안은 여성의 경제활동참가율을 높이는 것이다. 출산율을 단기간에 높일 방법은 없고, 노동력 수입을 대폭 늘리자니 사회적 갈등을 낳고, 정년을 연장하는 것은 세대 간 갈등을 불러올 수 있기 때문이다.

결국 여성인력 활용이야말로 '늙어가는 거시경제'에 제동을 거는 가장 현실적인 방안이고, 우리 경제의 성장동력인 셈이다. 미국의 경제학자 낸시 폴브레는 현대경제의 발전이 이기심을 뜻하는 '보이지 않는 손(Invisible Hand)'뿐 아니라 여성의 이타적인 돌봄을 뜻하는 '보이지 않는 가슴(Invisible Heart)'에도 의존하고 있다고 분석한 바 있다.

우리나라 여성의 경제활동참가율은 49.7퍼센트에 불과한데, 국민소득이 3만~4만 달러 되는 나라들의 경우 이 비율이 60~70퍼센트에 이르는 것만 봐도 여성인력 활용이 경제성장의 필수요인임을 쉽게 알 수 있다. UN이나 IMD 조사에서도 남녀평등지수가 높은 기업이 경쟁력이 높고, 여성 경제활동참가율이 높은 나라일수록 국가경쟁력이 높은 것으로 나타났다. 그러나 우리나라의 여성 경제활동참가율은 좀처럼 올라가지 못하고 있다. 앞에서 말한 것처럼 가정에서 슈퍼우먼 역할을 맡다 보니 일과 가정을 양립하기 힘들고, 임신과 출산은 곧잘 사표로 이어지고, 한번 경력이 단절되면 취업이 쉽지 않은 데다, 남녀 간의 임금격차도 여전하기 때문이다.

박근혜 정부는 '여성 경제활동 확대와 양성평등'을 국정과제로 제시했다. 여성인력의 활용 없이는 고용률 70퍼센트 달성, 중산층 복원 및 경제부흥이 불가능하다고 보고, 장기간 정체상태인 여성 경제활동참가율과 진검승부를 하겠다고 선언한 것이다. 정부는 지난 3월 박근혜 정부의 '2013년 경제정책방향'을 발표하면서 임신기간 중 여성근로자 근무시간 단축제, 남성에게도 출산휴가를 주는 '아빠의 달' 제도를 도입하겠다고 약속한 바 있다. 여성새로일하기센터도 대거 늘릴 계획이다. 보육을 사회화하기 위한 예산도 크게 늘렸다. 또한 여성의 고위직 진출을 가로막는 유리천장을 공공부문이 먼저 극복하고자 공공기관에 여성 관리자 목표제를 도입하도록 했다. 물론 정부의 이런 노력보다 더 중요한 것은 남녀 가사분담, 기업의 가족친화경영, 양성평등문화의 확산 등일 것이다.

2013년 가정의 달이다. '지금 한국경제를 움직이는 것은 남성일지 모르지만 향후 우리 경제를 구할 수 있는 것은 여성'이라는 인식이 확산되고, 여성을 응원하는 문화가 우리 사회에 자리 잡길 기대해본다.

이제 우리 경제가 "엄마!"라고 외쳐야 할 때다.

지금 아니면 언제? 내가 아니면 누가?

신조어는 시대를 읽는 도구이기도 하다. '청년(靑年)'이란 단어는 우리 민족처럼 나이가 반만년은 돼 보이지만, 사실은 겨우 100살 안팎의 신조어라고 한다. 1900년대 초반 한·중·일 세 나라에서 앞서거니 뒤서거니 쓰이기 시작했다고 한다. 전통사회의 안정성이 무너지면서 개인이 스스로 자신의 불안한 미래를 탐색해야 하는 시대에 등장한 '젊은 단어'다.

최근엔 '초식남(草食男)'이란 단어를 들었는데, 마치 '초식동물처럼 온순하고 이성에 관심이 없는 청년'을 가리킨다 한다. 필자는 이 단어를 듣고, 도전하지 않고 현실에 안주하는 우리 젊은이들을 떠올렸다. 성실하게 스펙을 쌓아 대기업이나 공기업 취직을 꿈꾸고, 공무원 시험에 매달리는 요즘 청년들 말이다.

TV에서 많이 봤겠지만, 초식동물은 늘 귀를 쫑긋하며 주위를 살피고

부지런히 이동하는 성실함과 매우 날랜 다리를 가졌다. 그런데 그 성실함은 육식동물의 접근을 감지하려는 '수비적인 성실함'이고, 빠름 역시 육식동물에게 잡히지 않으려는 '방어적 속도'다. 우리 청년들의 성실한 스펙 쌓기와 안정지향적 성향을 보면, 점점 초식동물이 되어간다는 생각이 절로 든다.

청년들의 이런 안정적 직업 희구는 개인의 직업 선호를 떠나 사회경제적으로 매우 위험한 징후다. 창업은 몸으로 치면 세포분열 같은 것이다. 왕성한 세포분열이야말로 성장과 청년을 상징한다. 창업이 왕성하지 않다는 것은 우리 경제가 늙고 시들어간다는 것을 의미한다. 더구나 우리처럼 일천한 경제발전에서는 '조로(早老)한 경제'인 셈이다. 취직할 곳이 없으니, 즉 "기성세대들이 일자리를 많이 만들어내지 못하니, 미안하지만 '생계형 창업'이라도 하라"는 얘기가 아니다. 청년의 창업과 도전이 누적된 것이 우리 경제의 미래이기 때문이다.

물론 창업이 성공하기 힘들다는 것을 잘 안다. 호락호락하다면 도전일 리가 없다. 그래서 박근혜 정부는 출범 직후인 2013년 5월, 창업자금 지원을 융자에서 투자로 바꾸고, 창업→성장→회수→재투자의 전 과정을 지원하는 '벤처·창업 자금생태계 선순환 방안'을 마련했다. 또한 2014년 예산에는 1,000억 원의 창업펀드를 편성했다. 바로 여러분을 위한 돈이다. 창업사관학교, 창업보육센터, 청년위원회 등도 두들겨보고, 더 넓은 세계에서 꿈을 펼치도록, 미국·일본·인도네시아 등에 창업보육·현지정착·멘토링을 담당하는 K-Move 센터도 설치했다.

망하면 그것으로 끝인가? 실리콘밸리의 기업가들은 평균 2.8번 창업했다고 한다. 1.8번씩 망한 경험이 있는 것이다. 우리도 패자부활의 기회를 넓혀가고 있다. 창업자 연대보증 면제조건을 확대하고, 신용관리

·재창업·재창업투융자 등 재창업의 모든 과정을 지원한다. 재창업 전용 기술개발기금도 있다.

다시 실리콘밸리 이야기를 하나 더 하겠다. 실리콘밸리에서 가장 몸값이 높은 기업가는 누구일까? 성공한 기업가? 아니다. 두 번 실패한 사람이 투자대상 1순위라고 한다. 성공확률이 무척 높기 때문이다. 눈부신 실패는 보상받아 마땅하다.

청년 여러분, '꿈의 크기'를 키우기를 바란다. 부모가 사업에 실패한 자식을 내치지 않는 것처럼, 정부도 부모 같은 마음으로 청년들의 창업과 재창업을 지원할 것이다. 테드 터너(Ted Turner)가 CNN을 창립하며 했던 말로 응원사를 갈음한다. "지금 아니면 언제? 내가 아니면 누가?(If not now, when? If not me, who?)"

2

제2의 경제부흥을
다짐하며

경제예측과 정부의 역할
– 노벨경제학 수상자 로렌스 클라인 교수를 기리며

"평균 깎아먹는다"는 말이 있다. 지금은 그렇지 않겠지만, 옛날
엔 성적이 좀 떨어지는 학생들은 담임선생님께 "반 평균 깎
아먹는다"는 고약한 꾸중을 듣기도 했다. 요즘은 학문 중에서 경제학이
그런 취급을 받는다. 특히 2008년 글로벌 금융위기를 겪으며 경제학자
들의 위상은 곤두박질쳤다. 전대미문이라는 엄청난 위기를 예측하지
못했으니 그럴 만도 했다. 평균 깎아먹는 것을 넘어, 학문으로써의 소
용에도 의문이 제기됐고, 학자로서의 신뢰에도 금이 갈 수밖에 없었다.
경제학자들의 예측은 정말 '아니면 말고' 수준일까?

며칠 전 미국 펜실베이니아대학의 로렌스 클라인(Lawrence Klein) 명예교수가 타계했다. 한눈팔지 않고 오롯하게 공부에 전념한 '큰 학자'였다. 개인적으로 박사과정 지도교수이기도 하다. 그는 폴 새뮤얼슨(Paul Samuelson)에게 배웠고, 계량경제모델, 즉 와튼 모델(Wharton Model)을 개발해 경제예측 분야를 개척했다. 국제무역과 자본이동을 예측한 '링크(link) 프로젝트'를 성공적으로 수행해 1980년 노벨경제학상을 받았다. 그는 이 모델을 이용해, 2차 대전 이후 미국이 장기불황에 빠질 것이라는 일반적인 예상과 달리 소비재·주택 수요의 폭발을 예측했고, 적중시켰다. 와튼 모델은 지금도 각국 정부나 연구소에서 광범위하게 사용되고 있다. 이런 클라인 교수마저도 종종 자신의 예측이 틀렸던 모양이다. "경제학자는 그래도 점쟁이와 달리 왜 틀렸는지를 사후에 설명할 수는 있다"는 말로 경제학을 변호한 적이 있었으니 말이다. 바둑으로 치면, 게임이 끝난 뒤 복기를 통해 어느 돌이 패착이었는지 분석하는 셈이다.

세계경제는 비약적으로 발전했는데, 경제예측은 왜 여전히 어려울까? 전제조건들의 빠른 변화, 가속화한 기술경쟁, 위기가 상수가 된 뉴노멀(new-normal) 시대, 각국 경제를 복합적으로 연결한 글로벌화 등 그 요인은 다양하다. 실제 지구 반대편에서 일어난 일도 이젠 '강 건너 불'이 아니라 실시간으로 '발등의 불'이 되는 시대다. 경제주체들의 행동을 설명하기 힘든 점도 있을 것이다. 만약 지각을 줄이기 위해 벌금을 물린다면? 벌금 액수에 따라 다르겠지만, 지각을 규정위반이 아니라 돈의 문제로 생각하면 오히려 거리낌 없이 지각할 수도 있을 것이다. 사정이 이렇다 보니 경제학자나 정부·연구기관들이 과거 데이터를 충분히 분석했고 전제조건을 합리적으로 설정했다고 확신해도, 경제예측은 왕왕 빗나간다.

내년 우리 정부의 경제예측을 두고도 '낙관적'이라는 비판이 있다. 필자는 그렇게 보지 않는다. 잘 알다시피, 기업이 다음 해 매출을 잡을 때 '스트레치 목표(stretch goal)'라는 개념을 많이 쓴다. 실력이 100인 회사가 목표를 100으로 잡으면 아무 노력을 하지 않겠다는 것이고 150을 잡으면 터무니없는 것이 된다. 이때 기업들은 스트레치, 즉 까치발로 서서 손을 쭉 뻗으면 닿을 수 있을 정도인 105~110을 목표로 잡는다.

정부도 마찬가지다. 정부는 경제연구소나 국제기구의 전망에 대해 "맞다" 혹은 "그르다"라고 논평하면 그만인 평론가가 아니다. 스트레치 혹은 '플러스 알파'를 만들어낼 수 있어야 한다. 정부는 관중석에만 있는 것이 아니라 재정·금융·통화 등 여러 거시정책 그라운드에서 뛰는 선수(경제주체)이기도 하다. 물론 스트레치의 크기는 경제주체의 일치된 상황인식, 정부의 반듯한 진단과 정책 수립, 국회의 입법지원, 기업의 투자 등이 얼마나 적시에 제대로 맞물려 돌아가느냐에 좌우될 것이다.

마음으로 상복을 입다
- 남덕우 전 국무총리를 애도하며

죽음은 누구에게나 예외가 없는 것임에도 당신의 별세 소식이 왜 이리 낯선가? 하루 종일 참 많이도 허둥댔다. '유족이 아니어서 마음으로만 상복을 입는 것'을 심상(心喪)이라고 한다. 아마 선배님과 개발 연대를 보낸 많은 분들이 지금 심상 중이리라 생각한다. 대한민국의 많은 경제관료들에게 당신은 여전히 경제부총리이고 재무부 장관이고 경제기획원 장관이다. 저만 해도 부총리 취임 이후 엔저 등 숱한 난제를 맞닥뜨릴 때마다 '그분이라면 이럴 때 어떻게 했을까?' 라며 늘 1순위로 떠올렸던 분이 바로 선배님이었다.

선배님은 서강대학교 경제학과 교수로 재직하던 1969년에 재무부 장관이 되셨다. 경제개발 5개년 계획 편성 교수평가단의 일원으로 활약하시던 선배님을 우리 경제개발의 주역으로 발탁했던 것이다. 넓은 시야로 큰 그림을 그리는 능력, 집요한 실행력, 발군의 정책감각 등이 발탁 배경이었다. 선배님은 1970년대 재무부 장관, 부총리 겸 경제기획원 장관으로 일하며 '한강의 기적'을 최일선에서 진두지휘했다. 1980년대에는 국무총리로서 우리 경제의 위기를 성공적으로 관리하였으며, 이후 1990년대에는 무역협회장으로서 무역인프라 건설을 지휘하며 무역입국의 초석을 다졌다. 마지막까지도 국민원로회의 위원, 한국선진화포럼 이사장, 전국경제인연합회 원로자문단 좌장 등을 맡으며 나라를 위해 당신의 한 몸을 헌신하셨다. 특히 선배님은 후배 관료들에게 "국민이 피부로 느끼지 못하면 정책이 아니다"라며 늘 현장을 강조하셨다. 현장에 나가 국민과 기업의 어려움을 귀 기울여 듣고, 맞춤형 대책을 만들어내던 '현장 행정'은 그때부터 경제부처의 전통으로 자리 잡았다. "경제발전은 숫자가 아니라 국민들의 실제 살림살이가 나아지는 것"이라던 말씀도 자주 하셨다.

지금 와서 생각해보면 당신의 시대는 우리나라의 배고픔을 자부심으로 바꿔냈다. 몇 십 년 전만 해도 우리나라 아이들은 골목에서 뛰어놀다가 어른들에게 "배 꺼질라, 뛰지 마라" 하고 꾸중을 듣곤 했다. 애써 밥 먹여놓았더니 왜 쓸데없이 기운을 빼느냐는 것이다. 머리를 잘라 가발을 만들어 수출하면서 서캐 때문에 클레임이 걸리었고, 제약 원료인 소변을 받기 위해 공중화장실마다 소변통이 놓여 있던 시절이었다. 끼니가 온 국민의 걱정거리였던 우리나라가 어느덧 국민소득 2만 달러, 무역규모 1조 달러의 나라로 발전했다. 저도 경제발전 경험을 나누려 개도국을 여러 번 방문했는데, 정말 많은 개도국이 한국의 경제발전 경험을 '교과서'로 여기고 있다. "어떻게 하면 한국처럼 될 수 있느냐"는 질문을 수없이 받곤 한다. 이렇게 자부심 가득한 개발 연대의 한복판에 선배님은 선장처럼, 거인처럼 우뚝 서 있었다. 우리 경제는 사실 선배님께 많은 빚을 진 셈이다.

최근 글로벌 재정위기에서 보듯이 세세만년 갈 것 같던 선진국들이 다른 나라에 손을 벌리고 신용등급이 나락처럼 떨어지고 있다. 그렇지만 글로벌 대전환기는 늘 승자와 패자를 가른다. 우리는 위기를 기회로 만들어낼 것이다. 선배님이 추격형 경제성장의 교과서였다면, 이제 후배들이 그 바통을 이어받아 창조형·선도형 경제를 통해 제2의 경제부흥을 힘차게 이끌어갈 것이다. 시대의 과제에 당당하게 맞서 두 번째 한강의 기적을 만들어낼 것이다.

경제계의 진정한 어른을 보내려니, 마치 한 시대를 떠나보내는 듯하다. 많이 그리울 것이다. 마음으로 상복을 입는다.

시장경제의 큰 바위 얼굴

고 김재익 경제수석을 떠올리면, 소설 《큰 바위 얼굴(Great Stone Face)》이 연상된다. 주인공 어니스트는 큰 바위 얼굴을 끝내 만나지 못했지만, 우린 한국경제사의 '큰 바위 얼굴'을 갖고 있다. 나에겐 김재익이 그렇다. 이제 평전(評傳)이 나옴으로써 45년 그분의 생애를 온전하게 우리 곁에 붙들어둘 수 있게 되었다.

나는 개인적으로도 고인과 인연이 많다. 76년 경제기획원 경제기획국 주무 사무관 시절에는 고인을 경제기획국장으로 모시고 한국과학기술연구원(KIST) 영빈관에서 합숙하며 제4차 경제개발 5개년 계획(77~81년)의 계획서를 만들었다. 내가 펜실베이니아대학으로 유학을 떠날 때 추천서도 써주셨다.그러나 유학을 마치고 돌아오니 이미 이 세상 분이 아니셨다. 미망인이 된 사모님께 인사드리러 갔더니 "애들이 죽은 아버지의 빈자리를 못 느낀 채 잘 적응하고 있다"며, "아마 남편 생전에도 잦은 야근과 주말근무로 애들 얼굴을 자주 보지 못했기 때문인가 보다"라고 말씀하셨던 것이 기억난다. 개도국 경제관료에게 주어진 짐의 무게, 즉 '국민을 가난에서 벗어나게 해야 한다는 것 외에는 아무것도 중요한 게 없었던' 한 사내의 삶을 있는 그대로 보여준 한마디였다. 서거 30주기인 2013년에는 기획재정부 간부들과 고인의 묘역을 찾기도 했다. 이런 인연에도 불구하고 이번 평전을 통해 고인의 인품과 생애를 더욱 생생하게 대면할 수 있었다.

북한이 일으킨 전쟁에서 부친과 형제를 잃은 데 이어 그분도 결국 북한에 의해 희생된 것, 초등학생 나이에 미군 부대 하우스보이를 하면서 가정의 생계를 책임졌던 일, 통신개혁을 추진하다 기득권 세력의 모함을 받아 중앙정보부에 끌려갔던 일 등에서는 현대사의 질곡 한복판에 있었던 고인을 만날 수 있었다. 홀어머니는 아들이 떠난 지 40여 일 만에 아들을 따라 갔는데, 홀어머니 유품 중엔 수백 장의 이력서가 있었다고 한다. 지인들이 경제수석에게 건네달라며 보내온 인사청탁성 이력서를 끝내 한 장도 아들에게 전달하지 않고 본인이 보관했던 것이었다.

끔찍한 효자였던 고인이 생전에 홀어머니와 함께 "인플레이션이 뭐냐?" "술에 물 탄 것처럼 돈에 물 탄 것이죠" 식의 대화를 나누는 장면에 이르면 빙긋 웃음이 나온다. 집안 치장을 못하게 해 평생 거실에 그림 한 장 걸어보지 못했다는 고인의 부인은 몇 해 전, 살고 있는 집을 포함해 전 재산을 서울대학교에 기증했다. 남편이 보너스를 받은 달에는 함께 중국집에 가서 자장면을 먹곤 했던 추억을 떠올리며 행복해하는 인터뷰 대목에선 가슴이 시큰거렸다.

많은 사람들이 잘 아는 것처럼, 고인은 계획경제를 시장경제로 전환해 한국경제가 질적으로 도약하는 토대를 마련했다. 나도 참여했지만, 고인의 첫 작품인 제4차 경제개발 5개년 계획에는 "양적 성장을 질적 성장으로 변화시킨다"는 표현이 처음 등장한다. 덩치를 키우는 정책에서 체질을 바꾸는 정책으로의 전환을 알리는 신호탄이다. 재정을 건전하게 갖고 가기 위해 무려 4년여 동안 청와대와 재무부를 설득해 부가가치세를 도입하고, 독과점 폐해를 없애고자 재계의 반대를 무릅쓰고 결국 공정거래법을 만들었다. "예산 안 늘리면 선거 진다"는 여당의 반대에도 불구하고 "물가 잡는 게 먼저"라며 사상 처음으로 예산을 동결하고, 제로베이스 예산편성 제도를 도입하기도 했다. 수입자유화를 통해 국내외 기업 간 경쟁의 장을 마련하고 외국계 자본의 국내투자도 일부 허용했다. 지금이야 "그게 뭐 얼마나 대단해서?"라고 하겠지만 이 모두가 수입담배를 피우거나 수입차를 타면 매국노로 낙인찍히던 시절의 일이다.

물론 그분의 정책이 늘 성공한 것만은 아니다. 82년엔 부정부패를 척결하고, 검은 돈을 양지로 끌어내기 위해 금융실명제를 공표했다. 대통령의 재가를 거친 발표였지만 재계와 정치권의 반발에 부딪쳐 몇 개월 만에 없던 일이 되기도 했다. 지금 다시 몇 만 번을 생각해도 83년 아웅산 테러 사건으로 맞은 그분의 갑작스러운 최후는 터무니없다. 그러나 그분의 시대가 만든 한국경제의 체질개선은 이후 3저 호황과 맞물려 폭발적 성장시대를 가져왔고, 세계 10위권의 경제강국으로 가는 디딤돌이 되었다. 시장경제에 대한 투철한 의지와 자기 확신, 선각자적인 혜안과 통찰력, 목표지향적 사고와 집요한 실행력 등 고인은 자신의 재능을 오직 부국부민(富國富民)에 쏟아부었다. 한국경제는 고인께 많은 빚을 졌다.

인재는 낭중지추(囊中之錐), 즉 주머니 속의 송곳 같아서 언제 어디서든 드러나게 마련이라더니, 사후 30년이 지난 지금 다시 김재익 정신이 부각되고 있다. 노를 열심히 젓는 것만으로도 배가 앞으로 나갈 수는 있지만, 결국 돛이나 엔진이라는 새로운 패러다임을 만들어야 한다는 것을 다시 한번 새기게 된다. 정부는 '경제혁신 3개년 계획'을 통해 우리 경제전반에 걸쳐 전열을 재정비하고, 경제부흥과 국민행복의 선순환을 만들어낼 것이다.

1장 | 불확실성의 시대, 한국경제와 경제정책

1. 대한민국의 자화상

1 경제의 '머피법칙', 나라경제, 1997년 2월
2 이젠 경제야, 얼간이들아, 조선일보, 2003년 5월 27일
3 저성장이력효과, 조선일보, 2004년 7월 6일
4 사막화되어가는 한국경제, 조선일보, 2004년 9월 25일
5 대한민국의 자화상, 국제신문, 2004년 10월 15일
6 경제, 부정과 긍정 사이, 조선일보, 2012년 1월 17일
7 교과서적 구조 개혁을 기대하며, 외신기자 간담회, 2014년 3월 21일

2. 불확실성 시대에 살아남기

1 위기관리, 사전대비가 답이다, 국제신문, 2003년 3월 26일
2 불확실성 시대에 살아남기, 국제신문, 2002년 12월 4일
3 '선우후락'의 자세로, 중앙일보, 2003년 4월 2일
4 원자재난 장기화에 대비하려면, 서울신문, 2004년 4월 27일
5 불치이병 치미병, 서울신문, 2004년 7월 1일
6 경제, 아는 만큼 보인다, 대한제당 사보, 2005년 11월
7 러시안룰렛 시대, 동아일보, 2008년 10월 23일
8 신흥국 위기에 대한 G20의 역할, 매일경제, 2013년 9월 2일

3. 세계경제 불균형, 어떻게 대처할까

1 '상하이쇼크'를 행동으로, 한국경제신문, 2003년 7월 30일
2 세계경제 불균형, 어떻게 대처할까, 서울신문, 2005년 6월 14일
3 금융위기의 극복 과제, 세계일보, 2008년 10월 2일
4 세계적 불황에 선제적 대응을, 세계일보, 2008년 11월 6일
5 성공적인 G20 정상회의의 세 가지 평가기준, 동아일보, 2010년 11월 4일
6 조화로운 생존의 해법, 매일경제, 2011년 10월 11일

2. 경제문맹 퇴치와 인재양성

1 학위보다 경쟁력을, 국제신문, 2002년 10월 30일

2 2만 달러 시대 도약을 위한 인재양성, 국제신문, 2003년 9월 2일

3 경제문맹을 퇴치하자, 서울신문, 2004년 3월 9일

4 일자리 창출과 오프쇼어링, 조선일보, 2004년 8월 17일

5 IT인력 수출에 답이 있다, 국제신문, 2004년 12월 31일

6 여성들의 유리천장, 여성인재 활용과 양성평등 실천약속 보고대회, 2014년 6월 17일

3. 경제하려는 의지의 회복

1 이젠 브랜드 파워다, 디지털타임즈, 2004년 3월 9일

2 경제하려는 의지의 회복, 서울신문, 2004년 12월 1일

3 경제국경이 사라진다, 한국경제신문, 2005년 6월 16일

4 대만형 경제모델의 교훈, 서울신문, 2005년 12월 9일

5 전략적 글로벌 경영, 조선일보, 2007년 2월 7일

6 기후협약에 대한 국가적 대응, 국제신문, 2007년 11월 22일

7 기업성공시대, 국민성공시대, 문화일보, 2008년 2월 25일

8 경제는 심리다, 문화일보, 2008년 3월 7일

4. 복지, 성장 그리고 서비스 산업의 역할

1 이젠 서비스 수출 시대, 매일경제, 2003년 2월 22일

2 동북아경제 중심 전략의 핵심은, 대한매일, 2003년 6월 4일

3 한류의 확산에 따른 새로운 전략, 서울신문, 2005년 2월 21일

4 대한민국, 이제는 의료 허브다, 대한제당 사보, 2006년 3월

5 서비스산업 선진화의 방향, 매일경제, 2009년 5월 26일

6 복지, 성장 그리고 서비스산업의 역할, 조선비즈, 2012년 11월 10일

7 대한민국 발전은 사회적 진화의 산물, UAE The National, 2012년 12월 13일

8 창조형 서비스 경제, 지식서비스 산업 규제개선 및 경쟁력 강화 세미나 축사, 2013년 4월 23일

3장 | 기업하기 좋은 나라 만들기

1. 우리 산업의 새로운 활로를 찾아라
1 IT 강국의 명과 암, 국제신문, 2002년 8월 14일
2 에너지 절약의 시스템화, 서울신문, 2004년 6월 11일
3 산업과 통상, 정책연계 필요하다, 서울경제, 2005년 1월 4일
4 한국은 진정한 IT강국인가, 국제신문, 2005년 5월 4일
5 주택담보대출시장의 구조적 변화, 부동산 포커스, 2012년 11월
6 인터넷 강국이 된 대한민국, UAE The National, 2013년 2월 12일
7 협동조합, 시장경제와 공공기능의 융합, 제1회 협동조합의 날 기념사, 2013년 7
월 6일

2. 동북아시대 주역이 되자
1 남북경협은 '동북아 중심' 기초, 문화일보, 2003년 8월 6일
2 동북아 시대의 주역이 되자, 서울대 동창회보, 2003년 7월
3 아시아시장 통합에 대비해야, 조선일보, 2005년 8월 26일
4 한국, 선진 무역국가로의 도약, JoongAng Daily, 2005년 11월 15일
5 지방무역 시대, 국제신문, 2007년 1월 11일
6 통상 선진국의 실현, 세계일보, 2008년 6월 19일
7 경제강국의 원동력이 된 한국의 창의성, UAE The National, 2012년 9월 10일
8 오래된 신대륙을 찾는 항해, 제5회 아시안리더십 컨퍼런스 기조연설, 2014년 3
월 4일

3. 교토삼굴의 시장전략
1 월드컵 효과를 수출로, 국제신문, 2002년 7월 10일
2 미국의 다섯 번째 수출시장: 한·미 경제관계는 동맹 관계, Korea Times, 2003
년 5월 10일
3 '제2의 중국' 인도, 조선일보, 2004년 1월 5일

■ 저자 약력

[학력]
서울대학교 상과대학 경영학과 졸업, 경영학 학사 (1974)
서울대학교 행정대학원 졸업, 행정학 석사 (1976)
미국 펜실베이니아 대학교 대학원 졸업, 경제학 박사 (1984)

[경력]
제14회 행정고등고시 합격 (1973)
한국은행 조사1부 행원 (1974)
경제 기획원 경제 기획국 종합기획과 사무관 (1976-1985)
부총리 겸 경제기획원 장관 비서관 (1985-1986)
경제기획원 인력개발계획과장, 대외경제조정실과장, 동향분석과장 (1986-1993)
세계은행 Economist (1989-1991)
대통령 비서실(경제) 국장 (1993-1996)
재정경제원 예산실 예산심의관 (1996-1997)
재정경제부 경제정책국장, 국고국장 (1998-1999)
국민경제자문회의 사무처 기획조정실장 (1999-2000)
재정경제부 세무대학장 (2000-2001)
ASEM(Asia Europe Meeting) 준비기획단장(2000)
부총리 겸 재정경제부 장관 특별보좌관 (2001-2002)
한국무역협회 국제무역연구원장 (2002-2008)
한국개발연구원, 대외경제정책연구원, 산업연구원 연구자문위원 (2002-2008)
연세대학교 및 고려대학교 국제대학원 겸임교수 (2002-2009)
서울신문, 국제신문, 세계일보 경제 칼럼니스트 (2002-2007)
KBS 객원해설위원 (2007-2008)
관세청 FTA 추진위원회 위원장 (2007-2008)
공공기관 운영위원회 위원 및 경영평가단장 (2008-2009)
KAIST 테크노 경영대학원 초빙교수 (2008-2009)
G20 정상회의 준비위원회 위원 (2010-2011)
한 · 독 통일자문위원회 위원 (2011-2013)

세계은행 지식자문위원회 위원 (2012-현재)
국제개발협력위원회 위원(2006-2014)
사회보장심의위원회 위원(2009-2014)
서비스산업 선진화를 위한 민·관 공동위원회 위원장(2009)
국방선진화추진위원회 위원(2009-2010)
한국개발연구원 원장(2009-2013)
부총리 겸 기획재정부 장관 (2013-2014)
국립외교원 석좌교수(2014-현재)

[상훈]
녹조근정훈장 (1993)
산업포장 (2010)
도미니카공화국 감사훈장(2011)

[저서·역서]
《새로운 성장 동력과 균형발전》(이승훈, 현오석, 임경순, 조영삼, 이정우 공저), 나남출
    판사, 2006. 8
《경제정책결정론 : 최선의 과정은 있는가》(맥 데스틀러 지음, 현오석 옮김) 비봉출판사,
    2000. 8

경제정책 전문가가 바라본 한국경제의 좌표와 방향

경제는 균형과 혁신이다

제1판 1쇄 인쇄 | 2015년 3월 24일
제1판 1쇄 발행 | 2015년 4월 1일

지은이 | 현오석
펴낸이 | 고광철
펴낸곳 | 한국경제신문 한경BP
편집주간 | 전준석
기획 | 김건희 · 이지혜
홍보 | 정명찬 · 이진화
마케팅 | 배한일 · 김규형
디자인 | 김홍신

주소 | 서울특별시 중구 청파로 463
기획출판팀 | 02-3604-553~6
영업마케팅팀 | 02-3604-595, 583 FAX | 02-3604-599
H | http://bp.hankyung.com   E | bp@hankyung.com
T | @hankbp   F | www.facebook.com/hankyungbp
등록 | 제 2-315(1967. 5. 15)

ISBN 978-89-475-4004-9   03320

책값은 뒤표지에 있습니다.
잘못 만들어진 책은 구입처에서 바꿔드립니다.